suhrkamp taschenbuch
wissenschaft 505

Ludwig Wittgenstein
Werkausgabe Band 5

Ludwig Wittgenstein
Das Blaue Buch
Eine Philosophische Betrachtung
(Das Braune Buch)

Suhrkamp

CIP-Kurztitelaufnahme der Deutschen Bibliothek
Wittgenstein, Ludwig:
Werkausgabe in 8 Bänden / Ludwig Wittgenstein. –
Frankfurt am Main : Suhrkamp
ISBN 3-518-09988-4
NE: Wittgenstein, Ludwig: [Sammlung]
Bd. 5. Das Blaue Buch. Eine philosophische Betrachtung :
(d. Braune Buch). – 1984.
(Suhrkamp-Taschenbuch Wissenschaft ; 505)
ISBN 3-518-28105-4
NE: GT

suhrkamp taschenbuch wissenschaft 505
Erste Auflage 1984

Suhrkamp Taschenbuch Verlag
Druck: Nomos Verlagsgesellschaft, Baden-Baden
Printed in Germany
Umschlag nach Entwürfen von
Willy Fleckhaus und Rolf Staudt

3 4 5 6 – 89 88 87

Inhalt

Vorbemerkungen des Herausgebers 9

Das Blaue Buch 15

Eine Philosophische Betrachtung
(Das Braune Buch) 117

Das Blaue Buch

(The Blue Book)

Eine Philosophische Betrachtung

(Versuch einer deutschen Umarbeitung des *Brown Book*,
ergänzt durch die englische Fassung)

Herausgegeben von Rush Rhees

Übersetzung des *Blue Book* und der Ergänzung der
Philosophischen Betrachtung aus dem *Brown Book*
von Petra von Morstein

Vorbemerkung des Herausgebers

The Blue Book und *The Brown Book* (wie man sie zu nennen pflegt) waren englische Diktate Wittgensteins. Das *Blue Book* diktierte er sieben Studenten während des akademischen Jahres 1933/34 in Cambridge, das *Brown Book* im Jahre 1934/35 nur zweien seiner Schüler, Francis Skinner und Alice Ambrose. – Das *Blue Book* ließ er bald nach der Fertigstellung auf Matrizen schreiben und vervielfältigen. (In wieviel Exemplaren, ist mir unbekannt; ich vermute, es waren nicht mehr als 30. Er wollte nicht, daß Kopien in die Hände von Leuten kämen, die sie mißbrauchen könnten.) Vom *Brown Book* gab es nur drei Schreibmaschinenkopien – er lieh sie Freunden zur Lektüre aus, wünschte aber keine weiteren; es tauchten jedoch »illegale« Kopien auf. – Die vervielfältigten Notizen waren in blauen, die drei Kopien des zweiten Diktats in braunen Karton gebunden. Keinem der beiden Diktate hatte Wittgenstein einen Titel gegeben. So unterschied und benannte man sie nach der Farbe der Umschläge. Das mag irreführend sein, da es vermuten lassen könnte, sie stünden in enger Beziehung zueinander oder gehörten sogar zusammen.

Vom *Blue Book* gibt es weder ein englisches noch ein deutsches Manuskript, vom *Brown Book* kein englisches. Viele der Gedanken des *Blue Book* und die deutsche Version vieler seiner Ausdrücke und Sätze finden sich schon in dem Manuskript der *Philosophischen Grammatik*, Teil I, aber nicht alle; und die im *Blue Book* enthaltenen Bemerkungen über philosophische Methode gehen neue Wege.

Wittgenstein schickte Kopien des *Blue Book* an Lord Russell und einige andere Freunde, weil er meinte, es könnte eine Vorstellung vermitteln von den Problemen, mit denen er sich zu jener Zeit beschäftigte. In dem Brief, den er der an Lord Russell geschickten Kopie beifügte, sagte er jedoch: »Ich glaube, es ist sehr schwierig, sie (die Notizen) zu verstehen, da so viele Punkte eben nur angedeutet sind. Sie sind nur für solche bestimmt, die die Vorlesungen hörten.« Und niemals betrachtete er dieses Diktat als Entwurf für eine mögliche Publikation.

Anders beim *Brown Book*. Hier dachte er sehr wohl an eine Publikation. Aber das *Brown Book* blieb Fragment, und er würde es sicher nicht in Englisch veröffentlicht haben.

Gut ein Jahr nachdem er das *Brown Book* diktiert hatte, begann er in einem großen Manuskriptband eine deutsche Version davon niederzuschreiben. Sie trägt die Überschrift: »Ende August '36. Philosophische Untersuchungen. Versuch einer Umarbeitung.« Wie ich annehme, sollte dieses Manuskript weiter führen als das *Brown Book* und Erörterungen einschließen, die sich dort nicht finden: es sollte eine Umarbeitung von Materialien auch aus anderen Manuskripten sein. Tatsächlich aber hört es früher auf als das *Brown Book*. Es beginnt auf Seite 118 des Bandes und bricht auf Seite 292 ab, mit der Bemerkung: »Dieser ganze ›Versuch einer Umarbeitung‹ von Seite 118 bis hierher ist *nichts wert*.« Aus dem Notizbuch, in das er mit Bleistift Entwürfe für sein Manuskript eintrug, wird meines Erachtens klar, daß er damals mit dem begann, was er eine Neufassung hätte nennen können: dem ersten Teil der *Philosophischen Untersuchungen*, wie sie dann publiziert worden sind.

Da der Titel »Philosophische Untersuchungen« jetzt das spätere Werk bezeichnet, habe ich der hier erstmals veröffentlichten Umarbeitung des *Brown Book* einen Titel gegeben, den Wittgenstein einmal zu verwenden gedachte. 1931 schrieb er in einem Manuskriptband: »Mein Buch kann heißen: Eine Philosophische Betrachtung. (Als Haupt-, nicht als Untertitel.)«

Das Manuskript ist eindeutig eine Umarbeitung von drei Vierteln des englischen Diktates – gleichviel, ob es auch eine Umarbeitung anderer Manuskripte sein sollte oder nicht. Oftmals, besonders in der ersten Hälfte, besteht der einzige Unterschied zwischen dem *Brown Book* und diesem Manuskript darin, daß sich Wittgenstein hier in Deutsch ausdrückt – ein Unterschied, der freilich gewichtiger sein mag, als er klingt. Es gibt Änderungen und Revisionen sowie Varianten, zwischen denen er sich nicht entscheidet. So weicht hier die Erörterung von »begrenzten und unbegrenzten Spielen« in den Paragraphen 25, 26 und 27 ab. Und es gibt gewichtigere Unterschiede und Hinzufügungen, wo er »*das* Gebiet unsrer Sprache ... in welchem von Zukunft oder Vergangenheit die Rede ist« behandelt (§ 54–64). Besonders wichtig ist hier der lange Kommentar zu Beispiel 60, wo Wittgenstein einen kritischen Gedanken einführt, den er in den *Untersuchungen* weiter entwickelt und der im *Brown Book* kein Gegenstück hat (»Wenn man den Eigennamen eines Menschen, oder einen wie ›Nothung‹, nicht Namen im ›strengen logischen‹ Sinn des Wortes nennen will, so ist es, weil ein *Name* etwas *Einfaches* bezeichnen soll ...«). – Die umfangreichste Hinzufügung findet sich bei der Erörterung des *Lesens*. Sie reicht von der Mitte des Paragraphen 78 bis zum Ende des Paragraphen 87. Auf den ersten Blick scheint diese Passage mit *der* übereinzustimmen, die sich in den *Philosophischen Untersuchungen* von § 165 bis § 178 findet. Aber die Version in den *Untersuchungen* ist beträchtlich verkürzt, es gibt Änderungen im Ausdruck und mitunter auch in der Reihenfolge der Absätze. – Die weiteren Zusätze – z. B. bei der Erörterung von »ein Wenn-Gefühl« in § 134 – sind kürzer.

Wittgenstein beginnt sein Manuskript so, daß er die *Beschreibung* der einzelnen Sprachspiele jeweils mit breitem Rand, die dazugehörigen Bemerkungen aber mit normalem Rand einträgt. Dadurch tritt die Methode, der er folgt, klarer hervor. Sie tut das jedenfalls im ersten Teil – etwas mehr als das erste Viertel des Manuskripts. Später scheint dieses Prinzip nicht mehr hilfreich zu sein, und Wittgenstein gibt es schließlich auf (nach § 85). Vielleicht konnte die Unterscheidung zwischen der Beschreibung eines Sprachspiels und seinen Bemerkungen dazu in den späteren Fällen nicht so streng durchgehalten werden wie in den früheren. – Wir haben den Unterschied so belassen, wie er im Manuskript steht. Er mag zeigen, was Wittgenstein zu Beginn im Sinn hatte. Und er mag auf einige der Schwierigkeiten hindeuten, die ihn mit diesem Versuch einer Umarbeitung schließlich unzufrieden sein ließen.

Als Wittgenstein sagte, »Dieser ganze ›Versuch einer Umarbeitung‹ ... ist *nichts wert*«, meinte er sicher nicht, daß er keine

wertvollen Erörterungen oder Bemerkungen enthalte. Vielmehr war an dem Versuch im ganzen etwas falsch.
In einer Notiz im Manuskriptbuch heißt es, dieser Versuch einer Umarbeitung lasse sich kürzen. Nun könnte man sagen, dies sei für einen Teil davon geschehen, nämlich in den Paragraphen 1–46 der *Philosophischen Untersuchungen.* Aber Wittgenstein scheint auch den Eindruck gehabt zu haben, daß an der von ihm befolgten Methode etwas falsch war.
1938 schrieb er ein Vorwort zu den *Philosophischen Untersuchungen,* das er später überarbeitete und kürzte auf die Fassung, die dann publiziert wurde. Im einleitenden Absatz der publizierten Fassung spricht er von den Bemerkungen, die er im Laufe der vergangenen Jahre über eine Reihe von Gegenständen niedergeschrieben habe, und fährt dann fort: »Meine Absicht war es von Anfang, alles dies einmal in einem Buche zusammenzufassen ...« Der Entwurf von 1938 enthält den Zusatz: »Vor etwa 4 Jahren machte ich den ersten Versuch so einer Zusammenfassung. [Vermutlich das große Maschinenskript der *Philosophischen Grammatik.* Hrsg.] Das Ergebnis war ein unbefriedigendes, und ich machte weitere Versuche ... Ich beginne diese Veröffentlichung mit dem Fragment meines letzten Versuchs, meine philosophischen Gedanken in eine Reihe zu ordnen. Dies Fragment hat vielleicht den Vorzug, verhältnismäßig leicht einen Begriff meiner Methode vermitteln zu können.«
Meiner Ansicht nach war »dies Fragment« eine Version (eine frühere, aber ohne wesentliche Unterschiede gegenüber der publizierten Version) der *Philosophischen Untersuchungen* § 1–189, zusammen mit dem, was jetzt Teil I der *Bemerkungen über die Grundlagen der Mathematik* ist (beides bildete ein einziges Manuskript). Wittgenstein hatte ein Maschinenskript davon, als er im Sommer 1937 von Norwegen zurückkehrte; er zeigte es verschiedenen Freunden, darunter Prof. G. E. Moore. Moore sprach mit mir darüber, nachdem ich es 1938 gelesen hatte. Er sagte, der erste Teil scheine »mit dem *Brown Book* genau übereinzustimmen«, der entscheidende Unterschied komme mit der »ganz neuen« Erörterung von »Einfach« und »Zusammengesetzt« (*Untersuchungen* § 46–64); Wittgenstein, sagte Moore weiter, habe ihm erklärt, er sei im *Brown Book* der fal-

schen Methode gefolgt, in diesem Manuskript dagegen habe er die richtige Methode angewandt. Moore gab zu, er wisse nicht, was Wittgenstein damit meinte.

Auch ich weiß es nicht. Aber die Einführung der von Moore erwähnten Passage (beginnend mit »Was hat es nun für eine Bewandtnis damit, daß Namen eigentlich das Einfache bezeichnen?«) zeigt uns, in welche Richtung wir blicken müssen. Ich will hier nicht weiter darauf eingehen.

Wenn die *Betrachtung* nicht der richtigen Methode folgt, so könnte dies über Wittgensteins Art, zu philosophieren, in die Irre führen. Gewiß, die *Philosophischen Untersuchungen* sind genauer und eindringlicher. Aber das macht die *Betrachtung* nicht überflüssig – selbst wenn sich alles, was sie enthält, in den *Untersuchungen* klarer ausgedrückt fände. Er behandelt hier verschiedene Fragen, wie sie in den *Untersuchungen* nicht behandelt werden; z. B. die Fragen über die Philosophie der Mathematik, die er in den ersten Sprachspielen aufwirft, oder die Diskussion über »das Gebiet unsrer Sprache, in welchem von Zukunft oder Vergangenheit die Rede ist« (§ 54 ff.) und seine Verbindung mit Ausdrücken der Möglichkeit. Diese speziellen Fragen sind zweifellos wichtig. Aber auch die *Methode* der *Betrachtung* bringt manches zutage, wie mangelhaft es immer sein mag: manches, was für Wittgensteins Philosophie von Bedeutung ist, und manches, was in den *Untersuchungen* nicht so klar wird wie hier.

Man beachte, auf welche Weise die *Betrachtung* beginnt: es werden primitive Sprachspiele beschrieben und dabei die Unterschiede zwischen Satz, Wort und Wortarten aufgezeigt, aber so, daß jede solche Unterscheidung willkürlich erscheint. Doch je mehr Beispiele von Sprachspielen Wittgenstein bringt, desto mehr tritt der Begriff der *Regel* hervor. Und wenn wir uns nun die Systeme der Verständigung vor Augen halten, hat es den Anschein, daß sie sich einer Sprache bedienen, die *nicht* willkürlich ist. Eine Stufe in dieser Entwicklung sind die Überlegungen über *Muster* (§ 12 ff.) und die miteinander verwandten, aber unterschiedlichen Rollen, die ›Wort‹ und ›Muster‹ in unserer Sprache spielen. Diese Fragen treten natürlich auch in den *Untersuchungen* hervor. Aber die Methode der *Betrachtung* zeigt deutlicher, in welcher Weise es sinnvoll sein kann zu sagen: »es ist nicht einfach ein Zufall, daß wir so sprechen, wie wir sprechen« – ohne damit zu meinen, daß irgendeine Notwendigkeit *hinter* der Praxis stünde, die wir im Sinn haben.

September 1969 *Rush Rhees*

Die Übertragung des Blue Book besorgte Petra von Morstein. Die Philosophische Betrachtung – Wittgensteins »Versuch einer Umarbeitung« des Brown Book – wird hier erstmals veröffentlicht. Das deutsche Manuskript reicht etwa bis zur Untersuchung willkürlichen und unwillkürlichen Handelns (Brown Book, Part II, § 13). Der folgende Teil des Brown Book wird in der deutschen Übersetzung von Petra von Morstein angefügt (S. 237 bis 282 dieser Ausgabe).

Das Blaue Buch

Was ist die Bedeutung eines Wortes?
Wir wollen diese Frage angreifen, indem wir zuerst fragen, was eine Erklärung der Bedeutung eines Wortes ist; wie sieht die Erklärung eines Wortes aus?
Die Weise, in der uns diese Frage hilft, ist analog zu der Weise, in der uns die Frage »Wie messen wir eine Länge?« hilft, die Frage »Was ist Länge?« zu verstehen.
Die Fragen »Was ist Länge?«, »Was ist Bedeutung?«, »Was ist die Zahl Eins?« etc. verursachen uns einen geistigen Krampf. Wir spüren, daß wir auf nichts zeigen können, um sie zu beantworten, und daß wir gleichwohl auf etwas zeigen sollten. (Wir haben es hier mit einer der großen Quellen philosophischer Verwirrung zu tun: ein Substantiv läßt uns nach einem Ding suchen, das ihm entspricht.)
Wenn du zuerst fragst »Was ist eine Erklärung der Bedeutung?«, so hat das zwei Vorteile. Du holst die Frage »Was ist Bedeutung?« gewissermaßen auf die Erde herunter. Denn sicherlich mußt du, um die Bedeutung von »Bedeutung« zu verstehen, auch die Bedeutung von »Erklärung der Bedeutung« verstehen. Etwa: »Laßt uns fragen, was die Erklärung der Bedeutung ist, denn was immer dadurch erklärt wird, wird die Bedeutung sein.« Das Studium der Grammatik des Ausdruckes »Erklärung der Bedeutung« wird dich über die Grammatik des Wortes »Bedeutung« aufklären und dich von der Versuchung heilen, dich nach einem Gegenstand umzusehen, den du »Bedeutung« nennen kannst.
Was man im allgemeinen »Erklärungen der Bedeutung eines Wortes« nennt, kann *sehr grob* in verbale und hinweisende Definitionen unterteilt werden. Wir werden später sehen, in welchem Sinn diese Unterteilung nur grob und provisorisch ist (und daß sie so ist, ist ein wichtiger Punkt). Die Verbaldefinition bringt uns, indem sie uns von einem verbalen Ausdruck zum andern führt, in gewissem Sinne nicht weiter. Mit der hinweisenden Definition jedoch scheinen wir einen viel wesentlicheren Schritt zum Lernen der Bedeutung zu tun.

Eine Schwierigkeit fällt uns auf, nämlich die, daß es für viele Wörter in unserer Sprache keine hinweisenden Definitionen zu geben scheint; z. B. für solche Wörter wie »eins«, »Zahl«, »nicht« etc.
Frage: Muß die hinweisende Definition selbst verstanden werden? – Kann die hinweisende Definition nicht mißverstanden werden?
Wenn die Definition die Bedeutung eines Wortes erklärt, kann es sicherlich nicht wesentlich sein, daß du das Wort vorher gehört hast. Es ist die Aufgabe der hinweisenden Definition, ihm eine Bedeutung zu *geben*[1]. Laßt uns dann das Wort »TOFF« erklären, indem wir auf einen Bleistift zeigen und sagen »Das ist TOFF«. (Anstelle von »Das ist TOFF« hätte ich hier sagen können »Das wird TOFF genannt«. Ich hebe das hervor, um ein für allemal die Vorstellung zu beseitigen, daß die Wörter der hinweisenden Definition etwas über das Definierte aussagen; die Verwechslung des Satzes »Das ist rot«, der einem Gegenstand die Farbe rot zuschreibt, mit der hinweisenden Definition »Das wird ›rot‹ genannt«.) Nun kann die hinweisende Definition »Das ist TOFF« auf alle mögliche Weisen gedeutet werden. Ich will ein paar solcher Definitionen geben und dabei gebräuchliche deutsche Wörter verwenden. Die Definition kann folgendermaßen gedeutet werden:

1 Zur Erhellung dieser Behauptung gibt W. eine Aufzählung von verschiedenen möglichen hinweisenden Definitionen des fiktiven englischen Wortes »tove«. Er läßt dabei die grammatische Konvention, einem Substantiv, das sich auf einen individuellen Gegenstand bezieht, in der hinweisenden Definition den unbestimmten Artikel vorauszustellen, außer acht. Es ist jedoch anzunehmen, daß W. hier ausschließlich an das gesprochene Wort gedacht hat, also an den dem Wort »tove« entsprechenden Laut; ein der Sprache Unkundiger könnte dann diesen Laut bei entsprechenden hinweisenden Definitionen als zwei Wörter hören: z. B. einen apostrophierten unbestimmten Artikel und ein Substantiv. Die Annahme, daß es sich hier um das gesprochene Wort handelt, schafft auch die Schwierigkeit, die in der Großschreibung von Substantiven im Deutschen beruht, aus dem Wege: denn würde man ein analoges kleingeschriebenes Beispiel wählen, so wären damit im Sinne des geschriebenen Wortes die Deutungen »Das ist ein Bleistift« und »Das ist Holz« gesperrt. – »TOFF« soll W.s Absicht hier gerecht werden. Übers.

Das ist ein Bleistift.
Das ist rund.
Das ist Holz.
Das ist eines.
Das ist hart. etc. etc.

Man könnte diesem Argument entgegenhalten, daß jede dieser Deutungen eine andere Wortsprache voraussetzt. Und dieser Einwand ist bedeutsam, wenn wir mit »Deutung« nur meinen: »Übersetzung in eine Wortsprache.« – Ich will einige Hinweise geben, die das klären könnten. Fragen wir uns, was unser Kriterium ist, wenn wir sagen, daß jemand die hinweisende Definition in bestimmter Weise gedeutet hat. Angenommen, ich gebe einem Deutschen die hinweisende Definition »Das ist das, was die Engländer ›book‹ nennen«. Dann wird dem Deutschen, zumindest in den meisten Fällen, das Wort »Buch« einfallen. Wir können sagen, daß er »book« als »Buch« gedeutet hat. Der Fall wird anders sein, wenn wir z. B. auf einen Gegenstand zeigen, den er nie zuvor gesehen hat, und sagen: »Das ist ein Banjo.« Möglicherweise fällt ihm dann das Wort »Guitarre« ein, oder möglicherweise überhaupt kein Wort, sondern das Bild eines ähnlichen Instrumentes; oder es fällt ihm vielleicht gar nichts ein. Angenommen, ich gebe ihm dann den Befehl »Suche nun unter diesen Gegenständen ein Banjo hervor«. Wenn er das wählt, was wir »ein Banjo« nennen, könnten wir sagen »Er hat dem Wort ›Banjo‹ die korrekte Deutung gegeben«; wenn er irgendein anderes Instrument wählt – »er hat ›Banjo‹ als ›Saiteninstrument‹ gedeutet«.

Wir sagen »Er hat dem Wort ›Banjo‹ diese oder jene Deutung gegeben«, und wir sind geneigt anzunehmen, daß er neben dem Akt des Wählens einen definitiven Akt des Deutens ausgeführt hat.

Unser Problem ist analog zu dem folgenden:

Wenn ich jemandem den Befehl gebe: »Hole mir eine rote Blume von dieser Wiese«, woher soll er dann wissen, was für eine Blume er mir bringen soll, da ich ihm nur ein *Wort* gegeben habe?

Zuerst könnten wir folgende Antwort vorschlagen: Er trug ein rotes Bild in seinem Geist, als er ging, um nach einer roten

Blume zu suchen, und er verglich es mit den Blumen, um zu sehen, welche die Farbe des Bildes hatte. Nun, es gibt eine solche Art des Suchens, und es ist keineswegs wesentlich, daß das Bild, das wir gebrauchen, ein geistiges ist. Tatsächlich könnte auch folgender Vorgang ablaufen: Ich trage eine Tabelle bei mir, auf der Namen und farbige Quadrate koordiniert sind. Wenn ich den Befehl »Hole mir usw.« höre, gehe ich mit dem Finger über die Tabelle von dem Wort »rot« bis zu einem bestimmten Quadrat, und dann gehe ich und suche nach einer Blume, die dieselbe Farbe wie das Quadrat hat. Doch das ist nicht die einzige und nicht die gewöhnliche Art zu suchen. Wir gehen, sehen uns um, gehen auf eine Blume zu und pflücken sie, ohne sie mit irgendetwas zu vergleichen. Um zu sehen, daß der Vorgang, dem Befehl zu gehorchen, so sein kann, betrachte den Befehl »*Stelle* dir einen roten Fleck *vor*«. In diesem Fall bist du nicht versucht zu denken, daß du dir, bevor du dem Befehl gehorchst, einen roten Fleck vorgestellt haben mußt, der dir als Muster für den roten Fleck dient, den du dir auf Grund des Befehls vorzustellen hast.

Nun könntest du fragen: deuten wir die Wörter, bevor wir dem Befehl gehorchen? Und in einigen Fällen wirst du finden, daß du etwas tust, was als Deuten vor dem Gehorchen bezeichnet werden könnte, und in einigen Fällen nicht.

Es scheint, daß es *gewisse definitive* geistige Vorgänge gibt, die mit dem Arbeiten der Sprache verbunden sind, Vorgänge, durch die allein die Sprache funktionieren kann. Ich meine die Vorgänge des Verstehens und Meinens. Die Zeichen unserer Sprache erscheinen tot ohne diese geistigen Vorgänge; und es könnte der Eindruck entstehen, daß es die einzige Funktion der Zeichen ist, solche Vorgänge hervorzurufen, und daß diese Vorgänge eigentlich das sind, wofür wir uns interessieren sollten. Wenn du gefragt wirst, was die Beziehung zwischen einem Namen und dem Ding, das er benennt, ist, wirst du demnach geneigt sein zu antworten, daß die Beziehung eine psychologische ist, und vielleicht denkst du besonders an den Assoziationsmechanismus, wenn du das sagst. – Wir sind versucht zu denken, daß die Aktion der Sprache aus zwei Teilen besteht; einem inorganischen Teil, dem Handhaben von Zeichen, und einem organischen

Teil, den wir als Verstehen, Meinen, Deuten und Denken dieser Zeichen bezeichnen können. Diese letzteren Tätigkeiten scheinen in einer seltsamen Art von Medium stattzufinden, dem Geist; und der Mechanismus des Geistes, dessen Beschaffenheit wir, wie es scheint, nicht ganz verstehen, kann Wirkungen erzielen, die kein körperlicher Mechanismus erzielen kann. So kann z. B. ein Gedanke (der solch ein geistiger Vorgang ist) mit der Wirklichkeit übereinstimmen oder nicht mit ihr übereinstimmen; ich bin fähig, an einen Menschen zu denken, der nicht anwesend ist; ich bin fähig, ihn mir vorzustellen, ihn mit einer Bemerkung, die ich über ihn mache, zu »meinen«, auch wenn er Tausende von Meilen entfernt oder gar tot ist. »Was für ein seltsamer Mechanismus der Mechanismus des Wünschens sein muß, wenn ich etwas wünschen kann, das niemals geschehen wird«, könnte man sagen.

Es gibt einen Weg, auf dem man zumindest teilweise den geheimnisvollen Nimbus der Denkvorgänge vermeiden kann, indem man nämlich in diesen Vorgängen jede Vorstellungstätigkeit durch Schauen auf reale Gegenstände ersetzt. So mag es zumindest in gewissen Fällen wesentlich erscheinen, daß ich ein rotes Bild vor meinem geistigen Auge habe, wenn ich das Wort »rot« verstehend höre. Aber warum sollte ich nicht ein rotes Stück Papier ansehen, anstatt mir einen roten Fleck vorzustellen? Das visuelle Bild wird lediglich lebendiger sein. Stell dir Einen vor, der ständig ein Stück Papier in seiner Tasche trägt, auf dem Namen von Farben mit farbigen Flecken koordiniert sind. Du magst sagen, daß es Unfug ist, eine solche Mustertabelle mit sich zu tragen, und daß wir statt dessen immer den Assoziationsmechanismus gebrauchen. Aber das ist irrelevant; und in vielen Fällen ist es nicht einmal wahr. Wenn du zum Beispiel den Befehl erhieltest, eine bestimmte Schattierung von Blau, »Preußisch Blau« genannt, zu malen, dann könnte es sein, daß du eine Tabelle gebrauchen müßtest, die dich von dem Wort »Preußisch Blau« zu einem Muster der Farbe führt, die dir als Vorwurf dienen würde.

Für unsere Zwecke könnten wir sehr wohl jeden Vorstellungsvorgang durch den Vorgang, einen Gegenstand anzuschauen, oder durch Malen, Zeichnen oder Modellieren ersetzen; und den

Vorgang, mit sich selbst zu sprechen, könnte man durch den Vorgang, laut zu sprechen oder zu schreiben, ersetzen.

Frege spottete über die formalistische Konzeption der Mathematik, indem er sagte, daß die Formalisten das Unwichtige, nämlich das Zeichen, mit dem Wichtigen, der Bedeutung, verwechseln. Gewiß, möchte man sagen, handelt Mathematik nicht von Strichen auf einem Stück Papier. Freges Idee kann folgendermaßen ausgedrückt werden: wenn die Sätze der Mathematik nur Kombinationen von Strichen wären, wären sie tot und äußerst uninteressant, während sie doch offensichtlich eine Art Leben haben. Und dasselbe kann natürlich von jedem Satz gesagt werden: Ohne Sinn oder ohne den Gedanken wäre ein Satz ein ganz und gar lebloses und triviales Ding. Und weiter scheint es klar zu sein, daß das Hinzufügen von inorganischen Zeichen den Satz keineswegs lebendig machen kann. Und der Schluß, den man daraus zieht, ist folgender: was zu den toten Zeichen hinzugefügt werden muß, um einen lebendigen Satz aus ihnen zu machen, ist etwas Unkörperliches, das sich in seinen Eigenschaften von allen bloßen Zeichen unterscheidet.

Wenn wir jedoch irgendetwas, das das Leben des Zeichens ausmacht, benennen sollten, so würden wir sagen müssen, daß es sein *Gebrauch* ist.

Wenn die Bedeutung eines Zeichens (beiläufig gesprochen, das, was in bezug auf das Zeichen wichtig ist) ein Bild ist, das in unserm Geist entsteht, wenn wir das Zeichen sehen oder hören, dann wollen wir zuerst die eben beschriebene Methode anwenden, nach der wir dieses geistige Bild durch irgendeinen äußeren Gegenstand ersetzen, den wir sehen, z. B. ein gemaltes oder modelliertes Bild. Warum sollte dann das geschriebene Zeichen mit dem gemalten Bild lebendig sein, wenn das geschriebene Zeichen allein tot war? – Sobald du daran denkst, das geistige Bild durch, sagen wir, ein gemaltes zu ersetzen und sobald das Bild dadurch seinen geheimnisvollen Charakter verliert, erscheint es in der Tat nicht mehr so, als ob es dem Satz irgendwelches Leben verleihen könnte. (Es war ja gerade der geheimnisvolle Charakter des geistigen Vorganges, den du für deine Zwecke nötig hattest.)

Der Fehler, zu dem wir neigen, könnte folgendermaßen ausgedrückt werden: Wir suchen nach dem Gebrauch eines Zeichens, aber wir suchen nach ihm, als ob er ein Gegenstand wäre, der mit dem Zeichen in Koexistenz ist. (Einer der Gründe für diesen Fehler ist wiederum, daß wir nach einem »Ding« suchen, »das dem Substantiv entspricht«.)

Das Zeichen (der Satz) erhält seine Bedeutung von dem System der Zeichen, von der Sprache, zu dem es gehört. Kurz: Einen Satz verstehen, heißt, eine Sprache verstehen.

Als ein Teil des Sprachsystems, so kann man sagen, hat der Satz Leben. Jedoch ist man versucht, sich das, was dem Satz Leben gibt, als etwas in einer geheimnisvollen Sphäre vorzustellen, das den Satz begleitet. Aber was es auch sei, das ihn begleitet, es wäre für uns nur ein anderes Zeichen.

Es scheint auf den ersten Blick, daß der geheimnisvolle Charakter des Denkens darin besteht, daß es eine Kette geistiger Zustände ist, und es scheint, daß die Vorgänge, die im Medium des Geistes ablaufen, – Vorgänge, die nur in diesem Medium möglich sind, – das sind, was das Thema, »Denken« so seltsam und schwer verständlich macht. Der Vergleich des geistigen Mediums mit dem Protoplasma einer Zelle, etwa einer Amoebe, drängt sich auf. Wir beobachten bestimmte Tätigkeiten der Amoebe, wie sie Nahrung durch Ausstrecken der Arme aufnimmt, wie sie sich in gleichartige Zellen aufspaltet, von denen eine jede wächst und sich wie die ursprüngliche verhält. Wir sagen »Das Protoplasma muß von seltsamer Art sein, um sich so zu verhalten«, und vielleicht sagen wir, daß kein physischer Mechanismus sich so verhalten könnte und daß der Mechanismus der Amoebe von völlig anderer Art sein muß. Auf gleiche Weise sind wir versucht zu sagen: »Der Mechanismus des Geistes muß von ganz besonderer Art sein, um das tun zu können, was der Geist tut.« Aber hier machen wir zwei Fehler. Denn es waren keineswegs wunderliche Wirkungen, die wir noch nicht (kausal) zu erklären in der Lage waren, die *uns* als seltsam im Zusammenhang mit Gedanken und dem Denken auffielen. In andern Worten, unser Problem war kein naturwissenschaftliches; sondern ein Durcheinander, das wir als ein Problem empfanden.

Angenommen, wir würden auf Grund psychologischer Untersuchungen einen Modellgeist herstellen, ein Modell, das, wie wir sagen würden, die Tätigkeit des Geistes erklären würde. Dieses Modell wäre in der Weise Teil einer psychologischen Theorie, in der ein mechanisches Modell des Äthers Teil einer Theorie der Elektrizität sein kann. (Nebenbei, ein solches Modell ist immer Teil der Symbolik einer Theorie. Sein Vorteil mag sein, daß es mit einem Blick erfaßt und leicht im Gedächtnis behalten werden kann. Man hat gesagt, daß ein Modell in gewissem Sinn die reine Theorie bekleidet; daß die *nackte* Theorie aus Sätzen und Gleichungen besteht. Das muß später eingehender nachgeprüft werden.)

Wir werden finden, daß solch ein Modellgeist sehr kompliziert und verwickelt sein muß, wenn er dazu dienen soll, die beobachteten geistigen Tätigkeiten zu erklären; und auf dieser Basis könnten wir den Geist eine seltsame Art Medium nennen. Doch dieser Aspekt des Geistes interessiert uns nicht. Die Probleme, die er uns aufgeben könnte, sind psychologische Probleme, und die Methode ihrer Lösung ist die Methode der Naturwissenschaft.

Wenn es nun nicht die Kausalverbindungen sind, die uns angehen, dann liegen die Tätigkeiten des Geistes offen vor uns. Und wenn wir uns Gedanken über die Beschaffenheit des Denkens machen, ist die Verwirrung, die wir fälschlicherweise als eine Verwirrung in bezug auf die Beschaffenheit eines Mediums gedeutet haben, eine Verwirrung, deren Ursache in dem irreführenden Gebrauch unserer Sprache liegt. Diese Art von Fehler kehrt in der Philosophie ständig wieder; z. B. wenn wir uns über die Beschaffenheit der Zeit den Kopf zerbrechen, wenn Zeit uns als ein *sonderbares Ding* erscheint. Wir sind in größter Versuchung zu denken, daß wir es hier mit verborgenen Dingen zu tun haben, etwas, das wir von außen sehen, aber in das wir nicht hineinschauen können. Aber nichts dergleichen ist der Fall. Was wir wissen wollen, sind keine neuen Tatsachen über die Zeit. All die Tatsachen, die uns angehen, liegen offen vor uns. Aber es ist der Gebrauch des Substantives »Zeit,« der uns hinters Licht führt. Wenn wir die Grammatik dieses Wortes näher betrachten, werden wir, wenn der Mensch sich eine Gottheit der Zeit gedacht hätte, dieses nicht als weniger verblüffend empfinden, als wenn er sich Gottheiten der Negation und Disjunktion gedacht hätte.

Es ist also irreführend, vom Denken als einer »geistigen Tätigkeit« zu sprechen. Wir können sagen, daß Denken im wesentlichen eine Tätigkeit des Operierens mit Zeichen ist. Diese Tätigkeit wird mit der Hand ausgeführt, wenn wir schreibend denken; mit dem Mund und Kehlkopf, wenn wir sprechend denken; und wenn wir denken, indem wir uns Zeichen oder Bilder vorstellen, kann ich dir kein *Agens*, das denkt, angeben. Wenn du dann sagst, daß in solchen Fällen der Geist denkt, dann würde ich deine Aufmerksamkeit lediglich auf die Tatsache lenken, daß du eine Metapher gebrauchst, daß der Geist hier in einem andern Sinn ein Agens ist als dem, in dem man von der Hand sagen kann, daß sie das Agens beim Schreiben ist.

Wenn wir über den Ort sprechen, wo das Denken stattfindet, haben wir ein Recht zu sagen, daß dieser Ort das Papier ist, auf dem wir schreiben, oder der Mund, der spricht. Und wenn wir vom Kopf oder vom Gehirn als dem Ort des Denkens sprechen, dann gebrauchen wir den Ausdruck »Ort des Denkens« in einem andern Sinn. Untersuchen wir die Gründe, aus denen man den Kopf den Ort des Denkens nennen kann. Es ist nicht unsere Absicht, diese Ausdrucksform zu kritisieren oder zu zeigen, daß sie nicht angebracht ist. Was wir zu tun haben, ist vielmehr dieses: die Funktion dieses Ausdrucks und seine Grammatik zu verstehen, z. B. zu sehen, in welcher Beziehung seine Grammatik zu der des Ausdrucks »wir denken mit dem Mund« oder »wir denken mit einem Bleistift auf einem Stück Papier« steht.

Vielleicht ist der Hauptgrund, aus dem wir so stark dazu neigen, vom Kopf als dem Ort unserer Gedanken zu sprechen, dieser: das Bestehen der Wörter »Denken« und »Gedanke« neben den Wörtern, die (körperliche) Tätigkeiten bezeichnen, wie Schreiben, Sprechen etc., läßt uns nach einer Tätigkeit suchen, die von diesen verschieden und doch analog zu ihnen ist und die dem Wort »Denken« entspricht. Wenn Wörter in unserer Umgangssprache *prima facie* analoge Grammatiken haben, sind wir geneigt zu versuchen, sie analog zu deuten; d. h. wir versuchen, die Analogie durchweg bestehen zu lassen. – Wir sagen »Der Gedanke ist nicht dasselbe wie der Satz; denn ein englischer Satz und ein französischer Satz, die voneinander völlig verschieden sind, können denselben Gedanken ausdrücken.« Und nun, da die Sätze *irgendwo* sind, suchen wir nach einem Ort für den Gedanken. (Es ist, als ob wir nach einem Ort für den König, von dem die Schachregeln handeln, suchen, im Gegensatz zu den Orten der verschiedenen Holzstücke, den Königen aus verschiedenen Sätzen von Schachfiguren.) – Wir sagen »Sicher ist der Gedanke *etwas*; er ist nicht nichts«, und alles, was man darauf antworten kann, ist, daß das Wort »Gedanke« seinen *Gebrauch* hat, der von völlig anderer Art ist als der Gebrauch des Wortes »Satz«.

Bedeutet das nun, daß es unsinnig ist, von einem Ort zu sprechen, wo Denken stattfindet? Gewiß nicht. Dieser Ausdruck ist sinnvoll, wenn wir ihm Sinn geben. Wenn wir nun sagen »Denken findet in unsern Köpfen statt«, was ist dann der Sinn dieses Satzes, nüchtern verstanden? Ich nehme an, der Sinn ist, daß bestimmte physiologische Vorgänge unsern Gedanken derart entsprechen, daß wir, wenn wir von dieser Entsprechung wissen, die Gedanken durch Beobachtung dieser Vorgänge finden können. Aber in welchem Sinn kann man sagen, daß physiologische Vorgänge Gedanken entsprechen, und in welchem Sinne kann man von uns sagen, daß wir die Gedanken durch Beobachtung des Gehirns finden?

Ich nehme an, wir bilden uns ein, daß die Entsprechung experimentell nachgewiesen worden ist. Stellen wir uns ein solches Experiment ungefähr vor. Es besteht darin, daß man das Gehirn beobachtet, während die Versuchsperson denkt. Und nun magst du denken, daß der Grund, aus dem meine Erklärung fehlgehen wird, der ist, daß der Experimentator natürlich die Gedanken der Versuchsperson nur auf *indirekte* Weise erfährt, indem sie ihm gesagt werden, wenn die Versuchsperson sie in der einen oder andern Weise *ausdrückt*. Aber ich will diese Schwierigkeit aus dem Wege räumen, indem ich annehme, daß die Versuchsperson gleichzeitig der Experimentator ist, der sein eigenes Gehirn beobachtet, etwa mittels eines Spiegels. (Der grobe Charakter dieser Beschreibung vermindert in keiner Weise die Kraft des Argumentes.)

Dann frage ich dich: beobachtet die Experimentator-Versuchsperson eine Sache oder zwei? (Sage nicht, daß er eine Sache von innen und von außen beobachtet; denn dadurch wird die Schwierigkeit nicht beseitigt. Von innen und außen werden wir später sprechen[2].) Die Experimentator-Versuchsperson beobachtet eine Wechselbeziehung zwischen zwei Phänomenen. Eines davon nennt er vielleicht den *Gedanken*. Dieser mag aus einer Kette von Vorstellungsbildern, organischen Empfindungen bestehen, oder andrerseits aus einer Kette der verschiedenen visuellen und taktilen Erfahrungen und Muskelempfindungen, die er beim Schreiben oder Sprechen eines Satzes hat. – Die andere Erfahrung ist die, sein Gehirn arbeiten zu sehen. Beide Phänomene können korrekt als »Ausdrücke des Gedankens« bezeichnet werden; und um Verwirrung zu vermeiden, weise man die Frage »Und wo ist der Gedanke selbst?« besser als unsinnig zurück. Wenn wir jedoch den Ausdruck »Der Gedanke findet im Kopf statt« gebrauchen, dann haben wir dem Ausdruck seine Bedeutung durch die Beschreibung der Erfahrung gegeben, die die *Hypothese* rechtfertigen würde, daß Denken in unsern Köpfen stattfindet, d. h. durch Beschreiben der Erfahrung, die wir als »Beobachten des Denkens in unserm Gehirn« bezeichnen möchten.

Wir vergessen leicht, daß das Wort »Ort« in vielen verschiedenen Bedeutungen gebraucht wird, und daß es viele verschiedene Arten von Aussagen über eine Sache gibt, die wir im einzelnen Fall, dem allgemeinen Gebrauch gemäß, als Ortsangaben für eine Sache bezeichnen können. So hat man gesagt, daß der Ort des visuellen Raums in unserm Kopf ist; und ich glaube, zum Teil ist man durch ein grammatisches Mißverständnis in die Versuchung geführt worden, das zu sagen.

Ich kann sagen: »In meinem Gesichtsfeld sehe ich das Bild eines Baumes rechts vom Bild eines Turmes«, oder »Ich sehe das Bild eines Baumes in der Mitte des Gesichtsfeldes«. Und nun sind wir geneigt zu fragen: »Und wo siehst du das Gesichtsfeld?« Wenn nun das »Wo« als Frage nach dem Ort in dem Sinne gemeint ist, in dem wir den Ort vom Bild des Baumes angegeben haben, würde ich deine Aufmerksamkeit auf die Tatsache lenken, daß du dieser Frage noch keinen Sinn gegeben hast; das

2 S. pp. 35, 36, 74 ff., 98

heißt, daß du auf Grund einer grammatischen Analogie vorgegangen bist, ohne die Analogie im einzelnen ausgearbeitet zu haben.

Als ich sagte, daß die Auffassung, daß das Gesichtsfeld sich in unserm Gehirn befindet, aus einem grammatischen Mißverständnis entstanden ist, wollte ich damit nicht sagen, daß wir einer solchen Ortsangabe keinen Sinn geben können. Wir können uns z. B. leicht eine Erfahrung vorstellen, die wir mit einer solchen Aussage beschreiben würden. Stell dir vor, wir sehen uns eine Gruppe von Gegenständen in diesem Zimmer an, und während wir sie ansehen, wird eine Sonde in unser Gehirn eingeführt, und es stellt sich heraus, daß, wenn die Spitze der Sonde eine bestimmte Stelle in unserem Gehirn erreicht, dadurch ein bestimmter kleiner Teil unseres Gesichtsfeldes vernichtet wird. Auf diese Weise könnten wir Punkte unseres Gehirns mit Punkten des visuellen Bildes koordinieren, und das könnte uns veranlassen zu sagen, daß das Gesichtsfeld sich an der-und-der Stelle im Gehirn befände. Und wenn wir nun die Frage stellten »Wo siehst du das Bild dieses Buches?«, dann könnte die Antwort (wie oben) lauten »Rechts von diesem Bleistift« oder »Im linken Teil meines Gesichtsfeldes« oder auch »Fünf Zentimeter hinter meinem linken Auge«.

Was aber, wenn jemand sagen würde: »Ich kann dir versichern, daß ich das visuelle Bild drei Zentimeter hinter meinem Nasenbein spüre«; – was sollten wir ihm antworten? Sollten wir sagen, daß er nicht die Wahrheit sagt, oder daß es keine solche Empfindung geben kann? Was aber, wenn er uns fragt: »Kennt ihr alle Empfindungen, die es gibt? Woher wißt ihr, daß es solch eine Empfindung nicht gibt?«

Was ist, wenn uns der Rutengänger erzählt, er *fühle*, wenn er die Rute hält, daß das Wasser fünf Fuß unter der Bodenoberfläche ist, oder er *fühle*, daß sich ein Gemisch aus Kupfer und Gold fünf Fuß unter der Bodenoberfläche befindet? Angenommen, er antwortet auf unsere Zweifel: »Du kannst eine Länge schätzen, wenn du sie siehst. Warum sollte ich nicht eine andere Methode haben, sie zu schätzen?«

Wenn wir die Idee von einer solchen Schätzung verstehen, werden wir Klarheit über das Wesen unserer Zweifel über die

Aussagen des Rutengängers gewinnen, und auch über den, der sagte, er fühle das visuelle Bild hinter seinem Nasenbein.
Es gibt die Behauptung »Dieser Bleistift ist acht Zentimeter lang« und die Behauptung »Ich fühle, daß dieser Bleistift acht Zentimeter lang ist«, und wir müssen uns über die Beziehung klar werden, die zwischen der Grammatik der ersten Behauptung und der Grammatik der zweiten Behauptung besteht. Auf die Behauptung »Ich fühle in meiner Hand, daß das Wasser drei Fuß unter der Bodenoberfläche ist« würden wir antworten wollen: »Ich weiß nicht, was das *bedeutet*.« Doch der Rutengänger würde sagen: »Sicher weißt du, was das bedeutet. Du weißt, was ›drei Fuß unter der Bodenoberfläche‹ bedeutet, und du weißt, was ›ich fühle‹ bedeutet.« Aber ich würde ihm antworten: Ich weiß, was ein Wort *in einem bestimmten Zusammenhang* bedeutet. So verstehe ich den Ausdruck »drei Fuß unter der Bodenoberfläche«, sagen wir, in den Zusammenhängen: »Die Messung hat gezeigt, daß das Wasser drei Fuß unter der Bodenoberfläche fließt«, »wenn wir drei Fuß tief graben, werden wir auf Wasser stoßen«, »nach dem Augenmaß ist das Wasser drei Fuß entfernt«. Doch der Gebrauch des Ausdrucks »ein Gefühl in den Händen, daß das Wasser drei Fuß unter der Bodenoberfläche ist« muß mir noch erklärt werden.
Wir können den Rutengänger fragen: »Wie hast du die Bedeutung des Wortes ›drei Fuß‹ gelernt? Wir nehmen an, dadurch, daß dir solche Längen gezeigt wurden; dadurch, daß du sie gemessen hast, und so fort. Hat man dich auch gelehrt, von einem Gefühl, daß Wasser drei Fuß unter der Bodenoberfläche ist, etwa von einem Gefühl in deinen Händen, zu sprechen? Wenn nicht, was hat dich dann veranlaßt, das Wort ›drei Fuß‹ mit einem Gefühl in deiner Hand zu verbinden?« Angenommen, wir hätten Längen nach dem Augenmaß abgeschätzt, aber niemals eine Länge überspannt. Wie können wir eine Länge in Zentimetern abschätzen, indem wir sie überspannen? D. h. wie können wir die Erfahrung, eine Länge nach Zentimetern zu überspannen, deuten? Die Frage ist: Welche Verbindung besteht zwischen, sagen wir, einer Tastempfindung und der Erfahrung, einen Gegenstand mittels eines Metermaßes zu messen? Diese Verbindung wird uns zeigen, was es bedeutet »zu fühlen, daß

ein Gegenstand vier Zentimeter lang ist«. Angenommen, der Rutengänger sagt »Ich habe nie gelernt, die Entfernung des Wassers von der Bodenoberfläche mit Gefühlen in meiner Hand in Verbindung zu bringen, doch wenn ich ein gewisses Gefühl von Spannung in meinen Händen habe, dann entstehen die Wörter ›drei Fuß‹ in meinem Geiste«. Wir würden antworten »Dies ist eine vollkommen gute Erklärung für das, was du mit ›fühlen, daß die Tiefe drei Fuß beträgt‹ meinst, und deine Aussage, daß du das fühlst, wird weder mehr noch weniger Bedeutung haben, als deine Erklärung ihr gegeben hat. Und wenn Erfahrung zeigt, daß die tatsächliche Entfernung des Wassers von der Bodenoberfläche stets mit den Worten ›*n* Fuß,‹ die in deinem Geist entstehen, übereinstimmt, dann wird deine Erfahrung sehr nützlich zur Bestimmung der Entfernung von Wasser von der Bodenoberfläche sein.« – Aber du siehst, daß die Bedeutung der Wörter »Ich fühle, daß das Wasser *n* Fuß unter der Bodenoberfläche ist« erklärt werden mußte; die Bedeutung war nicht bekannt, während die Bedeutung der Wörter »*n* Fuß« im gewöhnlichen Sinne (d. h. in gewöhnlichen Zusammenhängen) bekannt war. – Wir sagen nicht, daß der, der uns erzählt, er fühle das visuelle Bild drei Zentimeter hinter dem Nasenbein, lügt oder Unsinn redet. Doch wir sagen, daß wir die Bedeutung eines solchen Ausdrucks nicht verstehen. Ein solcher Ausdruck verbindet bekannte Wörter, aber er verbindet sie auf eine Weise, die wir noch nicht verstehen. Die Grammatik dieses Ausdrucks muß uns noch erklärt werden.

Es ist wichtig, die Antwort des Rutengängers zu untersuchen, weil wir oft denken, daß wir einer Aussage P Bedeutung gegeben haben, wenn wir nur *behaupten* »Ich *fühle* (oder ich glaube), daß P der Fall ist«. (Bei späterer Gelegenheit werden wir von Prof. Hardys Bemerkung sprechen, daß Goldbachs Theorem ein Satz (›proposition‹) sei, weil er glauben kann, daß es wahr ist[3].) Wir haben bereits gesagt, daß wir, indem wir lediglich die Bedeutung der Wörter »drei Fuß« in der gewöhnlichen Weise erklären, noch nicht die Bedeutung des Ausdrucks »fühlen, daß das Wasser drei Fuß unter der Bodenoberfläche etc.« erklärt

3 Dieses Versprechen hält W. nicht. Hrsg.

haben. Wir hätten diese Schwierigkeiten nicht empfunden, wenn der Rutengänger gesagt hätte, er habe *gelernt*, die Entfernung des Wassers zu schätzen, indem er, sagen wir, jedesmal, wenn er ein bestimmtes Gefühl hatte, nach Wasser grub und auf diese Weise derartige Gefühle mit Tiefen*messungen* verband. Wir müssen nun die Beziehung zwischen dem Vorgang, *schätzen zu lernen*, und der Handlung des Schätzens untersuchen. Die Wichtigkeit dieser Untersuchung liegt darin, daß sie sich auf die Beziehung zwischen dem Lernen der Bedeutung eines Wortes und dem Gebrauch dieses Wortes anwenden läßt. Oder allgemeiner, darin, daß sie die verschiedenen möglichen Beziehungen zwischen einer Regel und ihrer Anwendung zeigt.

Betrachten wir den Vorgang, eine Länge nach dem Augenmaß zu schätzen: Es ist äußerst wichtig zu erkennen, daß es eine große Anzahl verschiedener Vorgänge gibt, die wir »nach dem Augenmaß schätzen« nennen. Betrachte diese Fälle:

1) Jemand fragt: »Wie hast du die Höhe dieses Gebäudes geschätzt?« Ich antworte: »Es hat vier Stockwerke; ich nehme an, jedes Stockwerk ist ungefähr fünf Meter hoch; so muß es ungefähr 20 Meter hoch sein.«

2) In einem andern Fall: »Ich weiß ungefähr, wie ein Meter aus dieser Entfernung aussieht; so muß es ungefähr vier Meter lang sein.«

3) Oder auch: »Ich kann mir vorstellen, daß ein großer Mann an diese Stelle reichen kann; so muß sie ungefähr zwei Meter über dem Boden sein.«

4) Oder: »Ich weiß nicht; es sieht eben wie ein Meter aus.«

Dieser letzte Fall ist dazu angetan, uns zu verwirren. Wenn du fragst: »Was geschah in diesem Fall, als der Mann die Länge schätzte?«, dann kann die korrekte Antwort lauten: »Er *sah* den Gegenstand *an* und *sagte*: ›Das sieht aus, als ob es einen Meter lang ist.‹« Mehr braucht dabei nicht geschehen zu sein.

Wir sagten vorher, daß die Antwort des Rutengängers uns nicht verwirrt hätte, wenn er uns gesagt hätte, daß er *gelernt* habe, Tiefenentfernung zu schätzen. Das Schätzenlernen kann nun in zwei verschiedenen Beziehungen zur Handlung des Schätzens gesehen werden; entweder als Ursache des Phänomens des Schätzens, oder als etwas, das uns mit einer Regel (einer Tabelle, einer Karte oder so etwas) versieht, von der wir Gebrauch machen, wenn wir schätzen.

Angenommen, ich lehre jemanden den Gebrauch des Wortes »gelb«, indem ich wiederholt auf einen gelben Fleck zeige und das Wort ausspreche. Bei einer andern Gelegenheit veranlasse ich ihn, das Gelernte anzuwenden, indem ich ihm den Befehl gebe »Wähle einen gelben Ball aus dieser Tasche«. Nun magst du geneigt sein zu denken, daß dies unmöglich alles gewesen sein kann; und du würdest etwas von der folgenden Art andeuten: daß er sich etwas Gelbes vorstellte, als er den Befehl verstand, und dann einen Ball seinem Vorstellungsbild gemäß aussuchte. Um zu sehen, daß das nicht notwendig ist, erinnere dich daran, daß ich ihm den Befehl »Stell dir einen gelben Fleck vor« gegeben haben könnte. Würdest du dann immer noch zu der Annahme neigen, daß er sich zuerst einen gelben Fleck vorstellt, indem er meinen Befehl *versteht*, und sich dann einen gelben Fleck vorstellt, der mit dem ersten übereinstimmt? (Ich sage nun nicht, daß dies nicht möglich wäre. Nur zeigt diese Darstellung sofort, daß es so nicht geschehen muß. Dies, nebenbei gesagt, veranschaulicht die Methode der Philosophie.)

Wenn man uns die Bedeutung des Wortes »gelb« lehrt, indem man uns eine Art hinweisender Definition gibt (eine Regel für den Gebrauch des Wortes), so kann dieser Vorgang des Lehrens auf zwei verschiedene Weisen angesehen werden.

A. Der Vorgang des Lehrens ist ein Drill. Dieser Drill verursacht uns, ein gelbes Bild, gelbe Dinge, mit dem Wort »gelb« zu assoziieren. So kann das Wort »gelb«, als ich den Befehl »Wähle einen gelben Ball aus dieser Tasche« gab, ein gelbes Vorstellungsbild hervorgerufen haben, oder ein Gefühl des Erkennens, als der Blick der Person auf den gelben Ball fiel. Man könnte in diesem Fall sagen, daß durch den Drill ein psychischer Mechanismus entstanden ist. Das wäre jedoch nur eine Hypothese oder sonst eine Metapher. Wir könnten den Vorgang des Lehrens mit der Installation einer elektrischen Verbindung zwischen einem Schalter und einer Glühbirne *vergleichen*. Parallelen zu dem, was wir Vergessen der Erklärung oder der Bedeutung des Wortes nennen, wären dann Fälle, in denen die Verbindung fehlgeht oder unterbrochen wird. (Wir müssen später über die

Bedeutung des Ausdrucks »die Bedeutung eines Wortes vergessen« sprechen[4].)

Soweit der Unterricht die Assoziation, das Gefühl des Erkennens etc. etc. hervorruft, ist er die *Ursache* der Phänomene des Verstehens, Gehorchens etc.; und es ist eine Hypothese, daß der Vorgang des Lehrens notwendig ist, um diese Wirkungen hervorzubringen. In diesem Sinne ist es denkbar, daß alle Vorgänge des Verstehens, Gehorchens usw. geschehen sein könnten, ohne daß jemand die Person jemals die Sprache gelehrt hat. (Dies erscheint gerade jetzt äußerst paradox.)

B. Der Unterricht kann uns mit einer Regel ausgerüstet haben, die selbst in die Vorgänge des Verstehens, Gehorchens etc. einbezogen wird; »einbezogen« bedeutet hier jedoch, daß der Ausdruck dieser Regel einen Teil dieser Vorgänge bildet.

Wir müssen unterscheiden zwischen dem, was man »einen Vorgang, der mit einer Regel übereinstimmt«, und dem, was man einen »Vorgang, der eine Regel einbezieht« (im obigen Sinne) nennt.

Regel wird einbezogen

Nimm ein Beispiel. Jemand lehrt mich, Kardinalzahlen zu quadrieren; er schreibt die Reihe

Bsp des quadrieren

1 2 3 4

auf und bittet mich, die Zahlen zu quadrieren. (Ich will auch in diesem Fall alle Vorgänge »im Geist« durch Vorgänge des Rechnens auf dem Papier ersetzen.) Nimm an, ich schreibe dann unter die erste Reihe von Zahlen

1 4 9 16.

Was ich geschrieben habe, stimmt mit der allgemeinen Regel des Quadrierens überein; aber offensichtlich stimmt es auch mit jeder beliebigen Anzahl von andern Regeln überein; und es stimmt mit keiner von diesen mehr oder weniger überein als mit irgendeiner anderen. In dem Sinn, in dem wir vorher von einer Regel als in einen Vorgang einbezogen gesprochen haben, war *keine* Regel in diesen einbezogen. Angenommen, ich habe, um zu meinen Ergebnissen zu gelangen, 1 x 1, 2 x 2, 3 x 3, 4 x 4 ausgerechnet (das heißt, in diesem Fall habe ich die Berechnun-

4 Darauf kommt W. jedoch nicht zurück. Siehe aber *Philosophische Grammatik,* Teil I, § 38. Hrsg.

gen aufgeschrieben); dies würde wiederum mit jeder beliebigen Anzahl von Regeln übereinstimmen. Andrerseits angenommen, ich habe das, was du die »Regel des Quadrierens« nennen magst, sagen wir, in algebraischer Form aufgeschrieben, um zu meinen Ergebnissen zu gelangen. In diesem Fall war die Regel in einem Sinne einbezogen, in dem es keine andere Regel war.

Wir werden sagen, daß die Regel in das Verstehen, Gehorchen etc. *einbezogen* ist, wenn, wie ich es ausdrücken möchte, das Symbol für die Regel Teil der Berechnung bildet. (Da wir nicht daran interessiert sind, wo die Vorgänge des Denkens und Rechnens stattfinden, können wir uns für unsern Zweck vorstellen, daß die Berechnungen ausschließlich auf Papier ausgeführt werden. Wir befassen uns nicht mit dem Unterschied: innerlich, äußerlich.)

Ein charakteristisches Beispiel für den Fall B wäre eines, in dem der Unterricht uns mit einer Tabelle versähe, von der wir tatsächlich beim Verstehen, Gehorchen etc. Gebrauch machen würden. Wenn man uns lehrt, Schach zu spielen, kann man uns Regeln lehren. Wenn wir dann Schach spielen, brauchen diese Regeln nicht in die Handlung des Spielens einbezogen zu werden. Aber sie können einbezogen werden. Stell dir z. B. vor, die Regeln wären in Form einer Tabelle ausgedrückt; in eine Spalte sind die Umrisse der Schachfiguren gezeichnet, und in einer parallelen Spalte finden wir die Diagramme, die die »Freiheit« (die legitimen Züge) der Figuren zeigen. Nehmen wir nun an, daß die Weise, in der das Spiel gespielt wird, es erfordert, daß man den Übergang vom Umriß zu den möglichen Zügen macht, indem man mit dem Finger über die Tabelle fährt und dann einen dieser Züge macht.

Der Unterricht als die hypothetische Geschichte unserer darauf folgenden Handlungen (Verstehen, Gehorchen, eine Länge schätzen etc.) fällt außerhalb unserer Betrachtungen. Die Regel, die gelehrt wurde und die dann angewendet wird, interessiert uns nur so weit, als sie in die Anwendung einbezogen wird. Eine Regel wirkt, soweit sie uns interessiert, nicht aus der Entfernung.

Angenommen, ich zeigte auf ein Stück Papier und sagte zu jemandem: »Diese Farbe nenne ich ›rot‹.« Danach gebe ich ihm den Befehl: »Nun male mir einen roten Fleck.« Dann frage ich ihn: »Warum hast du, als du meinen Befehl ausführtest, gerade diese Farbe gemalt?« Seine Antwort könnte dann lauten: »Diese Farbe (und er zeigt dabei auf das Muster, das ich ihm gegeben habe) wurde ›rot‹ genannt; und der Fleck, den ich gemalt habe, hat, wie du siehst, die Farbe des Musters.« Er hat mir nun einen Grund gegeben, warum er den Befehl in dieser Weise ausgeführt hat. Wenn man einen Grund für etwas, das man getan oder gesagt hat, gibt, so bedeutet das, daß man einen *Weg zeigt*, der zu dieser Handlung führt. In einigen Fällen bedeutet das, daß man den Weg angibt, den man selbst gegangen ist; in andern Fällen bedeutet es, daß man einen Weg beschreibt, der dahin führt und mit bestimmten akzeptierten Regeln übereinstimmt. So könnte die Person, als sie gefragt wurde »Warum hast du meinen Befehl ausgeführt, indem du gerade diese Farbe gemalt hast?«, den Weg beschrieben haben, den er tatsächlich genommen hat, um zu dieser bestimmten Farbschattierung zu gelangen. Dies wäre der Fall gewesen, wenn er beim Hören des Wortes »rot« das Muster, das ich ihm gegeben hatte, genommen, mit »rot« bezeichnet und beim Malen des Fleckes *kopiert* hätte. Andrerseits könnte er ihn »automatisch« gemalt haben, oder nach einem Erinnerungsbild; aber gleichwohl könnte er, wenn er nach dem Grund gefragt wird, auf dieses Muster weisen und zeigen, daß es mit dem Fleck, den er gemalt hat, übereinstimmt. In diesem letzteren Fall würde der angegebene Grund zu der zweiten Art gehören, d. h. er wäre eine Rechtfertigung *post hoc*.

Wenn man nun denkt, daß man ohne vorhergehenden Unterricht einen Befehl nicht verstehen noch ihm gehorchen kann, dann denkt man, daß der Unterricht etwas ist, das einen *Grund* für das liefert, was man getan hat; das den Weg liefert, auf dem man geht. Da herrscht die Vorstellung, daß es einen Grund geben muß, wenn man einen Befehl versteht und ihm in bestimmter Weise gehorcht; in der Tat eine Kette von Gründen, die bis ins Unendliche reicht. Das ist, als ob man sagte: »Wo immer du auch bist, du mußt von irgendeinem andern Ort dahin gelangt sein, und zu diesem Ort mußt du wieder von einem andern Ort gekommen sein; und so weiter *ad infinitum*.« (Wenn du andrerseits gesagt hättest: »Wo immer du auch bist, du *könntest* dahin von einem andern Ort aus gelangt sein, der zehn Meter entfernt ist; und zu diesem andern Ort von einem dritten Ort aus, der zehn weitere Meter entfernt ist, und so weiter *ad infinitum*« – wenn du das gesagt hättest, dann hättest du besonderen Nachdruck auf die unendliche *Möglichkeit*, einen Schritt zu machen, gelegt. So entsteht die Vorstellung von einer unendlichen Kette von Gründen aus einer ähnlichen Verwirrung wie dieser: daß eine Linie von bestimmter Länge aus unendlich vielen Teilen besteht, weil sie unbegrenzt teilbar ist; d. h. weil die Möglichkeit, sie zu teilen, endlos ist.)

Wenn du andrerseits erkennst, daß die Kette von *tatsächlichen* Gründen einen Anfang hat, dann wirst du dich nicht mehr gegen die Vorstellung empören, daß es in manchen Fällen *keinen* Grund für die Weise gibt, in der man einem Befehl gehorcht. An dieser Stelle tritt jedoch noch eine Verwechslung auf und zwar die zwischen Grund und Ursache. Zu dieser Verwechslung wird man durch den zweideutigen Gebrauch des Wortes »warum« verleitet. So ist man, wenn die Kette der Gründe beendet ist und gleichwohl die Frage »warum?« gestellt wird, geneigt, eine Ursache anstatt eines Grundes anzugeben. Wenn du z. B. auf die Frage »Warum hast du diese Farbe gerade so gemalt, als ich dir aufgab, einen roten Fleck zu malen?« antwortest: »Mir wurde ein Muster dieser Farbe gezeigt und gleichzeitig wurde das Wort ›rot‹ zu mir gesagt; und deshalb kommt mir nun immer diese Farbe in den Sinn, wenn ich das Wort ›rot‹ höre«, dann hast du eine Ursache für deine Handlung angegeben und keinen Grund.

Der Satz, daß deine Handlung die und die Ursache hat, ist eine Hypothese. Die Hypothese ist wohlbegründet, wenn man eine Anzahl von Erfahrungen gehabt hat, die, beiläufig, übereinstimmend zeigen, daß deine Handlung die regelmäßige Folge bestimmter Bedingungen ist, die wir dann Ursachen der Handlung nennen. Wenn man aber den Grund für eine bestimmte Aussage, für eine bestimmte Art zu handeln usw. wissen will, dann ist keine Anzahl übereinstimmender Erfahrungen notwendig, und deine Begründung ist keine Hypothese. Der Unterschied zwischen der Grammatik von »Grund« und der Grammatik von »Ursache« ist dem Unterschied zwischen der Grammatik

Motiv – Ursache

von »Motiv« und der Grammatik von »Ursache« ganz ähnlich. Was die Ursache angeht, so kann man sagen, daß man über sie nichts *wissen,* sondern nur *Vermutungen* über sie anstellen kann. Andrerseits sagt man oft: »Sicherlich muß *ich* wissen, warum ich es getan habe«, wenn man vom *Motiv* spricht. Wenn ich sage: »Wir können nur Vermutungen über die Ursache anstellen, aber das Motiv können wir wissen«, dann ist diese Aussage eine grammatische, wie sich später zeigen wird. Das »können« bezieht sich auf eine *logische* Möglichkeit.

Der zweifache Gebrauch des Wortes »Warum« in Fragen nach der Ursache und in Fragen nach dem Motiv, zusammen mit dem Gedanken, daß wir unsere Motive wissen und nicht nur vermuten können, führt zu der Verwirrung, in der ein Motiv für eine Ursache gehalten wird, deren wir uns unmittelbar bewußt sind, eine »von innen gesehene« Ursache, oder eine erfahrene Ursache. – Wenn man einen Grund gibt, dann ist das so, als ob man eine Berechnung vorführt, mittels derer man zu einem bestimmten Ergebnis gelangt ist.

Kehren wir zu der Behauptung zurück, nach der Denken wesentlich im Operieren mit Zeichen besteht. Ich habe ausgeführt, daß es irreführend ist zu sagen »Denken ist eine geistige Tätigkeit«. Die Frage, was für eine Art von Tätigkeit Denken ist, ist analog zu dieser: »Wo findet das Denken statt?« Wir können antworten: auf dem Papier, im Kopf, im Geist. Keine dieser Ortsbezeichnungen gibt *den* Ort des Denkens an. Der Gebrauch all dieser Bestimmungen ist korrekt, aber wir dürfen uns durch ihre formale Ähnlichkeit in sprachlicher Hinsicht nicht zu einer falschen Auffassung von ihrer Grammatik verleiten lassen. Wie z. B., wenn du sagst: »Der *wirkliche* Ort des Denkens ist doch in unserm Kopf.« Dasselbe gilt auch für die Auffassung vom Denken als einer Tätigkeit. Es ist korrekt zu sagen, daß Denken eine Tätigkeit der schreibenden Hand, des Kehlkopfes, des Kopfes und des Geistes ist, solange wir die Grammatik dieser Aussagen verstehen. Und darüber hinaus ist es äußerst wichtig, sich zu vergegenwärtigen, wie wir uns verleiten lassen zu denken, daß eine bestimmte Aussage unter diesen uns den *wirklichen* Sitz der Tätigkeit des Denkens angibt, indem wir die Grammatik unserer Ausdrücke mißverstehen.

Es gibt einen Einwand gegen die Aussage, daß Denken so etwas wie eine Tätigkeit der Hand ist. Denken, so möchte man sagen, ist Teil unserer »privaten Erfahrung«. Es ist nicht körperlich, sondern ein Ereignis im privaten Bewußtsein. Dieser Einwand findet in der Frage: »Kann eine Maschine denken?« Ausdruck. Darüber werde ich an späterer Stelle sprechen[5] und jetzt nur auf eine analoge Frage hinweisen: »Kann eine Maschine Zahnschmerzen haben?« Du wirst gewiß geneigt sein zu sagen: »Eine Maschine kann keine Zahnschmerzen haben.« Ich will im Augenblick deine Aufmerksamkeit lediglich auf den Gebrauch, den du von dem Wort »kann« gemacht hast, lenken, und dich fragen: »Wolltest du damit sagen, daß all unsere bisherige Erfahrung gezeigt hat, daß keine Maschine jemals Zahnschmerzen hatte?« Die Unmöglichkeit, von der du sprichst, ist eine logische Unmöglichkeit. Die Frage ist: Was ist die Beziehung zwischen Denken (oder Zahnschmerzen) und dem Subjekt, das denkt, Zahnschmerzen hat usw.? Ich will darüber im Augenblick weiter nichts sagen.

Wenn wir sagen, daß Denken wesentlich ein Operieren mit Zeichen ist, dann könnte deine erste Frage sein: »Was sind Zeichen?« – Statt dir irgendeine allgemeine Antwort auf diese Frage zu geben, werde ich dir vorschlagen, bestimmte Fälle, die wir »Operieren mit Zeichen« nennen würden, unter die Lupe zu nehmen. Betrachten wir ein einfaches Beispiel für das Operieren mit Wörtern. Ich gebe jemandem den Befehl: »Hol mir sechs Äpfel vom Kaufmann«, und ich will ein Verfahren beschreiben, nach dem man von einem solchen Befehl Gebrauch machen kann: Die Wörter »sechs Äpfel« stehen auf einem Stück Papier, das Papier wird dem Kaufmann ausgehändigt, der Kaufmann vergleicht das Wort »Apfel« mit Schildern an verschiedenen Laden. Er stellt fest, daß es mit einem der Schilder übereinstimmt, zählt von eins bis zu der Zahl, die auf dem Stück Papier steht, und bei jeder Zahl nimmt er einen Apfel aus der Lade und tut ihn in eine Tüte. – Und hier hast du einen Fall vom Gebrauch von Wörtern. Ich werde in Zukunft immer wieder deine Aufmerksamkeit auf das lenken, was ich Sprachspiele nennen

5 Weitere Bemerkungen zu diesem Thema s. p. 78/79. Hrsg.

Streben nach Allgemeinheit

werde. Das sind einfachere Verfahren zum Gebrauch von Zeichen als jene, nach denen wir Zeichen in unserer äußerst komplizierten Alltagssprache gebrauchen. Sprachspiele sind die Sprachformen, mit denen ein Kind anfängt, Gebrauch von Wörtern zu machen. Das Studium von Sprachspielen ist das Studium primitiver Sprachformen oder primitiver Sprachen. Wenn wir die Probleme von Wahrheit und Falschheit, von der Übereinstimmung oder Nichtübereinstimmung von Sätzen mit der Wirklichkeit, von der Beschaffenheit von Behauptung, Annahme und Frage studieren wollen, dann wird es von Vorteil sein, primitive Sprachformen zu untersuchen, in denen diese Denkformen ohne den verwirrenden Hintergrund äußerst komplizierter Denkprozesse auftreten. Wenn wir solche einfachen Sprachformen untersuchen, dann verschwindet der geistige Nebel, der unsern gewöhnlichen Sprachgebrauch einzuhüllen scheint. Wir sehen Tätigkeiten und Reaktionen, die klar und durchsichtig sind. Andrerseits erkennen wir in diesen einfachen Vorgängen Sprachformen, die von unseren komplizierteren Sprachformen keineswegs durch einen Einschnitt getrennt sind. Wir sehen, daß wir die komplizierten Formen aus den primitiven zusammensetzen können, indem wir nach und nach neue Formen hinzufügen.

Was nun diese Untersuchungsmethode erschwert, ist unser Streben nach Allgemeinheit.

Dieses Streben nach Allgemeinheit ist das Ergebnis einer Anzahl von Bestrebungen, die mit bestimmten philosophischen Verwirrungen verbunden sind. Da ist

(a) die Bestrebung, nach etwas Ausschau zu halten, das all den Dingen gemeinsam ist, die wir gewöhnlich unter einer allgemeinen Bezeichnung zusammenfassen. Wir sind z. B. geneigt zu denken, daß es etwas geben muß, das allen Spielen gemeinsam ist, und daß diese gemeinsame Eigenschaft die Anwendung der allgemeinen Bezeichnung »Spiel« auf die verschiedenen Spiele rechtfertigt; während Spiele doch eine *Familie* bilden, deren Mitglieder Familienähnlichkeiten haben. Einige haben die gleiche Nase, einige die gleichen Augenbrauen und andere wieder denselben Gang; und diese Ähnlichkeiten greifen ineinander über. Die Vorstellung von einem Allgemeinbegriff als einer gemeinsamen Eigenschaft seiner einzelnen Beispiele ist mit anderen primitiven, allzu einfachen Vorstellungen von der Struktur der Sprache verbunden. Sie ist mit der Vorstellung vergleichbar, daß *Eigenschaften Bestandteile* von den Dingen sind, die die Eigenschaften haben; z. B. daß Schönheit ein Bestandteil aller schönen Dinge ist, so wie Alkohol ein Bestandteil von Bier und Wein ist, und daß wir deshalb reine Schönheit haben können, unverfälscht von allem, das schön ist.

(b) Es gibt eine Tendenz, die ihre Wurzeln in unsern gewöhnlichen Ausdrucksformen hat, nämlich die Tendenz zu denken, daß der, der gelernt hat, eine allgemeine Bezeichnung zu verstehen, etwa die Bezeichnung »Blatt«, dadurch so etwas wie ein allgemeines Bild von einem Blatt gewonnen hat, im Gegensatz zu Bildern von bestimmten Blättern. Man hat ihm verschiedene Blätter gezeigt, als er die Bedeutung des Wortes »Blatt« lernte; ihm die einzelnen Blätter zu zeigen, war nur ein Mittel zu dem Zweck, »in ihm« eine Vorstellung hervorzurufen, die wir uns als eine Art von allgemeinem Bild denken. Wir sagen, daß er das sieht, was all diesen Blättern gemeinsam ist; und das ist wahr, wenn wir damit meinen, daß er, wenn er gefragt wird, uns bestimmte Merkmale oder Eigenschaften nennen kann, die sie gemeinsam haben. Aber wir sind geneigt zu denken, daß die allgemeine Vorstellung von einem Blatt so etwas wie ein visuelles Vorstellungsbild ist, jedoch eines, das nur das enthält, das allen Blättern gemeinsam ist. (Galtons zusammengesetzte Photographie.) Das ist wiederum mit der Idee verbunden, daß die Bedeutung eines Wortes ein Vorstellungsbild ist, oder ein Ding, das mit dem Wort korreliert ist. (Das bedeutet ungefähr, daß wir Wörter ansehen, als ob sie alle Eigennamen wären, und dann verwechseln wir den Träger eines Namens mit der Bedeutung eines Namens.)

(c) Dann wieder ist die Vorstellung von dem, was geschieht, wenn wir uns die allgemeine Vorstellung »Blatt«, »Pflanze« etc. etc. aneignen, mit der Verwechslung zwischen einem geistigen Zustand im Sinne eines hypothetischen geistigen Mechanismus einerseits und einem geistigen Zustand im Sinne eines Bewußtseinszustandes (Zahnschmerzen etc.) andrerseits, verbunden.

(d) Unser Streben nach Allgemeinheit hat eine weitere Hauptquelle: unsere Voreingenommenheit für die naturwissenschaftliche Methode. Ich meine die Methode, die Erklärung von Naturerscheinungen auf die kleinstmögliche Anzahl primitiver Naturgesetze zurückzuführen; in der Mathematik ist es die Methode, die Behandlung verschiedener Probleme mittels einer Verallgemeinerung zu vereinheitlichen. Philosophen haben ständig die naturwissenschaftliche Methode vor Augen und sind in unwiderstehlicher Versuchung, Fragen nach der Art der Naturwissenschaften zu stellen und zu beantworten. Diese Tendenz ist die eigentliche Quelle der Metaphysik und führt den Philosophen in vollständiges Dunkel. Ich möchte hier sagen, daß es niemals unser Anliegen sein kann, irgendetwas auf irgendetwas zurückzuführen oder irgendetwas zu erklären. Philosophie *ist* wirklich »rein deskriptiv«. (Denke an Fragen wie »Gibt es Sinnesdaten?« und frage: Was für eine Methode gibt es, das zu bestimmen? Introspektion?)

Anstelle von »Streben nach Allgemeinheit« hätte ich auch sagen können »die verächtliche Haltung gegenüber dem Einzelfall«. Wenn z. B. jemand versucht, den Begriff der Zahl zu erklären, und uns sagt, daß die und die Definition unzureichend oder schwerfällig ist, weil sie, sagen wir, nur auf endliche Kardinalzahlen zutrifft, dann würde ich antworten, daß die bloße Tatsache, daß er eine solche begrenzte Definition geben konnte, diese Definition für uns äußerst wichtig macht. (Es ist *nicht* Eleganz, um die wir uns bemühen.) Denn warum sollte das, was endliche und transfinite Zahlen gemeinsam haben, für uns interessanter sein als das, was sie unterscheidet? Oder vielmehr, ich hätte nicht sagen sollen: »Warum sollte es interessanter für uns sein?« – es *ist nicht* interessanter; und das charakterisiert unsere Denkweise.

Die Haltung gegenüber dem Allgemeineren und dem Spezielleren in der Logik ist mit dem Gebrauch des Wortes »Art« verbunden, das uns leicht in Verwirrung bringen kann. Wir reden von Zahlenarten, Satzarten, Beweisarten; und auch von Arten von Äpfeln, Arten von Papier etc. In einem Sinn ist die Art durch Eigenschaften definiert, wie Süße, Härte etc. In dem anderen Sinn sind die verschiedenen Arten verschiedene grammatische Strukturen. Eine Abhandlung über Obstkunde kann man als unvollständig bezeichnen, wenn es Äpfelarten gibt, die sie nicht erwähnt. Hier haben wir eine Norm für Vollständigkeit in der Natur. Nimm andrerseits an, es gäbe ein Spiel, das ähnlich wie Schach, jedoch einfacher ist, da in ihm keine Bauern gebraucht werden. Würden wir dieses Spiel als unvollständig bezeichnen? Oder würden wir ein Spiel für vollständiger als Schach halten, wenn es in irgendeiner Weise Schach enthält, jedoch neue Elemente hinzufügt? Die Verachtung für das, was in der Logik als der weniger allgemeine Fall erscheint, stammt von der Idee, daß es unvollständig ist. Es ist tatsächlich verwirrend, von der Kardinalzahlenarithmetik als von etwas Besonderem im Gegensatz zu etwas Allgemeinerem zu sprechen. Kardinalzahlenarithmetik trägt kein Zeichen der Unvollständigkeit, und ebenso wenig eine Arithmetik, die kardinal und endlich ist. (Es gibt keine feinen Unterschiede zwischen logischen Formen, wie es sie zwischen dem Aroma verschiedener Äpfelarten gibt.)

Wenn wir die Grammatik von Wörtern wie »wünschen«, »denken«, »verstehen«, »meinen« studieren, wird es uns genügen, wenn wir verschiedene Fälle des Wünschens, Denkens etc. beschrieben haben. Sollte jemand sagen »Gewiß ist das nicht alles, was man ›wünschen‹ nennt«, würden wir antworten: »Gewiß nicht, aber du kannst kompliziertere Fälle konstruieren, wenn du willst.« Und schließlich gibt es nicht eine bestimmte Klasse von Merkmalen, die alle Fälle des Wünschens charakterisiert (zumindest nicht, was den gewöhnlichen Gebrauch des Wortes angeht). Wenn du andrerseits eine Definition des Wünschens geben willst, d. h. wenn du eine scharfe Grenze ziehen willst, dann steht es dir frei, diese Grenze nach deinem Belieben zu ziehen; und diese Grenze wird niemals vollständig mit dem tatsächlichen Gebrauch zusammentreffen, da dieser Gebrauch keine scharfe Grenze hat.

Die Vorstellung, daß man, um sich über die Bedeutung einer allgemeinen Bezeichnung klar zu werden, das gemeinsame Element in all ihren Anwendungen finden muß, hat hemmend auf philosophische Untersuchungen gewirkt; denn diese Vorstellung hat nicht nur zu keinem Ergebnis geführt, sondern darüber hinaus den Philosophen veranlaßt, über konkrete Fälle als irrelevant hinwegzugehen; Fälle, die allein ihm hätten helfen können, den Gebrauch der allgemeinen Bezeichnung zu verstehen. Wenn Sokrates die Frage stellt: »Was ist Erkenntnis?«, dann hält er die Aufzählung von tatsächlichen Fällen von Erkenntnis nicht einmal für eine *vorläufige* Antwort.[6] Wollte ich herausfinden, was Arithmetik ist, dann wäre ich höchst zufrieden, den Fall einer Arithmetik endlicher Kardinalzahlen untersucht zu haben.

Denn

(a) würde mich das zu allen komplizierteren Fällen führen

und (b) ist eine Arithmetik endlicher Kardinalzahlen nicht unvollständig; sie hat keine Lücken, die durch die übrige Arithmetik gefüllt werden.

Was geschieht, wenn A von 4 Uhr bis 4. 30 Uhr erwartet, daß B in sein Zimmer kommt? Einerseits wird der Ausdruck »etwas von 4 bis 4. 30 Uhr erwarten« so gebraucht, daß er sich bestimmt nicht auf einen Vorgang, der in dieser Zeitspanne abläuft, oder auf einen geistigen Zustand, der in dieser Zeitspanne anhält, bezieht; vielmehr bezieht er sich auf eine große Anzahl verschiedener Tätigkeiten und geistiger Zustände. Wenn ich z. B. B zum Tee erwarte, *kann* folgendes geschehen: Um 4 Uhr sehe ich in meinem Kalender nach und finde beim heutigen Datum den Namen »B«; ich bereite für zwei Leute Tee zu; ich denke einen Augenblick lang: »Raucht B?« und stelle Zigaretten bereit; gegen 4. 30 fange ich an, Ungeduld zu spüren; ich stelle mir vor, wie B aussehen wird, wenn er in mein Zimmer kommt. All das wird mit »B von 4 bis 4. 30 Uhr erwarten« bezeichnet. Und es gibt endlos viele Variationen dieses Vorganges, die wir alle mit demselben Ausdruck beschreiben. Wenn jemand fragt, was die verschiedenen Vorgänge, jemanden zum Tee zu erwarten, gemeinsam haben, dann lautet die Antwort, daß es kein einziges Merkmal gibt, das allen gemeinsam ist, obwohl es viele gemeinsame Merkmale gibt, die ineinandergreifen. Diese Fälle des Erwartens bilden eine Familie; sie haben Familienähnlichkeiten, die nicht klar bestimmt sind.

Wir haben es mit einem grundverschiedenen Gebrauch des Wor-

6 *Theaitetos* 146 D–7 C

tes »Erwartung« zu tun, wenn wir uns mit ihm auf eine bestimmte Empfindung beziehen. Dieser Gebrauch von Wörtern wie »Wunsch«, »Erwartung« etc. drängt sich als naheliegend auf. Es besteht eine offensichtliche Verbindung zwischen diesem Gebrauch und dem, der oben beschrieben wurde. Zweifellos werden in vielen Fällen, wenn wir jemanden erwarten (in der ersten Bedeutung), einige oder alle der beschriebenen Tätigkeiten von einem eigenartigen Gefühl, einer Spannung, begleitet; und es ist ganz natürlich, das Wort »Erwartung« im Sinne dieser Erfahrung von Spannung zu gebrauchen.

Nun entsteht die Frage: soll diese Empfindung »die Empfindung der Erwartung« oder »die Empfindung der Erwartung, daß B kommen wird« genannt werden? Wenn du den ersten Fall nimmst und sagst, daß du in einem Zustand von Erwartung bist, dann ist damit die Situation der Erwartung eines bestimmten Geschehens zugegebenermaßen nicht vollständig beschrieben. Der zweite Fall wird oft unbesonnen als eine Erklärung des Gebrauches des Ausdruckes »erwarten, daß das und das geschehen wird« gedeutet, und du magst sogar glauben, daß du dich mit dieser Erklärung auf sicherem Boden befindest, da jede weitere Frage abgehandelt wird, indem man sagt, daß die Empfindung der Erwartung undefinierbar ist.

Man kann nun nichts dagegen einwenden, eine bestimmte Empfindung als »die Erwartung, daß B kommen wird« zu bezeichnen. Es mag sogar gute praktische Gründe für den Gebrauch eines solchen Ausdruckes geben. Merke jedoch: – wenn wir die Bedeutung des Ausdruckes »erwarten, daß B kommen wird« auf diese Weise erklärt haben, dann ist damit kein Ausdruck, der durch Einsetzen eines andern Namens für »B« von diesem abgeleitet wird, erklärt. Man könnte sagen, daß der Ausdruck »erwarten, daß B kommen wird« kein Wert der Funktion »erwarten, daß X kommen wird« ist. Um das zu verstehen, vergleiche unsern Fall mit dem der Funktion »Ich esse X«. Wir verstehen den Satz »Ich esse einen Stuhl«, obwohl uns die Bedeutung des Ausdruckes »einen Stuhl essen« nicht eigens beigebracht wurde.

Die Rolle, die in unserm gegenwärtigen Fall der Name »B« in dem Ausdruck »Ich erwarte B« spielt, kann mit der Rolle verglichen werden, die der Name »Bright« in dem Ausdruck »Brights Krankheit«[7] spielt. Vergleiche die Grammatik dieses Wortes, wenn es eine bestimmte Krankheitsart bezeichnet, mit der des Ausdrucks »Brights Krankheit«, wenn er auf die Krankheit bezogen wird, die Bright hat. Ich will den Unterschied folgendermaßen charakterisieren: im ersten Fall ist das Wort »Bright« ein Index innerhalb des komplexen *Namens* »Brights Krankheit«; im zweiten Fall nenne ich es ein Argument der Funktion »X's Krankheit«. Man kann sagen, daß ein Index auf etwas anspielt und daß solch eine Anspielung auf verschiedenste Weise gerechtfertigt werden kann. Wenn man also eine Empfindung »die Erwartung, daß B kommen wird« nennt, gibt man ihr damit einen komplexen Namen, und »B« spielt wohl auf den Mann an, dessen Kommen gewöhnlich auf die Empfindung folgte.

Auch mögen wir den Ausdruck »erwarten, daß B kommen wird« als eine Charakterisierung und nicht als einen Namen bestimmter Empfindung gebrauchen. Wir könnten z. B. erklären, daß eine bestimmte Spannung die Erwartung von B's Kommen ist, wenn die Spannung durch B's Kommen gelöst wird. Wenn wir den Ausdruck so gebrauchen, dann ist es wahr, daß wir nicht wissen können, was wir erwarten, bis unsere Erwartung erfüllt ist (cf. Russell). Jedoch kann niemand glauben, daß das der einzige oder auch nur der gewöhnlichste Gebrauch des Wortes »erwarten« ist. Wenn ich jemanden frage: »Wen erwartest du?« und ihn nach seiner Antwort nochmals frage: »Bist du sicher, daß du nicht jemand anders erwartest?«, dann würde in den meisten Fällen diese Frage für absurd gehalten werden, und die Antwort würde etwa lauten: »Ich muß doch wissen, wen ich erwarte.«

Man kann die Bedeutung, die Russell dem Wort »wünschen« gibt, charakterisieren, indem man sagt, daß es für ihn eine Art Hunger bedeutet. – Es ist eine Hypothese, daß ein bestimmtes Hungergefühl aufgehoben wird, wenn man etwas Bestimmtes ißt. Auf Grund von Russells Gebrauch des Wortes »wünschen« wäre es unsinnig zu sagen: »Ich wünschte einen Apfel, aber eine

7 S. *Tractatus* 5.02

Birne hat mich zufriedengestellt.«[8] Jedoch sagen wir das manchmal und gebrauchen dabei das Wort »wünschen« anders als Russell. In diesem Sinne können wir sagen, daß die Spannung des Wünschens gelöst wurde, ohne daß der Wunsch erfüllt wurde; und auch, daß der Wunsch erfüllt wurde, ohne daß die Spannung gelöst wurde. Das heißt, ich kann in diesem Sinne zufriedengestellt werden, ohne daß mein Wunsch befriedigt wird.

Nun könnte man versucht sein zu sagen, daß der Unterschied, von dem wir reden, ganz einfach auf folgendes hinausläuft: in einigen Fällen wissen wir, was wir wünschen, und in anderen Fällen nicht. Es gibt sicherlich Fälle, in denen wir sagen: »Ich spüre ein Sehnen, doch ich weiß nicht, wonach ich mich sehne«, »Ich spüre Furcht, aber ich weiß nicht, wovor ich mich fürchte«, oder auch: »Ich spüre Furcht, aber ich fürchte mich vor nichts Bestimmtem.«

Nun können wir diese Fälle beschreiben, indem wir sagen, daß wir bestimmte Empfindungen haben, die sich nicht auf Gegenstände beziehen. Der Ausdruck »die sich nicht auf Gegenstände beziehen« deutet auf einen bestimmten grammatischen Unterschied. Wenn wir, um solche Empfindungen zu charakterisieren, Verben wie »fürchten«, »sehnen« etc. gebrauchen, dann werden diese Verben intransitiv sein; »Ich fürchte (mich)« wird analog zu »Ich weine« sein. Wir können über etwas weinen, aber das, worüber wir weinen, ist kein Bestandteil des Vorganges des Weinens; in andern Worten, wir können alles, was geschieht, wenn wir weinen, beschreiben, ohne das zu erwähnen, worüber wir weinen.

Nehmen wir nun an, ich würde sagen, daß wir den Ausdruck »Ich spüre Furcht« und ähnliche Ausdrücke nur transitiv gebrauchen dürfen. Wo wir vorher gesagt haben: »Ich habe eine Empfindung von Furcht« (intransitiv), wollen wir nun sagen: »Ich fürchte mich vor etwas, aber ich weiß nicht, vor was.« Ist etwas gegen diese Bezeichnungsweise einzuwenden?

Wir mögen sagen: »Es gibt nichts einzuwenden, außer daß wir dann das Wort ›wissen‹ auf seltsame Weise gebrauchen.« Be-

8 Cf. Russell, *Analysis of Mind,* III

trachte folgenden Fall: – wir haben ein allgemeines richtungsloses Furchtgefühl. Später haben wir dann eine Erfahrung, die uns zu sagen veranlaßt: »Jetzt weiß ich, wovor ich mich fürchtete. Ich habe mich vor dem-und-dem Ereignis gefürchtet.« Ist es korrekt, mein erstes Gefühl mit einem intransitiven Verb zu beschreiben, oder sollte ich sagen, daß meine Furcht einen Gegenstand hatte, obwohl ich nicht wußte, daß sie einen hatte? Beide Formen der Beschreibung können angewendet werden. Um das zu verstehen, untersuche folgendes Beispiel: – Man könnte es zweckmäßig finden, ein bestimmtes Stadium im Verfall eines Zahnes, das nicht von dem begleitet wird, was wir normalerweise Zahnschmerzen nennen, als »unbewußte Zahnschmerzen« zu bezeichnen und in einem solchen Fall den Ausdruck zu gebrauchen, daß »wir Zahnschmerzen haben, es aber nicht wissen«. Und genau in diesem Sinne spricht die Psychoanalyse von unbewußten Gedanken, Willensakten, etc. Ist es in diesem Sinne nun falsch zu sagen, daß ich Zahnschmerzen habe, es aber nicht weiß? Es ist nichts falsch daran, da es nur eine neue Bezeichnungsweise ist, die jederzeit in die gewöhnliche Sprache zurückübersetzt werden kann. Andrerseits macht diese Bezeichnungsweise offenbar von dem Wort »wissen« in einer neuen Weise Gebrauch. Wenn du untersuchen willst, wie dieser Ausdruck gebraucht wird, ist es nützlich, dich zu fragen: »Von welcher Art ist in diesem Fall der Vorgang, das, was wir wissen wollen, herauszufinden?« Was ist es, das wir mit »herausfinden« bezeichnen?
Unserer neuen Übereinkunft gemäß ist es nicht falsch zu sagen »Ich habe unbewußte Zahnschmerzen«. Denn was kannst du von deinem Bezeichnungssystem mehr verlangen, als daß es zwischen einem kranken Zahn, der dir keine Zahnschmerzen verursacht, und einem, der dir welche verursacht, unterscheidet? Aber der neue Ausdruck ist irreführend, indem er Bilder und Analogien hervorruft, die es uns erschweren, unsere Übereinkunft durchzusetzen. Und es ist äußerst schwierig, diese Bilder abzuschütteln, wenn wir nicht ständig aufpassen; besonders schwierig, wenn wir beim Philosophieren über das, was wir über die Dinge *sagen,* nachdenken. So kann dich der Ausdruck »unbewußte Zahnschmerzen« entweder dahingehend irreführen,

daß du denkst, es sei eine ungeheuerliche Entdeckung gemacht worden, eine Entdeckung, die uns in gewisser Hinsicht in unserm ganzen Verständnis durcheinanderbringt; oder wir zerbrechen uns den Kopf über den Ausdruck (die Verwirrung in der Philosophie) und stellen vielleicht eine Frage wie: »Wie sind unbewußte Zahnschmerzen möglich?« Du magst dann versucht sein, die Möglichkeit unbewußter Zahnschmerzen zu leugnen; aber der Naturwissenschaftler wird dir sagen, es sei bewiesene Tatsache, daß es so etwas gibt, und er wird das sagen wie jemand, der ein allgemeines Vorurteil zerstört. Er wird sagen: »Das ist doch ganz einfach; es gibt andere Dinge, von denen du nichts weißt, und so kann es auch Zahnschmerzen geben, von denen du nichts weißt. Es ist bloß eine neue Entdeckung.« Das wird dich nicht zufriedenstellen, aber du wirst keine Antwort wissen. Diese Situation entsteht immer wieder zwischen Naturwissenschaftlern und Philosophen.

In einem solchen Fall können wir die Angelegenheit klären, indem wir sagen: »Laßt uns sehen, wie das Wort ›unbewußt‹, ›wissen‹, etc. etc. in *diesem* Fall gebraucht wird, und wie es in andern Fällen gebraucht wird.« *Wie weit geht die Analogie zwischen diesen Gebrauchsweisen?* Wir werden auch versuchen, neue Bezeichnungen zu konstruieren, um den Bann derer zu brechen, an die wir uns gewöhnt haben.

Wir sagten, es handle sich um ein Verfahren zur Untersuchung der Grammatik (des Gebrauches) des Wortes »wissen«, wenn wir uns fragen, was wir in dem bestimmten Fall, den wir untersuchen, mit »herausfinden« bezeichnen würden[9]. Es besteht die Versuchung zu denken, daß diese Frage kaum, wenn überhaupt, relevant für die Frage ist: »Was ist die Bedeutung des Wortes ›wissen?‹« Wir scheinen uns auf einer Seitenspur zu befinden, wenn wir die Frage stellen: »Wie ist das in diesem Falle: ›herausfinden‹?« Aber diese Frage betrifft wirklich die

9 Der grammatische Zusammenhang, den W. zwischen »herausfinden« und »wissen« sieht, ist im Englischen auf Grund der Vokabelähnlichkeit von »getting to know« and »to know« scheinbar deutlicher. W. lenkt jedoch hier unsere Aufmerksamkeit auf einen tiefengrammatischen Zusammenhang, der von äußerlichen Zusammenhängen im Prinzip unabhängig ist. Übers.

Grammatik des Wortes »wissen«, und das wird klarer, wenn wir sie in die Form »Was bezeichnen wir mit ›herausfinden‹?« bringen. Es ist Teil der Grammatik des Wortes »Stuhl«, daß wir *dieses* mit »auf einem Stuhl sitzen« bezeichnen, und es ist Teil der Grammatik des Wortes »Bedeutung«, daß wir *dieses* mit »Erklärung einer Bedeutung« bezeichnen. Auf dieselbe Weise gebe ich eine grammatische Erklärung des Wortes »Zahnschmerzen«, wenn ich mein Kriterium für die Zahnschmerzen einer andern Person erkläre, und in diesem Sinne gebe ich damit eine Erklärung, die die Bedeutung des Wortes »Zahnschmerzen« betrifft.

Als wir den Gebrauch des Ausdrucks »So-und-so hat Zahnschmerzen« lernten, wurden wir auf bestimmte Verhaltensweisen derer hingewiesen, von denen gesagt wurde, daß sie Zahnschmerzen haben. Wir wollen hier als Beispiel für diese Verhaltensweisen den Fall nehmen, in dem sich jemand die Backe hält. Angenommen, ich habe beobachtet, daß in bestimmten Fällen, wenn mir diese ersten Kriterien sagten, daß jemand Zahnschmerzen hat, jedesmal ein roter Fleck auf der Backe der betreffenden Person erschien. Angenommen, ich sage nun zu jemandem: »Ich sehe, daß A Zahnschmerzen hat, er hat einen roten Fleck auf der Backe.« Er mag mich fragen: »Woher weißt du, daß A Zahnschmerzen hat, wenn du einen roten Fleck siehst?« Ich würde dann ausführen, daß bestimmte Phänomene bisher immer mit dem Auftreten eines roten Fleckes zusammengetroffen sind.

Man kann nun weiter fragen: »Woher weißt du, daß jemand Zahnschmerzen hat, wenn er sich die Backe hält?« Die Antwort darauf könnte lauten: »Ich sage, daß *er* Zahnschmerzen hat, wenn er sich die Backe hält, weil ich mir die Backe halte, wenn ich Zahnschmerzen habe.« Was aber, wenn wir nun weiter fragen: »Und warum nimmst du an, daß diese seine Geste auf Zahnschmerzen zurückzuführen ist, bloß weil deine entsprechende Geste auf deine Zahnschmerzen zurückzuführen ist?« Hier wirst du um eine Antwort verlegen sein, und wir müssen einsehen, daß wir am Ende unserer Weisheit angelangt sind, das heißt, wir sind bei den Konventionen angelangt. (Wenn du meinst, auf die letzte Frage antworten zu können, daß wir

jedesmal, wenn wir jemanden, der sich die Backe hielt, fragten, was los war, die Antwort erhielten »Ich habe Zahnschmerzen«, – dann bedenke, daß diese Erfahrung jene Geste mit der Äußerung von bestimmten Worten nur koordiniert.)
Führen wir zwei gegensätzliche Begriffe ein, um bestimmte elementare Verwirrungen zu vermeiden: Auf die Frage »Woher weißt du, daß das-und-das der Fall ist?« antworten wir manchmal, indem wir »*Kriterien*«, und manchmal, indem wir »*Symptome*« angeben. Wenn in der Medizin eine Entzündung, die von einem bestimmten Bazillus verursacht wird, als Angina bezeichnet wird und wir in einem bestimmten Fall fragen: »Warum sagst du, daß dieser Mann Angina hat?«, dann gibt uns die Antwort »Ich habe den Bazillus so-und-so in seinem Blut gefunden« das Kriterium an, oder das, was wir als das definierende Kriterium von Angina bezeichnen können. Wenn andrerseits die Antwort lauten würde »Er hat einen entzündeten Hals«, dann würde sie uns ein Symptom von Angina geben. Mit »Symptom« bezeichne ich eine Erscheinung, die *erfahrungsgemäß* mit der Erscheinung zusammen auftritt, die unser definierendes Kriterium ist. Demnach ist die Äußerung »Jemand hat Angina, wenn sich dieser Bazillus in ihm befindet« eine Tautologie oder eine unscharfe Formulierung der Definition von »Angina«. Aber die Äußerung »Jemand hat Angina, wenn er einen entzündeten Hals hat« ist eine Hypothese.
Wenn man in der Praxis gefragt würde, welche Erscheinung das definierende Kriterium und welche ein Symptom ist, wäre man in den meisten Fällen nicht fähig, diese Frage zu beantworten, es sei denn, man fällt eine willkürliche Entscheidung *ad hoc*. Es mag von praktischem Wert sein, ein Wort durch Bezug auf eine Erscheinung als das definierende Kriterium zu definieren, aber wir werden uns leicht überreden lassen, das Wort durch Bezug auf das, was wir dem obigen Gebrauch entsprechend als Symptom bezeichnet haben, zu definieren. Ärzte wenden immer wieder Namen für Krankheiten an, ohne jemals zu entscheiden, welche Erscheinungen als Kriterien und welche als Symptome bezeichnet werden müssen; und das ist nicht unbedingt ein bedauerlicher Mangel an Klarheit. Denn bedenke, daß wir im allgemeinen die Sprache nicht nach strengen Regeln gebrauchen

– man hat sie uns auch nicht nach strengen Regeln gelehrt. Andrerseits vergleichen *wir* in unsern Diskussionen die Sprache beständig mit einem Kalkül, der sich nach exakten Regeln vollzieht.
Dies ist eine sehr einseitige Betrachtungsweise. In der Praxis gebrauchen wir die Sprache sehr selten als einen derartigen Kalkül. Nicht nur, daß wir nicht an Regeln des Gebrauchs – an Definitionen etc. – denken, wenn wir die Sprache gebrauchen; in den meisten Fällen sind wir nicht einmal fähig, derartige Regeln anzugeben, wenn wir danach gefragt werden. Wir sind unfähig, die Begriffe, die wir gebrauchen, klar zu umschreiben; nicht, weil wir ihre wirkliche Definition nicht wissen, sondern weil sie keine wirkliche »Definition« haben. Die Annahme, daß sie eine solche Definition haben *müssen*, wäre wie die Annahme, daß ballspielende Kinder grundsätzlich nach strengen Regeln spielen.
Was wir im Sinn haben, wenn wir von der Sprache als einem Symbolsystem in einem exakten Kalkül sprechen, können wir in den Naturwissenschaften und in der Mathematik finden. Unser gewöhnlicher Sprachgebrauch entspricht diesem Standard der Exaktheit nur in seltenen Fällen. Warum vergleichen wir dann unsern Gebrauch von Wörtern, wenn wir philosophieren, mit etwas, das sich nach genauen Regeln vollzieht? Die Antwort lautet, daß die Rätsel, die wir aus dem Weg zu räumen versuchen, immer gerade aus dieser Haltung der Sprache gegenüber entstehen.
Nimm als Beispiel die Frage »Was ist Zeit?«, wie Augustinus und andere sie oft gestellt haben. Dies ist auf den ersten Blick eine Frage nach einer Definition, doch dann stellt sich sofort die Frage: »Was würden wir mit einer Definition gewinnen, da sie uns doch nur zu weiteren undefinierten Begriffen führen kann?« Und warum soll man sich nur durch das Fehlen einer Definition von »Zeit« verwirren lassen, und nicht zum Beispiel durch das Fehlen einer Definition von »Stuhl«? Warum sollen wir uns nicht in jedem Fall, wenn uns eine Definition fehlt, verwirren lassen? Eine Definition klärt oft die *Grammatik* eines Wortes. Und tatsächlich ist es die Grammatik des Wortes »Zeit«, die uns verwirrt. Wir geben dieser Verwirrung lediglich Ausdruck, indem

wir eine etwas irreführende Frage stellen, die Frage nämlich »Was ist...?« Diese Frage ist ein Ausdruck von Unklarheit, von geistiger Unbehaglichkeit, und sie ist vergleichbar mit der Frage »Warum?«, wie Kinder sie so oft stellen. Diese Frage ist ebenfalls ein Ausdruck geistiger Unbehaglichkeit, und nicht notwendig eine Frage nach Ursache oder Grund. (Hertz, *Prinzipien der Mechanik.)* Das Kopfzerbrechen über die Grammatik des Wortes »Zeit« entsteht aus dem, was man scheinbare Widersprüche in dieser Grammatik nennen könnte.

Ein solcher »Widerspruch« verwirrte St. Augustinus, als er folgendermaßen argumentierte: Wie ist es möglich, Zeit zu messen? Denn man kann die Vergangenheit nicht messen, da sie vorbei ist; und die Zukunft kann man nicht messen, da sie noch nicht da ist. Und die Gegenwart kann man nicht messen, da sie keine Ausdehnung hat.

Den Widerspruch, der hier zu entstehen scheint, könnte man einen Konflikt zwischen zwei Wortgebräuchen nennen; es handelt sich in diesem Fall um das Wort »messen«. Augustinus, könnten wir sagen, denkt an das Messen einer Länge: etwa an das Messen der Entfernung von zwei Strichen auf einem sich bewegenden Band, von dem nur ein winziger Abschnitt (die Gegenwart) für uns sichtbar ist. Die Lösung des Rätsels wird in einem Vergleich bestehen: nämlich im Vergleich zwischen dem, was wir mit dem Wort »Messung« (die Grammatik des Wortes »Messung«) meinen, wenn wir es auf die Entfernung zwischen zwei Strichen auf einem sich bewegenden Band anwenden, und dem, was wir meinen, wenn wir es auf die Zeit anwenden. Das Problem mag einfach erscheinen, seine extreme Schwierigkeit jedoch ist auf die Faszination zurückzuführen, die die Analogie zwischen zwei ähnlichen Strukturen in unserer Sprache auf uns ausüben kann. (Es ist von Nutzen hier zu bedenken, daß es für Kinder manchmal unmöglich ist zu glauben, daß ein Wort mehr als eine Bedeutung haben kann.)

Es ist nun klar, daß dieses Problem des Zeitbegriffes nach einer Antwort in der Form strenger Regeln verlangt. In diesem Problem geht es um Regeln. – Nimm ein anderes Beispiel, nämlich des Sokrates Frage: »Was ist Erkenntnis?« Dieser Fall ist noch klarer, da die Diskussion damit beginnt, daß der Schüler ein

Beispiel einer exakten Definition anführt, und dann wird nach einer analogen Definition des Wortes »Erkenntnis« gefragt. So wie das Problem gestellt wird, scheint es, als ob etwas mit dem gewöhnlichen Gebrauch des Wortes »Erkenntnis« nicht stimmt. Es scheint, als ob wir nicht wissen, was es bedeutet, und daß wir deshalb vielleicht nicht berechtigt sind, es zu gebrauchen. Wir würden antworten: »Es gibt keine exakte Gebrauchsweise des Wortes ›Erkenntnis‹; aber wir können uns mehrere solche Gebrauchsweisen ausdenken, die mehr oder weniger mit der Art und Weise übereinstimmen, in der das Wort in Wirklichkeit gebraucht wird.«

Der philosophisch Verwirrte sieht ein Gesetz in der Weise, in der ein Wort gebraucht wird, und in seinem Streben, dieses Gesetz konsequent anzuwenden, begegnet er Fällen, die zu paradoxen Ergebnissen führen. Sehr oft verläuft eine Diskussion über ein solches Problem folgendermaßen: Zuerst wird die Frage gestellt: »Was ist Zeit?« Diese Frage erweckt den Eindruck, daß eine Definition verlangt wird. Fälschlicherweise nehmen wir an, daß eine Definition uns aus der Verlegenheit befreien wird (so wie wir in gewissen Stadien von Verdauungsstörung eine Art Hunger spüren, den wir durch Essen nicht loswerden können). Die Frage wird dann mittels einer falschen Definition beantwortet; etwa »Zeit ist die Bewegung der Himmelskörper«. Der nächste Schritt ist die Einsicht, daß diese Definition unzureichend ist. Aber das bedeutet nur, daß wir das Wort »Zeit« nicht synonym mit »Bewegung der Himmelskörper« gebrauchen. Jedoch sind wir nun, da wir feststellen, daß die erste Definition falsch ist, versucht zu denken, daß wir sie durch eine andere, die korrekte, ersetzen müssen.

Vergleiche damit den Fall der Definition der Zahl. Die Erklärung, daß eine Zahl dasselbe wie eine Ziffer ist, stillt hier das erste Verlangen nach einer Definition. Und es ist sehr schwierig, nicht zu fragen: »Wenn eine Zahl keine Ziffer ist, *was ist* sie dann?«

Philosophie, so wie wir das Wort gebrauchen, ist ein Kampf gegen die Faszination, die die Ausdrucksformen auf uns ausüben.

Vergiß nicht, daß Wörter die Bedeutungen haben, die wir ihnen gegeben haben; und wir geben ihnen Bedeutung durch Erklärungen. Es mag sein, daß ich die Definition eines Wortes gegeben und es entsprechend gebraucht habe, oder daß diejenigen, die mich das Wort gelehrt haben, mir die Erklärung gegeben haben. Oder andernfalls könnten wir mit der Erklärung eines Wortes die Erklärung meinen, die wir bereit sind zu geben, wenn wir gefragt werden. Das heißt, wenn wir bereit *sind*, irgendeine Erklärung zu geben; in den meisten Fällen sind wir es nämlich nicht. In diesem Sinne dann haben viele Wörter keine strenge Bedeutung. Aber das ist kein Mangel. Die Annahme, es wäre ein Mangel, käme der Annahme gleich, daß das Licht meiner Leselampe gar kein wirkliches Licht sei, weil es keine scharfe Umgrenzung hat.

Philosophen sprechen sehr häufig davon, die Bedeutung von Wörtern zu untersuchen, zu analysieren. Aber laßt uns nicht vergessen, daß ein Wort keine Bedeutung hat, die ihm gleichsam von einer von uns unabhängigen Macht gegeben wurde, so daß man eine Art wissenschaftlicher Untersuchung anstellen könnte, um herauszufinden, was das Wort *wirklich* bedeutet. Ein Wort hat die Bedeutung, die jemand ihm gegeben hat.

Es gibt Wörter mit mehreren klar umrissenen Bedeutungen. Es ist leicht, diese Bedeutungen zu katalogisieren. Und es gibt Wörter, von denen man sagen könnte: Sie werden auf tausend verschiedene Weisen gebraucht, die nach und nach miteinander verschmelzen. Kein Wunder, daß wir keine strengen Regeln für ihren Gebrauch aufstellen können.

Es ist falsch zu sagen, daß wir in der Philosophie eine Idealsprache im Gegensatz zu unserer gewöhnlichen Sprache betrachten. Denn das erweckt den Anschein, daß wir denken, wir könnten die gewöhnliche Sprache verbessern. Aber die gewöhnliche Sprache ist völlig in Ordnung. Wenn wir »Idealsprachen« konstruieren, dann nicht, um die gewöhnliche Sprache durch sie zu ersetzen; unser Zweck ist vielmehr, jemandes Verlegenheit zu beseitigen, die dadurch entstand, daß er dachte, er habe den genauen Gebrauch eines gewöhnlichen Wortes begriffen. Auch aus diesem Grunde zählen wir mit unserer Methode nicht nur bestehende Wortgebräuche auf, sondern erfinden bewußt neue, – davon einige, gerade weil sie absurd erscheinen.

Wenn wir sagen, daß wir mittels unserer Methode dem irreführenden Effekt bestimmter Analogien entgegenzuwirken versuchen, dann ist es wichtig zu verstehen, daß die Vorstellung einer irreführenden Analogie nicht scharf umrissen ist. Man kann die Fälle, in denen wir sagen würden, daß jemand durch eine Analogie irregeführt wurde, nicht scharf umreißen. Der Gebrauch von Ausdrücken, die nach analogen Vorbildern konstruiert wurden, hebt Analogien zwischen Fällen hervor, die oft wenig miteinander zu tun haben. Dadurch können diese Ausdrücke äußerst nützlich sein. In den meisten Fällen ist es unmöglich, den genauen Punkt, an dem eine Analogie anfängt, uns irrezuführen, zu fixieren. Jede einzelne Bezeichnung hebt einen bestimmten Standpunkt hervor. Wenn wir z. B. unsere Untersuchungen mit »Philosophie« bezeichnen, so erscheint dieser Titel einerseits angebracht, andrerseits aber hat er sicherlich manch einen irregeführt. (Man könnte sagen, daß der Gegenstand, mit dem wir uns beschäftigen, einer der Erben des Gegenstandes ist, den wir »Philosophie« zu nennen pflegten.) Die Fälle, in denen wir besonders geneigt sind zu sagen, daß jemand durch die Form eines Ausdruckes irregeführt wurde, sind jene, in denen wir sagen würden: »Er würde nicht so sprechen, wie er spricht, wenn er sich dieses Unterschiedes in der Grammatik der-und-der Wörter bewußt wäre, oder wenn er sich dieser anderen Ausdrucksmöglichkeit bewußt wäre«, und so fort. So können wir von einigen philosophierenden Mathematikern sagen, daß sie sich offenbar des Unterschiedes zwischen den vielen verschiedenen Gebrauchsweisen des Wortes »Beweis« nicht bewußt sind; und daß ihnen der Unterschied zwischen den Gebräuchen des Wortes »Art« nicht klar ist, wenn sie von Zahlenarten, Beweisarten sprechen, als ob hier das Wort »Art« dasselbe bedeutet wie im Zusammenhang mit »Apfelarten«. Oder, so können wir sagen, sie sind sich der verschiedenen *Bedeutungen* des Wortes »Entdeckung« nicht bewußt, wenn wir in einem Fall von der Entdeckung des Verfahrens, ein Fünfeck zu konstruieren, und im andern Fall von der Entdeckung des Südpols sprechen.

Als wir zwischen dem transitiven und intransitiven Gebrauch solcher Wörter wie »sehnen«, »fürchten«, »warten« etc. unterschieden, sagten wir, daß man versuchen könnte, die Schwierigkeiten zu vertuschen, indem man sagt: »Der Unterschied zwischen den beiden Fällen ist nichts weiter, als daß wir in dem einen Fall wissen, wonach wir uns sehnen, und im andern nicht.« Ich glaube, wer das sagt, sieht offenbar nicht, daß der Unterschied, den er mit seiner Erklärung aus der Welt schaffen wollte, erneut auftritt, wenn wir den Gebrauch des Wortes »wissen« in beiden Fällen genau ins Auge fassen. Der Ausdruck »Der Unterschied ist nichts weiter ...« erweckt den Eindruck, als hätten wir den Fall analysiert und eine einfache Analyse gefunden; wie wenn wir darauf hinweisen, daß zwei Substanzen mit ganz verschiedenen Namen sich in ihrer Zusammensetzung kaum unterscheiden.

Wir sagten, daß wir in diesem Fall beide Ausdrücke gebrauchen könnten: »wir spüren ein Sehnen« (wo »sehnen« intransitiv gebraucht wird) und »wir spüren einen Sehnen und wissen nicht, wonach wir uns sehnen«. Es mag seltsam erscheinen, wenn wir sagen, daß wir die beiden Ausdrucksformen, die einander zu widersprechen scheinen, gleichermaßen korrekt gebrauchen können; aber solche Fälle sind sehr häufig.

Nehmen wir das folgende Beispiel, um die Angelegenheit zu klären. Wir sagen, daß die Gleichung $x^2 = -1$ die Lösung $\pm \sqrt{-1}$ hat. Es gab Zeiten, da man sagte, daß diese Gleichung keine Lösung hat. Diese Behauptung nun, ob sie mit der, die uns die Lösung mitteilte, übereinstimmt oder nicht, hatte gewiß nicht deren Multiplizität. Aber wir können ihr leicht diese Multiplizität geben, indem wir sagen, daß die Gleichung $x^2 + ax + b = 0$ keine Lösung hat, sondern sich der nächstliegenden Lösung β um α nähert. Analog dazu können wir entweder sagen: »Eine gerade Linie schneidet einen Kreis immer, entweder in realen oder in komplexen Punkten«, oder: »Entweder schneidet eine gerade Linie einen Kreis, oder sie schneidet ihn nicht und ist α davon entfernt, ihn zu schneiden.« Diese beiden Behauptungen bedeuten genau dasselbe. Je nachdem, wie jemand die Sache ansehen will, werden sie mehr oder weniger zufriedenstellend sein. Es kann sein, daß jemand den Unterschied zwischen Schneiden und Nicht-Schneiden so unscharf wie möglich machen will. Oder es kann sein, daß er ihn betonen will;

und jede dieser Neigungen mag durch seine bestimmten praktischen Absichten gerechtfertigt sein. Es mag jedoch sein, daß dies keineswegs der Grund ist, aus dem er eine Ausdrucksform der andern vorzieht. Es hängt oft von allgemeinen, tief verwurzelten Neigungen seines Denkens ab, welcher Form er den Vorzug gibt, oder ob er überhaupt einer den Vorzug gibt.

(Würden wir sagen, daß es Fälle gibt, in denen ein Mensch einen andern verachtet und es nicht weiß; oder würden wir in solchen Fällen sagen, daß er ihn nicht verachtet, sondern daß er sich ihm gegenüber unabsichtlich in einer Weise verhält – mit ihm in einem bestimmten Tonfall spricht, etc. – die im allgemeinen mit Verachtung verbunden ist? Beide Ausdrucksformen sind korrekt; aber sie können verschiedene Geistesrichtungen verraten.)

Kommen wir auf unsere grammatische Untersuchung der Ausdrücke »wünschen«, »erwarten«, »sehnen« etc. zurück, und betrachten wir den äußerst wichtigen Fall, in dem der Ausdruck »Ich wünsche, daß so-und-so geschehen möge« die direkte Beschreibung eines Bewußtseinsvorganges ist. Das heißt, den Fall, in dem wir geneigt wären, die Frage »Bist du sicher, daß es das ist, was du wünschst?« mit der Äußerung »Ich muß doch wissen, was ich wünsche« zu beantworten. Vergleiche nun diese Antwort mit der, die die meisten Leute auf die Frage »Weißt du, wieviel zwei mal zwei ist«[10] geben würden. Hat die nachdrückliche Behauptung, daß du das weißt, einen Sinn, der analog zu dem der vorherigen Behauptung ist? Beide Behauptungen schieben in gewisser Weise die Frage beiseite. Jedoch mit der ersteren soll nicht gesagt werden »Natürlich weiß ich etwas so Einfaches«, sondern vielmehr »Die Frage, die du mir stellst, ist sinnlos«. Wir könnten sagen: Wir wenden in diesem Fall eine falsche Methode an, um die Frage beiseite zu schieben. »Natürlich weiß ich es« könnte hier durch »Natürlich besteht kein

10 W. gibt hier im Englischen das Beispiel »Do you know the ABC?«, das im Deutschen mit »Kennst du das ABC?« wiedergegeben werden müßte. Der Unterschied zwischen den Begriffen »kennen« und »wissen« ist im Englischen vokabelmäßig nicht offensichtlich. Da es W. hier um den Begriff »wissen« geht, wurde das obige Beispiel durch das Beispiel »Weißt du, wieviel zwei mal zwei ist?« ersetzt. Übers.

Zweifel« ersetzt werden, und dies wäre als »Es ist in diesem Fall sinnlos, von Zweifel zu sprechen« zu interpretieren. Auf diese Weise kann die Antwort »Natürlich weiß ich, was ich wünsche« als eine grammatische Behauptung ausgelegt werden.

Es ist ähnlich, wenn wir fragen »Hat dieser Raum eine Länge?« und jemand antwortet »Natürlich hat er eine Länge«. Er könnte geantwortet haben: »Stelle keine unsinnigen Fragen.« Andrerseits kann der Satz »Der Raum hat Länge« als eine grammatische Behauptung gebraucht werden. Dann ist damit gesagt, daß ein Satz von der Form »Der Raum ist ——— Meter lang« sinnvoll ist.

Eine Menge philosophischer Schwierigkeiten hängen mit dem Sinn der Ausdrücke »wünschen«, »denken« etc. zusammen, den wir im Augenblick untersuchen. All diese Schwierigkeiten können in der Frage zusammengefaßt werden: »Wie kann man etwas denken, was nicht der Fall ist?«

Das ist ein schönes Beispiel für eine philosophische Frage. Es wird gefragt »Wie kann man ...?«, und während uns diese Frage verwirrt, müssen wir zugeben, daß nichts leichter ist als etwas zu denken, was nicht der Fall ist. Ich meine, hier zeigt es sich wieder, daß unsere Schwierigkeit nicht aus unserer Unfähigkeit, uns vorzustellen, *wie* man etwas denkt, entsteht; ebensowenig, wie die philosophische Schwierigkeit der Zeitmessung aus unserer Unfähigkeit, uns vorzustellen, wie man in Wirklichkeit Zeit mißt, entstand. Ich sage das, weil es manchmal fast so scheint, als ob unsere Schwierigkeit darin bestände, sich genau dessen zu erinnern, was geschah, als wir etwas dachten, – eine Schwierigkeit der Introspektion oder so etwas; während sie in Wirklichkeit entsteht, wenn wir die Tatsachen durch das Medium einer irreführenden Ausdrucksform betrachten.

»Wie kann man denken, was nicht der Fall ist? Wenn ich denke, daß King's College brennt, wenn es nicht brennt, dann existiert die Tatsache, daß es brennt, nicht. Wie kann ich sie dann denken? Wie können wir einen Dieb, der nicht existiert, hängen?« Unsere Antwort könnte folgendermaßen formuliert werden: »Ich kann ihn nicht hängen, wenn er nicht existiert, aber ich kann nach ihm suchen, wenn er nicht existiert.«

Wir werden hier von den Substantiven »Gegenstand« und »Tatsache« und von den verschiedenen Bedeutungen des Wortes »existieren« irregeführt.
Die Bezeichnung der Tatsache als eines „Komplexes von Gegenständen« stammt aus dieser Verwirrung. (cf. *Tractatus Logico-philosophicus.*) Angenommen, wir fragen: »Wie kann man sich *vorstellen,* was nicht existiert?« Die Antwort scheint zu sein: »Wenn wir das können, stellen wir uns nicht-existierende Kombinationen von existierenden Elementen vor.« Ein Zentaur existiert nicht, aber Kopf, Torso und Arme eines Menschen sowie Beine eines Pferdes existieren. »Aber können wir uns einen Gegenstand vorstellen, der völlig verschieden von jedem existierenden Gegenstand ist?« – Wir würden geneigt sein zu antworten: »Nein, die elementaren Bestandteile müssen existieren. Wenn Röte, Rundheit und Süße nicht existierten, dann könnten wir sie uns nicht vorstellen.«
Aber was meinst du mit dem Satz »Röte existiert«? Meine Uhr existiert, wenn sie nicht in Stücke zerbrochen ist, wenn sie nicht *zerstört* worden ist. Was würden wir mit »die Röte zerstören« bezeichnen? Wir könnten natürlich das Zerstören aller roten Gegenstände meinen; aber würde es dadurch unmöglich, daß wir uns einen roten Gegenstand vorstellen können? Angenommen, man antwortet darauf: »Aber sicher müssen rote Gegenstände existiert haben und du mußt sie gesehen haben, um sie dir vorstellen zu können«? – Aber woher weißt du, daß dem so ist? Angenommen, ich sage: »Durch Druck auf den Augenball entsteht ein rotes Vorstellungsbild.« Könnte es nicht sein, daß du Rot auf diese Weise zuerst kennengelernt hast? Und warum soll es nicht bloß die Vorstellung eines roten Fleckes gewesen sein? (Die Schwierigkeit, die du hier spüren magst, wird bei späterer Gelegenheit diskutiert werden müssen.[11])
Wir mögen nun geneigt sein zu sagen: »Da die Tatsache, die, wenn sie existierte, unsern Gedanken wahr machen würde, nicht immer existiert, ist es nicht die *Tatsache,* die wir denken.« Aber das hängt nur davon ab, wie ich das Wort »Tatsache« gebrauchen möchte. Warum sollte ich nicht sagen: »Ich glaube die

11 Er kommt jedoch nicht darauf zurück. Hrsg.

Tatsache, daß das College brennt«? Es ist bloß ein plumper Ausdruck für: »Ich glaube, daß das College brennt.« Wenn man sagt »Es ist nicht die Tatsache, die wir glauben«, so ist das selbst das Ergebnis einer Verwirrung. Wir denken, daß wir so etwas sagen wie: »Es ist nicht Zuckerrohr, was wir essen, sondern Zucker«, »Es ist nicht Mr. Smith, der in der Galerie hängt, sondern sein Bild«.

Als nächstes sind wir geneigt zu denken, daß der Gegenstand unseres Gedankens – da er nicht die Tatsache ist – ein Schatten der Tatsache ist. Es gibt verschiedene Namen für diesen Schatten, z. B. »Satz«[12], »Sinn des Satzes«.

Aber damit wird unsere Schwierigkeit nicht beseitigt. Denn die Frage ist nun: »Wie kann etwas der Schatten einer Tatsache sein, die nicht existiert?«

Ich kann unserer Verwirrung in anderer Form Ausdruck geben, indem ich sage: »Wie können wir wissen, wovon der Schatten ein Schatten ist?« – Der Schatten würde eine Art von Portrait sein; und deshalb kann ich unser Problem aufs neue stellen, indem ich frage: »Was macht ein Portrait zu einem Portrait von Herrn N.?« Die Antwort, die sich zuerst aufdrängt, ist: »Die Ähnlichkeit zwischen dem Portrait und Herrn N.« Diese Antwort zeigt in der Tat, was wir im Sinn hatten, als wir vom Schatten einer Tatsache sprachen. Es ist jedoch klar, daß Ähnlichkeit nicht unsere Idee von einem Portrait ausmacht; denn es ist für diese Idee wesentlich, daß es sinnvoll ist, von einem guten oder schlechten Portrait zu sprechen. In anderen Worten, es ist wesentlich, daß der Schatten Dinge auch so wiedergeben kann, wie sie in Wirklichkeit nicht sind.

Eine offensichtliche und korrekte Antwort auf die Frage: »Was macht ein Portrait zum Portrait von So-und-so?« ist diese: »Die *Absicht*«. Aber wenn wir wissen wollen, was das bedeutet: »zu beabsichtigen, daß dies ein Portrait von So-und-so wird«, laßt uns sehen, was wirklich geschieht, wenn wir so etwas

12 W.s englische Fassung lautet hier: »There are different names for this shadow, e. g. ›proposition‹, ›sense of the sentence‹.« Das deutsche Vokabular sieht den Unterschied zwischen »sentence« und »proposition« nicht vor. Übers.

beabsichtigen. Erinnere dich an den Zusammenhang, in dem wir davon sprechen, was geschieht, wenn wir jemanden von 4 Uhr bis 4.30 Uhr erwarten. Zu beabsichtigen, daß ein Bild ein Portrait von So-und-so wird (von dem Maler aus gesehen, z. B.), ist weder ein bestimmter Geisteszustand noch ein bestimmter geistiger Vorgang. Aber es gibt eine große Anzahl von Kombinationen von Handlungen und Geisteszuständen, die wir mit »beabsichtigen . . .« bezeichnen würden. Es hätte sein können, daß er den Auftrag hatte, ein Portrait von N zu malen, und daß er sich vor N hinsetzte und bestimmte Handlungen vollzog, die wir mit »das Gesicht des N abbilden« bezeichnen. Dem könnte man entgegenhalten, daß das Wesen des Abbildens die Absicht abzubilden ist. Ich würde antworten, daß es eine große Anzahl verschiedener Vorgänge gibt, die wir mit »etwas abbilden« bezeichnen. Nimm ein Beispiel. Ich zeichne eine Ellipse auf ein Stück Papier und bitte dich, sie abzubilden. Was ist für den Vorgang des Abbildens charakteristisch? Denn offensichtlich ist es nicht die Tatsache, daß du eine ähnliche Ellipse zeichnest. Es könnte sein, daß du ohne Erfolg versucht hast, sie abzubilden; oder daß du eine Ellipse mit einer ganz anderen Absicht gezeichnet hast, und zufällig war sie der ähnlich, die du hättest abbilden sollen. Was tust du also, wenn du versuchst, die Ellipse abzubilden? Nun, du siehst sie an, zeichnest etwas auf ein Stück Papier, vielleicht nimmst du Messungen vor an dem, was du gezeichnet hast, vielleicht fluchst du, wenn du findest, daß es mit dem Modell nicht übereinstimmt; oder vielleicht sagst du: »Ich werde diese Ellipse abbilden« und du zeichnest bloß eine ähnliche Ellipse. Es gibt eine endlose Vielfalt von Handlungen und Worten, die eine Familienähnlichkeit miteinander haben und die wir mit »abzubilden versuchen« bezeichnen.
Angenommen, wir sagen: »Daß ein Bild ein Portrait eines bestimmten Gegenstandes ist, besteht darin, daß es von dem Gegenstand in einer bestimmten Weise abgeleitet wird.« Nun ist es leicht, das zu beschreiben, was wir als einen Vorgang, ein Bild von einem Gegenstand abzuleiten (beiläufig gesprochen, einen Projektionsvorgang), bezeichnen würden. Aber es besteht eine eigentümliche Schwierigkeit darin, zuzugeben, daß ein jeder Vorgang dieser Art das ist, was wir mit »beabsichtigte Wieder-

gabe« bezeichnen. Denn was für einen Projektionsvorgang (-tätigkeit) wir auch immer beschreiben mögen, – es gibt eine Möglichkeit, diese Projektion umzudeuten. Deshalb – so ist man versucht zu sagen – kann solch ein Vorgang niemals die Absicht selbst sein. Denn die Möglichkeit der Umdeutung jedes Projektionsvorganges zeigt, daß wir in jedem Fall das Gegenteil beabsichtigt haben können. Stell dir diesen Fall vor: Wir geben jemandem den Befehl, in eine bestimmte Richtung zu gehen, indem wir in die Richtung zeigen oder einen Pfeil zeichnen, der in die Richtung zeigt. Angenommen, das Zeichnen von Pfeilen ist die Sprache, in der wir im allgemeinen solche Befehle geben. Könnte solch ein Befehl nicht so gedeutet werden, daß der, der ihn empfängt, in die Richtung zu gehen hat, die der Richtung, in die der Pfeil zeigt, entgegengesetzt ist? Das kann offenbar geschehen, wenn man unserm Pfeil einige Symbole anfügt, die wir als »eine *Deutung*« bezeichnen könnten. Man kann sich leicht einen Fall vorstellen, in dem wir – etwa, um jemanden zu täuschen – vereinbaren, daß ein Befehl in einem Sinne ausgeführt werden soll, der seinem normalen Sinne entgegengesetzt ist. Das Symbol, das zu unserm ursprünglichen Pfeil die Deutung hinzufügt, könnte z. B. ein weiterer Pfeil sein. Wenn immer wir ein Symbol so oder so deuten, ist die Deutung ein neues Symbol, das dem alten hinzugefügt wird.

Wir könnten nun sagen: Jedesmal wenn wir jemandem einen Befehl geben, indem wir ihm einen Pfeil zeigen, und dies nicht mechanisch (ohne zu denken) tun, dann *meinen* wir den Pfeil in der einen oder andern Weise. Und dieser Vorgang des Meinens, von welcher Art er immer sein mag, kann mittels eines andern Pfeiles (der im selben Sinn oder im entgegengesetzten Sinn wie der erste zeigt) wiedergegeben werden. In diesem Bild, das wir von »Meinen und Sagen« geben, ist es wesentlich, daß wir uns die Vorgänge des Sagens und Meinens als in zwei verschiedenen Sphären stattfindend vorstellen würden.

Ist es dann richtig zu sagen, daß kein Pfeil die Bedeutung sein kann, da jeder Pfeil im entgegengesetzten Sinn gemeint werden könnte? – Angenommen, wir stellen das Schema von Sagen und Meinen mittels einer Rubrik von Pfeilen, die sich einer unter dem andern befinden, dar.

Wenn dieses Schema im geringsten unserm Zweck dienen soll, dann muß es uns zeigen, welche der drei Ebenen die Ebene der Bedeutung ist. Ich kann z. B. ein Schema mit drei Ebenen aufstellen, in dem die unterste Ebene jedesmal die Ebene der Bedeutung ist. Aber welches Modell oder Schema du auch immer nimmst, es wird eine unterste Ebene haben, und so etwas wie eine Deutung dieser Ebene wird es nicht geben. Würde man in diesem Fall sagen, daß jeder Pfeil gleichwohl gedeutet werden kann, so würde das nur bedeuten, daß ich jedes Mal ein neues Modell von Sagen und Meinen machen könnte, das eine Ebene mehr hat als das, das ich benutze.
Formulieren wir es folgendermaßen: – Was man sagen will, ist dieses: »Jedes Zeichen kann im Prinzip gedeutet werden; aber die *Bedeutung* darf nicht gedeutet werden können. Sie ist die letzte Deutung.« Nun nehme ich an, du glaubst, daß die Bedeutung ein Vorgang ist, der das Sagen begleitet, und daß sie in ein weiteres Zeichen übersetzt werden kann, dem sie so weit äquivalent ist. Du mußt mir deshalb nun sagen, was du für das unterscheidende Merkmal zwischen *einem Zeichen* und *der Bedeutung* hältst. Wenn du das tust, indem du z. B. sagst, daß die Bedeutung der Pfeil ist, den du dir vorstellst, im Gegensatz zu irgendeinem, den du zeichnen oder in irgendeiner andern Weise herstellen kannst, dann sagst du damit, daß du keinen weiteren Pfeil als Interpretation dessen bezeichnen wirst, den du dir vorgestellt hast.
All dies wird klarer werden, wenn wir erwägen, was wirklich geschieht, sobald wir etwas sagen und meinen, was wir sagen. – Stellen wir uns die folgende Frage: Wenn wir zu jemandem sagen »Ich wäre entzückt, Sie zu sehen« und es meinen, werden diese Worte von einem bewußten Vorgang begleitet, einem Vorgang, der selbst in gesprochene Worte übersetzt werden könnte? Das wird kaum jemals der Fall sein.
Aber stellen wir uns einen Fall vor, in dem das doch geschieht.

Angenommen, ich habe die Angewohnheit, mit jedem deutschen Satz, den ich laut sage, einen englischen Satz innerlich zu mir selbst zu sagen. Wenn du dann aus irgendeinem Grunde den ungesprochenen Satz als die Bedeutung des gesprochenen bezeichnest, dann wäre der Vorgang des Meinens, der den Vorgang des Sagens begleitet, ein Vorgang, der selbst in äußere Zeichen übersetzt werden könnte. Oder *bevor* wir irgendeinen Satz laut sagen, sagen wir uns selbst seine Bedeutung (was immer sie sein mag) gleichsam „beiseite«. Das folgende Beispiel ist dem Fall, den wir hier wollen, zumindest ähnlich: wir sagen etwas Bestimmtes und sehen gleichzeitig ein Bild vor unserm geistigen Auge, das die Bedeutung ist, und das mit dem, was wir sagen, übereinstimmt oder nicht übereinstimmt. Solche und ähnliche Fälle gibt es, aber sie präsentieren nicht alles, was in der Regel geschieht, wenn wir etwas sagen und meinen, oder wenn wir etwas sagen und etwas anderes meinen. Es gibt natürlich wirkliche Fälle, in denen das, was wir Bedeutung nennen, ein bestimmter, bewußter Vorgang ist, der den verbalen Ausdruck begleitet, ihm vorhergeht oder folgt, und der selbst ein verbaler Ausdruck von irgendeiner Art ist oder in einen solchen übersetzt werden kann. Ein typisches Beispiel dafür ist das »beiseite« auf der Bühne.

Was uns jedoch in die Versuchung führt zu denken, die Bedeutung dessen, was wir sagen, sei wesentlich ein Vorgang von der Art, wie wir ihn beschrieben haben, ist die Analogie zwischen den Ausdrücken:

»etwas sagen«

»etwas meinen«,

die sich auf zwei parallele Vorgänge zu beziehen scheinen.

Ein Vorgang, der unsere Worte begleitet – man könnte ihn als den »Vorgang, sie zu meinen« bezeichnen – ist der Stimmfall, in dem wir unsere Worte sprechen; oder einer der Vorgänge, die diesem ähnlich sind, wie das Mienenspiel. Diese Vorgänge begleiten die gesprochenen Worte nicht in der Weise, in der ein englischer Satz einen deutschen Satz begleiten könnte, oder in der das Schreiben eines Satzes das Aussprechen eines Satzes begleiten könnte, sondern in dem Sinne, in dem die Melodie eines Liedes dessen Worte begleitet. Diese Melodie entspricht dem »Gefühl«, mit dem wir den Satz sagen. Und ich möchte darauf hinweisen, daß dieses Gefühl der Ausdruck ist, mit dem der Satz gesagt wird, oder etwas, das diesem Ausdruck ähnlich ist.

Kehren wir zu der Frage »Was ist der Gegenstand eines Gedankens?« zurück (z. B. wenn wir sagen: »Ich denke, daß King's College brennt«).

Die Frage, so wie wir sie stellen, ist schon ein Ausdruck mehrerer Verwirrungen. Die bloße Tatsache, daß sie fast wie eine Frage aus der Physik klingt, beweist das; als ob man fragte: »Was sind die kleinsten Bestandteile von Materie?« (Es ist eine typisch metaphysische Frage; denn charakteristisch für eine metaphysische Frage ist, daß wir eine Unklarheit über die Grammatik von Wörtern in der *Form* einer naturwissenschaftlichen Frage ausdrücken.)

Einer der Ursprünge unserer Frage ist der zweifache Gebrauch der Satzfunktion »Ich denke *x*«. Wir sagen »Ich denke, daß so-und-so geschehen wird« oder »daß das-und-das der Fall ist«, und wir sagen auch »Ich denke genau *dasselbe* wie er«; und wir sagen „Ich erwarte ihn«, und wir sagen auch »Ich erwarte, daß er kommen wird«. Vergleiche »Ich erwarte ihn« mit »Ich erschieße ihn«. Wir können ihn nicht erschießen, wenn er nicht anwesend ist. Auf diese Weise entsteht die Frage: »Wie können wir etwas erwarten, das nicht der Fall ist?« »Wie können wir eine Tatsache erwarten, die nicht existiert?«

Der Ausweg aus dieser Schwierigkeit scheint dieser zu sein: was wir erwarten, ist nicht die Tatsache, sondern ein Schatten der Tatsache; gleichsam das, was der Tatsache am nächsten kommt. Wir haben gesagt, daß man damit die Frage nur einen Schritt weiter zurückführt. Diese Idee eines Schattens hat mehrere Ursprünge. Einer davon ist dieser: wir sagen: »Gewiß können zwei Sätze aus verschiedenen Sprachen denselben Sinn haben«; und wir argumentieren: »deshalb ist der Sinn nicht dasselbe wie der Satz«, und fragen: »Was ist der Sinn?« Und wir machen aus »ihm« ein Schattenwesen, eines der vielen, die wir erschaffen, wenn wir den Substantiven, denen kein körperlicher Gegenstand entspricht, Bedeutung geben wollen.

Ein anderer Ursprung der Idee, daß ein Schatten der Gegenstand unseres Gedankens ist, ist dieser: Wir stellen uns vor, daß der Schatten ein Bild ist, dessen Intention *nicht in Frage gestellt werden kann,* das heißt ein Bild, das wir nicht deuten, um es zu verstehen, sondern das wir verstehen, ohne es zu deuten. Nun gibt es Bilder, von denen wir sagen würden, daß wir sie deuten, das heißt, wir übersetzen sie in eine andere Art von Bild, um sie zu verstehen; und es gibt Bilder, von denen wir sagen würden, daß wir sie unmittelbar verstehen, ohne jede weitere Deutung. Wenn du ein Telegramm in Chiffre siehst und du den Schlüssel kennst, so wirst du im allgemeinen nicht sagen, daß du das Telegramm verstehst, bevor du es in die Umgangssprache übersetzt hast. Natürlich hast du nur eine Art von Symbolen durch eine andere Art von Symbolen ersetzt; und doch, wenn du nun das Telegramm in deiner Sprache liest, wird kein weiterer Deutungsvorgang stattfinden. – Oder in gewissen Fällen könntest du nun dieses Telegramm aufs neue übersetzen, etwa in ein Bild; aber dann hast du wieder nur eine Gruppe von Symbolen durch eine andere Gruppe von Symbolen ersetzt.

Der Schatten, wie wir ihn uns vorstellen, ist eine Art Bild; er ist in der Tat einem Vorstellungsbild, das sich vor unser geistiges Auge schiebt, sehr ähnlich; und dies wiederum ist einer gemalten Wiedergabe im gewöhnlichen Sinne nicht unähnlich. Einer der Ursprünge der Idee vom Schatten ist gewiß die Tatsache, daß in einigen Fällen das Sagen, Hören oder Lesen eines Satzes Vorstellungen vor unser geistiges Auge bringt; Vorstellungen, die dem Satz mehr oder weniger deutlich entsprechen, und die deshalb in einem gewissen Sinne Übersetzungen dieses Satzes in eine Bildersprache sind. – Aber es ist absolut wesentlich, daß das Bild, als das wir uns den Schatten denken, das ist, was ich ein »Bild auf Grund von Ähnlichkeit« nennen werde. Ich meine damit nicht, daß das Bild dem ähnlich ist, was es einer Absicht entsprechend darstellen soll, sondern daß es ein korrektes Bild nur dann ist, wenn es dem ähnlich ist, was es darstellt. Für diese Art Bild könnte man das Wort »Kopie« gebrauchen. Beiläufig gesagt sind Kopien gute Bilder, wenn sie leicht mit dem verwechselt werden können, was sie darstellen. Eine ebene Projektion einer Hemisphäre unseres Erdballs ist kein Bild auf Grund von Ähnlichkeit noch eine Kopie in diesem Sinn. Es wäre denk-

bar, daß ich jemandes Gesicht portraitiere, indem ich es unter Anwendung der üblichen Projektionsregel dennoch in seltsamer Weise auf ein Stück Papier projiziere, so daß niemand normalerweise diese Projektion »ein gutes Portrait von So-und-so« nennen würde, weil es ihm nicht im geringsten ähnlich wäre.
Wenn wir die Möglichkeit eines Bildes im Auge behalten, das, obwohl es korrekt ist, keine Ähnlichkeit mit seinem Gegenstand hat, dann wird es völlig sinnlos, einen Schatten zwischen Satz und Wirklichkeit zu schieben. Denn nun kann der Satz selbst als so ein Schatten dienen. Der Satz ist gerade ein solches Bild, das nicht die geringste Ähnlichkeit mit dem, was es darstellt, hat. Wenn wir Zweifel haben, in welcher Weise der Satz »King's College brennt« ein Bild vom brennenden King's College sein kann, dann brauchen wir uns nur zu fragen: »Wie würden wir erklären, was der Satz bedeutet?« Solch eine Erklärung könnte aus hinweisenden Definitionen bestehen. Wir würden z. B. sagen »Das ist King's College« (und auf das Gebäude zeigen), »Das brennt« (und auf ein Feuer zeigen). Das zeigt dir die Weise, in der Wörter und Dinge verbunden sein können.
Die Vorstellung, daß das, was wir uns wünschen, in unserem Wunsch als ein Schatten gegenwärtig sein muß, ist tief in unseren Ausdrucksformen verwurzelt. Jedoch könnten wir tatsächlich sagen, daß dies nur die nächstbeste Absurdität ist im Vergleich mit der, die wir in Wirklichkeit aussprechen möchten. Wenn es nicht zu absurd wäre, würden wir sagen, daß die Tatsache, die wir uns wünschen, in unserem Wunsch gegenwärtig sein muß. Denn wie können wir uns wünschen, daß *genau dieses* geschehe, wenn dieses nicht in unserem Wunsch gegenwärtig ist? Es ist völlig richtig zu sagen: Der bloße Schatten reicht nicht aus; denn er macht vor dem Gegenstand halt; und wir wollen, daß der Wunsch den Gegenstand selbst enthält. – Wir wollen, daß der Wunsch, Herr Schmidt möge in dieses Zimmer kommen, enthalten soll, daß eben *Herr Schmidt* (und nichts und niemand anders) *in mein Zimmer* (und nichts anderes) *kommen* (und nichts anderes als kommen) soll. Aber das ist genau das, was wir sagten.
Unsere Verwirrung kann folgendermaßen beschrieben werden:

In völliger Übereinstimmung mit unserer gewöhnlichen Ausdrucksweise denken wir an die Tatsache, die wir uns wünschen, als eine Sache, die noch nicht hier ist und auf die wir deshalb nicht zeigen können. Um nun die Grammatik unseres Ausdruckes »Gegenstand unseres Wunsches« zu verstehen, wollen wir die Antwort, die wir auf die Frage »Was ist der Gegenstand deines Wunsches?« geben, betrachten. Die Antwort auf diese Frage ist natürlich »Ich wünsche, daß das-und-das geschehen möge«. Was wäre nun die Antwort, wenn wir weiterfragten: »Und was ist der Gegenstand dieses Wunsches?« Sie könnte nur in einer Wiederholung unseres vorhergehenden Ausdrucks des Wunsches bestehen, oder sonst in einer Übersetzung in einen andern Ausdruck. Wir könnten z. B. das, was wir uns wünschen, in andern Worten angeben oder es mit einem Bild illustrieren, etc., etc. Wenn wir unter dem Eindruck stehen, daß das, was wir als den Gegenstand unseres Wunsches bezeichnen, gleichsam ein Mann ist, der das Zimmer noch nicht betreten hat und deshalb noch nicht gesehen werden kann, dann bilden wir uns ein, daß jede Erklärung dessen, was wir uns wünschen, der Erklärung, die uns die *wirkliche Tatsache* zeigen würde, um einiges nachsteht; – die wirkliche Tatsache, die leider nicht gezeigt werden kann, da sie noch nicht aufgetreten ist. – Es ist, als ob ich zu jemandem sage: »Ich erwarte Herrn Schmidt« und er mich fragt: »Wo ist Herr Schmidt« und ich antworte: »Ich kann ihn dir jetzt nicht zeigen, da er nicht hier ist. Alles was ich dir zeigen kann, ist ein Bild von ihm.« Demnach scheint es, als könnte ich niemals vollständig erklären, was ich wünsche, bis es wirklich geschehen ist. Aber dies ist natürlich ein Irrtum. In Wahrheit brauche ich nach der Erfüllung des Wunsches keine bessere Erklärung dessen, was ich mir wünsche, zu geben, als vorher; denn ich hätte selbstverständlich Herrn Schmidt meinem Freund zeigen können, und ich hätte ihm zeigen können, was »hereinkommen« bedeutet, und was mein Zimmer ist, bevor Herr Schmidt mein Zimmer betrat.

Unsere Schwierigkeit kann folgendermaßen formuliert werden: Wir denken an Dinge – aber wie kommen diese Dinge in unsere Gedanken? Wir denken an Herrn Schmidt, aber Herr Schmidt braucht nicht gegenwärtig zu sein. Ein Bild von ihm ist unzureichend; denn woher sollen wir wissen, wen es darstellt? In der Tat ist jeder Ersatz für ihn unzureichend. Wie kann er selbst dann ein Gegenstand unserer Gedanken sein? (Ich gebrauche hier den Ausdruck »Gegenstand unserer Gedanken« anders, als ich ihn vorher gebraucht habe. Ich meine nun ein Ding, *an* das ich denke, nicht »das, was ich denke«.)

Wir sagten, daß die Verbindung zwischen unseren Gedanken an einen Mann oder unseren Worten über einen Mann und dem Mann selbst hergestellt wurde, als wir auf Herrn Schmidt zeigten und dabei sagten: »Das ist Herr Schmidt«, um die Bedeutung des Wortes »Herr Schmidt« zu erklären. Und da ist nichts Geheimnisvolles an dieser Verbindung. Ich meine, es vollzieht sich kein seltsamer geistiger Akt, der irgendwie Herrn Schmidt in unsern Geist befördert, wenn er in Wirklichkeit nicht hier ist. Eine eigentümliche Ausdrucksform in unserer gewöhnlichen Sprache erschwert uns die Einsicht, daß das die Verbindung ist, und sie erweckt den Anschein, daß die Verbindung zwischen unserem Gedanken (oder dem Ausdruck unseres Gedankens) und dem Ding, an das wir denken, *während* des Denkaktes bestanden haben muß.

»Ist es nicht seltsam, daß wir in Europa jemanden meinen können, der in Amerika ist?« – Wenn jemand sagt: »Napoleon wurde im Jahre 1804 gekrönt« und wir ihn fragen: »Meintest du den Mann, der die Schlacht von Austerlitz gewonnen hat?«, dann könnte er sagen: »Ja, den meinte ich.« Und der Gebrauch der Vergangenheitsform »meinte« könnte den Anschein erwekken, als ob die Vorstellung von Napoleon als dem Sieger in der Schlacht von Austerlitz im Geist des Mannes gegenwärtig gewesen sein muß, als er sagte, daß Napoleon im Jahre 1804 gekrönt wurde.

Jemand sagt: »Herr N wird mich heute nachmittag besuchen.« Ich frage ihn »Meinst du den?« und zeige dabei auf jemanden, der gegenwärtig ist, und er antwortet: »Ja.« In dieser Unterhaltung wurde eine Verbindung zwischen »Herr N« und Herrn N hergestellt. Aber wir sind versucht zu denken, daß der Geist meines Freundes die Verbindung hergestellt haben muß, während dieser sagte »Herr N wird mich besuchen« und meinte, was er sagte.

Dies ist es zum Teil, was uns veranlaßt zu denken, Meinen oder Denken sei eine eigentümliche *geistige Tätigkeit*; und das Wort »geistig« deute dabei an, daß wir nicht erwarten dürfen zu verstehen, wie diese Dinge funktionieren.
Was wir vom Denken sagten, kann auch auf Vorstellung angewendet werden. Jemand sagt, er stellt sich vor, daß King's College brennt. Wir fragen ihn: »Woher weißt du, daß es *King's College* ist, das in deiner Vorstellung brennt? Könnte es nicht ein anderes, sehr ähnliches Gebäude sein? Ist deine Vorstellung tatsächlich so absolut genau, daß dein Vorstellungsbild nicht einem jeden aus einem Dutzend von Gebäuden entsprechen könnte?« – Und doch sagst du: »Es besteht kein Zweifel, ich stelle mir King's College und kein anderes Gebäude vor.« Aber kann man, indem man *das* sagt, nicht genau den Zusammenhang herstellen, den wir wollen? Denn das zu sagen ist so ähnlich wie die Wörter »Portrait von Mr. So-und-so« unter ein Bild zu schreiben. Es könnte sein, daß du, *während* du dir das brennende King's College vorstelltest, die Worte »King's College brennt« sagtest. Aber in sehr vielen Fällen sagst du sicherlich keine erklärenden Worte im Geiste, während du das Vorstellungsbild hast. Und bedenke, daß selbst, wenn du das tust, du nicht den ganzen Weg von deinem Vorstellungsbild bis zum King's College gehst, sondern nur bis zu den Wörtern »King's College«. Die Verbindung zwischen diesen Wörtern und King's College wurde vielleicht zu einer andern Zeit hergestellt.
Der Fehler, den wir in all unseren Erörterungen über diese Angelegenheiten zu machen geneigt sind, ist dieser: zu denken, daß Vorstellungsbilder und Erfahrungen aller Art, die in einem gewissen Sinne dicht miteinander zusammenhängen, gleichzeitig in unserm Geist gegenwärtig sein müssen. Wenn wir eine Melodie singen, die wir auswendig wissen, oder das Alphabet aufsagen, dann scheinen die Noten oder Buchstaben zusammenzuhängen, und jede Note zieht die andere, jeder Buchstabe den andern nach sich, als ob sie eine Perlenkette in einer Schachtel wären, und indem man eine Perle herauszieht, zieht man die nächste nach.
Wenn wir die visuelle Vorstellung einer Perlenkette haben, die aus einer Schachtel durch ein Loch im Deckel gezogen wird, dann sind wir nun zweifellos geneigt zu sagen: »Diese Perlen

müssen alle vorher zusammen in der Schachtel gewesen sein.« Aber es ist leicht zu sehen, daß wir damit eine Hypothese aufstellen. Ich hätte dasselbe Vorstellungsbild gehabt, wenn die Perlen nach und nach in dem Loch im Deckel zu existieren angefangen hätten. Wir übersehen leicht den Unterschied zwischen der Feststellung eines bewußten geistigen Ereignisses und der Aufstellung einer Hypothese über das, was man den Mechanismus des Geistes nennen könnte. Um so mehr, als solche Hypothesen oder Bilder von der Funktionsweise unseres Geistes in vielen Ausdrucksformen unserer Umgangssprache verkörpert sind. Die Vergangenheitsform »meinte« in dem Satz »Ich meinte den Mann, der die Schlacht von Austerlitz gewonnen hat« ist ein Teil eines solchen Bildes, in dem der Geist als ein Ort verstanden wird, in dem das, an das wir uns erinnern, aufbewahrt, gelagert wird. Wenn ich eine Melodie pfeife, die ich gut kenne, und in der Mitte unterbrochen werde, und wenn mich dann jemand fragt: »Wußtest du, wie man fortfährt?«, würde ich mit »Ja« antworten. Was für eine Art Vorgang ist das: *wissen, wie man fortfährt?* Es könnte den Anschein haben, als ob die ganze Fortsetzung der Melodie gegenwärtig sein müßte, während ich weiß, wie man fortfährt.

Frage dich z. B.: »Wie lange dauert es, zu wissen, wie man fortfährt?« Oder ist es ein augenblicklicher Vorgang? Machen wir nicht einen Fehler ähnlich dem, die Existenz einer Schallplatte von einer Melodie mit der Existenz der Melodie zu verwechseln? Und nehmen wir nicht an, daß jedesmal, wenn eine Melodie durchs Dasein geht, eine Art Schallplatte in der Nähe sein muß, von der sie abgespielt wird?

Betrachte das folgende Beispiel: In meiner Gegenwart wird ein Schuß abgegeben, und ich sage: »Dieser Knall war nicht so laut, wie ich erwartete.« Jemand fragt mich: »Wie ist das möglich? Gab es in deiner Vorstellung einen Knall, der lauter war als der des Schusses?« Ich muß gestehen, daß es nichts Derartiges gab. Nun sagt er: »Dann hast du nicht wirklich einen lauteren Knall erwartet – sondern vielleicht den Schatten eines Knalles. – Und woher weißt du, daß es der Schatten eines lauteren Knalles war?« – Wir wollen sehen, was in einem solchen Fall wirklich geschehen sein könnte. Vielleicht öffnete ich den Mund, hielt

mich an etwas fest, um nicht umzufallen, während ich auf die Explosion wartete, und vielleicht sagte ich: »Das wird schrecklich sein.« Und dann, als die Explosion vorüber war: »Sie war gar nicht so laut.« – Bestimmte Spannungen in meinem Körper lassen nach. Aber was ist der Zusammenhang zwischen diesen Spannungen, dem Öffnen meines Mundes etc., und einem wirklichen lauteren Knall? Vielleicht wurde der Zusammenhang dadurch hergestellt, daß ich früher einmal solch einen Knall gehört und die erwähnten Erfahrungen gemacht habe.
Untersuche Ausdrücke wie »eine Idee im Geiste haben«, »die Idee, die man im Geiste hat, analysieren«. Um von diesen Ausdrücken nicht irregeführt zu werden, sieh, was in Wirklichkeit geschieht, wenn du etwa beim Briefeschreiben nach Worten suchst, die die Idee, die »in deinem Geiste« ist, korrekt ausdrücken. Man gebraucht eine Metapher, wenn man sagt, daß wir versuchen, eine Idee, die in unserm Geiste ist, auszudrücken, und diese Metapher bietet sich auf natürliche Weise an; und sie ist in Ordnung, solange sie uns nicht irreführt, wenn wir philosophieren. Denn wenn wir uns ins Gedächtnis rufen, was in Wirklichkeit in solchen Fällen geschieht, finden wir eine große Vielfalt von Vorgängen, die miteinander mehr oder weniger verwandt sind. – Wir könnten geneigt sein zu sagen, daß wir sowieso in all diesen Fällen von etwas geleitet werden, das in unserm Geiste ist. Aber dann werden die Wörter »geleitet« und »etwas in unserm Geiste« auf so viele verschiedene Weisen wie die Wörter »Idee« und »Ausdruck einer Idee« gebraucht.
Die Redewendung »eine Idee, die in unserm Geiste ist, ausdrücken« deutet an, daß wir versuchen, etwas in Worten auszudrücken, dem wir schon Ausdruck gegeben haben, bloß in einer andern Sprache; daß dieser Ausdruck sich vor unserm geistigen Auge befindet; und daß wir von der geistigen in die verbale Sprache übersetzen. In den meisten Fällen, die wir mit den Worten »eine Idee etc. ausdrücken« bezeichnen, geschieht etwas ganz anderes. Stell dir vor, was in einem Fall wie diesem geschieht: ich taste nach einem Wort. Es werden einige Wörter vorgeschlagen und ich weise sie zurück. Endlich wird eines vorgeschlagen und ich sage: „Das ist es, was ich meinte.«
(Wir wären geneigt zu sagen, daß der Beweis der Unmöglich-

keit, einen Winkel mit Lineal und Zirkeln zu dreiteilen, unsere Idee von der Dreiteilung eines Winkels analysiert. Aber der Beweis gibt uns eine neue Idee von Dreiteilung, eine Idee, die wir nicht hatten, bevor der Beweis sie konstruierte. Der Beweis führte uns einen Weg, den *wir zu gehen geneigt waren*; aber von dort, wo wir waren, führte er uns fort und zeigte uns nicht bloß den Ort klar, an dem wir all die Zeit gewesen waren.)

Kehren wir nun zu dem Punkt zurück, an dem wir sagten, daß wir nichts gewonnen haben mit der Annahme, es müsse sich ein Schatten zwischen den Ausdruck unseres Gedankens und die Wirklichkeit, mit der sich unser Gedanke befaßt, schieben. Wir sagten, daß, wenn wir ein Bild der Wirklichkeit wollen, der Satz selbst ein solches Bild *ist* (jedoch kein Abbild auf Grund von Ähnlichkeit).

Ich habe mit all dem versucht, die Versuchung aus dem Wege zu räumen, die darin besteht zu denken, es *müsse* etwas geben, das als ein geistiger Vorgang des Denkens, Hoffens, Wünschens oder Glaubens etc. bezeichnet wird, und das von dem Vorgang, einen Gedanken, eine Hoffnung oder einen Wunsch etc. auszudrücken, unabhängig ist. Und ich möchte dir die folgende Daumenregel geben: Wenn du dir über das Wesen vom Denken, Glauben, Wissen und ähnlichem nicht klar bist, ersetze den Gedanken durch den Ausdruck des Gedankens etc. Die Schwierigkeit, die in diesem Austausch liegt, und zugleich auch ihr ganzer Zweck, ist folgende: Der Ausdruck eines Glaubens, Gedankens etc. ist bloß ein Satz; – und der Satz hat nur als Glied in einem Sprachsystem Sinn; als ein Ausdruck in einem Kalkül. Nun sind wir versucht, uns diesen Kalkül gleichsam als ständigen Hintergrund eines jeden Satzes, den wir äußern, vorzustellen, und zu denken, daß in der geistigen Handlung des Denkens der ganze Kalkül auf einmal gegenwärtig ist, obwohl der Satz, so wie er gesprochen oder geschrieben wird, isoliert dasteht. Die geistige Handlung scheint auf wunderbare Weise das zu vollbringen, was durch keine Manipulation mit Symbolen vollbracht werden könnte. Wenn nun die Versuchung zu denken, daß irgendwie der ganze Kalkül gleichzeitig gegenwärtig sein muß, verschwindet, dann hat es keinen weiteren Sinn mehr zu postulieren, daß neben unserem Ausdruck eine besondere Art von geistiger

Handlung existieren muß. Dies bedeutet natürlich nicht, daß wir gezeigt haben, daß die Ausdrücke unserer Gedanken nicht von besonderen Bewußtseinsakten begleitet werden. Aber wir sagen nicht mehr, daß sie von ihnen begleitet werden *müssen.*

»Aber der Ausdruck unserer Gedanken kann immer lügen, denn wir können das eine sagen und das andere meinen.« Stell dir die vielen verschiedenen Dinge vor, die geschehen, wenn wir eines sagen und etwas anderes meinen! Mache das folgende Experiment: sage den Satz »Es ist heiß in diesem Zimmer« und meine »Es ist kalt«. Beobachte genau, was du tust.

Wir können uns leicht Wesen vorstellen, die privat denken, indem sie »beiseite« sprechen, und die es fertigbringen zu lügen, indem sie etwas Bestimmtes laut sagen und diesem ein »beiseite« folgen lassen, das das Gegenteil besagt.

»Aber Meinen, Denken etc. sind private Erfahrungen. Es sind keine Tätigkeiten wie Schreiben, Sprechen etc.« – Aber warum sollten sie nicht die spezifischen privaten Erfahrungen beim Schreiben sein, – die Muskelempfindungen, Sehempfindungen, Tastempfindungen beim Schreiben oder Sprechen?

Mache das folgende Experiment: sage und meine einen Satz, z. B.: »Es wird wahrscheinlich morgen regnen.« Nun denke denselben Gedanken noch einmal und meine, was du eben gemeint hast, jedoch ohne etwas zu sagen (weder laut noch zu dir selbst). Sollte es der Fall sein, daß die Tätigkeit zu denken, daß es morgen regnen wird, die Tätigkeit zu sagen, daß es morgen regnen wird, begleitet, dann tue das erste und lasse das zweite. Wenn Denken und Sprechen sich zueinander verhielten wie die Worte und die Melodie eines Liedes, dann könnten wir das Sprechen lassen und nur denken, ebenso wie wir die Melodie ohne die Worte singen können.

Aber kann man nicht immerhin sprechen und das Denken lassen? Gewiß – aber beobachte, was du tust, wenn du sprichst ohne zu denken. Beobachte zuallererst, daß der Vorgang, den wir als »sprechen und meinen, was man sagt« bezeichnen könnten, sich in bezug auf das, *was zu der Zeit, zu der du sprichst, geschieht,* nicht notwendig von dem des gedankenlosen Sprechens unterscheidet. Das was die beiden unterscheidet, kann sehr wohl das sein, was geschieht, bevor oder nachdem du sprichst.

Angenommen, ich versuche bewußt, zu sprechen ohne zu denken; – was würde ich wirklich tun? Ich könnte einen Satz aus einem Buch laut lesen, versuchen, ihn mechanisch zu lesen, das heißt, ich könnte versuchen, mich davon abzuhalten, dem Satz mit Vorstellungsbildern und Empfindungen zu folgen, die er sonst hervorbringen würde. Ich könnte das fertigbringen, indem ich meine Aufmerksamkeit auf etwas anderes konzentriere, während ich den Satz spreche, z. B. indem ich mich beim Sprechen heftig kneife. Drücke es folgendermaßen aus: Einen Satz zu sprechen ohne zu denken besteht darin, das Sprechen anzuschalten und bestimmte Begleitfaktoren des Sprechens abzuschalten. Frage dich nun: Besteht die Tätigkeit, den Satz zu denken, ohne ihn zu sprechen, in einer Umschaltung (indem wir das anschalten, was wir vorher abgeschaltet haben und umgekehrt); das heißt: besteht die Tätigkeit, einen Satz zu denken, ohne ihn zu sprechen, einfach darin, mit dem fortzufahren, was die Worte begleitete, und die Worte auszulassen? Versuche, die Gedanken eines Satzes ohne den Satz zu denken, und sieh, ob es das ist, was geschieht.

Fassen wir zusammen: Wenn wir den Gebrauch solcher Wörter wie »denken«, »meinen«, »wünschen« etc. genau untersuchen, dann werden wir dabei die Versuchung los, nach einer besonderen Denkhandlung auszuschauen, die von der Handlung, unsere Gedanken auszudrücken, unabhängig und in irgendeinem eigenartigen Medium untergebracht ist. Wir werden durch die gebräuchlichen Ausdrucksformen nicht mehr gehindert zu erkennen, daß die Erfahrung des Denkens lediglich die Erfahrung des Sagens sein *kann*, oder daß sie aus dieser Erfahrung und anderen, die diese begleiten, bestehen kann. (Es ist von Nutzen, auch den folgenden Fall zu untersuchen: Angenommen, eine Multiplikation ist ein Teil eines Satzes; frage dich, was das ist, die Mutiplikation $7 \times 5 = 35$ auszusprechen und zu denken, und andrerseits, sie auszusprechen, ohne sie zu denken.) Die genaue Untersuchung der Grammatik eines Wortes schwächt die Position bestimmter festgelegter Normen unseres Ausdrucks, die uns davon abhielten, Tatsachen vorurteilsfrei zu sehen. Mit unserer Untersuchung haben wir versucht, dieses Vorurteil, das uns zwingt zu denken, daß die Tatsachen bestimmten, in unserer

Sprache verankerten Bildern entsprechen *müssen,* zu beseitigen.

»Meinen« ist eines der Wörter, von denen man sagen kann, daß sie Gelegenheitsarbeiten in unserer Sprache ausführen. Diese Wörter verursachen die meisten philosophischen Verwirrungen. Stell dir irgendeine Institution vor: die meisten Mitglieder haben bestimmte, regelmäßige Funktionen, – Funktionen, die etwa in den Statuten der Institution leicht beschrieben werden können. Andrerseits gibt es einige Mitglieder, die für Gelegenheitsarbeiten, die jedoch äußerst wichtig sein können, angestellt werden. Unsere Neigung, den Gebrauch wichtiger »Gelegenheitsarbeiter« – Wörter so zu beschreiben, als ob sie Wörter mit regelmäßigen Funktionen wären, stiftet die meiste Verwirrung in der Philosophie.

Der Grund, aus dem ich es verschoben habe, über persönliche Erfahrung zu sprechen, ist dieser: im Nachdenken über dieses Thema entstehen eine Menge philosophischer Schwierigkeiten, die all unsere »common sense«-Auffassungen von dem, was wir im allgemeinen Gegenstände unserer Erfahrung nennen würden, zu zersplittern drohen. Und wenn wir von diesen Problemen betroffen wären, dann könnte es uns scheinen, daß alles das, was wir über Zeichen und über die verschiedenen Gegenstände, die wir in unsern Beispielen erwähnten, gesagt haben, in den Schmelztiegel gehört.

Diese Situation ist in gewisser Weise typisch im Studium der Philosophie; und man hat sie manchmal beschrieben, indem man sagte, daß kein philosophisches Problem gelöst werden kann, bevor alle philosophischen Probleme gelöst sind; das bedeutet, daß jede neue Schwierigkeit all unsere vorherigen Ergebnisse fragwürdig macht, solange nicht alle Probleme gelöst sind. Auf diese Behauptung können wir nur eine ungefähre Antwort geben, wenn wir über Philosophie in derartig allgemeinen Begriffen reden sollen. Die Antwort ist, daß jedes neu entstehende Problem die *Position* in Frage stellen kann, die unsere vorherigen Teilergebnisse im endgültigen Bild einnehmen sollen. Man spricht dann davon, die vorherigen Ergebnisse umdeuten zu müssen; und wir würden sagen: sie müssen in eine andere Umgebung gestellt werden.

Stell dir vor, daß wir die Bücher einer Bücherei zu ordnen hätten. Wenn wir anfangen, liegen die Bücher wie Kraut und Rüben durcheinander auf dem Fußboden. Nun könnte man sie auf verschiedene Weisen sortieren und an ihren Platz stellen. Man könnte z. B. die Bücher einzeln nehmen und ein jedes auf das Regal an seinen richtigen Platz stellen. Andrerseits könnten wir mehrere Bücher vom Boden aufnehmen und sie in einer Reihe aufs Regal stellen, nur um anzudeuten, daß diese Bücher in dieser Reihenfolge angeordnet werden sollten. Im weiteren Verlauf des Bücherordnens würde diese ganze Bücherreihe ihren Platz wechseln müssen. Aber es wäre falsch, deshalb zu sagen, daß es kein Schritt zum Endergebnis war, die Bücher zusammen auf ein Regal zu stellen. Tatsächlich ist es in diesem Fall recht offensichtlich, daß es durchaus eine Leistung war, die Bücher, die zusammengehören, zusammenzustellen, obwohl die ganze Reihe ihren Platz wechseln mußte. Aber man kann einige der größten Leistungen in der Philosophie nur mit der Leistung vergleichen, die darin besteht, einige Bücher aufzuheben, die zusammenzugehören schienen, und sie auf verschiedene Regale zu stellen; ihre Position ist nun nicht endgültiger, abgesehen davon, daß sie nicht mehr nebeneinander liegen. Der Beobachter, der nicht weiß, wie schwierig die Aufgabe ist, könnte in einem solchen Fall leicht denken, daß gar nichts erreicht worden ist. – In der Philosophie liegt die Schwierigkeit darin, nicht mehr zu sagen, als was wir wissen. Z. B. einzusehen, daß wir, wenn wir zwei Bücher in richtiger Reihenfolge aufgestellt haben, sie damit nicht an ihre endgültigen Plätze gestellt haben.

Wenn wir über die Beziehung der uns umgebenden Gegenstände zu unseren persönlichen Erfahrungen dieser Gegenstände nachdenken, geraten wir manchmal in die Versuchung zu sagen, daß diese persönlichen Erfahrungen das Material sind, aus dem die Wirklichkeit besteht. Es wird später klar werden, wie diese Versuchung entsteht.

Wenn wir so denken, scheinen wir den festen Halt, den wir an den uns umgebenden Gegenständen haben, zu verlieren. Und stattdessen bleibt uns eine Menge isolierter persönlicher Erfahrungen von verschiedenen Individuen. Diese persönlichen Erfahrungen wiederum erscheinen unbestimmt, und sie scheinen sich in ständigem Fluß zu befinden. Unsere Sprache scheint nicht dafür gemacht zu sein, sie zu beschreiben. Wir sind versucht zu denken, daß unsere Sprache zu grob ist, um solche Angelegenheiten philosophisch zu klären, und daß wir eine subtilere Sprache brauchen.

Wir scheinen eine Entdeckung gemacht zu haben, die wir beschreiben können, indem wir sagen, daß der Boden, auf dem wir standen und der fest und zuverlässig erschien, sich als sumpfig und unsicher herausstellte. – Das heißt, das geschieht, wenn wir philosophieren; denn sobald wir zum Standpunkt des gesunden Menschenverstandes zurückkehren, verschwindet diese *allgemeine* Unsicherheit.

Diese sonderbare Situation kann einigermaßen geklärt werden, indem wir ein Beispiel betrachten; in Wahrheit eine Art Parabel, die die Schwierigkeit, in der wir uns befinden, illustriert und die auch den Ausweg aus einer derartigen Schwierigkeit zeigt: Von populären Naturwissenschaftlern haben wir gehört, daß der Boden, auf dem wir stehen, nicht solide ist, wie es dem gesunden Menschenverstand erscheint, da man entdeckt hat, daß das Holz aus Partikeln besteht, die den Raum so dünn füllen, daß man ihn fast leer nennen könnte. Das ist dazu angetan, uns zu verblüffen, denn in gewisser Weise wissen wir natürlich, daß der Boden solide ist, oder daß, wenn er nicht solide ist, dies darauf zurückgeführt werden kann, daß das Holz verfault ist, aber nicht darauf, daß es aus Elektronen besteht. Wenn man aus dem letzteren Grund sagt, daß der Boden nicht solide ist, mißbraucht man die Sprache. Denn sogar wenn die Partikeln so groß wie Sandkörner wären, und so nahe zusammen wie diese in einem Sandhaufen, dann wäre der Boden nicht solide, wenn er aus ihnen in dem Sinne zusammengesetzt wäre, in dem ein Sandhaufen aus Körnern zusammengesetzt ist. Unsere Verblüffung beruhte auf einem Mißverständnis; das Bild eines dünn gefüllten Raumes ist falsch *angewendet* worden. Denn dieses Bild von der Struktur der Materie war gerade dazu bestimmt, das Phänomen der Solidität zu erklären.

In genau der Weise, in der in diesem Beispiel das Wort »Solidität« falsch gebraucht wurde und wir nur dem Anschein nach gezeigt hatten, daß nichts wirklich solide ist, gebrauchen wir die

Wörter »Fluß« und »Unbestimmtheit« falsch, wenn wir unsere Probleme, die die *allgemeine Unbestimmtheit* der Sinneserfahrung und den Fluß aller Phänomene betreffen, aufstellen; und wir gebrauchen sie falsch auf typisch metaphysische Weise, nämlich ohne eine Antithese; während doch im korrekten und alltäglichen Gebrauch dieser Wörter Unbestimmtheit der Gegensatz von Klarheit, Fluß der Gegensatz von Stabilität, Ungenauigkeit der Gegensatz von Genauigkeit und *Problem* der Gegensatz von *Lösung* ist. Das Wort »Problem«, könnte man sagen, wird falsch angewendet, wenn es auf unsere philosophischen Verwirrungen angewendet wird. Diese Schwierigkeiten sind quälend und scheinen unlösbar, solange sie als Probleme gesehen werden. Es besteht die Versuchung für mich, zu sagen, daß nur meine eigene Erfahrung wirklich ist: »Ich weiß, daß *ich* sehe, höre, Schmerzen spüre etc., aber ich weiß nicht, daß jemand anders sieht, hört, etc. Ich kann das nicht wissen, weil ich ich bin und jemand anders jemand anders ist.«
Andrerseits schäme ich mich, zu irgend jemandem zu sagen, daß meine Erfahrung die einzig wirkliche ist; und ich weiß, daß er antworten würde, daß er genau dasselbe über seine eigene Erfahrung sagen kann. Das scheint zu einer albernen Streiterei zu führen. Auch wird mir gesagt: »Wenn du mit jemandem Mitleid seiner Schmerzen wegen hast, dann mußt du *zumindest* glauben, daß er Schmerzen hat.« Doch wie kann ich dies auch nur *glauben*? Wie können diese Wörter etwas für mich bedeuten? Wie kann ich auch nur zu der Idee von der Erfahrung eines andern gekommen sein, wenn keine Möglichkeit für irgendwelche Evidenz seiner Erfahrung besteht?
Aber war das nicht eine seltsame Frage? *Kann* ich nicht glauben, daß jemand anders Schmerzen hat? Ist es nicht ganz einfach, das zu glauben? – Könnte man als Antwort sagen, daß die Dinge so sind, wie sie dem gesunden Menschenverstand erscheinen? – Es erübrigt sich, wieder zu sagen, daß wir diese Schwierigkeiten im gewöhnlichen Leben nicht spüren. Noch entspräche es der Wahrheit, wenn man sagte, daß wir diese Schwierigkeiten spüren, wenn wir unsere Erfahrungen durch Introspektion genau erforschen, oder naturwissenschaftliche Forschungen mit ihnen anstellen. Doch irgendwie kann unser Ausdruck in Verwirrung

geraten, wenn wir unsere Erfahrungen in bestimmter Weise betrachten. Es scheint uns so, als ob wir entweder die falschen Stücke oder nicht genug Stücke für unser Zusammensetzspiel haben. Aber sie sind alle vorhanden, eben nur durcheinander; und es gibt eine weitere Analogie zwischen dem Zusammensetzspiel und unserm Fall: Es ist nutzlos, Gewalt anzuwenden, wenn man die Stücke zusammensetzen will. Sie *sorgfältig* zu betrachten und zu ordnen ist alles, was wir zu tun haben.
Es gibt Sätze, von denen wir sagen können, daß sie Tatsachen in der äußeren Welt beschreiben. Beiläufig gesprochen: sie handeln von physikalischen Gegenständen: Körper, Flüssigkeiten etc. Ich denke nicht im besonderen an die Gesetze der Naturwissenschaften, sondern an all solche Sätze wie »Die Tulpen in unserm Garten sind in voller Blüte« oder »Schmidt wird jeden Augenblick kommen«. Andrerseits gibt es Sätze, die persönliche Erfahrungen beschreiben, wie wenn eine Versuchsperson in einem psychologischen Experiment ihre Sinneserfahrungen beschreibt; sagen wir, ihre visuelle Erfahrung, die unabhängig davon ist, welche Körper sich tatsächlich vor ihren Augen befinden, und die *n. b.* auch unabhängig von allen Vorgängen ist, die in ihrer Retina, ihren Nerven, ihrem Gehirn oder in andern Teilen ihres Körpers beobachtet werden könnten. (Das heißt, unabhängig von physikalischen wie physiologischen Tatsachen.)
Auf den ersten Blick könnte es den Anschein haben (warum, kann erst später klar werden), daß wir zwei verschiedenartige Welten haben, Welten, die aus verschiedenem Material hergestellt wurden; eine geistige Welt und eine physikalische Welt. Die geistige Welt könnte man sich als gasförmig oder eher noch als aetherisch vorstellen. Aber ich muß hier daran erinnern, was für eine seltsame Rolle Gasförmiges und Aetherisches in der Philosophie spielen, – wenn wir bemerken, daß ein Substantiv nicht als das gebraucht wird, was wir im allgemeinen den Namen eines Gegenstandes nennen würden, und wenn wir deshalb nicht umhin können zu sagen, es sei der Name eines aetherischen Gegenstandes. Ich meine, wir kennen schon die Idee von »aetherischen Gegenständen« als eine Ausflucht, von der wir Gebrauch machen, wenn wir mit der Grammatik bestimmter Wörter nicht zurechtkommen und wenn wir nichts wissen, als daß sie nicht als

Namen für physikalische Gegenstände gebraucht werden. Dies ist ein Hinweis darauf, wie sich das Problem der zwei Stoffe, *Geist* und *Materie,* auflösen wird.
Es scheint uns manchmal, als ob die Phänomene der persönlichen Erfahrung Phänomene in den oberen Schichten der Atmosphäre wären, im Gegensatz zu den materiellen Phänomenen, die auf dem Boden vorkommen. Es gibt Ansichten, nach denen diese Phänomene in den oberen Schichten entstehen, wenn die materiellen Phänomene einen bestimmten Grad an Komplexität erreichen. Z. B., daß geistige Phänomene, die Sinneserfahrung, der Wille etc., dann auftreten, wenn sich eine Art tierischen Lebewesens mit einer gewissen Komplexität entwickelt hat. Daran scheint etwas offensichtlich Wahres zu sein, denn gewiß sprechen Amoeben nicht, noch schreiben sie, noch diskutieren sie, während wir all dies tun. Andrerseits entsteht hier das Problem, das mit der folgenden Frage ausgedrückt werden kann: »Ist es möglich, daß eine Maschine denken kann?« (ob die Handlung einer solchen Maschine mittels der physikalischen Gesetze, oder möglicherweise nur mittels andersartiger Gesetze, die organisches Verhalten betreffen, beschrieben und vorhergesagt werden kann). Und wir drücken mit dieser Frage nicht eigentlich die Schwierigkeit aus, die darin besteht, daß wir noch keine Maschine kennen, die das tun kann. Die Frage ist nicht analog zu der, die jemand vor hundert Jahren hätte stellen können: »Kann eine Maschine ein Gas verflüssigen?« Der schwache Punkt ist hier vielmehr der, daß der Satz »Eine Maschine denkt (nimmt wahr, wünscht)« irgendwie unsinnig erscheint. Es ist, als ob wir gefragt hätten »Hat die Zahl 3 eine Farbe?« (»Was für eine Farbe könnte es sein, da sie offenbar keine der Farben hat, die uns bekannt sind?«) Denn von einer gewissen Warte aus scheint es, daß persönliche Erfahrung – weit davon entfernt, das *Produkt* physikalischer, chemischer und physiologischer Vorgänge zu sein – die *Grundlage* all dessen ist, was wir in irgendeiner Weise sinnvoll über solche Vorgänge sagen. Wenn wir die Sache so sehen, sind wir geneigt, unsere Idee von einem Baustoff in noch anderer irreführender Weise zu gebrauchen und zu sagen, daß die ganze Welt, geistig wie physisch, nur aus einem Material gemacht ist.

Wenn wir alles, was wir über die Welt wissen und sagen können, so ansehen, als ob es auf persönlicher Erfahrung beruht, dann scheint das, was wir wissen, ein gut Teil seines Wertes, seiner Zuverlässigkeit und seiner Solidität zu verlieren. Wir sind dann geneigt zu sagen, daß alles »subjektiv« ist; und »subjektiv« ist abwertend gebraucht, so wie wir sagen, daß eine Meinung *bloß* subjektiv ist, eine Sache des Geschmacks. Daß dieser Aspekt die Autorität von Erfahrung und Wissen zu erschüttern scheinen soll, weist auf die Tatsache, daß unsere Sprache uns hier in Versuchung führt, eine irreführende Analogie zu ziehen. Das sollte uns an den Fall erinnern, in dem der populäre Naturwissenschaftler uns zu zeigen schien, daß der Boden, auf dem wir stehen, in Wirklichkeit nicht solide ist, weil er aus Elektronen besteht.

Wir haben es hier mit Verwirrung zu tun, die durch unsere Ausdrucksweise verursacht ist.

Eine andere Verlegenheit von ganz ähnlicher Art ist in dem Satz ausgedrückt: »Ich kann nur wissen, daß *ich* persönliche Erfahrungen habe, und nicht daß irgend jemand anders welche hat.« – Sollen wir es dann als unnötige Hypothese bezeichnen, daß jemand anders persönliche Erfahrungen hat? – Aber ist das überhaupt eine Hypothese? Denn wie kann ich eine Hypothese aufstellen, wenn sie über jede mögliche Erfahrung hinausgeht? Wie kann eine solche Hypothese durch Bedeutung gestützt werden? (Ist sie nicht wie Papiergeld, das nicht durch Gold gestützt wird?) – Es hilft nichts, wenn jeder uns sagt, daß wir, obwohl wir nicht wissen können, ob die andere Person Schmerzen hat, sicherlich glauben, daß er Schmerzen hat, wenn wir ihn z. B. bemitleiden. Gewiß würden wir ihn nicht bemitleiden, wenn wir nicht glauben würden, daß er Schmerzen hat; aber ist das ein philosophischer, ein metaphysischer Glaube? Bemitleidet ein Realist mich mehr als ein Idealist oder ein Solipsist? In Wahrheit fragt der Solipsist: »Wie *können* wir glauben, daß der andere Schmerzen hat; was bedeutet es, das zu glauben? Wie kann der Ausdruck einer solchen Annahme sinnvoll sein?«

Die Antwort des common-sense-Philosophen nun – und das ist *nota bene* nicht der common-sense-Mensch, der vom Realismus ebenso weit entfernt ist wie vom Idealismus – die Antwort des common-sense-Philosophen lautet, daß die Idee, daß ich annehme, mir denke oder vorstelle, jemand anders habe das, was ich habe, sicherlich keine Schwierigkeit in sich birgt. Jedoch besteht die ständige Schwäche des Realisten darin, daß er die Schwierigkeiten, die seine Gegner sehen, ohne sie zu lösen, nicht löst, sondern überspringt. Für uns bringt die realistische Antwort die Schwierigkeit gerade ans Licht; denn wer so argumentiert, übersieht den Unterschied zwischen verschiedenen Gebräuchen der Wörter »haben« und »sich vorstellen«. »A hat einen goldenen Zahn« bedeutet, daß der Zahn in A's Mund ist. Das mag die Tatsache erklären, daß ich ihn nicht sehen kann. Der Fall nun, in dem ich von seinen Zahnschmerzen sage, daß ich sie nicht spüren kann, weil sie in seinem Mund sind, ist nicht analog zu dem Fall, in dem wir von seinem goldenen Zahn sprachen. Es ist die scheinbare Analogie, und wiederum der Mangel einer Analogie zwischen diesen beiden Fällen, was uns Kummer macht. Und diese Schwierigkeit in unserer Grammatik bemerkt der Realist nicht. Es ist denkbar, daß ich einen Schmerz im Zahn im Mund eines anderen spüre; und der, der sagt, daß er des anderen Zahnschmerzen nicht spüren kann, leugnet *das* nicht ab. Die grammatische Schwierigkeit, in der wir uns befinden, werden wir nur dann klar sehen, wenn wir mit der Idee, daß man Schmerzen im Körper einer anderen Person spüren kann, vertraut werden. Denn sonst werden wir, wenn wir über dieses Problem nachrätseln, Gefahr laufen, den metaphysischen Satz »Ich kann seine Schmerzen nicht spüren« mit dem Erfahrungssatz »Wir können (in der Regel) nicht Schmerzen im Zahn eines anderen haben« zu verwechseln. In diesem Satz wird das negierte »können« ebenso gebraucht wie in dem Satz »Ein eiserner Nagel kann Glas nicht ritzen«. (Wir könnten dies in der folgenden Form schreiben: »Die Erfahrung lehrt uns, daß ein eiserner Nagel Glas nicht ritzt« – damit werden wir das »kann« los.) Um zu sehen, daß es denkbar ist, daß eine Person Schmerzen im Körper einer anderen Person hat, muß man untersuchen, welche Tatsachen wir als Kriterien dafür bezeichnen, daß ein Schmerz sich an einer bestimmten Stelle befindet. Man kann sich leicht folgenden Fall vorstellen: Wenn ich meine Hände sehe, dann bin ich mir nicht immer ihrer Verbindung mit meinem übrigen Körper bewußt. In anderen Worten, ich sehe oft, wie meine Hand sich bewegt, ohne den Arm, der sie mit meinem Körper verbindet, zu sehen. Noch prüfe ich zu diesem Zeitpunkt auf irgendeine andere Weise nach, ob der Arm existiert. Deshalb kann meine Hand, soviel ich weiß, mit dem Körper eines Mannes verbunden sein, der neben mir steht (oder natürlich mit überhaupt keinem menschlichen Körper). Angenommen, ich spüre einen Schmerz, den ich – wenn ich nur den Schmerz, z. B. mit geschlossenen Augen, als Beweismaterial nehme – einen Schmerz in meiner linken Hand nennen würde. Jemand bittet mich, die schmerzende Stelle mit meiner rechten Hand zu berühren. Ich tue das und bemerke, wenn ich mich umsehe, daß ich die Hand meines Nachbarn berühre (ich meine damit die Hand, die mit dem Torso meines Nachbarn verbunden ist).

Frage dich: Woher wissen wir, wohin wir zeigen sollen, wenn wir gebeten werden, auf die schmerzende Stelle zu zeigen? Kann diese Art des Zeigens mit dem Zeigen auf einen schwarzen Fleck auf einem Stück Papier verglichen werden, wenn jemand sagt: »Zeige auf den schwarzen Fleck auf diesem Stück Papier«? Angenommen, jemand sagt: »Du zeigst auf diese Stelle, weil du weißt, daß die Schmerzen dort sind, bevor du auf diese Stelle zeigst«; frage dich: »Was bedeutet es zu *wissen,* daß die Schmerzen dort sind?« Das Wort »dort« bezieht sich auf eine Örtlichkeit; – aber in welchem Raum, d. h. eine »Örtlichkeit« in welchem Sinne? Kennen wir den Ort des Schmerzes im Euklidischen Raum, so daß wir wissen, wenn wir wissen, daß wir Schmerzen haben, wie weit sie von den Wänden dieses Zimmers entfernt sind, und wie weit vom Fußboden? Wenn ich einen Schmerz in der Fingerspitze habe und meinen Zahn damit berühre, ist mein Schmerz nun ein Zahnschmerz *und* ein Schmerz in meinem Finger? Sicher, in einem gewissen Sinn kann man nun sagen, daß der Schmerz sich auf dem Zahn befindet. Warum ist es in diesem Fall falsch zu sagen, daß ich Zahnschmerzen habe? Muß der Schmerz, um ein Zahnschmerz zu sein, einen Millimeter von meiner Fingerspitze entfernt sein? Besinne dich darauf, daß das Wort »wo« sich in mehr als einem Sinn auf Örtlichkeiten beziehen kann. (Viele grammatische Spiele, die einander *mehr* oder *weniger* ähneln, werden mit diesem Wort gespielt.

Denke an die verschiedenen Gebräuche der Ziffer »1«.) Ich mag wissen, wo ein Ding ist, und dann auf der Basis dieses Wissens darauf zeigen. Mein Wissen sagt mir, wohin ich zeigen soll. Wir haben hier dieses Wissen als die Bedingung für überlegtes Zeigen auf den Gegenstand begriffen. So kann man also sagen: »Ich kann auf die Stelle, die du meinst, zeigen, weil ich sie sehe«, »ich kann dir die Richtung zu der Stelle weisen, weil ich weiß, wo sie ist; erste Straße rechts etc.« Nun ist man geneigt zu sagen: »Ich muß wissen, wo ein Ding ist, bevor ich auf es zeigen kann.« Vielleicht wäre dir weniger wohl, wenn du sagen würdest: »Ich muß wissen, wo ein Ding ist, bevor ich es ansehen kann.« Manchmal ist es natürlich richtig, das zu sagen. Aber wir sind in Versuchung zu denken, daß es einen bestimmten psychischen Zustand oder ein bestimmtes psychisches Ereignis gibt, nämlich zu wissen, wo die Stelle ist, und daß dieser Zustand oder dieses Ereignis jedem überlegten Akt des Zeigens, Daraufzugehens etc. vorhergehen muß. Denke an einen analogen Fall: »Man kann einen Befehl nur befolgen, nachdem man ihn verstanden hat.«

Wenn ich auf die schmerzhafte Stelle auf meinem Arm zeige, in welchem Sinn kann dann von mir gesagt werden, daß ich wußte, wo der Schmerz war, bevor ich auf die Stelle zeigte? Ich hätte sagen können: »Der Schmerz ist in meinem linken Arm«, bevor ich auf die Stelle zeigte. Nehmen wir an, daß mein Arm mit einem Netzwerk von Linien bedeckt war, die derart numeriert waren, daß ich mich auf jede Stelle auf seiner Oberfläche mit Nummern beziehen konnte. War es nötig, daß ich die schmerzhafte Stelle mittels dieser Koordinaten beschreiben konnte, bevor ich auf sie zeigen konnte? Ich will sagen, daß der Akt des Zeigens eine schmerzhafte Stelle bestimmt. Nebenbei gesagt, dieser Akt des Zeigens darf nicht mit dem Akt, die schmerzhafte Stelle durch Abtasten zu finden, verwechselt werden. In der Tat können diese beiden Akte zu verschiedenen Ergebnissen führen.

Man kann sich zahllose verschiedene Fälle denken, in denen wir sagen würden, daß jemand Schmerzen im Körper einer anderen Person hat; oder sagen wir, in einem Möbelstück, oder an einer leeren Stelle. Natürlich dürfen wir nicht vergessen, daß ein Schmerz in einem bestimmten Teil unseres Körpers, z. B. in einem Oberzahn, eine eigentümliche taktile und kinästhetische

Nachbarschaft hat. Wenn wir unsere Hand um eine geringe Entfernung aufwärts bewegen, berühren wir unser Auge; und das Wort »geringe Entfernung« bezieht sich auf die taktile Entfernung oder auf die kinästhetische Entfernung oder auf beide. (Es ist leicht vorstellbar, daß taktile und kinästhetische Entfernungen anders als gewöhnlich korreliert sind. Die Entfernung zwischen unserem Mund und unserem Auge könnte »den Muskeln unseres Armes« sehr groß erscheinen, wenn wir einen Finger vom Mund zum Auge bewegen. Bedenke, wie groß du dir die Höhlung in deinem Zahn vorstellst, wenn der Zahnarzt bohrt und sondiert.)

Als ich sagte, daß wir unser Auge berühren, wenn wir unsere Hand ein wenig aufwärts bewegen, bezog ich mich ausschließlich auf taktile Evidenz. Das heißt, das Kriterium dafür, daß mein Finger mein Auge berührte, sollte ausschließlich darin bestehen, daß ich die bestimmte Empfindung hatte, die mich hätte sagen lassen, daß ich mein Auge berührte, auch wenn keine visuelle Evidenz dafür bestünde, ja sogar dann, wenn ich in einem Spiegel sehen würde, daß mein Finger nicht mein Auge, sondern, sagen wir, meine Stirn berührte. Ebenso wie die »geringe Entfernung«, auf die ich mich bezog, taktile oder kinästhetische Entfernung war, so waren auch die Stellen, von denen ich sagte: »Sie sind ein kleines Stück voneinander entfernt«, taktile Stellen. Wenn ich sage, daß mein Finger sich im Tastraum und im kinästhetischen Raum von meinem Zahn zu meinem Auge bewegt, dann ist also damit gemeint, daß ich die taktilen und kinästhetischen Erfahrungen habe, die wir normalerweise haben, wenn wir sagen »mein Finger bewegt sich von meinem Zahn zu meinem Auge«. Was wir jedoch als Evidenz für diesen letzten Satz ansehen, ist, wie wir alle wissen, keineswegs nur taktiler oder kinästhetischer Art. Wenn ich die erwähnten taktilen und kinästhetischen Empfindungen hätte, könnte ich in der Tat den Satz »mein Finger bewegt sich etc.« auf Grund dessen, was ich sehe, ableugnen. Jener Satz ist ein Satz über physikalische Gegenstände. (Und denke nun nicht, daß der Ausdruck »physikalische Gegenstände« dazu dienen soll, eine Art von Gegenständen von einer anderen zu unterscheiden.) Die Grammatik der Sätze, die wir Sätze über physikalische Gegenstände nennen, läßt verschiedene Arten von Evidenz für jeden derartigen Satz zu. Die Grammatik des Satzes »mein Finger bewegt sich etc.« ist dadurch charakterisiert, daß ich die Sätze »ich sehe ihn sich bewegen«, »ich spüre ihn sich bewegen«, »er sieht ihn sich bewegen«, »er sagt mir, daß er sich bewegt« etc. jeweils als Evidenz für ihn ansehe. Wenn ich nun sage »ich sehe meine Hand sich bewegen«, dann scheint beim ersten Blick damit vorausgesetzt zu sein, daß ich den Satz »meine Hand bewegt sich« akzeptiere. Jedoch wenn ich den Satz »ich sehe meine Hand sich bewegen« als eine der Evidenzen für den Satz »meine Hand bewegt sich« ansehe, dann setzt die Wahrheit des ersteren nicht die Wahrheit des letzteren voraus. Man könnte deshalb den Ausdruck »es scheint, als ob sich meine Hand bewegt« anstelle des Ausdrucks »ich sehe meine Hand sich bewegen« vorschlagen. Obwohl dieser Ausdruck andeutet, daß meine Hand sich scheinbar, aber nicht in Wirklichkeit bewegt, könnte er gleichwohl zu verstehen geben, daß es immerhin eine Hand geben muß, damit sie sich scheinbar bewegen kann; während wir uns leicht Fälle vorstellen können, in denen der Satz, der die visuelle Evidenz beschreibt, wahr ist und in denen andere Art von Evidenz uns gleichzeitig zu sagen veranlaßt, daß ich keine Hand habe. Unsere gewöhnliche Ausdrucksweise läßt das nicht klar werden. Wir sind in der gewöhnlichen Sprache behindert, da wir eine taktile Empfindung mit Hilfe von Ausdrücken für physikalische Gegenstände wie den Wörtern »Auge«, »Finger« etc. beschreiben müssen, wenn aus dem, was wir sagen wollen, die Existenz eines Auges oder Fingers etc. nicht folgt. Wir müssen unsere Empfindungen auf Umwegen beschreiben. Das bedeutet natürlich nicht, daß die gewöhnliche Sprache für unsere besonderen Zwecke unzureichend ist, sondern daß sie etwas schwerfällig und manchmal irreführend ist. Der Grund für diese Besonderheit unserer Sprache ist natürlich das regelmäßige Zusammentreffen bestimmter Sinneserfahrungen. So kann ich meistens auch sehen, daß mein Arm sich bewegt, wenn ich spüre, daß er sich bewegt. Und wenn ich ihn mit meiner Hand berühre, dann spürt auch die Hand die Bewegung etc. (Der Mann, dessen Fuß amputiert wurde, wird einen bestimmten Schmerz als Schmerz in seinem Fuß beschreiben.) Wir spüren in solchen Fällen das starke

Bedürfnis nach einem Ausdruck wie »eine Empfindung wandert von meiner taktilen Backe zu meinem taktilen Auge«. Ich sagte all das, weil man es schwierig finden könnte, sich vorzustellen, daß man Zahnschmerzen an anderer Stelle als in seinen eigenen Zähnen haben könnte, wenn man sich der taktilen und kinästhetischen Umgebung eines Schmerzes bewußt ist. Doch wenn wir uns einen solchen Fall vorstellen, dann bedeutet das einfach, daß wir uns eine Korrelation von visuellen, taktilen, kinästhetischen usw. Erfahrungen vorstellen, die von der gewöhnlichen Korrelation abweicht. So können wir uns jemanden vorstellen, der die Empfindung von Zahnschmerzen hat und dazu jene taktilen und kinästhetischen Erfahrungen, die normalerweise mit der Erfahrung, seine Hand von seinem Zahn zu seiner Nase, seinen Augen etc. wandern zu sehen, verbunden sind, – die jedoch hier mit der visuellen Erfahrung, seine Hand sich zu den entsprechenden Stellen im Gesicht einer anderen Person bewegen zu sehen, korreliert sind. Oder wir können uns auch jemanden vorstellen, der die kinästhetische Empfindung der Bewegung seiner Hand hat und dazu in seinen Fingern und in seinem Gesicht die taktile Empfindung seiner sich über sein Gesicht bewegenden Finger, während doch seine kinästhetischen und visuellen Empfindungen als Empfindungen seiner sich über sein Knie bewegenden Finger beschrieben werden müßten. Wenn wir eine Empfindung von Zahnschmerzen hätten und dazu gewisse taktile und kinästhetische Empfindungen, die normalerweise für das Berühren des schmerzhaften Zahnes und benachbarter Stellen im Gesicht charakteristisch sind, und wenn ich während dieser Empfindungen meine Hand den Rand des Tisches berühren und sich darauf bewegen sähe, dann wären wir im Zweifel, ob wir diese Erfahrung eine Erfahrung von Zahnschmerzen im Tisch nennen sollen oder nicht. Wenn andererseits die beschriebenen taktilen und kinästhetischen Empfindungen mit der visuellen Erfahrung korreliert wären, die darin besteht, daß ich meine Hand einen Zahn und andere Teile des Gesichts einer anderen Person berühren sehe, dann besteht kein Zweifel, daß ich diese Erfahrung »Zahnschmerzen in jemandes anderen Zahn« nennen würde.

Ich sagte, daß derjenige, der behauptete, es sei unmöglich, jemandes anderen Schmerzen zu spüren, damit nicht leugnen wollte, daß eine Person Schmerzen im Körper einer anderen Person spüren könne. Er hätte vielmehr gesagt: »Ich kann Zahnschmerzen im Zahn eines anderen haben, aber nicht *seine* Zahnschmerzen.«

Also werden die Sätze »A hat einen goldenen Zahn« und »A hat Zahnschmerzen« nicht analog gebraucht. Zwischen ihnen besteht ein grammatischer Unterschied, der auf den ersten Blick nicht ins Auge fallen mag.

Was den Gebrauch des Wortes »sich vorstellen« angeht, könnte man sagen: »Es gibt doch eine ganz bestimmte Handlung, sich vorzustellen, daß der andere Schmerzen hat.« Natürlich leugnen wir das nicht, ebensowenig, wie wir irgendeine andere Feststellung von Tatsachen leugnen. Aber wir wollen sehen: Wenn wir uns ein Vorstellungsbild von den Schmerzen eines anderen machen, wenden wir es dann in derselben Weise an, in der wir ein Vorstellungsbild von, sagen wir, einem blau angelaufenen Auge eines anderen anwenden, wenn wir uns vorstellen, daß der andere ein blau angelaufenes Auge hat? Ersetzen wir wieder die Vorstellung im gewöhnlichen Sinn durch die Herstellung eines gemalten Bildes. (Das könnte sehr wohl *die* Art und Weise sein, in der gewisse Wesen sich Dinge vorstellen.) Lassen wir dann einen Mann sich auf diese Weise vorstellen, daß A ein blaues Auge hat. Es wird eine sehr wichtige Anwendung dieses Bildes sein, es mit dem wirklichen Auge zu vergleichen, um zu sehen, ob das Bild korrekt ist. Wenn wir uns lebhaft vorstellen, daß jemand Schmerzen leidet, dann tritt in unser Vorstellungsbild oft das, was man einen Schatten des Schmerzes nennen könnte, der an der Stelle lokalisierbar ist, die der, an der der andere den Schmerz spürt, entspricht. Aber in welchem Sinne ein Vorstellungsbild ein Vorstellungsbild ist, wird durch die Weise bestimmt, in der es mit der Wirklichkeit verglichen wird. Dies könnten wir die Projektionsmethode nennen. Nun denke an einen Vergleich zwischen dem Vorstellungsbild von A's Zahnschmerzen und seinen Zahnschmerzen. Wie würdest du sie vergleichen? Wenn du sagst, daß du sie »indirekt« auf dem Umweg über körperliches Verhalten vergleichst, dann antworte ich dir: das bedeutet, daß du sie *nicht* vergleichst; vielmehr vergleichst du das Bild seines Verhaltens mit seinem Verhalten.

Oder wenn du sagst »Ich gebe zu, daß man es nicht *wissen* kann, wenn A Schmerzen hat, man kann es nur vermuten«,dann siehst du die Schwierigkeit nicht, die in den verschiedenen Gebräuchen der Wörter »vermuten« und »wissen« liegt. Was für eine Art von Unmöglichkeit hast du gemeint, als du sagtest, daß man es *nicht* wissen *kann*? Dachtest du nicht an einen analogen Fall zu dem, in dem man nicht wissen konnte, ob der andere einen goldenen Zahn in seinem Mund hatte, weil er seinen Mund geschlossen hatte? Hier konntest du dir immerhin vorstellen, das zu wissen, was du nicht wissen konntest; es war sinnvoll zu sagen, daß du den Zahn sahest, obwohl du ihn nicht sahest; oder besser, es ist sinnvoll zu sagen, daß du seinen Zahn nicht siehst, und deshalb ist es auch sinnvoll zu sagen, daß du ihn siehst. Wenn du mir andrerseits zugibst, daß man nicht *wissen* kann, ob der andere Schmerzen hat, dann willst du mir damit nicht den Tatbestand mitteilen, daß niemand es weiß, sondern du willst damit sagen, daß es sinnlos ist zu sagen, daß jemand es weiß (und daß es deshalb sinnlos ist zu sagen, daß niemand es weiß). Wenn du nun in diesem Fall das Wort »vermuten« oder »glauben« gebrauchst, dann gebrauchst du es also nicht als einen Gegensatz zu »wissen«. Das heißt, du hast nicht behauptet, daß Wissen ein Ziel war, das du nicht erreichen konntest, und daß du dich damit zufrieden gegeben hast, zu vermuten; vielmehr gibt es kein Ziel in diesem Spiel. Ebenso wenn man sagt: »Man kann nicht durch die ganze Reihe von Kardinalzahlen hindurchzählen«, so stellt man nicht eine Tatsache über menschliche Unzulänglichkeit fest, sondern eine Tatsache über eine Konvention, die wir getroffen haben. Unsere Aussage ist nicht mit einer Aussage wie »Es ist unmöglich für einen Menschen, den Atlantik zu durchschwimmen« vergleichbar, obwohl sie dauernd fälschlicherweise damit verglichen wird; aber sie *ist* analog zu einer Aussage wie »In einem Dauerlauf gibt es kein Ziel«. Und so etwas ahnt derjenige, der mit der Erklärung, daß du vermuten kannst ..., obwohl du nicht wissen kannst ..., nicht zufrieden ist.

Wenn wir mit jemandem zornig sind, weil er mit einer Erkältung an einem kalten Tag hinausgeht, sagen wir manchmal: »Ich werde deine Erkältung nicht spüren.« Und das kann bedeuten:

»Ich leide nicht, wenn du dich erkältest.« Dies ist ein Satz, den die Erfahrung gelehrt hat. Denn wir könnten uns eine sozusagen drahtlose Verbindung zwischen zwei Körpern vorstellen, die den einen Schmerzen in seinem Kopf spüren läßt, während der andere seinen Kopf der kalten Luft aussetzt. Man könnte in diesem Fall argumentieren, daß die Schmerzen meine sind, weil sie in meinem Kopf gespürt werden; aber angenommen, ich und jemand anders haben einen gemeinsamen Körperteil, sagen wir, eine Hand. Stell dir vor, daß die Nerven und Sehnen meines Armes und die Nerven und Sehnen von A's Arm durch eine Operation mit dieser Hand verbunden worden sind. Nun stell dir vor, daß die Hand von einer Wespe gestochen wird. Wir weinen beide, verzerren unsere Gesichter, geben dieselbe Beschreibung des Schmerzes etc. Sollen wir nun sagen, daß wir denselben Schmerz oder verschiedene Schmerzen haben? Wenn du in einem solchen Fall sagst: »Wir spüren Schmerzen an derselben Stelle, in demselben Körper, unsere Beschreibungen stimmen überein, jedoch kann mein Schmerz nicht der seine sein«, nehme ich an, daß du geneigt bist, als Grund anzugeben: »weil mein Schmerz mein Schmerz ist, und sein Schmerz sein Schmerz«. Und hier machst du eine grammatische Aussage über den Gebrauch eines Ausdruckes wie »derselbe Schmerz«. Du sagst, daß du den Ausdruck »er hat meinen Schmerz« oder »wir haben beide denselben Schmerz« nicht gebrauchen möchtest, und daß du statt dessen vielleicht einen Ausdruck wie »sein Schmerz ist genau wie meiner« gebrauchen wirst. (Es wäre kein Argument, wenn man sagte, daß die beiden nicht denselben Schmerz haben können, weil man den einen der beiden betäuben oder töten könnte, während der andere noch immer den Schmerz spürt.) Wenn wir den Satz »Ich habe seine Zahnschmerzen« aus unserer Sprache ausschließen, dann schließen wir damit natürlich auch den Satz »ich habe (oder spüre) *meine* Zahnschmerzen« aus. Eine andere Form unserer metaphysischen Aussage ist diese: »Jemandes Sinnesdaten sind privat, d. h. nur ihm allein zugänglich.« Und diese Ausdrucksweise ist sogar noch irreführender, weil die Aussage noch mehr wie ein Erfahrungssatz aussieht; der Philosoph, der das sagt, mag leicht denken, daß er hier eine Art naturwissenschaftliche Wahrheit ausdrückt.

Wir gebrauchen den Ausdruck »Zwei Bücher haben dieselbe Farbe«, aber wir könnten auch sehr gut sagen: »Sie können nicht *dieselbe* Farbe haben, da dieses Buch schließlich seine eigene Farbe hat und das andere Buch auch seine eigene Farbe hat.« Auch das wäre die Feststellung einer grammatischen Regel – einer Regel, nebenbei gesagt, die unserem gewöhnlichen Gebrauch nicht entspricht. Der Grund, an diese beiden Gebräuche überhaupt zu denken, ist dieser: Wir vergleichen Sinnesdaten mit physikalischen Körpern; im Falle der letzteren machen wir einen Unterschied zwischen »Das ist derselbe Stuhl, den ich vor einer Stunde sah« und »Das ist nicht derselbe Stuhl, sondern ein Stuhl, der genau wie der andere ist«. Hier ist es sinnvoll, folgendes zu sagen (und das ist hier ein Erfahrungssatz): »A und B können nicht denselben Stuhl gesehen haben, denn A war in London und B in Cambridge; sie haben zwei Stühle gesehen, die einander genau glichen.« (Es wird hier von Nutzen sein, über die verschiedenen Kriterien für das, was wir »Identität dieser Gegenstände« nennen, nachzudenken. Wie wenden wir folgende Aussagen an: »Dies ist derselbe Tag ...« »Dies ist dasselbe Wort ...« »Dies ist dieselbe Gelegenheit ...« etc.?)

In diesen Überlegungen taten wir das, was wir immer tun, wenn wir das Wort »können« in einem metaphysischen Satz antreffen. Wir zeigen, daß dieser Satz eine grammatische Regel verbirgt. In anderen Worten, wir zerstören die äußere Ähnlichkeit zwischen einem metaphysischen Satz und einem Erfahrungssatz, und wir versuchen, die Ausdrucksform zu finden, die ein bestimmtes Streben des Metaphysikers erfüllt, das von unserer gewöhnlichen Sprache nicht erfüllt wird, und das metaphysische Verwirrung stiftet, solange es nicht erfüllt ist. Und wenn ich in einem metaphysischen Sinne sage »Ich *muß* immer wissen, wenn ich Schmerzen habe«, dann wird das Wort »wissen« dadurch einfach überflüssig; und statt »Ich weiß, daß ich Schmerzen habe« kann ich einfach sagen »Ich habe Schmerzen«. Die Sache ist natürlich anders, wenn wir dem Ausdruck »unbewußter Schmerz« Bedeutung geben, indem wir Erfahrungskriterien für den Fall festlegen, in dem ein Mensch Schmerzen hat und es nicht weiß, und wenn wir dann (richtig oder falsch) sagen, daß tatsächlich niemand jemals Schmerzen hatte, von denen er nichts wußte.

Wenn wir sagen »Ich kann seinen Schmerz nicht spüren«, ersteht die Vorstellung einer unüberwindlichen Barriere. Denken wir uns sogleich einen ähnlichen Fall: »Die Farben grün und blau können nicht gleichzeitig an derselben Stelle sein.« Hier ist es das Bild einer physikalischen Unmöglichkeit, das sich aufdrängt, nicht das einer Barriere; vielmehr haben wir das Gefühl, daß die beiden Farben einander im Wege sind. Was ist der Ursprung dieser Vorstellung? – Wir sagen, daß drei Leute nicht nebeneinander auf dieser Bank sitzen können; sie haben keinen Platz. Nun ist der Fall von den Farben nicht analog zu diesem; aber wir können eher von einer Analogie sprechen, wenn wir sagen: »3 mal 40 cm passen nicht in einen Meter.« Das ist eine grammatische Regel, die eine logische Unmöglichkeit feststellt. Der Satz »Drei Männer können nicht nebeneinander auf einer Bank sitzen, die einen Meter lang ist« stellt eine physikalische Unmöglichkeit fest; und dieses Beispiel zeigt deutlich, warum die beiden Unmöglichkeiten verwechselt werden. (Vergleiche den Satz »Er ist neun Zentimeter größer als ich« mit dem Satz »1,80 m ist 9 Zentimeter größer als 1,71 m«. Diese Sätze sind von völlig verschiedener Art, aber sie scheinen einander genau gleich zu sein.) Der Grund, aus dem sich uns in diesen Fällen die Idee von physikalischer Unmöglichkeit aufdrängt, ist einerseits, daß wir uns gegen den Gebrauch einer bestimmten Ausdrucksform entscheiden, und andrerseits, daß wir in starker Versuchung sind, sie zu gebrauchen, denn a) klingt sie wie gutes Deutsch oder Englisch etc., und b) gibt es ganz ähnliche Ausdrucksformen, die in anderen Zweigen unserer Sprache gebraucht werden. Wir haben uns gegen den Ausdruck »Sie sind an derselben Stelle« entschieden; andererseits empfiehlt sich uns dieser Ausdruck durch die Analogie zu anderen Ausdrücken sehr, so daß wir in gewisser Hinsicht diesen Ausdruck mit Gewalt aufgeben müssen. Deshalb scheint es uns, als ob wir einen universell falschen Satz zurückweisen. Wir machen ein Bild wie das von den zwei Farben, die einander im Weg sind, oder ein Bild von einer Barriere, die der einen Person nicht gestattet, sich der Erfahrung einer anderen über die Beobachtung ihres Verhaltens hinaus zu nähern, aber bei näherem Hinsehen finden wir, daß wir das Bild, das wir gemacht haben, nicht anwenden können.

Unser Schwanken zwischen logischer und physikalischer Unmöglichkeit veranlaßt uns, Aussagen wie die folgende zu machen: »Wenn das, was ich fühle, immer nur *meine* Schmerzen sind, was kann dann die Annahme, daß jemand anders Schmerzen hat, bedeuten?« In solchen Fällen ist es immer angebracht, zu sehen, wie die in Frage stehenden Wörter *wirklich in unserer Sprache gebraucht werden.* Wir denken in all solchen Fällen nicht an den Gebrauch, den die gewöhnliche Sprache von den Wörtern macht, sondern an einen anderen. Es wäre jedoch ein Gebrauch, der sich uns gerade zu dem Zeitpunkt aus irgendeinem Grunde besonders empfiehlt. Wenn irgend etwas mit der Grammatik unserer Wörter seltsam erscheint, so ist das, weil wir wechselweise versucht sind, ein Wort in mehreren verschiedenen Weisen zu gebrauchen. Und es ist besonders schwer, sich darüber klar zu werden, daß eine Behauptung des Metaphysikers Unzufriedenheit mit unserer Grammatik ausdrückt, wenn die Wörter dieser Behauptung auch zur Feststellung einer Erfahrungstatsache gebraucht werden können. Wenn er also sagt: »Nur meine Schmerzen sind wirkliche Schmerzen«, dann könnte dieser Satz bedeuten, daß die anderen Leute bloß so tun, als ob sie Schmerzen hätten. Und wenn er sagt: »Dieser Baum existiert nicht, wenn niemand ihn sieht«, dann könnte das bedeuten: »Dieser Baum verschwindet, wenn wir ihm den Rücken drehen.« Der Mann, der sagt: »Nur meine Schmerzen sind wirklich«, will damit nicht sagen, daß er mittels der gewöhnlichen Kriterien herausgefunden hat – d. h. der Kriterien, die unseren Wörtern ihre gewöhnlichen Bedeutungen geben –, daß die anderen, die sagten, daß sie Schmerzen hätten, schwindelten. Vielmehr lehnt er sich gegen den Gebrauch *dieses* Ausdrucks in Verbindung mit *diesen* Kriterien auf. Das heißt, er hat Einwände gegen die besondere Weise, in der dieser Ausdruck gemeinhin gebraucht wird. Andrerseits ist es ihm nicht klar, daß seine Einwände sich gegen eine Konvention richten. Er sieht, wie man das Land auf andere Weise teilen kann als nach der Methode, der die gewöhnliche Landkarte entspricht. Er fühlt sich versucht, etwa den Namen „Devonshire« nicht für die Grafschaft mit ihren konventionellen Grenzen, sondern für ein andersartig begrenztes Gebiet zu gebrauchen. Er könnte das folgendermaßen aus-

drücken: »Ist es denn nicht absurd, aus *diesem* hier eine Grafschaft zu machen, die Grenzen *hier* zu ziehen?« Was er jedoch sagt, ist folgendes: »Das *wirkliche* Devonshire ist dieses.« Wir können antworten: »Du willst nur eine neue Bezeichnungsweise, und mit einer neuen Bezeichnungsweise werden keine geographischen Tatsachen geändert.« Es ist jedoch wahr, daß wir unwiderstehlich von einer Bezeichnung angezogen oder abgestoßen werden können. (Wir vergessen leicht, wieviel uns eine Notation, eine Ausdrucksform bedeuten kann, und daß es nicht so leicht wie oft in der Mathematik und in den Naturwissenschaften ist, sie zu ändern. Ein Wechsel von Kleidern oder von Namen kann sehr viel oder sehr wenig bedeuten.)
Ich werde versuchen, dieses Problem, das von Realisten, Idealisten und Solipsisten behandelt worden ist, zu erläutern, indem ich dir ein Problem zeige, das mit diesem nah verwandt ist. Es ist dieses: »Können wir unbewußte Gedanken, unbewußte Gefühle etc. haben?« Die Idee, daß es unbewußte Gedanken gäbe, hat viele Leute empört. Andere wiederum haben gesagt, daß diese sich in der Annahme irrten, daß es nur bewußte Gedanken geben könne, und daß die Psychoanalyse unbewußte Gedanken entdeckt hat. Die Psychoanalytiker andrerseits haben sich von ihrer eigenen Ausdrucksweise zu dem Gedanken verleiten lassen, daß sie mehr getan haben, als neue psychologische Reaktionen zu entdecken; daß sie sozusagen bewußte Gedanken, die unbewußt waren, entdeckt haben. Die ersteren hätten ihren Einwand folgendermaßen formulieren können: »Wir wollen den Ausdruck ›unbewußte Gedanken‹ nicht gebrauchen; wir wollen das Wort ›Gedanke‹ auf das, was ihr ›bewußte Gedanken‹ nennt, beschränken.« Sie vertreten ihren Standpunkt falsch, wenn sie sagen: »Es kann nur bewußte und keine unbewußten Gedanken geben.« Denn wenn sie von unbewußten Gedanken nicht sprechen wollen, dann sollten sie auch den Ausdruck »bewußte Gedanken« nicht gebrauchen.
Aber ist es nicht richtig zu sagen, daß in jedem Fall, wenn jemand von bewußten und von unbewußten Gedanken spricht, er damit das Wort »Gedanken« auf zwei verschiedene Weisen gebraucht? – Gebrauchen wir einen Hammer auf zwei verschiedene Weisen, wenn wir auf einen Nagel mit ihm schlagen

oder wenn wir andrerseits mit ihm einen Pflock in ein Loch treiben? Und gebrauchen wir ihn auf zwei verschiedene Weisen oder auf dieselbe Weise, wenn wir diesen Pflock in diese Öffnung treiben und andrerseits einen anderen Pflock in eine andere Öffnung? Oder würden wir von verschiedenen Gebrauchsweisen nur dann sprechen, wenn wir in dem einen Fall etwas in etwas hineintreiben und im anderen, sagen wir, etwas zerschlagen? Oder handelt es sich hier in allen Fällen um denselben Gebrauch des Hammers, und sollen wir von einem anderen Gebrauch nur dann sprechen, wenn wir den Hammer als einen Briefbeschwerer gebrauchen? – In welchen Fällen sollen wir sagen, daß ein Wort auf zwei verschiedene Weisen gebraucht wird, und in welchen, daß es auf eine Weise gebraucht wird? Wenn wir sagen, daß ein Wort auf zwei (oder mehrere) verschiedene Weisen gebraucht wird, dann geben wir damit allein noch keine Vorstellung von seinem Gebrauch. Wir geben damit nur an, wie man den Gebrauch dieses Wortes ansehen kann, indem wir ein Schema für die Beschreibung des Gebrauches mit zwei (oder mehreren) Unterteilungen liefern. Es ist in Ordnung zu sagen: »Ich tue *zwei* Dinge mit diesem Hammer: Ich schlage einen Nagel in dieses Brett und einen in jenes.« Aber ich hätte auch sagen können: »Ich tue nur eines mit diesem Hammer; ich schlage einen Nagel in dieses Brett und einen in jenes.« Es kann zwei Arten von Diskussionen über die Frage geben, ob ein Wort auf eine Weise oder auf zwei Weisen gebraucht wird: a) Zwei Leute können die Frage diskutieren, ob das englische Wort »cleave« nur gebraucht wird, wenn man etwas zerspaltet, oder auch, wenn man etwas zusammenfügt. Das ist eine Diskussion über die Tatsachen eines bestimmten wirklichen Gebrauchs. b) Sie können die Frage diskutieren, ob das Wort »altus«, das für »tief« und für »hoch« steht, dadurch auf zwei verschiedene Weisen gebraucht wird. Diese Frage ist analog zu der Frage, ob das Wort »Gedanke« auf zwei Weisen oder auf eine Weise gebraucht wird, wenn wir von bewußten und unbewußten Gedanken sprechen. Derjenige, der sagt »Das sind doch zwei verschiedene Gebräuche«, hat schon beschlossen, ein zweiteiliges Schema zu gebrauchen, und mit dem, was er gesagt hat, hat er diesen Entschluß ausgedrückt.

Wenn nun der Solipsist sagt, daß nur seine eigenen Erfahrungen wirklich sind, dann ist es nutzlos, ihm zu antworten: »Warum sagst du uns das, wenn du nicht glaubst, daß wir es wirklich hören können?« Oder zumindest dürfen wir nicht glauben, daß wir auf seine Schwierigkeit geantwortet haben, wenn wir ihm diese Antwort geben. Es gibt keine common-sense-Antwort auf ein philosophisches Problem. Man kann den common-sense gegen die Angriffe von Philosophen nur verteidigen, indem man ihre Probleme löst, d. h., indem man sie von der Versuchung heilt, den common-sense anzugreifen, und nicht, indem man die common-sense-Ansichten wiederholt. Ein Philosoph ist nicht jemand, der nicht bei Sinnen ist, er ist nicht jemand, der nicht sieht, was jedermann sieht. Noch ist seine Uneinigkeit mit dem commonsense die des Naturwissenschaftlers, der mit den groben Ansichten des Mannes in der Straße nicht übereinstimmt. Das heißt, sein Widerspruch gründet sich nicht auf eine scharfsinnigere Kenntnis der Tatsachen. Wir müssen uns deshalb nach dem *Ursprung* seiner Verwirrung umsehen. Und wir finden, daß Verwirrung und geistige Unbehaglichkeit nicht nur dann entstehen, wenn unsere Neugier für bestimmte Tatsachen nicht befriedigt wird und wenn wir kein Naturgesetz finden können, das all unserer Erfahrung entspricht, sondern auch dann, wenn eine Bezeichnungsweise uns nicht zufriedenstellt – vielleicht wegen verschiedener Assoziationen, die sie hervorruft. Unsere gewöhnliche Sprache, die von allen möglichen Bezeichnungssystemen dasjenige ist, das unser ganzes Leben durchdringt, hält gleichsam unseren Geist starr in einer Position, und in dieser Position fühlt er sich manchmal eingeengt und hat das Bedürfnis nach anderen Positionen. So wünschen wir uns manchmal ein Bezeichnungssystem, das einen Unterschied stärker hervorhebt oder ihn offensichtlicher macht, als es die gewöhnliche Sprache tut, oder wir wünschen uns eines, das in einem bestimmten Fall Ausdrucksformen gebraucht, die mehr Ähnlichkeit miteinander haben als die, die unsere gewöhnliche Sprache gebraucht. Unser geistiger Krampf wird gelöst, wenn uns Bezeichnungssysteme gezeigt werden, die diese Bedürfnisse erfüllen. Diese Bedürfnisse können von größter Mannigfaltigkeit sein.

Der Mann, den wir als Solipsisten bezeichnen und der sagt, daß nur seine eigenen Erfahrungen wirklich sind, streitet damit nicht über irgendeine praktische Tatsachenfrage mit uns, er sagt nicht, daß wir simulieren, wenn wir über Schmerzen klagen, er bemitleidet uns ebenso wie jeder andere, und gleichzeitig will er den Gebrauch des Titels »wirklich« auf das einschränken, was wir seine Erfahrungen nennen würden; und vielleicht will er unsere Erfahrungen überhaupt nicht »Erfahrungen« nennen (wiederum, ohne mit uns über irgendeine Tatsachenfrage zu streiten). Denn er würde sagen, es sei *undenkbar*, daß Erfahrungen, die nicht seine Erfahrungen sind, wirklich wären. Deshalb sollte er ein Bezeichnungssystem gebrauchen, in dem ein Ausdruck wie »A hat wirkliche Zahnschmerzen« (wo er nicht A ist) sinnlos ist, ein Bezeichnungssystem, dessen Regeln diesen Ausdruck ausschließen, ebenso wie die Schachregeln es nicht zulassen, daß ein Bauer wie ein Springer zieht. Der Vorschlag des Solipsisten läuft darauf hinaus, daß man einen Ausdruck wie »Es gibt wirkliche Zahnschmerzen« statt des Ausdrucks „Schmidt (der Solipsist) hat Zahnschmerzen« gebraucht. Und warum sollten wir ihm dieses Bezeichnungssystem nicht gewähren? Ich brauche nicht zu sagen, daß er, um Verwirrung zu vermeiden, das Wort »wirklich« im Gegensatz zu »simuliert« besser gar nicht gebrauchen sollte; das bedeutet nichts weiter, als daß wir für den Unterschied »wirklich/simuliert« auf andere Weise aufkommen müssen. Der Solipsist, der sagt »Nur ich fühle wirkliche Schmerzen«, »Nur ich sehe (oder höre) wirklich«, äußert keine Meinung, und deswegen ist er dessen, was er sagt, so sicher. Er ist in unwiderstehlicher Versuchung, eine bestimmte Ausdrucksform zu gebrauchen; aber wir müssen noch herausbekommen, *warum* das so ist.

Der Ausdruck »Nur ich sehe wirklich« ist eng mit der Idee verbunden, die in der Behauptung ausgedrückt wird: »Wir wissen nie, was der andere wirklich sieht, wenn er etwas anschaut«, – oder in dieser: »Wir können nie wissen, ob er ›blau‹ nennt, was wir ›blau‹ nennen.« Wir könnten auch so argumentieren: »Ich kann nie wissen, was er sieht oder daß er überhaupt sieht, denn ich habe nichts als Zeichen verschiedener Art, die er mir gibt; zu sagen, daß er sieht, ist deshalb alles in allem eine unnötige Hypothese; nur dadurch, daß ich selbst sehe, weiß ich, was

Sehen ist; wie ich das Wort ›sehen‹ gelernt habe, bedeutet es nur etwas, was *ich* tue.« Natürlich ist das einfach nicht wahr, denn ich habe bestimmt einen anderen und sehr viel komplizierteren Gebrauch des Wortes »sehen« gelernt, als ich hier vorgebe. Wir wollen die Tendenz, die uns dabei leitete, mit einem Beispiel aus einem etwas anderen Bereich klären. Betrachte folgendes Argument: »Wie können wir wünschen, dieses Stück Papier wäre rot, wenn es nicht rot ist? Bedeutet das nicht, daß ich etwas wünsche, was gar nicht existiert? Deshalb kann mein Wunsch nur etwas enthalten, das dem Rotsein des Papiers *ähnlich* ist. Sollten wir deshalb nicht ein anderes Wort als ›rot‹ gebrauchen, wenn wir sagen, daß jemand wünscht, etwas wäre rot? Das Wunschbild zeigt zweifellos etwas weniger Bestimmtes, etwas Nebelhafteres als die Wirklichkeit des roten Papieres. Deshalb sollte ich statt ›Ich wünsche, dieses Papier wäre rot‹ etwa sagen: ›Ich wünsche ein blasses Rot für dieses Stück Papier‹.« Aber wenn er in unserer gewöhnlichen Sprechweise gesagt hätte »Ich wünsche ein blasses Rot für dieses Stück Papier«, dann hätten wir, um seinen Wunsch zu erfüllen, ein blasses Rot gemalt – und das hätte er nicht gewollt. Andrerseits läßt sich nichts dagegen sagen, sich die Ausdrucksweise, die er vorschlägt, zu eigen zu machen, solange wir wissen, daß er den Ausdruck »Ich wünsche ein blasses *x* für dieses Papier« stets in der Bedeutung gebraucht, die wir gewöhnlich mit den Worten »Ich wünsche, dieses Papier hätte die Farbe *x*« ausdrücken. Was er sagte, war tatsächlich eine Empfehlung für sein Bezeichnungssystem, in dem Sinne, in dem etwas eine Empfehlung für ein Bezeichnungssystem sein kann. Aber er hat uns keine neue Wahrheit verkündet, noch hat er gezeigt, daß das, was wir vorher sagten, falsch war. (All das stellt Verbindungen zwischen unserem gegenwärtigen Problem und dem Problem der Negation her. Ich will dir hier nur einen kleinen Hinweis geben, indem ich sage, daß ein Bezeichnungssystem möglich wäre, in dem, um es grob zu sagen, eine Eigenschaft stets zwei Bezeichnungen hätte: eine für den Fall, in dem man sagt, daß etwas sie hat; die andere für den Fall, in dem man sagt, daß etwas sie nicht hat. Die Negation von »Dieses Papier ist rot« könnte dann etwa sein: »Dieses Papier ist nicht ritten.« Solch ein Bezeichnungssystem würde tatsächlich einige der Wünsche erfüllen, auf die unsere gewöhnliche Sprache nicht eingeht, und die manchmal in bezug auf die Idee der Negation einen Krampf philosophischer Verwirrung verursachen.)

Die Schwierigkeit, die wir mit den Worten: »Ich kann nicht wissen, was er sieht, wenn er (wahrheitsgemäß) sagt, daß er einen roten Fleck sieht« ausdrücken, entsteht durch die Auffassung, daß »wissen, was er sieht« bedeutet: »sehen, was auch er sieht«; aber nicht in dem Sinne, in dem wir beide dasselbe sehen, wenn wir beide denselben Gegenstand vor Augen haben: sondern in dem Sinne, in dem der gesehene Gegenstand ein Gegenstand etwa in seinem Kopf oder in *ihm* wäre. Die Idee ist hier, daß sich derselbe Gegenstand vor seinen und vor meinen Augen befinden mag, daß ich jedoch nicht meinen Kopf in seinen stecken kann (oder meinen Geist in seinen, was auf dasselbe hinausläuft), damit der *wirkliche* und *unmittelbare* Gegenstand seines Sehens auch der wirkliche und unmittelbare Gegenstand meines Sehens wird. Mit »Ich weiß nicht, was er sieht« meinen wir in Wirklichkeit »Ich weiß nicht, was er anschaut«, wo das, »was er anschaut«, versteckt ist und er es mir nicht zeigen kann; es befindet sich vor seinem geistigen Auge. Um das Rätsel loszuwerden, untersuche also den grammatischen Unterschied zwischen den Behauptungen »Ich weiß nicht, was er sieht« und »Ich weiß nicht, was er anschaut«, wie sie wirklich in unserer Sprache gebraucht werden.

Manchmal scheint der überzeugendste Ausdruck für unseren Solipsismus folgender zu sein: »Wenn irgendetwas gesehen (wirklich *gesehen*) wird, dann bin immer ich es, der es sieht.«

Was uns an diesem Ausdruck auffallen würde, ist das »immer ich«. Immer *wer*? – Denn seltsamerweise meine ich nicht: »Immer L. W.« Dies führt uns dazu, die Kriterien für die Identität einer Person ins Auge zu fassen. Unter welchen Umständen sagen wir: »Das ist dieselbe Person, die ich vor einer Stunde gesehen habe«? Unser tatsächlicher Gebrauch des Ausdruckes »dieselbe Person« und des Namens einer Person beruhen auf der Tatsache, daß viele Kennzeichen, die wir als Identitätskriterien gebrauchen, in den meisten Fällen übereinstimmen. Ich werde in der Regel auf Grund der Erscheinung meines Körpers erkannt. Mein Körper ändert seine Erscheinung nur nach und nach und verhältnismäßig wenig, und ähnlich ist es mit meiner Stimme, charakteristischen Gewohnheiten etc., die sich nur langsam und innerhalb eines engen Bereiches ändern. Auf Grund dieser Tatsachen allein sind wir geneigt, Personennamen so zu gebrauchen, wie wir sie gebrauchen. Das kann man am besten sehen, wenn man sich unwirkliche Fälle vorstellt, die uns zeigen, welche verschiedenen »Geometrien« wir zu gebrauchen geneigt wären, wenn die Tatsachen anders wären. Stelle dir z. B. vor, daß alle menschlichen Körper, die es gibt, gleich aussehen, daß andrerseits verschiedene Gruppen von Charakterzügen gleichsam ihren Wohnsitz zwischen diesen Körpern zu wechseln scheinen. Solch eine Gruppe von Charakterzügen könnte z. B. folgendes umfassen: Sanftheit, zusammen mit einer hohen Stimme und langsamen Bewegungen, – oder ein cholerisches Temperament, eine tiefe Stimme und ruckartige Bewegungen, und ähnliche Zusammensetzungen. Unter solchen Umständen wäre es zwar möglich, den Körpern Namen zu geben, jedoch unsere Neigung, das zu tun, wäre vielleicht ebenso gering wie die, den Stühlen in unserem Eßzimmer Namen zu geben. Andrerseits könnte es nützlich sein, den Gruppen von Charakterzügen Namen zu geben, und der Gebrauch dieser Namen würde nun *ungefähr* den Personennamen in unserer gegenwärtigen Sprache entsprechen.

Oder stell dir vor, es sei normal, daß menschliche Wesen zwei Charaktere haben, etwa so: die Gestalt, Größe und die charakteristischen Merkmale des Verhaltens von Leuten verändern sich in periodischen Abständen vollständig. Es ist normal, daß ein Mensch zwei solcher Zustände hat; und er fällt plötzlich von dem einen in den andern. Es ist sehr wahrscheinlich, daß wir in einer solchen Gesellschaft geneigt wären, jeden Menschen mit zwei Namen zu taufen und vielleicht von zwei Personen in seinem Körper zu sprechen. Waren nun Dr. Jekyll und Mr. Hyde zwei Personen, oder waren sie ein und dieselbe Person, die sich lediglich änderte[13]? Wir können sagen, was wir wollen. Wir sind nicht gezwungen, von einer doppelten Persönlichkeit zu sprechen.

13 W. bezieht sich auf die Erzählung von R. L. Stevenson »Strange Case of Dr. Jekyll and Mr. Hyde«. Übers.

Es gibt viele Gebrauchsweisen des Wortes »Persönlichkeit«, die wir uns anzueignen geneigt sein mögen, und sie sind alle mehr oder weniger miteinander verwandt. Dasselbe gilt, wenn wir die Identität einer Person mittels ihrer Erinnerungen bestimmen. Stell dir einen Menschen vor, dessen Erinnerung an den geraden Tagen seines Lebens die Ereignisse all dieser Tage umfaßt und völlig übergeht, was an den ungeraden Tagen geschah. Andrerseits erinnert er sich an einem ungeraden Tag, was an früheren ungeraden Tagen geschah, aber dann übergeht seine Erinnerung die geraden Tage ohne jedes Gefühl von Diskontinuität. Wenn wir wollen, können wir auch annehmen, daß seine körperliche Erscheinung und seine Charakterzüge an geraden und ungeraden Tagen abwechseln. Sind wir hier gezwungen zu sagen, daß zwei Personen denselben Körper bewohnen? Das heißt, ist es richtig zu sagen, daß es sich um zwei Personen handelt, und ist es falsch zu sagen, daß es sich nicht um zwei Personen handelt, oder umgekehrt? Weder das eine nach das andere. Denn der *gewöhnliche* Gebrauch des Wortes »Person« ist das, was wir einen gemischten Gebrauch nennen können, der den gewöhnlichen Umständen angemessen ist. Wenn ich, wie ich es tue, annehme, daß diese Umstände sich geändert haben, dann ändert sich damit die Anwendung der Bezeichnung »Person« oder »Persönlichkeit«; und wenn ich diese Bezeichnung beibehalten und ihr einen Gebrauch geben will, der analog zu dem früheren ist, steht es mir frei, zwischen vielen Gebräuchen zu wählen, das heißt, zwischen verschiedenen Arten von Analogien. Man könnte in einem solchen Fall sagen, daß die Bezeichnung »Persönlichkeit« nicht nur einen legitimen Erben hat. (Diese Art der Betrachtung ist in der Philosophie der Mathematik wichtig. Denke an den Gebrauch der Wörter »Beweis«, »Formel« und anderer. Denke an die Frage: »Warum soll das, was wir hier tun, ›Philosophie‹ genannt werden? Warum soll es als der einzige legitime Erbe der verschiedenen Tätigkeiten, die diesen Namen in früheren Zeiten hatten, gelten?«)

Fragen wir uns nun, auf welche Art von Identität der Persönlichkeit wir uns beziehen, wenn wir sagen: »Wenn irgend etwas gesehen wird, dann bin immer ich es, der es sieht.« Ich will, daß all diese Fälle des Sehens etwas gemeinsam haben: Was ist dieses Gemeinsame? Als Antwort muß ich mir selbst gestehen, daß es nicht meine körperliche Erscheinung ist. Ich sehe nicht immer einen Teil meines Körpers, wenn ich etwas sehe. Und es ist unwesentlich, ob mein Körper immer gleich aussehen soll, wenn er unter den Dingen ist, die ich sehe. Es ist mir gleichgültig, wie viel er sich ändert. Und ich habe dieselbe Haltung allen Eigenschaften meines Körpers gegenüber und auch den typischen Merkmalen meines Verhaltens und sogar meinen Erinnerungen gegenüber. Wenn ich etwas mehr darüber nachdenke, wird mir klar, daß das, was ich sagen wollte, folgendes war: »Immer wenn irgend etwas gesehen wird, dann wird etwas Bestimmtes gesehen.« D. h. es war nicht irgendein bestimmtes Wesen »ich«, sondern die Erfahrung des Sehens selbst, von der ich sagte, daß sie allen Erfahrungen des Sehens gemeinsam wäre. Das mag klarer werden, wenn wir uns vorstellen, daß der Mensch, der unsere solipsistische Behauptung macht, auf seine Augen zeigt, während er »ich« sagt. (Vielleicht, weil er genau sein will und ausdrücklich sagen will, welche Augen zu dem Mund gehören, der »ich« sagt, und zu den Händen, die auf seinen eigenen Körper zeigen.) Aber worauf zeigt er? Auf diese bestimmten Augen mit der Identität physikalischer Gegenstände? (Um diesen Satz zu verstehen, mußt du dich daran erinnern, daß die Grammatik der Wörter, von denen wir sagen, daß sie für physikalische Gegenstände stehen, durch die Weise charakterisiert ist, in der wir den Ausdruck »derselbe so-und-so« oder »der identische so-und-so« gebrauchen, wo „so-und-so« den physikalischen Gegenstand bezeichnet.) Wir sagten vorher, daß er gar nicht auf einen bestimmten physikalischen Gegenstand zeigen wollte. Die Idee, er habe eine bedeutungsvolle Aussage gemacht, entstand aus einer Verwechslung, die der Verwechslung zwischen dem, was wir »das geometrische Auge«, und dem, was wir »das physische Auge« nennen werden, entspricht. Ich will den Gebrauch dieser Bezeichnungen andeuten: Wenn jemand versucht, den Befehl »Zeige auf dein Auge« zu befolgen, könnte er verschiedenerlei tun, und er wird viele verschiedene Kriterien als Kriterien dafür akzeptieren, daß er auf sein Auge gezeigt hat. Wenn diese Kriterien – wie gewöhnlich – zusammentreffen, dann könnte ich sie abwechselnd und in verschiedenen

Kombinationen gebrauchen, um mir zu beweisen, daß ich mein Auge berührt habe. Wenn sie nicht zusammentreffen, werde ich zwischen verschiedenen Bedeutungen des Ausdruckes »Ich berühre mein Auge« oder »Ich bewege meinen Finger zu meinem Auge« unterscheiden müssen. Wenn z. B. meine Augen geschlossen sind, kann ich gleichwohl die charakteristische kinästhetische Empfindung in meinem Arm haben, die ich als die kinästhetische Erfahrung, meine Hand zu meinem Auge zu heben, bezeichnen würde. Und an der charakteristischen taktilen Empfindung der Berührung meines Auges werde ich erkennen, daß es mir gelungen ist, meine Hand an mein Auge zu heben. Wenn jedoch vor meinem Auge eine Glasscheibe so befestigt wäre, daß sie mich daran hindern würde, mit meinem Finger auf mein Auge einen Druck auszuüben, dann gäbe es gleichwohl ein Kriterium, nämlich eine Muskelempfindung, die mich veranlassen würde zu sagen, daß mein Finger jetzt vor meinem Auge sei. Und was visuelle Kriterien angeht, so gibt es deren zwei, die ich anwenden könnte. Es gibt die gewöhnliche Erfahrung, die darin besteht, daß ich meine Hand sich heben und zu meinem Auge bewegen sehe; und diese Erfahrung ist natürlich anders als die, die darin besteht, daß ich sehe, wie zwei Dinge sich treffen, sagen wir, zwei Fingerspitzen. Andrerseits kann ich als ein Kriterium dafür, daß sich mein Finger zu meinem Auge bewegt, das nehmen, was ich sehe, wenn ich in einen Spiegel schaue: nämlich, wie mein Finger sich meinem Auge nähert. Wenn die Stelle auf meinem Körper, die, wie wir sagen, »sieht«, mittels der Bewegung meines Fingers zu meinem Auge – gemäß dem zweiten Kriterium – bestimmt werden soll, dann ist es denkbar, daß ich mit dem sehen könnte, was auf Grund anderer Kriterien meine Nasenspitze oder irgendeine Stelle auf meiner Stirn ist; oder ich könnte auf diese Weise auf eine Stelle außerhalb meines Körpers zeigen. Wenn ich möchte, daß jemand auf eines seiner Augen oder auf seine beiden Augen zeigt und dabei *nur* dem zweiten Kriterium entspricht, dann werde ich meinen Wunsch folgendermaßen ausdrücken: »Zeige auf dein geometrisches Auge (deine geometrischen Augen).« Die Grammatik des Wortes »geometrisches Auge« verhält sich zu der Grammatik des Wortes »physisches Auge« ebenso, wie sich die Grammatik des Ausdruckes »das visuelle Sinnesdatum eines Baumes« zu der Grammatik des Ausdruckes »der physische Baum« verhält. In beiden Fällen würde man alles durcheinanderbringen, wenn man sagte: »Das eine ist ein Gegenstand von anderer Art als das andere«; denn diejenigen, die sagen, daß ein Sinnesdatum ein Gegenstand von anderer Art als ein physikalischer Gegenstand ist, mißverstehen die Grammatik des Wortes »Art«, ebenso wie diejenigen, die sagen, daß eine Zahl ein Gegenstand von anderer Art als eine Ziffer ist. Sie glauben, daß sie eine Aussage wie »Ein Eisenbahnzug, eine Eisenbahnstation und ein Eisenbahnwagon sind verschiedene Arten von Gegenständen« machen, während doch ihre Aussage analog zu der Aussage »Ein Eisenbahnzug, ein Eisenbahnunfall und ein Eisenbahngesetz sind verschiedene Arten von Gegenständen« ist.

Der Versuchung, die mich leitete, als ich sagte: »Es ist immer nur ich, der sieht, wenn irgend etwas gesehen wird«, hätte ich auch mit der folgenden Aussage nachgeben können: »Immer wenn irgendetwas gesehen wird, dann ist es *dieses,* was gesehen wird«; ich hätte dabei das Wort »dieses« mit einer mein Gesichtsfeld umgreifenden Geste begleitet (jedoch hätte ich mit dem Wort »dieses« nicht die bestimmten Gegenstände gemeint, die ich zu dem Zeitpunkt gerade gesehen hätte). Man könnte sagen: »Ich zeige auf das Gesichtsfeld als solches und nicht auf irgend etwas in ihm.« Und das dient nur dazu, die Sinnlosigkeit des ersten Ausdruckes an den Tag zu bringen.

Lassen wir also das »immer« in unserem Ausdruck weg. Dann kann ich meinem Solipsismus noch immer Ausdruck geben, indem ich sage: »Nur das, was *ich* sehe (oder: jetzt sehe), wird wirklich gesehen.« Und hier bin ich versucht zu sagen: »Obwohl ich mit dem Wort ›ich‹ nicht L. W. meine, wird es dennoch angebracht sein, wenn die anderen es so verstehen, als ob es sich auf L. W. bezieht, – gegeben, daß ich gerade jetzt L. W. bin.« Ich könnte meinen Anspruch auch ausdrücken, indem ich sage: »Ich bin das Gefäß des Lebens«; aber merke: es ist wesentlich, daß jeder, zu dem ich das sage, außerstande sein müßte, mich zu verstehen. Es ist wesentlich, daß der andere außerstande sein soll, zu verstehen, „was ich wirklich *meine*«, obwohl er in der Praxis das, was ich will, tun könnte, indem er mir eine außerordentliche Stellung in seinem Bezeichnungssystem einräumt. Von mir aus aber soll es *logisch* unmöglich sein, daß er mich verstehen kann; in anderen Worten, zu sagen, daß er mich versteht, soll sinnlos, nicht falsch sein. Demnach ist mein Ausdruck einer von den vielen, die bei verschiedenen Gelegenheiten von Philosophen gebraucht werden und von denen angenommen wird, daß sie demjenigen, der sie gebraucht, etwas mitteilen, obwohl es wesentlich unmöglich ist, daß sie irgendjemand anderem etwas mitteilen. Ein Ausdruck übermittelt eine Bedeutung: wenn das bedeutet, daß er mit bestimmten Erfahrungen Hand in Hand geht oder bestimmte Erfahrungen hervorbringt, dann könnte unser Ausdruck alle möglichen Bedeutungen haben, und über diese möchte ich weiter nichts sagen. Wir sind jedoch in Wirklichkeit dem Gedanken verfallen, daß unser Ausdruck in dem Sinne eine Bedeutung hat, in dem ein nicht-metaphysischer Ausdruck Bedeutung hat; denn wir vergleichen unseren Fall fälschlicherweise mit einem anderen, in dem die andere Person nicht verstehen kann, was wir sagen, weil es ihr an Information fehlt. (Diese Bemerkung kann nur dann klar werden, wenn wir die Verbindung zwischen Grammatik und Sinn und Unsinn verstehen.)

Die Bedeutung eines Ausdruckes ist für uns durch den Gebrauch, den wir von ihm machen, charakterisiert. Die Bedeutung ist keine geistige Begleiterscheinung des Ausdruckes. Deshalb ist der Ausdruck »Ich glaube, ich meine etwas damit« oder »Ich bin sicher, ich meine etwas damit«, den wir so oft in philosophischen Diskussionen zur Rechtfertigung für den Gebrauch eines Ausdruckes hören, überhaupt keine Rechtfertigung für uns. Wir fragen: »*Was* meinst du?«, d. h. »Wie gebrauchst du diesen Ausdruck?« Wenn jemand mir das Wort »Bank« beibringen und sagen würde, daß er manchmal oder immer über dem Wort einen Strich zieht – so: »$\overline{\text{Bank}}$« – und daß das für ihn etwas bedeutet, würde ich sagen: »Ich weiß nicht, was für eine Idee du mit diesem Strich verbindest, aber es interessiert mich auch nicht, es sei denn, du zeigst mir, daß es in der Art von Kalkül, in dem du das Wort ›Bank‹ gebrauchen willst, einen Gebrauch für den Strich gibt.« – Ich möchte Schach spielen, und jemand setzt dem weißen König eine Papierkrone auf, ohne jedoch den

Gebrauch der Figur zu ändern; jedoch sagt er mir, daß für ihn die Krone im Spiel Bedeutung hat, die er mit Regeln nicht ausdrücken kann. Ich sage: »Solange die Krone den Gebrauch der Figur nicht ändert, hat sie nicht das, was ich eine Bedeutung nenne.«

Man hört manchmal, daß ein Ausdruck wie »Dieses ist hier«, den ich gebrauche, während ich auf einen Teil meines Gesichtsfeldes zeige, eine Art primitiver Bedeutung für mich hat, obwohl er niemandem sonst Information übermitteln kann.

Wenn ich sage »Nur dieses wird gesehen«, vergesse ich, daß ein Satz uns als völlig natürlich einfallen kann, ohne daß er in unserem Sprachkalkül irgendeinen Gebrauch hat. Denke an das Identitätsgesetz »a = a« und wie wir manchmal mit aller Konzentration versuchen, seine Bedeutung zu erfassen, es uns sichtbar zu machen, indem wir einen Gegenstand ansehen und wiederholt einen Satz wie »Dieser Baum ist derselbe Gegenstand wie dieser Baum« sagen. Die Gesten und Vorstellungen, mit denen ich diesem Satz anscheinend Sinn verleihe, sind denen sehr ähnlich, die ich im Fall von »Nur *dieses* wird wirklich gesehen« anwende. (Wenn man sich über philosophische Probleme Klarheit verschaffen will, dann ist es nützlich, sich die scheinbar unwichtigen Details der bestimmten Situationen, in der wir eine gewisse metaphysische Aussage zu machen geneigt sind, vor Augen zu halten. Demnach könnten wir wohl versucht sein zu sagen »Nur dieses wird wirklich gesehen«, wenn wir in eine unveränderliche Umgebung starren; andrerseits mag es sein, daß wir nichts dergleichen sagen wollen, wenn wir uns während des Gehens umsehen.)

Wie wir schon sagten, ist nichts dagegen einzuwenden, wenn man ein Bezeichnungssystem anwendet, in dem eine bestimmte Person immer oder zeitweilig eine Ausnahmeposition einnimmt. Deshalb ist es denkbar, daß, wenn ich den Satz »Nur ich sehe wirklich« äußere, meine Mitmenschen ihr Bezeichnungssystem daraufhin so arrangieren werden, daß sie mit mir übereinstimmen; sie würden dann »So-und-so wird wirklich gesehen« statt »L. W. sieht so-und-so« sagen, etc. etc. Eines ist hier jedoch falsch, nämlich der Gedanke, daß ich diese Wahl eines Bezeichnungssystems *rechtfertigen* kann. Als ich in aller Aufrichtigkeit sagte, daß nur ich sehe, war ich auch geneigt zu sagen, daß ich mit »ich« nicht wirklich L. W. meinte; allerdings könnte ich zum Nutzen meiner Mitmenschen sagen: »Es ist jetzt L. W., der wirklich sieht«, obwohl es das nicht ist, was ich wirklich meine. Ich könnte fast sagen, daß ich mit »ich« etwas meine, das sich jetzt in L. W. befindet, etwas, was die anderen nicht sehen können. (Ich meinte meinen Geist, aber ich konnte auf diesen nur indirekt zeigen, indem ich auf meinem Körper zeigte.) An dem Vorschlag, daß die anderen mir eine Ausnahmeposition in ihrem Bezeichnungssystem einräumen sollten, ist nichts falsch; aber die Rechtfertigung, die ich dafür geben will – nämlich, daß dieser Körper der Sitz dessen ist, was wirklich lebt – ist sinnlos. Denn zugegebenermaßen ist damit nichts behauptet, was im gewöhnlichen Sinne eine Sache der Erfahrung ist. (Und denke nicht, daß es sich um einen Erfahrungssatz handelt, den nur ich wissen kann, weil nur ich in der Lage bin, diese bestimmte Erfahrung zu machen.) Der Gedanke nun, daß das eigentliche Ich in meinem Körper lebt, ist mit der eigenartigen Grammatik des Wortes »ich« verbunden, und auch mit den Mißverständnissen, die sich aus dieser Grammatik leicht ergeben können. Es gibt zwei Gebräuche des Wortes »ich« (oder »mein«), die ich »Objektgebrauch« und »Subjektgebrauch« nennen könnte. Hier sind Beispiele von der ersten Art: »Mein Arm ist gebrochen«, »Ich bin zehn Zentimeter gewachsen«, »Ich habe eine Beule auf meiner Stirn«, »Der Wind zerweht meine Haare«. Und hier Beispiele von der zweiten Art: »*Ich* sehe so-und-so«, »*Ich* höre so-und-so«, »*Ich* versuche, meinen Arm zu heben«, »*Ich* denke, daß es regnen wird«, »*Ich* habe Zahnschmerzen«. Man kann auf den Unterschied zwischen diesen beiden Kategorien hinweisen, indem man sagt: Die Fälle in der ersten Kategorie machen es erforderlich, daß man eine bestimmte Person erkennt, und in diesen Fällen besteht die Möglichkeit des Irrtums, – oder ich sollte besser sagen: Die Möglichkeit des Irrtums ist vorgesehen. Die Möglichkeit, keine Punkte zu machen, ist im Spielautomaten vorgesehen. Andrerseits gibt es in diesem Spiel nicht das Risiko, daß die Bälle nicht zum Vorschein kommen, wenn ich eine Münze eingeworfen habe. Es ist möglich, daß ich, etwa bei einem Unfall, Schmerzen in meinem Arm spüre, einen gebrochenen Arm an meiner Seite sehe und denke, daß es mein Arm ist, wenn es in Wirklichkeit der meines Nachbarn ist. Und ich könnte bei einem Blick in den Spiegel eine Beule auf seiner Stirn für eine Beule auf meiner Stirn halten. Andrerseits geht es nicht um das Problem, eine Person zu erkennen, wenn ich sage, daß ich Zahnschmerzen habe. Die Frage »Bist du sicher, daß *du* es bist, der Schmerzen hat?« wäre unsinnig. Wenn nun in diesem Fall ein Irrtum unmöglich ist, dann deswegen, weil der Zug, den wir als einen Irrtum, einen »schlechten Zug«, ansehen würden, überhaupt kein Zug in dem Spiel wäre. (Im Schach unterscheiden wir zwischen guten und schlechten Zügen, und wir sprechen von einem Fehler, wenn wir die Dame einem Läufer aussetzen. Aber es ist kein Fehler, wenn wir einen Bauern zum König befördern.) Und nun bietet sich folgende Formulierung unseres Gedankens an: daß es ebenso unmöglich ist, in der Behauptung »Ich habe Zahnschmerzen« eine andere Person für mich selbst zu halten, wie vor Schmerzen zu stöhnen und dabei jemand anderen für mich selbst zu halten. Die Aussage »Ich habe Schmerzen« ist ebensowenig eine Aussage *über* eine bestimmte Person, wie es ein Stöhnen ist. »Aber das Wort ›ich‹ im Munde eines Menschen bezieht sich doch auf denjenigen, der es ausspricht; es zeigt auf ihn selbst; und sehr häufig zeigt ein Mensch, der es ausspricht, mit dem Finger auf sich selbst.« Aber es war überflüssig, auf sich selbst zu zeigen. Er könnte ebensogut nur eine Hand erhoben haben. Wenn jemand auf die Sonne mit seiner Hand zeigt, wäre es falsch zu sagen, daß er auf die Sonne und auf sich selbst zeigt, weil *er* es ist, der zeigt; andrerseits kann er, wenn er auf die Sonne zeigt, damit Aufmerksamkeit auf die Sonne und auf sich selbst lenken.

Das Wort »ich« bedeutet nicht dasselbe wie »L. W.«, selbst wenn ich L. W. bin, noch bedeutet es dasselbe wie der Ausdruck »die Person, die jetzt spricht«. Das bedeutet jedoch nicht, daß »L. W.« und »ich« zwei verschiedene Dinge bedeuten. Es bedeutet nichts weiter, als daß diese Wörter verschiedene Instrumente in unserer Sprache sind.

Denke an Wörter, als seien sie Instrumente, die durch ihren Gebrauch charakterisiert werden, und dann denke an den Gebrauch eines Hammers, den Gebrauch eines Meissels, den

Gebrauch eines Winkeleisens, den Gebrauch eines Leimtopfes und des Leimes. (Auch kann all das, was wir hier sagen, nur verstanden werden, wenn man versteht, daß eine große Mannigfaltigkeit von Spielen mit den Sätzen in unserer Sprache gespielt wird: Befehlen und nach Befehlen handeln; Fragen stellen und sie beantworten; Beschreiben eines Ereignisses; eine fiktive Geschichte erzählen; einen Witz erzählen; eine unmittelbare Erfahrung beschreiben; über Ereignisse in der physikalischen Welt Vermutungen anstellen; naturwissenschaftliche Hypothesen und Theorien aufstellen; jemanden grüßen; etc. etc.) Der Mund, der »ich« sagt, oder die Hand, die erhoben wird, um anzudeuten, daß ich es bin, der sprechen will oder Zahnschmerzen hat, zeigt damit nicht auf irgendetwas. Wenn ich andrerseits auf die schmerzhafte Stelle hinweisen will, dann zeige ich auf etwas. Bedenke hier wieder den folgenden Unterschied: einerseits zeige ich auf die schmerzhafte Stelle, ohne dabei vom Auge geführt zu werden, und andrerseits zeige ich auf eine Narbe an meinem Körper, nachdem ich erst hingesehen habe. (»Das ist die Impfstelle.«) Der Mann, der vor Schmerz aufschreit, oder der sagt, daß er Schmerzen hat, *wählt nicht den Mund aus, der das sagt.*

All das läuft darauf hinaus, daß die Person, von der wir sagen »Er hat Schmerzen«, nach den Regeln des Spiels die Person ist, die schreit, das Gesicht verzerrt etc. Der Ort des Schmerzes mag sich – wie wir schon sagten – im Körper einer anderen Person befinden. Wenn ich, indem ich »ich« sage, auf meinen eigenen Körper zeige, dann bilde ich den Gebrauch des Wortes „ich« dem Gebrauch des Demonstrativs »diese Person« oder dem Gebrauch von »er« nach. (Diese Methode, zwei Ausdrücke einander anzugleichen, ist in gewisser Hinsicht analog zu der Methode, die man manchmal in der Mathematik anwendet, etwa in dem Beweis, daß die Winkelsumme in einem Dreieck 180° ist.

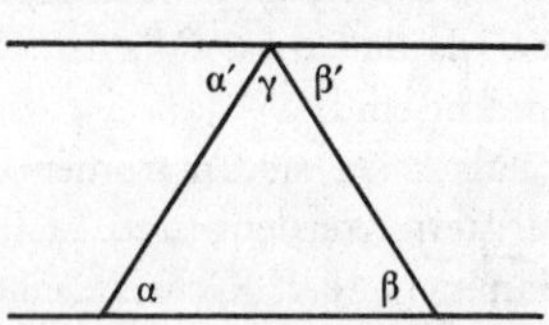

Wir sagen »$\alpha = \alpha'$, $\beta = \beta'$ und $\gamma = \gamma$«. Die ersten beiden Gleichungen sind völlig anderer Art als die dritte.) In »Ich habe Schmerzen« ist »ich« kein Demonstrativpronomen.
Vergleiche die folgenden beiden Fälle: 1. »Woher weißt du, daß *er* Schmerzen hat?« – »Weil ich ihn stöhnen höre.« 2. »Woher weißt du, daß du Schmerzen hast?« – »Weil ich sie *fühle.*« »Ich fühle sie« bedeutet jedoch dasselbe wie »Ich habe sie«. Das ist deshalb überhaupt keine Erklärung. Ich bin in meiner Antwort jedoch geneigt, das Wort »fühlen« und nicht das Wort »ich« zu betonen; und damit ist angedeutet, daß ich mit »ich« nicht eine bestimmte Person (unter anderen Personen) kennzeichnen will.
Der Unterschied zwischen den Sätzen »Ich habe Schmerzen« und »Er hat Schmerzen« ist nicht der Unterschied zwischen den Sätzen »L. W. hat Schmerzen« und »Schmidt hat Schmerzen«. Vielmehr entspricht er dem Unterschied zwischen einem Stöhnen und der Aussage, daß jemand stöhnt. – »Aber das Wort ›ich‹ in ›Ich habe Schmerzen‹ dient doch dazu, mich von anderen Leuten zu unterscheiden; denn mittels des Zeichens ›ich‹ mache ich klar, daß ich sage, daß ich Schmerzen habe – und nicht, daß einer der anderen Schmerzen hat.« Stell dir eine Sprache vor, in der man statt »Ich fand niemanden im Zimmer« sagen würde: »Ich fand Herrn Niemand im Zimmer.« Stell dir die philosophischen Probleme vor, die aus einer solchen Konvention entstehen würden. Einige Philosophen, die mit einer solchen Sprache aufgewachsen wären, würden wahrscheinlich gefühlsmäßig etwas gegen die Ähnlichkeit der Ausdrücke »Herr Niemand« und »Herr Schmidt« haben. Wenn wir das Gefühl haben, daß wir das »ich« in »Ich habe Schmerzen« abschaffen möchten, dann kann man sagen, daß wir den verbalen Ausdruck des Schmerzes dem Ausdruck, den wir dem Schmerz durch ein Stöhnen geben, angleichen möchten. – Wir neigen dazu, zu vergessen, daß es allein der besondere Gebrauch eines Wortes ist, der dem Wort seine Bedeutung gibt. Denken wir an unser altes Beispiel für den Gebrauch von Wörtern: Jemand wird mit einem Stück Papier, auf dem die Wörter »fünf Äpfel« stehen, zum Kaufmann geschickt. Der Gebrauch des Wortes *in der Praxis* ist seine Bedeutung. Stell dir vor, es sei normal, daß die Gegenstände in unserer Umgebung Schilder tragen, auf denen

Wörter stehen, und daß wir uns in unserem Sprechen mittels dieser Schilder auf die Gegenstände beziehen. Einige dieser Wörter wären Eigennamen der Gegenstände, andere wären Gattungsnamen (wie Tisch, Stuhl etc.), andere wieder wären Namen von Farben, Formen etc. In anderen Worten, ein Schild hätte nur insofern eine Bedeutung für uns, als wir einen bestimmten Gebrauch von ihm machten. Nun können wir uns leicht vorstellen, daß wir beeindruckt sind, wenn wir bloß ein Schild auf einem Gegenstand sehen, und daß wir dabei vergessen, daß diese Schilder erst durch ihren Gebrauch wichtig werden. Auf diese Weise glauben wir manchmal, daß wir etwas benannt haben, wenn wir die Geste des Zeigens vollführen und Worte wie »Das ist ...« (die Formel der hinweisenden Definition) äußern. Wir sagen, wir nennen etwas »Zahnschmerzen«, und wir glauben, daß das Wort eine definitive Funktion in den Angelegenheiten erhalten hat, die wir mit der Sprache handhaben, wenn wir unter gewissen Umständen auf unsere Backe gezeigt und dabei gesagt haben »Das sind Zahnschmerzen«. (Unsere Auffassung ist, daß der andere den Gebrauch des Wortes kennt, wenn er »nur weiß, worauf wir zeigen«, wenn wir auf etwas zeigen. Und hier haben wir den besonderen Fall im Sinn, in dem »das, worauf wir zeigen« etwa eine Person ist und der Ausdruck »wissen, worauf ich zeige« bedeutet, daß der andere sieht, auf welche der anwesenden Personen ich zeige.)

Wir haben dann das Gefühl, daß wir in den Fällen, in denen »ich« als Subjekt gebraucht wird, es nicht gebrauchen, weil wir eine bestimmte Person an ihren körperlichen Merkmalen erkennen; und daraus entsteht die Täuschung, daß wir dieses Wort gebrauchen, um von etwas Körperlosem zu sprechen, das jedoch seinen Sitz in unserem Körper hat. In der Tat scheint *dieses* das eigentliche Ich zu sein, – das, von dem gesagt wurde »Cogito, ergo sum«. – »Gibt es dann also keinen Geist, sondern nur einen Körper?« Antwort: Das Wort »Geist« hat Bedeutung, d. h. es hat einen Gebrauch in unserer Sprache; aber wenn man das sagt, sagt man noch nicht, welche Art von Gebrauch wir von diesem Wort machen.

Man kann sagen, daß wir in diesen Untersuchungen von der Grammatik jener Wörter handelten, die das beschreiben, was als »geistige Tätigkeiten« bezeichnet wird: Hören, Sehen, Fühlen, usw. Und wenn wir sagen, daß wir uns mit der Grammatik von »Ausdrücken, die Sinnesdaten beschreiben« befassen, so läuft das auf dasselbe hinaus.

Philosophen äußern es als philosophische Ansicht oder Überzeugung, daß es Sinnesdaten gibt. Wenn ich jedoch sage, ich glaube, daß es Sinnesdaten gibt, dann müßte ich auch sagen, ich *glaube*, daß es so scheinen kann, als sei ein Gegenstand vor unseren Augen, wenn kein Gegenstand vor unseren Augen ist. Wenn man nun das Wort »Sinnesdatum« gebraucht, sollte man sich über die Eigenartigkeit der Grammatik dieses Wortes klar sein. Denn die Absicht, mit der man diesen Ausdruck einführte, war diese: man wollte die Ausdrücke, die sich auf »Erscheinung« beziehen, den Ausdrücken, die sich auf »Wirklichkeit« beziehen, nachbilden. Man hat z. B. gesagt, daß, wenn zwei Dinge einander gleich zu sein *scheinen*, es zwei Dinge geben *muß*, die einander gleich *sind*. Das bedeutet natürlich nichts weiter, als daß wir beschlossen haben, Ausdrücke wie »Die Erscheinungen dieser beiden Dinge sind einander gleich« und »Diese beiden Dinge scheinen einander gleich zu sein« synonym zu gebrauchen. Und seltsamerweise hat diese neue Redeweise die Leute dahingehend getäuscht, daß sie denken, sie haben neue Wesenheiten entdeckt, neue Elemente in der Struktur der Welt, als ob man sagen könnte, »Ich glaube, daß es Sinnesdaten gibt«, so wie man sagt: »Ich glaube, daß Materie aus Elektronen besteht.« Wenn wir von der Gleichheit von Erscheinungen oder Sinnesdaten sprechen, führen wir einen neuen Gebrauch des Wortes »gleich« ein. Es ist möglich, daß A und B uns gleich lang erscheinen, und daß B und C uns gleich lang erscheinen, aber daß A und C uns nicht gleich lang erscheinen. Und auf Grund des neuen Bezeichnungssystems werden wir sagen müssen, daß die Erscheinung von A nicht gleich der Erscheinung von C ist, obwohl die Erscheinung (das Sinnesdatum) von A gleich der Erscheinung von B ist und die Erscheinung von B gleich der Erscheinung von C; was in Ordnung ist, wenn es dir nichts ausmacht, das Wort »gleich« intransitiv zu gebrauchen.

Wenn wir uns die Sinnesdaten-Notation zu eigen machen, befinden wir uns natürlich in der Gefahr, den Unterschied zu vergessen, der zwischen der Grammatik eines Satzes über Sinnesdaten einerseits und der Grammatik eines äußerlich ähnlichen Satzes über physikalische Gegenstände andrerseits besteht. (An dieser Stelle könnte man fortfahren und über die Mißverständnisse sprechen, die in Sätzen wie den folgenden Ausdruck finden: »Wir können niemals einen genauen Kreis sehen«, »All unsere Sinnesdaten sind verschwommen«. Auch führt das zum Vergleich zwischen der Grammatik von »Lage«, »Bewegung« und »Größe« im Euklidischen Raum und von »Lage«, »Bewegung« und »Größe« im Gesichtsraum. Es gibt z. B. absolute Lage, absolute Bewegung und Größe im Gesichtsraum.)

Nunmehr können wir von einem Ausdruck wie »auf die *Erscheinung* eines Körpers zeigen« oder »auf ein visuelles Sinnesdatum zeigen« Gebrauch machen. Beiläufig gesagt kommt diese Art des Zeigens auf dasselbe hinaus wie etwa das Visieren am Gewehrlauf entlang. So können wir zeigen und sagen: »Dies ist die Richtung, in der ich mein Spiegelbild sehe.« Man kann auch einen Ausdruck wie »Die Erscheinung oder das Sinnesdatum meines Fingers zeigt auf das Sinnesdatum des Baumes« und andere ähnliche gebrauchen. Diese Fälle des Zeigens müssen wir jedoch von jenen unterscheiden, in denen wir in die Richtung zeigen, aus der ein Geräusch kommt, oder in denen ich auf meine Stirn mit geschlossenen Augen zeige, etc.

Wenn ich nun in der solipsistischen Weise sage »*Dieses* wird wirklich gesehen«, dann zeige ich in die Richtung vor mir, und es ist wesentlich, daß ich *visuell* zeige. Wenn ich in die Richtungen seitlich von mir oder hinter mir zeigen würde – gleichsam, auf Dinge, die ich nicht sehe –, dann wäre in diesem Fall das Zeigen sinnlos für mich; es wäre kein Zeigen in dem Sinne, in dem ich zeigen will. Aber das bedeutet, daß ich, obwohl ich die Geste des Zeigens vollführe, nicht auf einen bestimmten Gegenstand im Gegensatz zu einem anderen zeige, wenn ich in die Richtung vor mir zeige und dabei sage »dieses wird wirklich gesehen«. Es ist ähnlich, wenn ich in einem Auto fahre und aus dem Gefühl der Eile mich instinktiv gegen etwas vor mir stemme, als ob ich dem Auto von innen einen Stoß geben könnte.

Wenn es sinnvoll ist zu sagen »Ich sehe dieses« oder »dieses wird gesehen« und dabei auf etwas zu zeigen, das ich sehe, dann ist es ebenfalls *sinn*voll zu sagen »Ich sehe dieses« oder »dieses wird gesehen« und dabei auf etwas zu zeigen, was ich *nicht* sehe. Als ich meine solipsistische Behauptung machte, zeigte ich auf etwas, aber ich beraubte das Zeigen seines Sinnes, indem ich das, was zeigte, und das, worauf gezeigt wurde, untrennbar miteinander verband. Ich habe eine Uhr mit allen ihren Rädchen etc. konstruiert und schließlich das Zifferblatt so am Zeiger befestigt, daß es sich mit ihm dreht. Auf diese Weise erinnert uns die Bemerkung des Solipsisten »Nur dieses wird wirklich gesehen« an eine Tautologie.

Natürlich besteht einer der Gründe, aus denen wir versucht sind, unseren Scheinsatz aufzustellen, in dessen Ähnlichkeit mit der Behauptung »Nur ich sehe das« oder »Dies ist der Bereich, den ich sehe«, wo ich auf bestimmte Gegenstände im Gegensatz zu anderen in meiner Umgebung zeige, – oder in eine bestimmte Richtung im physikalischen Raum (nicht im Gesichtsraum), im Gegensatz zu anderen Richtungen im physikalischen Raum. Und wenn ich in diesem Sinne des Zeigens sage »Dieses wird wirklich gesehen«, kann man mir antworten: »Dies ist es, was *du*, L. W., siehst; aber es besteht kein Einwand gegen die Einführung eines Bezeichnungssystem, in dem das, was wir gewöhnlich ›Dinge, die L. W. sieht‹ nannten, ›Dinge, die wirklich gesehen werden‹ nennen.« Wenn ich jedoch glaube, daß ich mir selbst (oder gar anderen) etwas mitteilen kann, indem ich auf das zeige, was in meiner Grammatik keinen Nachbarn hat, mache ich einen ähnlichen Fehler wie den, der in folgendem Gedanken liegt: der Satz »Ich bin hier« sei für mich sinnvoll (und nebenbei immer wahr) unter Bedingungen, die sich von jenen ganz speziellen Bedingungen unterscheiden, unter denen er wirklich sinnvoll ist. Z. B. wenn meine Stimme und die Richtung, aus der ich spreche, von einer anderen Person erkannt werden. Wiederum ein wichtiger Fall, aus dem man lernen kann, daß ein Wort durch den bestimmten Gebrauch, den wir von ihm machen, Bedeutung hat. Wir sind wie jemand, der denkt, daß Holzstücke, die mehr oder weniger wie Schach- oder Damefiguren geformt sind und auf einem Schachbrett stehen, ein Spiel ausmachen, auch wenn keinerlei Anweisungen bestehen, wie sie gebraucht werden sollen.

Wenn man sagt »Es nähert sich mir«, so hat das auch Sinn, wenn sich, physikalisch gesprochen, gar nichts meinem Körper nähert; und auf dieselbe Weise ist es sinnvoll zu sagen »Es ist hier« oder »Es hat mich erreicht«, wenn nichts meinen Körper erreicht hat. Und andrerseits ist »Ich bin hier« sinnvoll, wenn jemand meine Stimme erkennt und hört, daß sie von einer bestimmten Stelle im gemeinsamen Raum kommt. In dem Satz »Es ist hier« war das »hier« ein Hier im Gesichtsraum. Es ist – beiläufig – das geometrische Auge. Der Satz »Ich bin hier« muß, um sinnvoll zu sein, die Aufmerksamkeit auf eine Stelle im gemeinsamen Raum lenken. (Und es gibt mehrere verschiedene Weisen, in denen dieser Satz gebraucht werden könnte.) Der Philosoph, der denkt, es sei sinnvoll, wenn er zu sich selbst sagt »Ich bin hier«, übernimmt den verbalen Ausdruck von dem Satz, in dem »hier« eine Stelle im gemeinsamen Raum ist, und denkt an »hier« als das Hier im Gesichtsraum. Deshalb sagt er in Wirklichkeit etwas wie »hier ist hier«.

Ich könnte jedoch versuchen, meinen Solipsismus auf andere Art auszudrücken: Ich stelle mir vor, daß ich und andere Leute Bilder zeichnen oder Beschreibungen zu Papier bringen von dem, was jeder von uns sieht. Diese Beschreibungen werden mir vorgelegt. Ich zeige auf die, die von mir stammt, und sage: »Nur dieses wird (oder wurde) wirklich gesehen.« In anderen Worten, ich bin versucht zu sagen: »Nur diese Beschreibung beruht auf Wirklichkeit (visueller Wirklichkeit).« Die anderen könnte ich »leere Beschreibungen« nennen. Ich könnte mich auch mit folgenden Worten ausdrücken: »Nur *diese* Beschreibung wurde von der Wirklichkeit abgeleitet; nur sie wurde mit der Wirklichkeit verglichen.« Nun ist die Bedeutung klar, wenn wir sagen, daß dieses Bild oder diese Beschreibung eine Projektion etwa dieser Gruppe von Gegenständen ist – der Bäume, die ich ansehe – oder daß sie von diesen Gegenständen abgeleitet wurde. Wir müssen jedoch die Grammatik eines Ausdruckes wie »diese Beschreibung ist von meinem Sinnesdatum abgeleitet« genauer betrachten. Das, wovon wir hier sprechen, ist verbunden mit jener seltsamen Versuchung zu sagen: »Ich weiß niemals, was der andere wirklich mit ›braun‹ meint, oder was er wirklich sieht, wenn er (wahrheitsgemäß) sagt, daß er einen braunen Gegenstand sieht.« – Wir könnten jemandem, der das sagt, vorschlagen, zwei verschiedene Wörter statt des einen Wortes »braun« zu gebrauchen; ein Wort *für seinen besonderen Eindruck*, das andere Wort mit der Bedeutung, die auch andere Leute außer ihm verstehen können. Wenn er über diesen Vorschlag nachdenkt, wird er sehen, daß mit seiner Auffassung von der Bedeutung, der Funktion des Wortes »braun« und anderer Wörter etwas nicht stimmt. Er sucht nach einer Rechtfertigung für seine Beschreibung, wo es keine Rechtfertigung gibt. (Genau wie in dem Fall, in dem jemand glaubt, daß die Kette von Gründen endlos sein muß. Denke an die Rechtfertigung für die Ausführung mathematischer Operationen, mittels einer allgemeinen Formel; und an die Frage: Zwingt diese Formel uns, in diesem bestimmten Fall von ihr in dieser bestimmten Weise Gebrauch zu machen?) Die Äußerung »Ich leite eine Beschreibung von visueller Wirklichkeit ab« kann nichts bedeuten, das analog zu folgendem ist: »Ich leite eine Beschreibung von dem, was ich hier sehe, ab.« Ich könnte z. B. eine Tabelle sehen, in der ein farbiges Quadrat dem Wort »braun« beigeordnet ist, und an anderer Stelle einen Flecken von derselben Farbe; und ich könnte sagen: »Diese Tabelle zeigt mir, daß ich das Wort ›braun‹ für die Beschreibung dieses Fleckens gebrauchen muß.« Auf diese Weise könnte ich das Wort, das für meine Beschreibung notwendig ist, ableiten. Aber es wäre sinnlos zu sagen, daß ich das Wort »braun« von dem bestimmten Farbeindruck, den ich empfange, ableite.

Laßt uns nun fragen: »Kann ein menschlicher *Körper* Schmerzen haben?« Man neigt dazu zu sagen: »Wie kann der Körper Schmerzen haben? Der Körper an sich ist etwas Lebloses; ein Körper hat kein Bewußtsein.« Und hier ist es wieder so, als ob wir das Wesen des Schmerzes erforschten und erkennten, daß es im Wesen des Schmerzes beschlossen liegt, daß ein lebloser physikalischer Gegenstand ihn nicht haben kann; daß er in der Tat geistiger Natur sein muß. Wenn man jedoch sagt, das Ich sei geistiger Natur, dann ist das nicht anders, als wenn man sagt, daß die Zahl 3 geistiger oder unkörperlicher Natur ist, wenn man erkennt, daß die Ziffer »3« nicht als ein Zeichen für einen physikalischen Gegenstand gebraucht wird.

Andrerseits können wir uns ohne weiteres den Ausdruck »Dieser Körper fühlt Schmerzen« zu eigen machen, und wir werden dem Körper dann – ganz wie gewöhnlich – sagen, er soll zum Arzt gehen, sich hinlegen, – ja sogar, er soll sich daran erinnern, daß letztes Mal als er Schmerzen hatte, diese nach einem Tag vorüber waren. »Aber wäre diese Ausdrucksform nicht zumindest indirekt?« – Gebrauchen wir einen indirekten Ausdruck, wenn wir sagen »Schreibe ›3‹ für ›*x*‹ in dieser Formel« anstatt »Setze 3 für *x* ein«? (Oder ist andrerseits der erste dieser beiden Ausdrücke der einzig direkte, wie einige Philosophen denken?) Kein Ausdruck ist direkter als ein anderer. Die Bedeutung des Ausdruckes hängt ausschließlich davon ab, wie wir ihn im weiteren Verlauf gebrauchen werden. Wir wollen uns die Bedeutung nicht als eine geheimnisvolle Verbindung, die der Geist zwischen einem Wort und einem Ding herstellt, vorstellen, noch wollen wir uns vorstellen, daß eine solche Verbindung den ganzen Gebrauch eines Wortes *enthält*, so wie man sagen könnte, daß der Samen den Baum enthält.

Der Kern unseres Satzes, daß das, was Schmerzen hat oder sieht oder denkt, geistiger Natur ist, besteht lediglich darin, daß das Wort »ich« in »Ich habe Schmerzen« keinen bestimmten Körper bezeichnet, denn wir können »ich« nicht durch eine Beschreibung eines Körpers ersetzen.

Eine Philosophische Betrachtung

(Das sogenannte Braune Buch)

Augustinus beschreibt das Lernen der menschlichen Sprache so: (Confessionen I, 8) »... cum ... appellabant rem aliquam et cum secundum eam vocem corpus ad aliquid movebant, videbam et tenebam hoc ab eis vocari rem illam, quod sonabant, cum eam vellent ostendere«.

Wer das Lernen der Sprache so beschreibt, denkt vorerst an eine gewisse Klasse von Wörtern, wie etwa ›Mann‹, ›Brot‹, ›Tisch‹, und nur entfernt an Wörter, wie ›nicht‹, ›aber‹, ›vielleicht‹, ›heute‹.

Wer das Schachspiel beschreiben wollte, aber die Bauern und ihre Funktion im Spiel nicht erwähnte, von dem könnte man sagen, er habe das Schachspiel unvollständig beschrieben; aber auch: er habe ein einfacheres Spiel als unser Schach beschrieben. Und so kann man sagen: Augustinus' Beschreibung gelte für eine einfachere Sprache als die unsere. – So eine einfache Sprache wäre die:

1 Ihre Funktion ist die Verständigung eines Meisters A mit seinem Gehilfen B. A errichtet einen Bau, B reicht ihm Bausteine zu. Es gibt Würfel, Platten, Balken, Säulen. A ruft eines der Wörter ›Würfel‹, ›Platte‹ etc. aus, B bringt ihm darauf den Stein. – Denken wir uns eine Gesellschaft, die nur dieses System der Verständigung, nur diese Sprache, besitzt. Die Kinder lernen die Sprache, indem sie zu ihrem Gebrauche erzogen werden: d. h., sie werden dazu erzogen, zu bauen, sich der Rufe ›Platte!‹, ›Würfel!‹, etc. zu bedienen und auf diese Rufe richtig zu reagieren. Dieses Lernen der Sprache ist wesentlich eine Abrichtung, – durch Vormachen, Ermunterung, Nachhilfe, Belohnung, Strafe, u. a. m. Ein Teil der Abrichtung besteht etwa darin: der Lehrende weist auf einen Baustein, lenkt die Aufmerksamkeit des Kindes auf ihn, und spricht dabei ein Wort aus. Diesen Vorgang will ich ›zeigendes Lehren der Wörter‹ nennen.

Im praktischen Gebrauch dieser Sprache ruft der Eine die

Wörter als Befehle, der Andre handelt nach ihnen. Im Lernen der Sprache aber wird sich diese Übung finden: das Kind ›*benennt*‹ die Gegenstände. D. h., es sagt die Wörter, wenn der Lehrende auf die verschiedenen Bausteine weist. Ja es wird hier die noch einfachere Übung geben: Das Kind spricht Worte nach, die der Lehrer ihm vorsagt.

»Aber in dieser Sprache hat doch das Wort ›Platte‹, z. B., nicht dieselbe Bedeutung wie in unserer Sprache!« – Das ist wahr, wenn Du sagen willst, daß in unserer Sprache das Wort ›Platte‹ auch anders verwendet wird als in (1). Aber gebrauchen wir es nicht auch ebenso wie in (1)? Oder sollen wir sagen, wenn *wir* es brauchen, dann ist es ein elliptischer Satz, eine Abkürzung für »Bring mir eine Platte!«? – Ist es so: Wenn wir ›Platte!‹ rufen, so *meinen* wir ›Bring mir eine Platte!‹? Aber wenn ich angeben will, was er meint, warum soll ich hier den Ausdruck ›Platte!‹ in ›Bring mir eine Platte!‹ übersetzen, und wenn sie gleichbedeutend sind, warum soll ich nicht sagen: »Wenn wir ›Platte!‹ rufen, so meinen wir ›Platte!‹«? Oder: Warum sollte ich nicht ›Platte!‹ meinen können, wenn ich imstande bin ›Bring mir eine Platte!‹ zu meinen? Es sei denn, daß Du sagen willst, daß ein Mensch *tatsächlich,* wenn er ›Platte!‹ ruft, zu sich selbst, im Geiste, immer den Satz ›Bring mir eine Platte!‹ sagt. Haben wir aber einen Grund, dies zu glauben?

Denken wir uns folgende Fragestellung: »Wenn jemand den Befehl gibt ›Bring mir eine Platte!‹, muß er ihn als Satz von vier Wörtern meinen; kann er ihn nicht auch als *ein* (langes, zusammengesetztes) Wort meinen, dem einen Worte ›Platte!‹ entsprechend?« – Wir werden geneigt sein, zu antworten, daß er die *vier Wörter* meint, wenn er ›Bring mir eine Platte!‹ im Gegensatz zu andern Sätzen gebraucht, welche diese Wörter in andern Zusammenstellungen enthalten; wie etwa ›Bring mir 2 Platten!‹, ›Bring mir einen Würfel!‹, etc. etc. – Aber was heißt es, den einen Befehl im Gegensatz zu diesen andern gebrauchen? Müßten dem, der den einen Befehl gibt, die andern im Geiste vorschweben? Und alle von ihnen, oder nur einige? Ist es nicht so: Der Befehl ist ein Satz aus vier Wörtern – oder, der Befehlende ›meint vier Wörter‹ – wenn in der Sprache, die er spricht, und deren ein Satz der Befehl ist, jene andern Kombinationen vorkommen. Es kommt nicht darauf an, daß solche Kombinationen dem Befehlenden vorschweben, während er den Befehl gibt, noch offenbar darauf, wie lange vorher oder nachher er etwa an sie gedacht hat.

2 Betrachten wir nun eine Erweiterung der Sprache (1). Der Gehilfe kann die Zahlwörter von ›eins‹ bis ›zehn‹ der Reihe nach hersagen. Auf den Ruf ›Fünf Platten!‹ geht er dorthin, wo die Platten aufgestapelt sind, sagt die Zahlwörter von ›eins‹ bis ›fünf‹, nimmt bei jedem Wort eine Platte auf und bringt sie dem A. (In der Praxis dieser Sprache sprechen beide Teile.) Zum Lernen der Sprache gehört hier das Auswendiglernen der Zahlwörterreihe. Der Gebrauch dieser Wörter wird wieder vorzeigend gelehrt, aber hier wird das gleiche Zahlwort, z. B. ›drei‹, sowohl beim Hinweisen auf Platten als auf Würfel, u. s. w. vorgesprochen, und *verschiedene* Zahlwörter beim Hinweisen auf Steine der gleichen Form.

Dem Auswendiglernen der Zahlwörterreihe entspricht kein Zug im Lernen der Sprache (1), und dies zeigt deutlich, daß wir mit den Zahlwörtern eine ganz neue Art von Instrument in die Sprache eingeführt haben. Die Wesensverschiedenheit der Instrumente, Zahlwort und Bezeichnung der Bausteinform, ist hier so augenfällig, weil wir es nur mit zwei Wortarten zu tun haben und die Art des Gebrauchs der beiden ganz übersehen können. Die beiden Sprachinstrumente haben nur die äußere Form, die Form der Lautreihe, mit einander gemein. Und die ist wesentlich, denn wir könnten uns eine Variante von (2) denken,

3 in der A statt Zahlwörter auszusprechen, eine Anzahl von Fingern in die Höhe hebt. Was hat das vorweisende Lehren der Wörter ›Platte‹, ›Würfel‹, etc. mit dem der Zahlwörter gemein? In beiden Fällen weisen wir auf Dinge und sprechen Wörter aus; der weitere Gebrauch, den wir von dieser Handlung machen, ist jedesmal ein andrer. Dies ist freilich nur offensichtlich, wenn wir Beispiele betrachten, die wir bis in ihre Einzelheiten ausgeführt haben. Man kann den Unterschied durch die Ausdrucksweise verwischen: »Im einen Fall weisen wir auf die Form, im andern auf die Anzahl«.

4 Führen wir ein weiteres Werkzeug in unsere Sprache ein: Bestimmten Gegenständen, etwa einzelnen bestimmten Steinen, die beim Bau verwendet werden sollen, werden Namen (Eigennamen) gegeben, man zeigt auf den Stein und sagt seinen Namen. Ruft A den Namen aus, so bringt B den Stein, dem er beigelegt wurde.

Das vorzeigende Lehren der Worte ist hier wieder verschieden von dem in (1) und (2). Aber nicht *notwendigerweise* die hinweisende Gebärde, oder das Aussprechen des Eigennamens, noch, was beim Zeigen und Aussprechen im Sprechenden oder Hörenden vorgeht; wohl aber der Gebrauch der von diesem Zeigen und Aussprechen im Lehren der Sprache und in der Praxis der Verständigung mit ihr gemacht wird. – Soll man sagen, der Unterschied liege darin, daß man in den verschiedenen Fällen auf verschiedene Arten von Gegenständen weist? Aber wenn ich mit der Hand auf ein Stück weißes Papier zeige, wie unterscheidet sich ein Hinweisen auf die Form von einem Hinweisen auf seine Farbe? Man möchte sagen: der Unterschied ist, daß wir in den beiden Fällen verschiedenes *meinen.* Und Meinen sollte hier ein Gedankenvorgang sein, der statthat während wir zeigen. Besonders neigt man zu dieser Vorstellung, wenn man sich sagt, daß ein Mensch, der gefragt wird, ob er die Form oder die Farbe meine, im allgemeinen apodiktisch im einen oder im anderen Sinne antworten wird. – Suchen wir aber nach zwei seelischen Vorgängen, die das Meinen der Form und das Meinen der Farbe kennzeichnen, so finden wir nichts, wovon wir sagen könnten, es *müsse* alle Handlung des Zeigens der gleichen Art begleiten. Unsere Begriffe: ›die Aufmerksamkeit auf die Form richten‹, ›die Aufmerksamkeit auf die Farbe richten‹ sind nur rohe, unbestimmte Begriffe. Der Unterschied, könnte man sagen, liegt nicht einfach in dem, was beim Zeigen vor sich geht, sondern vielmehr in der Umgebung dieses Zeigens, in dem, was ihm vorhergeht, und dem, was darauf folgt. Es gibt aber wohl charakteristische Weisen auf eine Form zu zeigen, oder auf eine Farbe, Höhe, einen Umfang, etc.

5 Auf den Ruf »Diese Platte!« bringt B die Platte, auf die A zeigt. Auf den Ruf »Platte dorthin!« trägt er eine Platte an die Stelle, auf die A weist.

Wird das Wort ›dorthin‹ zeigend gelehrt? Wenn der Gebrauch dieses Wortes gelehrt und eingeübt wird, wird der Lehrende die zeigende Handbewegung machen und dabei das Wort aussprechen. Aber sollen wir sagen, daß er damit einem Ort den Namen ›dorthin‹ gibt? Die zeigende Gebärde gehört ja hier in die Praxis der Verständigung mittels der Sprache.
Es ist unter Philosophen die Meinung aufgetaucht, daß Wörter wie ›dort‹, ›hier‹, ›jetzt‹, ›dieses‹ die *eigentlichen* Eigennamen sind, nicht aber die Wörter, die wir für gewöhnlich so nennen würden. Diese seien Eigennamen nur in einem ungenauen oder angenäherten Sinn. Denke an Russells Begriff vom ›individual‹, oder an meinen von den ›Gegenständen‹ und ihren ›Namen‹ (*Log. Phil. Abh.*); diese Gegenstände sollten die Grundbestandteile der Wirklichkeit sein; etwas, wovon man nicht aussagen könnte, es existiere; oder existiere nicht. (Theaitetus)[1]. Welches diese Elemente der Wirklichkeit seien, schien nicht leicht zu sagen. Ich dachte, es sei die Aufgabe weiterer logischer Analyse sie zu finden. Wir haben dagegen in (4) Eigennamen eingeführt, zur Bezeichnung von Dingen, Gegenständen, im gewöhnlichen Sinne des Wortes.

6 Frage und Antwort. A fragt: »Wie viele Platten?« B zählt sie und antwortet mit dem letzten Zahlwort.

Systeme der Verständigung wie meine Beispiele 1-6 will ich ›Sprachspiele‹ nennen. Sie sind dem, was wir im gewöhnlichen Leben Spiele nennen mehr oder weniger verwandt; Kinder lernen ihre Muttersprache mittels solcher Sprachspiele, und hier haben sie vielfach den unterhaltenden Charakter des Spiels. – Wir betrachten aber die Sprachspiele nicht als die Fragmente eines Ganzen ›*der* Sprache‹, sondern als in sich geschlossene Systeme der Verständigung, als einfache, primitive Sprachen. Um diese Betrachtungsart im Auge zu behalten, ist es oft nützlich, sich das Bild weiter auszumalen, und sich einen primitiven Volksstamm vorzustellen, dessen gesamte Sprache in diesem Sprachspiel besteht. (Denke an die primitive Arithmetik wilder Stämme.)
Wenn wir in der Schule spezielle technische Zeichensprachen

1 Plato, *Theaitetus* 201 E ff. Vgl. *Philosophische Untersuchungen* § 46.

lernen, wie den Gebrauch von Diagrammen und Tabellen, darstellende Geometrie, chemische Formeln, etc., lernen wir weitere Sprachspiele.
(Die Sprache des Erwachsenen stellt sich unsrem Auge dar als eine nebelhafte Masse, die Umgangssprache, umgeben von einzelnen, mehr oder weniger klar umrissenen Sprachspielen, den technischen Sprachen.)

7 Fragen nach dem Namen. Es werden außer den alten Bausteinformen neue zugebracht. B zeigt dann auf eine solche Form und fragt: »Wie heißt das?« A antwortet: »Das heißt ...«. Beim Bauen ruft A das neue Wort (›Prisma‹ zum Beispiel), und B bringt den Stein.

Die Worte »das heißt ...« mit der hinweisenden Gebärde nennen wir ›hinweisende Erklärung‹ oder ›hinweisende Definition‹. In (7) wird ein Gattungsname, der Name einer Form, erklärt; aber analog kann nach dem Eigennamen eines Dinges, dem Namen einer Farbe, einer Zahl, einer Himmelsrichtung gefragt werden. (Wenn wir hier von den ›Namen‹ von Farben, Zahlen, Richtungen, etc. sprechen, so könnte das zweierlei Gründe haben. Der eine: wir könnten meinen, daß die Funktionen eines Eigennamens, Farbnamens, Stoffnamens, Zahlwortes, etc., in der Sprache, das ist ihre Funktionen im Sprachspiel, einander viel ähnlicher sind, als wirklich der Fall ist. Dann sind wir versucht zu denken, die Funktion eines jeden Wortes sei ungefähr die des Eigennamens einer Person, oder etwa eines Wortes wie ›Tisch‹, ›Sessel‹, ›Tür‹. – Der andre Grund: wir verstehen die gänzliche Verschiedenheit der Funktionen des Wortes »Sessel« einerseits und eines Eigennamens andrerseits, und die Verschiedenheit beider von der, etwa, eines Farbnamens; und wir können darum auch von ›Zahlnamen‹ ›Richtungsnamen‹ etc. sprechen: Nicht, um damit zu sagen, daß Farben, Körper, Zahlen, Richtungen ja nur verschiedene Arten von Gegenständen seien, sondern um die Analogie zu betonen, die im Mangel der Ähnlichkeit liegt, zwischen den Funktionen von ›Sessel‹ und ›Jakob‹ einerseits, und ›Süden‹ und ›Jakob‹ andrerseits.

8 B erhält eine Tabelle, in welcher Schriftzeichen den Bildern von Gegenständen gegenüberstehen; zum Beispiel den Bildern eines Hammers, einer Zange, einer Säge. A schreibt

eines jener Zeichen auf eine Tafel, B sucht es in der Tabelle auf, fährt mit dem Finger vom Schriftzeichen zum Bild und holt den Gegenstand, den das Bild zeigt.

Betrachten wir die verschiedenen Arten von Zeichen in unseren Beispielen. Wir wollen zwischen Sätzen und Wörtern unterscheiden. ›Sätze‹ und ›Wörter‹ in unserm Sprachspiel werde ich nennen, was dem analog ist, was wir in der gewöhnlichen Sprache ›Sätze‹ und ›Wörter‹ nennen. Ein Satz kann auch aus einem einzigen Wort bestehen. In (1) sind die Ausrufe ›Platte!‹, ›Balken!‹ solche Sätze. In (2) hat jeder Satz zwei Wörter. – Wir unterscheiden unter den Sätzen Befehle, Fragen, Behauptungen, Vermutungen, u. s. f.; unzählige Arten, von denen einigen nach und nach die Rede sein soll.

9 In einem Sprachspiel ähnlich (1) ruft A Befehle von der Form »Platte, Säule, Prisma!«; B bringt darauf diese Bausteine. Wir könnten hier den Befehl *einen* Satz, aber auch drei Sätze nennen. — Wenn aber die Reihenfolge der
10 Wörter dem B die Reihenfolge angibt, in welcher er die Steine bringen soll, dann werden wir »Platte, Säule, Prisma!« einen Satz nennen, der aus drei Wörtern besteht.

Hätte der Befehl die Form »Platte, dann Säule, dann Prisma!«, so würden wir sagen er bestehe aus vier Wörtern (nicht aus fünfen).

Unter den Wörtern finden wir Gruppen mit ähnlichen Funktionen im Sprachspiel. Man sieht leicht die Ähnlichkeit der Funktion in der Gruppe der Wörter ›eins‹, ›zwei‹, ›drei‹ etc., und andrerseits in der Gruppe ›Platte‹, ›Säule‹ etc. So können wir Wortarten unterscheiden. In (9) und (10) besteht ein Satz aus Wörtern nur einer Wortart.

11 Die Ordnung, in der B die Steine zureicht, wird durch Ordnungszahlwörter, etwa ›erstens‹, ›zweitens‹, ›drittens‹ etc., angegeben. Der Befehl in (10) kann also lauten »Drittens Prisma, erstens Platte, zweitens Säule!« Wir sehen: was in *einer* Sprache die Funktion von Wörtern ist, kann in einer andern etwa von der *Ordnung* der Wörter geleistet werden. – Eine Pause in einem Satz der einen Sprache kann die Funktion eines Wortes im Satz einer andern Sprache haben.

Solche Überlegungen können uns die ungeheure Mannigfaltigkeit der Mittel unserer Sprache ahnen lassen; und es ist interessant, mit dem, was sich uns hier zeigt, zu vergleichen, was Logiker vom Bau aller Sätze gesagt haben. (Dies gilt auch von dem, was ich in der *Logisch-Philosophischen Abhandlung* geschrieben habe.)
Wenn wir nach der Ähnlichkeit der Funktionen der Wörter Wortarten unterscheiden, so ist leicht zu sehen, daß man verschiedenerlei Einteilungen treffen kann. Wir können zum Beispiel leicht einen Grund finden, das Wort ›eins‹ nicht zur gleichen Art wie die Wörter ›zwei‹, ›drei‹, ›vier‹, etc. zu rechnen.

12 Denken wir uns diese Variation von Sprache (2): Statt »Eine Platte!«, »Einen Würfel!«, etc. ruft A einfach »Platte!«, »Würfel!«, etc. Die andern Zahlwörter aber werden wie in (2) ausgerufen. Wer an dieses System gewöhnt wäre, würde das Zusammenfassen von ›eins‹ mit ›zwei‹ und ›drei‹ etc. befremdlich finden. (Denke an Gründe für und gegen die Klassifikation der ›0‹ mit den andern Kardinalzahlzeichen. – Sind Schwarz und Weiß Farben? In manchen Fällen rechnet man sie unter die Farben, in manchen nicht.)

Wörter lassen sich in *vielen* Beziehungen mit Schachfiguren vergleichen. Denke an die verschiedenen Arten die Schachfiguren zu klassifizieren (zum Beispiel in Offiziere und Bauern.)
Es ist uns natürlich, die hinweisende Gebärde in (5) und die Bilder in (8) zu den Instrumenten der Sprache zu rechnen. (Es gibt Gebärdensprachen.) Die Bilder in (8) und andere Instrumente der Sprache, die eine ähnliche Funktion haben, will ich ›Muster‹ nennen, zum Unterschiede von ›Wörtern‹. Wenn wir von einem Muster Gebrauch machen, so vergleichen wir etwas mit dem Muster. Wir vergleichen in (8) einen Hammer mit dem Bild des Hammers, aber in (1) nicht eine Platte mit dem Wort ›Platte‹. Wir wollen aber nicht sagen: »Es gibt in der Sprache Worte und Muster«, als wäre damit irgendein wesentlicher Dualismus festgestellt, sondern nur einen wichtigen Gegensatz, unter vielen andern, hervorheben. ›1‹, ›2‹, ›3‹ zum Beispiel werden wir Wörter nennen, die Zeichen ›|‹, ›||‹, ›|||‹, ›|||||‹ etc. aber Muster (soweit sie nicht wieder einfach als Ziffern benützt wer-

den). Soll man aber ›|‹ überhaupt ein Muster nennen? Es gibt Übergänge zwischen Wort und Muster.

Vergleiche diese beiden Zeichensysteme:

13 A gibt dem B Befehle, die aus zwei auf eine Tafel gemalten Zeichen bestehen. Das erste Zeichen ist ein unregelmäßig geformter Fleck von irgendeiner bestimmten Farbe, zum Beispiel grün; das zweite eine gezeichnete geometrische Figur, zum Beispiel ein Kreis. B bringt darauf dem A einen Gegenstand, der die Farbe des ersten und die Form des zweiten Zeichens hat (zum Beispiel einen grünen, kreisförmigen Gegenstand).

14 Ein Befehl ist ein gemaltes Zeichen, eine geometrische Figur in einer bestimmten Farbe gemalt, zum Beispiel ein grüner Kreis. B bringt auf den Befehl einen Gegenstand von der Form und Farbe des Zeichens.

In (13) besteht ein Satz aus zwei Mustern, deren jedes einem Wort entspricht – zum Beispiel »grüner Kreis«. In (14) dagegen steht statt dieser zwei Muster *eines*; das man nicht in zwei Bestandteile (Form und Farbe) zerlegen kann, es steht also hier nicht ein Muster für ein Wort.

Worte in Anführungszeichen kann man Muster nennen; in dem Satz »Er ruft ›Halt‹« ist also ›Halt‹ ein Muster. Vergleiche aber die beiden Fälle: der Satz »Er ruft ›Halt‹« ist ein *gesprochener* Satz, und anderseits ein *geschriebener* Satz. Wie wird das gesprochene Wort mit dem Ruf verglichen, wie das geschriebene? Wer Geschriebenes kopiert, vergleicht was er schreibt mit einem Muster, aber in gewissem Sinn auch der, der nach Diktat schreibt.

Wir nennen eine große Mannigfaltigkeit von Vorgängen: »etwas mit einem Muster vergleichen«.

In (8) vergleicht B Bilder mit Gegenständen. Aber worin besteht dieses Vergleichen? Was tut der, der vergleicht? Betrachte diese Fälle: a) die abgebildeten Gegenstände sind (wie in (8)) ein Hammer, eine Zange, eine Säge, ein Bohrer; b) zwanzig verschiedene Arten von Schmetterlingen. Wie verschieden wird hier der Vorgang des Vergleichens sein. c) Die Bilder sind maßstabgerechte Zeichnungen von Bausteinen, und das Vergleichen hat mit dem Zirkel zu geschehen.

Es sei B's Aufgabe, ein Stück Tuch von der Farbe eines Musters zu bringen, das ihm gegeben wird. Wie vergleicht er die Farbe des Musters und des Tuches? Stelle Dir verschiedene Fälle vor:

15 A zeigt dem B das Muster; darauf geht B und bringt einen Stoff nach dem Gedächtnis.

16 B geht mit dem Muster zu dem Regal, auf dem die Stoffe liegen, und sieht vom Muster auf die Stoffe ehe er wählt.

17 B legt das Muster auf jeden der Stoffe am Regal und wählt den Stoff, dessen Farbe er nicht vom Muster unterscheiden kann.

18 Stelle Dir dagegen den Fall vor, der Befehl lautete: »Bring einen Stoff etwas dunkler als dieses Muster!«. –

Ich sagte in (15), B bringe einen Stoff ›nach dem Gedächtnis‹; aber dieser Ausdruck umfaßt unzählige mögliche Vorgänge. Denke an einige Beispiele:

19 B, wenn er zu den Stoffen kommt, schließt die Augen und ruft sich ein Bild des Musters ins Gedächtnis. Er sieht dann abwechselnd auf die Stoffe und stellt sich das Muster vor. Einmal sagt er »zu hell«, einmal »zu dunkel«; endlich blickt er auf einen und sagt »gut!« und nimmt ihn vom Regal.

20 B ruft sich kein Bild des Musters vor Augen. Er sieht einen Stoff nach dem andern an, runzelt die Stirn und schüttelt bei jedem den Kopf; beim zehnten entspannt er sein Gesicht, er nickt mit dem Kopf und nimmt den Stoff.

Denke, Du hättest zu beschreiben, was Du in einem solchen Falle wirklich getan hast.

21 B ruft sich kein Bild des Musters vor Augen, er blickt der Reihe nach auf einige Stoffe, den fünften nimmt er und bringt ihn dem A.

Die Beschreibung dieser drei Beispiele, besonders des letzten, hat etwas Unbefriedigendes. Es scheint, sie geben allerlei Nebensächliches, lassen aber das Wesentliche aus. Das Wesentliche aber wäre eine spezifische Erfahrung des Vergleichens und des Erkennens. Wenn wir nun irgendwelche Vorgänge des Vergleichens genau ins Auge fassen, so sehen wir leicht eine Anzahl von Handlungen, Gedanken, Empfindungen, die alle für das Vergleichen mehr oder weniger charakteristisch sind. Und das ist der

Fall, ob es sich um ein Vergleichen nach dem Gedächtnis handelt, oder um das Vergleichen zweier Gegenstände, die wir beide vor Augen haben. Wir kennen eine Unzahl solcher Vorgänge des Vergleichens; sie bilden, wie wir uns ausdrücken wollen, eine »Familie«. Zwischen ihren Mitgliedern bestehen eine große Zahl von Ähnlichkeiten, die einander auf die verschiedenste Weise übergreifen und kreuzen. – Wir halten Gegenstände, deren Farbe wir vergleichen wollen, für kürzere oder längere Zeit zueinander, schauen sie abwechselnd an, halten sie in verschiedene Beleuchtungen, wir machen dabei verschiedene charakteristische Äußerungen, haben Erinnerungsbilder, Gefühle der Spannung und Entspannung, Befriedigung und Unbefriedigung, die verschiedenen Gefühle der Anstrengung in den Augen und ihrer Umgebung, die längeres aufmerksames Schauen begleiten, und alle möglichen Kombinationen dieser und anderer Erfahrungen. Je mehr Fälle des Vergleichens und je genauer wir sie besehen, desto weniger glauben wir an *eine* spezifische Erfahrung des Vergleichens.

Ja, wenn Du eine Anzahl solcher Fälle *genau* besehen hast, und ich gebe Dir nun zu, daß es vielleicht eine Erfahrung gibt, die allen von ihnen gemeinsam ist, und erkläre mich bereit, das Wort ›Vergleich‹ nur da zu gebrauchen, wo diese Erfahrung anwesend ist, dann wirst Du nun fühlen, daß die Annahme einer solchen Erfahrung jetzt ihren Zweck verloren hat, denn nun steht diese Erfahrung neben einer Menge anderer Erfahrungen, welche die Verbindung der Fälle des Vergleichens herstellen. – Denn jene ›spezifische Erfahrung‹, die wir suchten, sollte ja gerade das tun, was nun jene Masse von Erfahrungen leistet. Die spezifische Erfahrung sollte ja nicht eine unter einer Anzahl mehr oder weniger charakteristischer Erfahrung sein. – Man könnte sagen, man kann diesen Gegenstand auf zweierlei Weise ansehen: einmal aus der *Nähe* –, einmal von weitem und durch eine eigentümliche Atmosphäre. – Und wir haben gefunden, daß der tatsächliche Gebrauch des Wortes »Vergleich« ein anderer ist als der, den wir von weitem zu sehen glauben. Wir finden, daß das, was die Fälle des Vergleichens verbindet, eine große Anzahl einander übergreifender Ähnlichkeiten ist; und wenn wir dies sehen, so fühlen wir uns nicht mehr gezwungen zu sagen, es müsse allen diesen Fällen eines gemeinsam sein. Sie sind durch ein Tau mit einander verbunden; und dieses Tau verbindet sie nicht dadurch, daß irgendeine Faser in ihm von einem Ende zum andern läuft, sondern dadurch, daß eine Unzahl von Fasern einander übergreifen.

»Aber in dem Fall (21) handelt ja B gänzlich automatisch. Wenn wirklich nur das vorgeht, was dort beschrieben ist, weiß er ja nicht, warum er den Stoff gewählt hat, er hat keinen Grund ihn zu wählen. Wenn er den richtigen wählt, so tut er es, wie eine Maschine es tun kann.« – Aber wir sagten ja nicht, daß er die Stoffe nicht sähe, keine Tast- und Muskelempfindungen habe und so fort. – Und wie sieht denn so ein Grund aus, der die Wahl zu einer nicht-automatischen macht, das heißt, wie stellen wir uns ihn vor? Ich denke, wir würden sagen, daß das Gegenteil des automatischen Wählens, sozusagen das Ideal des bewußten Wählens, darin bestehe, daß wir ein klares Erinnerungsbild oder das Muster selbst vor Augen hätten und eine spezifische Empfindung, nicht zwischen dem Muster und dem gewählten Stoff unterscheiden zu können. Diese bestimmte Empfindung wäre dann der Grund, die Rechtfertigung unserer Wahl. Diese Empfindung, könnte man sagen, verbindet die beiden Erfahrungen, das Sehen des Musters mit dem Sehen des Stoffes. Aber was verbindet dann die spezifische Empfindung mit jenen beiden Erfahrungen? – Wir leugnen nicht, daß so eine Empfindung vermitteln kann; aber so betrachtet erscheint nun die Unterscheidung ›automatisch – nicht automatisch‹ nicht mehr so scharf und primär wie früher. Das heißt nicht, daß diese Unterscheidung in speziellen Fällen ihren praktischen Wert verliert. So würden wir unter bestimmten Umständen auf die Frage »Hast Du diesen Stoff mechanisch vom Regal genommen, oder hast Du Dir etwas dabei gedacht?« antworten, wir hätten nicht mechanisch gehandelt, denn wir hätten den Stoff genau besehen, uns an das Muster erinnert, Zweifel und Befriedigung geäußert. Das kann in einem besondern Fall der Unterschied zwischen automatisch und nicht-automatisch sein. In einem andern dagegen werden wir vielleicht zwischen automatischem und nicht-automatischem Auftreten eines Erinnerungsbildes unterscheiden, u. s. f.

»Aber *warum* hat er in (21) gerade *diesen* Stoff gebracht, wie hat er ihn als den richtigen erkannt, woran?« – Wenn Du fragst »Warum«, fragst Du nach der Ursache oder nach dem Grund? Wenn nach der Ursache, so ist es ja nicht schwer, sich eine physiologische oder psychologische Hypothese auszudenken, die die Wahl unter den gegebenen Umständen erklären könnte. Es ist die Aufgabe der experimentellen Wissenschaft, solche Hypothesen zu prüfen. Wenn Du dagegen nach dem Grund fragst, so ist die Antwort: es muß kein Grund für die Wahl vorhanden gewesen sein. Ein Grund ist ein Schritt, der dem Schritt der Wahl vorhergeht. Aber warum sollte jedem Schritt ein andrer Schritt vorangehen?

»Aber dann hat B den Stoff nicht wirklich als den richtigen *erkannt.*« – Wenn Du willst, so brauchst Du (21) nicht unter die Fälle des ›Erkennens‹ zu zählen. Aber wenn es uns klar wird, daß die Vorgänge des Erkennens eine große Familie bilden, mit einander übergreifenden Familienähnlichkeiten, werden wir wahrscheinlich nicht abgeneigt sein, den Fall (21) zu dieser Familie zu rechnen. – »Aber fehlt denn dem B in diesem Fall nicht das Kriterium, wonach er den Stoff als den rechten erkennen kann? In (19) hatte er zum Beispiel das Erinnerungsbild, und er erkannte den Stoff durch seine Übereinstimmung mit diesem Bild.« – Aber hatte er auch ein Bild vor sich von dieser Übereinstimmung? Ein Bild, mit dem er die Übereinstimmung zwischen Muster und Stoff vergleichen kann, um zu sehen, ob es die richtige Übereinstimmung sei? Und hätte er andrerseits nicht ein solches Bild haben können? Angenommen etwa, A wollte, daß B sich erinnerte, daß hier ein Stoff von der *gleichen* Farbe wie das Muster verlangt sei, – im Gegensatz zu anderen Fällen etwa, in denen B einen Stoff von etwas dunklerer Farbe als das Muster bringen mußte. A gibt also dem B ein Muster von der gewünschten *Übereinstimmung* mit, nämlich zwei Stücke Stoff von gleicher Farbe. – Ist irgendein solches Zwischenglied zwischen dem Befehl und der Ausführung notwendig das letzte? – Und wenn Du sagst, daß B in (20) wenigstens das Gefühl der Entspannung hat, woran er erkennen kann, daß der Stoff der richtige ist, – mußte er ein Bild von dieser Entspannung vor sich haben, um danach die Empfindung zu erkennen, nach der er den richtigen Stoff erkennen sollte?

»Aber angenommen nun B bringt in (21) den Stoff und wenn man ihn mit dem Muster vergleicht, so erweist er sich als der unrechte.« Aber hätte das nicht auch in den andern Fällen so geschehen können? Angenommen in (19) hätte der Stoff, den B brachte, nicht mit dem Muster übereingestimmt, würden wir nicht in gewissen Fällen sagen, sein Erinnerungsbild habe nicht gestimmt, in andern, das Muster, oder der Stoff, habe seine Farbe geändert, und noch in anderen, die Beleuchtung sei nicht die gleiche? Es ist nicht schwer, Fälle zu erfinden, sich Umstände vorzustellen, in denen man diese Urteile fällen würde. – »Aber ist nicht doch ein wesentlicher Unterschied zwischen den Fällen (19) und (21)?« – Gewiß! Eben der, welchen die Beschreibungen zeigen.
Im Beispiel (1) lernt B einen Baustein bringen, wenn er das Wort ›Würfel‹ hört. Wir könnten uns vorstellen, daß in diesem Fall folgendes geschieht: in B ruft das Hören des Wortes ein Vorstellungsbild auf; die Erziehung, Abrichtung, hat, wie man sagen würde, diese Assoziation geschaffen. B nimmt nun den Stein auf, der mit dem Vorstellungsbild übereinstimmt. – Aber *mußte* dies geschehen? Wenn die Abrichtung es bewirken konnte, daß das Vorstellungsbild – automatisch – B vors Auge trat, warum dann nicht, daß B den Stein aufnimmt, ohne Vermittlung eines Bildes? Das bedeutet ja nur ein etwas anderes Funktionieren des Apparates der Assoziation. Denke daran, daß er das Vorstellungsbild nicht aus dem Wort *ableitet* (aber wäre es so, so würde das unser Argument nur einen Schritt zurück schieben) sondern daß der Fall hier analog dem des Registrators ist: wenn ein bestimmter Knopf gedrückt wird, erscheint ein bestimmtes Täfelchen. Ja dieser Mechanismus kann statt dem der Assoziation verwendet werden.
Es ist oft klärend, sich das Vorstellen von Farben, Gestalten, Tönen, etc. etc., das im Gebrauche der Sprachen eine Rolle spielt, ersetzt zu denken durch das Anschauen wirklicher Farbmuster, das Hören wirklicher Töne, etc., also zum Beispiel das Aufrufen eines Erinnerungsbildes einer Farbe durch das Ansehen eines wirklichen Farbmusters, das wir bei uns tragen; viele der Vorgänge beim Gebrauch der Sprache verlieren, wenn man an die Möglichkeit dieser Ersetzung denkt, den Schein des Ungreifbaren, Okkulten.

Die Abrichtung im Gebrauch der Tabelle (wie der in (8)) kann dahin gehen, den Schüler nicht bloß zum Gebrauch *einer* bestimmten Tabelle sondern zum Gebrauch und auch zum Anlegen beliebiger Kombinationen von Schriftzeichen und Bildern zu befähigen. Die erste Tabelle, die er gebrauchen lernte, war etwa die in (8).

22 Wir fügen ihr nun das Bild eines andern Werkzeuges bei, welches der Schüler vor sich hat, etwa eines Hobels, und gegenüber dem Bild das Wort ›Hobel‹. Wir werden diese Tabelle der ersten so ähnlich als möglich gestalten; auf dem gleichen Stück Papier etwa das Bild des Hobels unter die andern Bilder, das Wort unter die andern Wörter setzen. Der Schüler wird nun ermuntert werden, von dem neuen Bild und Wort Gebrauch zu machen, ohne daß man die frühere Abrichtung an ihnen wiederholt. Das Ermuntern nun besteht in gewissen Nachhilfen, billigenden und mißbilligenden Mienen des Lehrers, Gesten, die ein *Fortsetzen* ausdrücken und dergleichen mehr. Denke an die verschiedenen Gebärden und Bewegungen, die man macht, um einen Hund zum Apportieren zu bringen.

Aber nicht jedes Tier wird auf diese Gebärden reagieren, wie der Hund. Eine Katze wird diese Gebärden nicht, oder mißverstehen; das heißt in diesem Fall einfach: sie wird nicht apportieren. Und wenn das Kind auf unsere Ermunterungen nicht reagiert, wie eine Katze, die man das Apportieren lehren möchte, so gelangt es nicht zum Verständnis einer Erklärung; oder vielmehr, das Verstehen beginnt hier mit dem Reagieren in bestimmter Weise. – Das Verstehen eines ermunternden Wortes ist nur eine Weiterentwicklung des Reagierens auf einen ermunternden Tonfall, eine Gebärde, etc.

23 Der Schüler lernt Dingen Namen seiner eigenen Erfindung zu geben und die Dinge zu bringen, wenn die Namen gerufen werden. Es wird ihm eine Tabelle gegeben, auf deren einer Seite er Bilder ihm bekannter Gegenstände findet und ihnen gegenüber, dort wo in den früheren Spielen Schriftzeichen standen, leere Stellen. Er schreibt die neuen Wörter an diese Stellen und gebraucht die Tafel dann wie in (8).

Im Lernen des Gebrauchs der Tabelle kann es eine wichtige

Übung sein, den Finger in der Tabelle immer von links nach rechts (vom Schriftzeichen zum entsprechenden Bild) zu bewegen, gleichsam also eine Reihe paralleler Striche in ihr zu ziehen. Dies mag dann beim Übergang in (22) von der ersten Tafel zur erweiterten helfen.

Tabellen und hinweisende Erklärungen und ähnliches werde ich, in Übereinstimmung mit dem gewöhnlichen Sprachgebrauch, ›Regeln‹ nennen.

24 Betrachte dieses Beispiel: Es werden verschiedene Arten eingeführt Tabellen zu lesen. Jede der Tabellen besteht aus zwei Kolumnen, in der einen Schriftzeichen, in der andern Bilder, wie oben. Sie werden entweder horizontal von links nach rechts gelesen, wie oben, also nach dem Schema

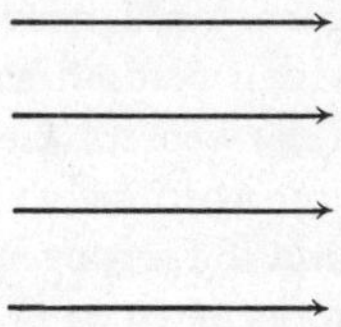

oder aber nach Schemata wie zum Beispiel

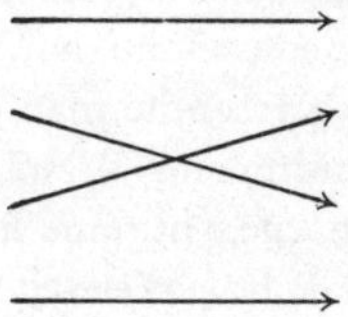

oder

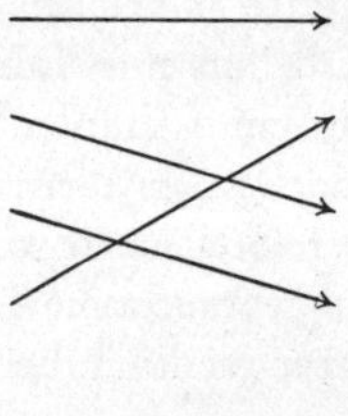

etc.

Schemata dieser Art werden den Tabellen als Regeln des Lesens beigegeben.

Könnten aber diese Regeln nicht durch weitere Regeln erklärt werden? – Gewiß. – Andrerseits aber: ist eine Regel unvollständig erklärt, wenn ihr keine weitere Regel für ihren Gebrauch beigegeben wurde?

Wir wollen nun die endlose Reihe der Kardinalzahlen in unsre Sprachspiele einführen. Aber wie machen wir das? Die Analogie zwischen dem Spiel mit zehn Zahlwörtern und einem solchen, unbegrenzten, Spiel kann ja nicht dieselbe sein, wie die zwischen dem Spiel mit zehn und einem mit 155 Zahlwörtern. Angenommen, das Spiel sei wie (2), die Reihe der Zahlzeichen aber unbegrenzt. Es werde in der Praxis des Spiels tatsächlich bis 155 gezählt, dann soll ja das unbegrenzte Spiel nicht das sein, welches aus (2) würde, wenn ich dort statt »die Zahlwörter von ›eins‹ bis ›zehn‹« »die Zahlwörter ›eins‹ bis ›hundertfünfundfünfzig‹« gesagt hätte. Aber worin liegt dann der Unterschied? Fast möchte man so etwas sagen wie, er liege im Geiste, in dem die Spiele gespielt würden. Der Unterschied zwischen zwei Brettspielen kann zum Beispiel in der Zahl der Spielsteine liegen, in der Zahl der Felder des Brettes, oder darin, daß diese im einen Fall Quadrate, im andern Sechsecke sind, etc. Aber der Unterschied zwischen dem begrenzten und dem unbegrenzten Spiel scheint nicht in den materiellen Werkzeugen des Spiels liegen zu können, denn, möchten wir sagen, wie kann sich das Unendliche in diesen ausdrücken? Wir können es, so scheint es, nur in unsern *Gedanken* erfassen. Und es scheinen also die Gedanken zu sein, die das begrenzte Spiel vom unbegrenzten unterscheiden. Seltsam ist es dann nur, daß wir diese Gedanken über das Unendliche in Worten und Gebärden ausdrücken können.

25 Denke Dir zwei Kartenspiele: Ich will sie das ›begrenzte‹ und das ›unbegrenzte‹ nennen. Die Karten beider tragen Ziffern und die höhere Ziffer sticht die geringere. Die Spielregeln sind einander in jeder Beziehung analog; aber das eine Spiel wird mit 32 Karten gespielt, das andere mit einer *beliebigen* Zahl. Angenommen nun wir spielen das unbegrenzte Spiel, und die Zahl der Spielkarten ist 32; wie

unterscheidet sich das Spiel vom begrenzten? – Nicht durch die Blätter, nicht durch die Art wie ausgespielt, gestochen wird, etc. Aber vielleicht dadurch: Das begrenzte Spiel wird mit einem Pack gedruckter Karten gespielt, beim unbegrenzten wird jedem Spieler ein Vorrat leerer weißer Karten und ein Bleistift zum Schreiben der Ziffern gegeben. Zu Anfang des unbegrenzten Spiels fragt einer: »Wie hoch gehen wir?« und dergleichen mehr. Es wird also hier über die Grenzen des Spiels eine Entscheidung getroffen und dies kann sich in der mannigfachsten Weise abspielen. Denke endlich an die Verschiedenheit des Vorgangs der Einübung, des Lernens, der beiden Spiele. Man kann also hier wirklich sagen, was das unbegrenzte Spiel charakterisiere, sei ›schwer zu fassen‹, wenn es auch kein ungreifbarer ›Geist‹ ist. Die Partie des unbegrenzten Spiels mit 32 Karten wird sich vielleicht von einer des begrenzten Spieles kaum unterscheiden, oder nur in Dingen, die man ›unwesentliche Äußerlichkeiten‹ nennen möchte. Der verschiedene ›Geist‹ dieser Partien mag nur darin liegen, daß sie verschiedenen Systemen, und dies in den mannigfachen Beziehungen, die sie zu andern Partien und zu verschiedenen andern Vorgängen haben, die außerhalb der beiden Partien selbst liegen. Betrachte die folgenden beiden Spiele:

26 Es sind zwei Arten des Damenspiels, ich will sie A und B nennen. In A verliert der, der seine Spielsteine verliert; in B gewinnt, wer seine Steine verloren hat. Die beiden Spiele sind einander also in dieser Beziehung entgegengesetzt; in allen andern, nehme ich an, gleich. Welchen Unterschied wird nun ein Zuschauer sehen, der Partien der beiden Spiele A und B beobachtet? Nun, es lassen sich ja leicht solche Unterschiede beschreiben. Zuerst etwa so: In A trachtet jeder, seine Steine davor zu bewahren, daß sie von denen des Andern übersprungen werden; in B schiebt jeder dem Andern seine Steine zu, um sie von ihm überspringen zu lassen. Aber das wird sich dem Zuschauer doch nur als ein Unterschied des Grades zeigen, denn sowohl in A als auch in B verliert ja einer endlich alle Steine, und eine nachläßig gespielte Partie des Spiels A braucht sich von einer solchen des Spiels B kaum, oder nicht, zu unterscheiden. – »Aber

die Partie A wird sich doch nun von der Partie B im Geist in dem sie gespielt werden unterscheiden!« – Gewiß: Die Spieler werden im allgemeinen bei ähnlichen äußeren Anlässen in den beiden Partien andere Gefühle haben: und der Zuschauer wird ja auch sehen, daß in B der eine dem andern einen Stein mit triumphierender Miene zuschiebt und der andre ihn wenig erfreut überspringt; oder daß in A einer unangenehm überrascht ist, wenn ihm der andre einen Stein nimmt; daß er zögert, wenn er einen Stein dem Überspringen aussetzen muß; u. s. f. Endlich wird der Zuschauer sehen, daß in A der, der seinen letzten Stein verloren hat, dem andern Geld gibt, oder sagt, er habe verloren, oder mit einer Miene der Ergebung in sein Schicksal vom Spiel aufsteht, der andre aber mit einem schlecht unterdrückten Ausdruck der Befriedigung; *u. s. f.* Aber sind denn die Gefühle immer die gleichen? Triumphiert jeder, der in A dem andern einen Stein nimmt, oder kränkt sich jeder, der ein Spiel verliert? Freut sich nicht mancher über den Sieg des andern? – Wie ist es also mit dem Unterschied des Geistes der beiden Partien? Ist es nicht so: Der Unterschied, kann man sagen, ist etwa so groß, wie der Unterschied im Ausdruck der Gemütsbewegung, die der Zuschauer beobachten kann; und *im allgemeinen* beobachten *wird.* Von dem Verhältnis der ›Gemütsbewegung‹ zu ›ihrem Ausdruck‹ wollen wir jetzt nicht reden. Wenn wir also die Partie als eine *Handlung* betrachten, so können wir sagen, daß sich im allgemeinen eine Partie A von einer Partie B unterscheiden wird durch die Art der Züge sowohl, als auch durch das, was sonst während der Partie vorgeht, daß aber in einem besondern Fall der Unterschied bis auf ›unwesentliche Äußerlichkeiten‹ herabsinken kann, etwa darauf, daß ein Spieler vor Anfang der Partie sagt »Wir wollen eine Partie A spielen«. Der Zuschauer wird ferner einen Unterschied in den Regelverzeichnissen der beiden Spiele sehen.

Wir wollen nun Sprachspiele, von denen wir sagen würden, sie verwenden eine begrenzte Reihe von Zahlzeichen, mit solchen vergleichen, von denen wir sagen würden, sie verwenden eine unbegrenzte Reihe von Zahlzeichen.

27 Wie (3). Die Zahlzeichen sind zehn Bilder der beiden Hände mit gestreckten und eingebogenen Fingern. A gibt den Befehl, indem er ihm ein solches Bild zeigt und dabei das Wort ›Würfel‹ oder ›Platte‹, etc. ausruft.

28 Wie (2). Die Reihe der Zahlwörter wird auswendig gelernt. In dem Befehl werden die Zahlwörter gerufen. Das Kind lernt sie durch mündlichen Unterricht.

29 Es wird eine Rechenmaschine (Abakus) verwendet. A stellt den Abakus und gibt ihn dem B. B geht damit dorthin, wo die Platten liegen, etc.

30 B hat die Platten, die in Stößen liegen, zu zählen. Es geschieht mit einer Rechenmaschine; sie hat zwanzig Kugeln. In einem Stoß sind nie mehr als zwanzig Platten. B schiebt die Kugeln, den Platten eines Stoßes entsprechend, und zeigt darauf dem A die Rechenmaschine.

31 Wie 30; der Abakus hat nun zwanzig kleine und eine große Kugel. Enthält der Stoß mehr als zwanzig Platten, so verschiebt B die große Kugel. (Sie entspricht also in gewisser Beziehung dem Wort ›viel‹.)

32 Wie 30. Wenn der Stoß n Platten enthält, wo n größer als 20 und kleiner als 40 ist, verschiebt B n – 20 Kugeln, zeigt dem A die Rechenmaschine und klatscht dabei einmal in die Hände.

33 A und B verwenden die Zahlzeichen des Dezimalsystems (als Schrift- oder Lautzeichen) bis zu ›20‹. Das Kind lernt die Reihe dieser Zeichen auswendig; weiter wie in (2).

34 Ein gewisser Volksstamm besitzt eine Sprache von der Art (2). Die Zahlzeichen sind die Schriftzeichen unseres Dezimalsystems. Keines von ihnen ist als das *höchste* gekennzeichnet, wie zum Beispiel in einigen der früher beschriebenen Spiele. (Man ist hier vielleicht versucht, fortzufahren: »obwohl natürlich eines von ihnen das höchste der tatsächlich gebrauchten Zahlzeichen ist«.) Die Kinder dieses Stammes lernen die Zahlzeichen auf folgende Weise: Man lehrt sie die Ziffern von ›1‹ bis ›20‹, wie in (2) die Wörter von ›eins‹ bis ›zehn‹. Und mit ihnen zählen sie Reihen von Gegenständen bis zu zwanzig auf den Befehl »Zähle diese Platten!«, »Zähle diese Würfel!«, etc. Später legt man

ihnen eine Reihe von 21 Dingen vor und gibt wieder den Befehl ›Zähle!‹. Wenn nun das Kind beim Zählen bis zu ›20‹ gekommen ist, macht der Lehrer eine Handbewegung, die das ›Fortfahren‹ andeutet, worauf das Kind, für gewöhnlich, die Ziffer ›21‹ schreibt. Ähnlich läßt man die Kinder bis ›22‹, und weiter, zählen. Bei diesen Übungen spielt keine Zahl die ausgesprochene Rolle der höchsten. Endlich muß das Kind Reihen von weit über 20 Gegenständen zählen, ohne die Nachhilfe des Lehrers. Macht ein Kind den Übergang ›20‹ – ›21‹ auf die suggestive Geste des Lehrers hin nicht, so wird es als schwachsinnig behandelt.

35 Ein andrer Volksstamm: seine Sprache ist wie die in (34). Man beobachtet nicht, daß die Leute höher als bis 159 zählen. – Im Leben dieses Stammes spielt das Zeichen ›159‹ eine eigentümliche Rolle. – Nehmen wir an, ich sagte: »Sie behandeln dieses Zahlzeichen als ihr höchstes«. – Aber was heißt das? – »Nun, sie sagen einfach, es sei das höchste.« – Aber wie: Sie sagen gewisse Worte – aber wie wissen wir, was sie damit meinen? Ein Kriterium dafür, was sie meinen, wären die Gelegenheiten, bei denen sie das Wort aussprechen, welches wir mit unserm »höchste« übersetzen wollen, die Rolle, welche jenes Wort im Leben des Stammes spielt. Wir können uns leicht das Zahlzeichen ›159‹ bei solchen Anlässen, in Verbindung mit solchen Gesten und Formen des Benehmens gebraucht denken, daß wir sagen müßten, dieses Zeichen spielt bei ihnen die Rolle einer unübersteigbaren oberen Grenze. Selbst dann, wenn der Stamm kein Wort besäße, welches unserm »höchste« entspricht, und das Kriterium dafür, daß ›159‹ das höchste Zahlzeichen ist, in nichts läge, was sie darüber *sagen*.

36 Ein Stamm besitzt zwei Systeme des Zählens: Man lernt zählen mit den Buchstaben des Alphabets, und außerdem mit den Zahlzeichen des Dezimalsystems, wie in (34). Die zweite Art nennen sie die ›offene‹ Art des Zählens, die erste die ›geschlossene‹ und sie verwenden diese beiden Wörter auch für eine offene und geschlossene Türe.

In (27) ist die Reihe der Zahlzeichen in augenfälliger Weise beschränkt. – In (27) und (28) ist ein ›beschränkter Vorrat‹ von

Zahlzeichen vorhanden: denke an die Analogie dieser beiden Beschränkungen, und wieder an den Mangel der Analogie. – In (30) liegt die Beschränkung einerseits im *Werkzeug* des Zählens. Dann aber, in ganz anderer Weise, darin, daß nie mehr als zwanzig Gegenstände gezählt werden. – In (31) fehlt diese Beschränkung, aber die große Kugel an der Rechenmaschine betont die Beschränkung unserer Mittel. – Ist (32) ein beschränktes oder unbeschränktes Spiel? Die Praxis der Anwendung des Abakus, die wir beschrieben haben, hat 40 als Grenze. – Wir sind geneigt zu sagen, dieses Spiel ›hat es in sich‹, unbegrenzt fortgesetzt werden zu können. Aber vergessen wir nicht, daß wir auch die vorhergehenden Spiele als Anfänge endloser Systeme hätten auffassen *können*. – In (33) tritt das Systematische, das heißt die Gesetzmäßigkeit, in den Zahlzeichen noch augenfälliger hervor. Hier wäre man geneigt zu sagen, es sei dem Spiel durch das Werkzeug des Zählens keine Grenze gesetzt; wenn nicht die Kinder die Zahlwörter von ›1‹ bis ›20‹ auswendig lernten. Das legt die Auffassung nahe, daß sie nicht lernen, das System zu ›*verstehen*‹, welches wir in diesen Zahlzeichen sehen. – Von den Leuten in (34) werden wir sagen, sie verwenden ein unbegrenztes System von Zahlzeichen, sie kennen die unendliche Kardinalzahlenreihe. – (35) kann uns zeigen, welche ungeheure Mannigfaltigkeit von Fällen man sich denken kann, in denen man geneigt wäre zu sagen, die Arithmetik der Leute *bediene* sich einer endlichen Zahlenreihe, obwohl der Unterricht im Gebrauch der Zahlzeichen keines als obere Grenze hinstellt. – In (36) bedient sich die Sprache des Stammes selbst der Wörter ›offen‹ und ›geschlossen‹ (statt deren wir durch eine geringfügige Veränderung des Beispiels die Wörter ›begrenzt‹ und ›unbegrenzt‹ setzen könnten). In dieser einfachen und klar umschriebenen Form gebraucht, ist natürlich gar nichts Geheimnisvolles an der Verwendung des Wortes ›offen‹. Aber dieses Wort entspricht unserm ›unendlich‹, und die Verwendung *dieses* Wortes ist nur ungeheuer viel komplizierter, als die des Wortes ›offen‹. Das heißt, die Bedeutung von ›unendlich‹ ist ebenso wenig geheimnisvoll, als die von ›offen‹, und die Idee, sie sei in irgendeinem Sinne transzendent, beruht auf einem Mißverständnis.

Wir könnten uns etwa so ausdrücken: Die unbegrenzten Spiele

sind dadurch charakterisiert, daß sie nicht mit einem bestimmten Vorrat von Zahlzeichen gespielt werden, sondern statt dessen mit einem System der unbeschränkten Konstruktion von Zahlzeichen.

Wenn wir sagen, jemandem werde ein System der Konstruktion von Zahlzeichen gegeben, so denken wir dabei im allgemeinen an eines von drei Dingen: a) daß er eine Abrichtung erhält wie die in (34) beschriebene, – die, wie uns die Erfahrung lehrt, ihn befähigt, Aufgaben zu lösen, wie die dort angeführten. b) daß in ihm (seinem Gehirn, seiner Seele) die Disposition hervorgerufen wird, auf diese Weise zu reagieren. c) daß ihm eine *allgemeine Regel* zur Konstruktion von Zahlzeichen gegeben wird.

Was nennen wir eine ›Regel‹? Betrachte dieses Beispiel:

37 B legt einen Weg zurück, einem Befehl entsprechend, den A ihm gibt. B erhält die Tabelle:

a	→
b	←
c	↑
d	↓

A gibt ihm nun einen Befehl, der aus den vier Buchstaben der Tabelle besteht; zum Beispiel »a a c a d d d«. B sucht den Pfeil, der in der Tabelle jedem Buchstaben entspricht, und bewegt sich nun diesem Pfeil entsprechend, in unserm Beispiel also so:

Die Tabelle werden wir hier eine Regel nennen. (Oder auch den ›Ausdruck einer Regel‹. Warum ich dieses Synonym hierhersetze, wird sich später zeigen.) Den Satz ›a a c a d d d‹ werden wir keine Regel nennen wollen. – Er ist natürlich die Beschreibung des Weges, den B nehmen soll. – Aber eine solche Beschreibung würde man unter bestimmten Umständen eine Regel nennen; zum Beispiel in diesem Fall:

38 B soll verschiedene lineare Ornamente zeichnen. Jedes Ornament ist die Wiederholung eines Elements, das A angibt. Gibt zum Beispiel A den Befehl ›c a d a‹, so zieht B eine Linie

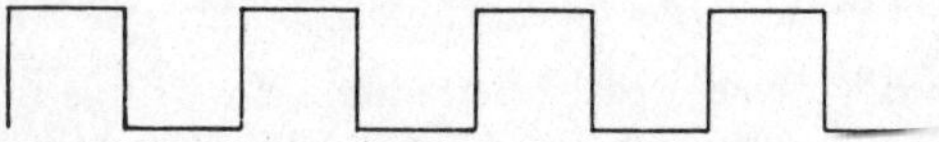

In diesem Fall würden wir, glaube ich, ›c a d a‹ die Regel nennen, nach welcher das Ornament gezeichnet wird.

Beiläufig gesprochen, gehört zu einer Regel die wiederholte Anwendung.

Vergleiche mit (38) den folgenden Fall:

39 Ein Brettspiel mit Spielfiguren verschiedener Gestalt, etwa ähnlich dem Schach. Die Art und Weise, wie jede Figur ziehen darf, ist durch Regeln festgelegt. So lautet für die eine Figur die Regel ›a c‹, für eine andre etwa ›a c a a‹, u. s. f. Die erste darf also so spielen:

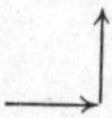 ; die andere so: 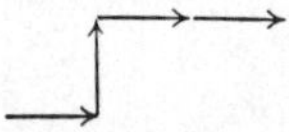

Hier kann man sowohl die Sätze (›a c‹, ›a c a a‹, etc.) als auch die Diagramme, die ihnen entsprechen, Regeln nennen.

40 Kehren wir zum Schachspiel (37) zurück: Nachdem es öfters gespielt wurde, wird es dahin abgeändert, daß B die Pfeile nicht mehr in der Tabelle nachsieht, sondern sie sich nach den Buchstaben des Befehls vorstellt und nach seinem Vorstellungsbild handelt.

41 Nach einiger Praxis in diesem Spiel ändert es sich weiter dahin, daß B sich nach den Buchstaben des Befehls bewegt, ohne Vermittlung der Tabelle oder eines Vorstellungsbildes.

Betrachte auch diese Variation:

42 Beim Unterricht in der Sprache (37) wird B die Tabelle *gezeigt*; ihm aber bei der Ausführung des Befehls nicht an die Hand gegeben. Die Tabelle tritt in die Praxis der Sprache nicht ein.

In jedem der Fälle (37) (40) (41) (42) können wir die Tabelle eine Regel des Spiels nennen. Aber in jedem von ihnen spielt sie eine andere Rolle. In (37) ist sie ein Werkzeug in der Praxis der Sprache; in (40) wurde sie durch das Wirken der Assoziation ersetzt. In (41) ist auch dieser Schatten der Tabelle nicht mehr zu finden. – In (42) ist sie nichts als ein Unterrichtsbehelf.

43 Aber weiter: Ein Stamm gebraucht ein System der Verständigung wie (42); nur wird von ihnen im Unterricht keine Tabelle gebraucht. Der Unterricht könnte darin bestehen, daß der Schüler im Anfang den Weg geführt wurde, den er gehen soll.

44 Aber wir könnten uns auch den Fall denken, wo selbst dieser Unterricht nicht nötig ist; wo, wie wir sagen würden, der Anblick der Buchstaben ›a‹, ›b‹, ›c‹, ›d‹ von Natur aus den Menschen sich so und so bewegen macht.

Dieser Fall erscheint auf den ersten Blick äußerst seltsam. Wir scheinen etwas nie Erhörtes anzunehmen. Oder wir könnten fragen »Wie kann er denn wissen, wie er sich zu bewegen hat, wenn ihm der Buchstabe ›a‹ gezeigt wird?« Aber ist nicht B's Reaktion in diesem Fall gerade die, die wir in (42) und (43) beschrieben haben, und zwar unsere gewöhnliche Reaktion, wenn wir zum Beispiel einen Befehl hören und befolgen? Denn die Tatsache, daß in (42) und (43) die Abrichtung *vorher*gegangen war, ändert ja am Vorgang der Befolgung nichts. Oder richtiger ausgedrückt: Wir wollen ja jetzt bloß auf den Vorgang der Befolgung des Befehles sehen, und nicht auf das, was diesem Vorgang vorhergegangen ist. – Mit andern Worten: Der seltsame seelische Mechanismus, den wir in (44) annahmen, ist derjenige, von dem wir in (41) und (42) annahmen, er sei durch

Abrichtung erzeugt worden. – »Aber *könnte* so ein Mechanismus uns angeboren sein?« – Aber findest Du eine Schwierigkeit darin, anzunehmen, dem B sei *der* Mechanismus angeboren, der ihn befähigt auf die Abrichtung so zu reagieren, wie er es tut? Und denke, daß die Regel, oder Erklärung, die die Tabelle (37) für die Zeichen ›a‹, ›b‹, ›c‹, ›d‹ gibt, nicht notwendigerweise die letzte ist. Siehe (24).

Wie erklärt man einem, in welcher Weise er den Befehl »Geh *dort* hin!« (mit der zeigenden Gebärde) auszuführen habe? Könnte dieser Befehl nicht bedeuten, er solle in der Richtung gehen, die wir die entgegengesetzte der zeigenden Hand nennen würden? Ist nicht jede Erklärung, wie er der Hand zu folgen habe, in der Lage einer weitern zeigenden Hand? Was würden wir zu dieser Erklärung sagen: »Wenn ich *dorthin* zeige (Geste der rechten Hand), so hast Du in *dieser* Richtung zu gehen (gleiche Geste der linken Hand)«? Dies kann unter Umständen eine nützliche Erklärung sein.

Aber kehren wir zu (43) zurück. Ein Forscher besucht diesen Volksstamm und beobachtet den Gebrauch ihrer Zeichen. Er beschreibt dann ihre Sprache und sagt, die Sätze bestünden aus den Buchstaben ›a‹, ›b‹, ›c‹, ›d‹, diese werden gemäß der Regel

a	→
b	←
c	↑
d	↓

gebraucht. – Wir sehen, daß der Ausdruck ›es wird nach der Regel R vorgegangen‹ nicht bloß in Fällen wie (37), (40), (41), (42) gebraucht wird, sondern auch dort, wo die Regel (oder sollen wir sagen ›ihr Ausdruck‹) weder ein Werkzeug in der Praxis, noch im Unterricht des Spiels ist. Zur Sprache (43) verhält sich die Tabelle vielmehr wie ein Naturgesetz zu einer Erscheinung, die es beschreibt. Die Tabelle ist in diesem Beispiel ein Satz der Naturgeschichte des Stammes.

Merke: Im Spiel (37) haben wir zwischen dem Befehl, der auszuführen ist, und der Regel geschieden, im Fall (38) dagegen nannten wir den Satz ›c a d a‹ eine Regel und er war der Befehl. – Stelle Dir nun diese

45 Variante von (37) vor: Der Schüler wird nicht bloß zum Gebrauch *einer* Tabelle abgerichtet, sondern die Abrichtung geht darauf aus, ihn den Gebrauch jeder beliebigen Tabelle von Buchstaben und Pfeilen zu lehren. Damit meine ich nun bloß, daß die Abrichtung von einer gewissen Art ist, beiläufig gesprochen, von der in (34) beschriebenen. Ich will eine Abrichtung analog der in (34) einen ›*allgemeinen* Unterricht‹ nennen. Die Glieder dieser Familie können voneinander weit verschieden sein. Der Unterricht, an welchen ich jetzt denke, besteht der Hauptsache nach 1) in einer Abrichtung in einem engen, bestimmt abgegrenzten Gebiet von Handlungen, 2) in einer Führung des Schülers beim Überschreiten der Grenze dieses Gebietes, 3) in einer Auswahl von Übungen und Aufgaben.

Nach einem Unterricht dieser Art erhält B einen Befehl von der Form:

Er führt den Befehl aus, indem er sich so bewegt:

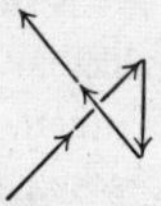

Hier würden wir sagen, die Regel bilde einen Teil des Befehls.

N. B.: Wir sagen nicht ›was eine Regel ist‹, sondern geben nur

verschiedene Anwendungen des Wortes ›Regel‹. Und wir tun dies offenbar, indem wir auch Anwendungen der Worte ›Ausdruck einer Regel‹ angeben.
In (45) könnten wir das ganze Zeichen des Befehls *einen Satz* nennen. Aber wir *könnten* auch in ihm zwischen Satz und Tabelle unterscheiden. Was uns die Unterscheidung nahelegt, ist hier insbesondere auch die lineare Schreibweise des Zeichens ›r r t s‹.
Obwohl wir den linearen Charakter unserer Sätze von einem bestimmten Standpunkt aus für rein äußerlich und unwesentlich erklären werden, spielt er doch in dem, was wir als Logiker über die Sätze zu sagen geneigt sind, eine große Rolle. (Dies gilt auch von andern ähnlichen Zügen der Sätze unsrer gewöhnlichen Sprache.) Wenn wir also den Befehl in (45) als eine Einheit auffassen, so kann er uns zeigen, wie verschiedenartig Sätze ausschauen können.

Vergleichen wir nun diese beiden Spiele:

46 Das eine ist das Spiel (38). Es wird den Menschen durch einen ›allgemeinen Unterricht‹ beigebracht. Die Befehle sind Kombinationen der Buchstaben ›a‹, ›b‹, ›c‹, ›d‹ mit beliebig vielen Wiederholungen. – Aber was heißt das? Nun, daß in der Praxis des Spiels, wie in seinem Unterricht, keine Anzahl von Wiederholungen die Rolle der ›*größt möglichen*‹ spielt (siehe (35)). – Vergleichen wir mit diesem Spiel das folgende:

47 Die Befehle und ihre Ausführung wie in (38); aber es werden nur drei Sätze gebraucht:

›a c‹

›a c c‹

›c a a‹

Wir werden sagen, daß in (38) B beim Ziehen der gebrochenen Linie von dem zusammengesetzten Zeichen des Befehls *geführt* wird. – Aber wenn wir uns fragen, ob die drei Sätze in (47) B in der Ausführung *führen,* so scheint es, als könnten wir sowohl ›ja‹ als ›nein‹ sagen. – Wenn ich nun nachdenke, wird er geführt oder nicht geführt, so fallen mir Antworten ein wie *diese*:
a) »B wird von den Zeichen geführt, wenn er den Satz nicht einfach als Ganzes (gleichsam als Wort) ansieht und dann han-

delt, – sondern wenn er ihn ›Wort für Wort‹ (die Wörter sind hier die Buchstaben) liest, und den Wörtern entsprechend handelt«. Dies könnten wir deutlicher machen, indem wir uns vorstellen, daß das Lesen ›Wort für Wort‹ etwa darin besteht, daß er auf alle Buchstaben des Befehls einzeln, der Reihe nach, mit dem Finger zeigt (statt etwa auf den ganzen Satz auf einmal). Und das ›Handeln den Wörtern entsprechend‹ soll, der Einfachheit halber, darin bestehen, daß B je ein Linienstück nach dem Lesen eines Buchstabens zieht. –

b) »B wird geführt, wenn er durch einen Vorgang in seinem Bewußtsein von dem Zeigen auf einen Buchstaben zu dem Ziehen des entsprechenden Linienstücks gelangt«. Diese Verbindung können wir uns auf verschiedene Weise hergestellt denken. Zum Beispiel so: B sieht nach dem Lesen eines jeden Buchstabens in die Tabelle und zieht dann ein Linienstück parallel dem Pfeil, den er in der Tabelle gefunden hat. –

c) »B wird geführt, wenn er nicht einfach auf den Anblick eines Buchstabens mit dem Ziehen eines Linienstücks *reagiert*, sondern wenn er die eigentümliche Spannung erfährt: das ›Sich-Besinnen auf die Bedeutung des Zeichens‹; und das Nachlassen dieser Spannung, wenn die richtige Handlung im Geiste auftaucht.«

Diese Erklärungen aber befriedigen uns alle nicht recht, und es ist die Begrenztheit des Sprachspieles (47), welche sie alle unbefriedigend macht. – Dies drückt sich in der Erklärung aus, die uns einfällt: B werde *dann* von den Kombinationen der Buchstaben in den drei Sätzen geführt, wenn er auch Befehle ausführen könnte, die andre Kombinationen dieser Buchstaben sind. – Und wenn wir dies sagen, so erscheint uns diese *Fähigkeit*, auch andre Befehle auszuführen, als ein bestimmter Zustand dessen, der die 3 Befehle in (47) ausführt. Wenn wir nun aber den Fall gleichsam von der Nähe betrachten, ist kein solcher Zustand zu sehen.

Sehen wir nach, welche Rolle das Wort »Können«, oder das Wort »Fähigkeit«, in unserer Sprache spielt. Betrachte die folgenden Beispiele:

48 Für irgendeinen wichtigen Zweck brauchen Menschen ein Gerät dieser Art: Es ist ein Brett mit einem geraden oder krummen Schlitz, in welchem ein Zapfen geführt wird. Der

das Gerät gebraucht, läßt den Zapfen dem Schlitz entlanggleiten. Es gibt solche Bretter mit geraden, kreisbogenförmigen, ovalen, S-förmigen und andern Schlitzen. Die Sprache des Stammes hat Ausdrücke zur Beschreibung der Tätigkeit des Arbeitens mit diesem Gerät. Sie sprechen vom Bewegen des Zapfens in gerader Linie, im Kreisbogen, etc. Sie haben auch eine Weise, die entsprechenden Bretter zu beschreiben: sie sagen, »Das ist ein Brett, in welchem der Zapfen gerade bewegt werden *kann*«. Man könnte in diesem Fall das Wort »kann« einen Operator nennen, durch welchen die Beschreibung der Handlung in eine Beschreibung des Instruments verwandelt wird.

49 Denken wir uns eine Sprache, in der es keine solche Satzform gibt wie, »Das Buch ist in der Lade«, oder »Wasser ist im Glas«, sondern statt dessen heißt es: »Das Buch kann aus der Lade genommen werden«, etc.

50 Denken wir uns eine Sprache, in der statt Sätzen von der Form ›x ist hart‹, ›x ist weich‹ (›spröde‹, ›zähe‹), immer Sätze gebraucht werden von der Form: ›x kann gebogen werden‹, ›x kann schwer geritzt werden‹, ›x kann leicht zerschlagen werden‹, u. s. f., und zwar auch dann, wenn *jetzt*, wie wir sagen würden, das Ding nicht gebogen oder geritzt werden kann, etc. So sagt man zum Beispiel: »Die Hütte ist aus Stäben gebaut, die leicht gebogen werden *können*«, wenn die Stäbe in unserm Sinn einzeln leicht gebogen werden *konnten*.

In diesen Beispielen, könnten wir sagen, beschreiben die Sätze von der Form »das und das kann geschehen« *Zustände* von Dingen. Aber die Fälle sind unter einander sehr verschieden. In (48) hatten wir den Zustand vor den Augen: Wir sehen, daß das Brett einen geraden, oder andern, Schlitz hat. – In (49) entspricht der beschriebene Zustand manchmal einem ›visuellen Zustand‹, wie wir es nennen könnten, manchmal nicht. – Auch in (50), können wir sagen, beschreibt der Satz »der Stab kann gebogen werden« einen Zustand, weil das Verbum ›gebogen werden können‹ in der Gegenwart steht, also darauf hindeutet, daß etwas jetzt der Fall ist, während ich spreche. Aber ich hätte die zuständliche Auffassung in diesem Beispiel noch klarer machen können, wenn ich angenommen hätte, in dieser Sprache werde statt »das Ding ist weich« immer gesagt: »das Ding hat es in sich, daß es gebogen werden kann«, oder dergleichen. Und unsere eigene Sprache behandelt ja auch die Wörter »biegsam«, »leicht zerreißbar«, »zerbrechlich« wie die Wörter »weich«, »spröde«, etc., und diese wiederum wie die Wörter »warm«, »rot«, »dunkel«. Aber zum Zustand der Biegsamkeit, Ritzbarkeit etc. verhält sich kein Zustand der Sinneswahrnehmung so, wie zur Röte eines Dings der visuelle Zustand des Sehens der roten Farbe. Das Kriterium für die Biegsamkeit ist nicht so sehr eine stationäre Sinneswahrnehmung, als die *Probe* des Biegens, das Kriterium des Zustandes der Ritzbarkeit, die *Probe* des Ritzens, u. s. f. – Die Idee des ›Zustands eines Dinges‹ ist aber dennoch immer eng verbunden mit der eines Zustands der Sinneswahrnehmung; und wenn wir uns fragen, worin denn das *Zuständliche* der Weichheit, zum Beispiel, besteht, so wird uns gleich so etwas einfallen, wie die ›Struktur der Materie‹, und wir werden geneigt sein, zu sagen: wenn wir nur in diese Struktur hineinsehen könnten, so würden wir den Zustand *sehen*, der es macht, daß man den Körper leicht biegen kann, etc.

Wir sagen, ein Wagen fahre 20 km in der Stunde, auch wenn er uns eine halbe Stunde lang fährt. Wir können unsern Ausdruck rechtfertigen, indem wir sagen, der Wagen kann mit seiner Geschwindigkeit 20 km in der Stunde zurücklegen. Und wir nennen die Geschwindigkeit auch einen ›Bewegungszustand‹. Ich glaube, wir würden diesen Ausdruck nicht gebrauchen, wenn wir keine anderen Bewegungserfahrungen hätten, als die, daß ein Ding zu *einer* Zeit an *einem* Ort, zu einer andern an einem andern Ort ist; wenn wir also alle Dinge sich bewegen sähen, wie den Stundenzeiger der Uhr, oder die Sonne. (Damit im Zusammenhang steht die Idee: der fliegende Pfeil steht still, weil er sich in jedem Zeitpunkt nur an *einem* Ort befindet.)

51 Ein Volksstamm hat in seiner Sprache Befehle zur Ausführung gewisser Tätigkeiten der Männer im Kriege; Befehle etwa wie: »Werft die Speere!«, »Schießt!«, »Lauft!«, »Kriecht!« etc. Sie haben auch eine Art, den Bau eines Menschen zu beschreiben; indem sie sagen »er kann schnell

laufen«, »er kann weit werfen« etc. Was mich aber rechtfertigt zu sagen, diese Sätze beschreiben bei ihnen die Figur eines Menschen, ist die Art, wie sie von den Sätzen Gebrauch machen. Denn sie beschreiben ein Bild eines Menschen mit kräftigen Armen, indem sie sagen »er kann weit werfen«; oder sie beschreiben einen, der wohlgeformte Beine hat, auch wenn er sie aus irgendeinem Grund nicht gebrauchen kann, mit dem Ausdruck »er kann hoch springen«, etc.

52 Die Männer eines Stammes werden, ehe sie in den Krieg ziehen, auf ihre Tauglichkeit im Kampf geprüft. Der Prüfende läßt sie gewisse festgesetzte Übungen machen, und zwar sind es Übungen an einer Art von *Turngeräten.* Danach gibt er jedem ein Zeugnis von dieser Art: »A kann gut bogenschießen«, »B ist geschickt im Schleudern« etc. etc. Es gibt in ihrer Sprache keine besondern Worte für die Übungen, denen sie unterzogen werden, sondern diese heißen nur Proben für die und die Tätigkeit im Kriege.

Es ist nun nicht zu sagen, daß man gegen dieses Beispiel, wie gegen andere, die wir geben, einen Einwand machen kann: Wir lassen unsere Volksstämme immer deutsche Sätze reden und setzen dadurch stillschweigend schon den ganzen Hintergrund der deutschen Sprache voraus, also die gewöhnlichen Bedeutungen der deutschen Wörter. Wenn wir etwa sagen, in der und der Sprache solle es kein Wort für das Stemmen von Hanteln geben, und es werde dort ›Übung zum Steinschleudern‹ genannt, so kann man fragen, wie wir denn den Gebrauch der Ausdrücke ›eine Übung ausführen‹ und ›einen Stein schleudern‹ gekennzeichnet haben, daß wir berechtigt sind, diese deutschen Ausdrücke denjenigen gleich zu setzen, die jener Stamm etwa gebraucht. – Darauf müssen wir antworten, daß wir nur eine sehr skizzenhafte Beschreibung der Praxis unserer fingierten Sprache gegeben haben, und in manchen Fällen nur Andeutungen; daß sich aber diese Beschreibungen leicht weiter ausführen ließen. So hätten wir in (52) sagen können, daß der Prüfende gewisse Befehle gebraucht, wenn er die Leute Übungen ausführen läßt. Diese Befehle beginnen alle mit einem gewissen Wort, welches ich mit dem deutschen »übe« übersetzen könnte, und diesem

Wort folgt dann der Ausdruck, der im Krieg als Befehl zum Speerschleudern gebraucht wird. Ferner, wenn ein Mann dem Häuptling von der Schlacht berichtet, gebraucht er wieder diesen Ausdruck, nun in einer Beschreibung. Was aber eine Beschreibung als solche, einen Befehl als solchen, eine Frage u. s. w., kennzeichnet, ist – wie gesagt – die Rolle, welche diese Äußerungen in der lebendigen Verwendung der Sprache spielen. Also, ob ein Wort eines Stammes richtig durch ein Wort der deutschen Sprache wiedergegeben wurde, hängt von der Rolle ab, die jenes Wort im ganzen Leben des Stammes spielt; das heißt von den Gelegenheiten, bei welchen es gebraucht wird, den Ausdrücken der Gemütsbewegung, von denen es im allgemeinen begleitet ist, den Eindrücken, die es erweckt, etc., etc. Frage Dich zum Beispiel: In was für Fällen würdest Du sagen, ein Wort eines bestimmten Volkes entspräche unserm »Leb wohl«, in was für Fällen entspräche es irgendeinem unserer Schimpfworte? Welche Beobachtungen würden Dich veranlassen, ein Wort einer fremden Sprache mit unserem »vielleicht« zu übersetzen; oder mit einem Ausdruck des Zweifels, der Gewißheit, u. s. f.? Du wirst finden, daß die Rechtfertigung dafür, einen Ausdruck ›Ausdruck des Zweifels‹, ›der Gewißheit‹, etc., zu nennen, zu einem großen Teil, wenn auch nicht ausschließlich, in Gebärden, im Gesichtsausdruck des Sprechenden und dem Ton der Stimme liegt. Denke hier auch daran, daß die Erfahrungen einer Gemütsbewegung, zum Teil wenigstens, klar lokalisierte Erfahrungen sind. Denn, wenn ich im Ärger die Stirn runzle, so fühle ich die Spannung des Runzelns in der Stirne, und wenn ich weine, so sind die Empfindungen in der Umgebung meiner Augen ein wichtiger Bestandteil dessen, was ich fühle, wie es die veränderte Atmung ist, das Klopfen des Herzens, u. s. w. Ich glaube das ist es, was William James meinte, als er sagte, man weine nicht, weil man traurig ist, sondern man sei traurig, weil man weint. Der Grund, warum diese Idee oft nicht verstanden wird, liegt darin, daß wir die Äußerung eines Gefühls als ein künstliches Verständigungsmittel auffassen, um dem Andern zu zeigen, daß wir dieses Gefühl haben. Nun gibt es keine scharfe Grenze zwischen solchen ›künstlichen Mitteln der Verständigung‹ und dem, was man den ›natürlichen Ausdruck des Gefühls‹ nennen könnte. Vergleiche in dieser Hinsicht: a) Weinen, b) die Stimme erheben, wenn man ärgerlich ist, c) einen groben Brief schreiben, d) die Glocke ziehen, um einen Diener zu rufen, den man auszanken will.

53 Denken wir uns einen Stamm, in dessen Sprache ein Ausdruck ist, entsprechend unserm »Er hat das und das getan«, und einer, der unserm Satz »er kann das und das tun« entspricht. Dieser zweite Ausdruck wird aber nur dort gebraucht, wo auch der erste berechtigt wäre. Beiläufig gesprochen: Sie sagen nur ›ich kann es tun‹, wenn sie es schon getan haben. Was aber kann mich rechtfertigen, das zu sagen? – Sie haben eine Form der Mitteilung, die wir ›Erzählung vergangener Ereignisse‹ nennen würden; die Umstände, unter denen diese Form gebraucht wird, rechtfertigen unsere Bezeichnung. Es kommen aber Fälle vor, in denen sie die Frage stellen: »Kann N. das und das tun?«. Es wählt zum Beispiel ein Führer Leute aus, die zu einer bestimmten Unternehmung geeignet sind; es soll zum Beispiel eine Höhe erklettert, ein Fluß durchschwommen werden. Unser Kriterium dafür, daß der Führer ›solche Leute auswählt‹, ist nicht nur, was er sagt, sondern sein und der Andern Benehmen und die übrigen Umstände. Der Führer stellt nun in diesen Fällen Fragen, die, ihren praktischen Folgen nach zu urteilen, wiedergegeben werden müßten durch: – »Kann A durch den Fluß schwimmen?«, »Kann B auf diesen Felsen klettern?«, etc. Sie werden aber bejahend nur von denen beantwortet, die tatsächlich schon durch diesen Fluß geschwommen sind, etc. Die Fragen des Führers sind nicht in der Form gestellt, in der etwa anläßlich einer Erzählung gefragt wird »Hat A den Fluß durchschwommen?« und sie werden nicht in der Form beantwortet wie diese Frage. Ist aber einer nicht durch den Fluß geschwommen, aber etwa durch einen andern, breiteren, so beantwortet er die Frage des Führers nicht durch den bejahenden Satz, der der Fragestellung entspricht, sondern *erzählt* von seiner Leistung.

Haben die Sätze »er hat das und das getan« und »er kann das und das tun« in dieser Sprache nun den gleichen Sinn, oder verschiedenen Sinn? Wenn Du darüber nachdenkst, wirst Du einmal die eine, einmal die andre Antwort geben wollen. Und das zeigt nur, daß diese Frage hier keinen klar bestimmten Sinn hat. Soll die Tatsache ausschlaggebend sein, daß die Leute nur dann sagen »er kann . . .«, wenn er es getan hat, dann haben die Sätze den gleichen Sinn; wenn die Umstände, unter denen ein Ausdruck gebraucht wird, das bestimmt, was Du den ›Sinn‹ nennst, dann haben sie verschiedenen Sinn.

Der Gebrauch, der in diesem Beispiel vom Wort ›kann‹ – von dem Ausdruck der Möglichkeit – gemacht wird, kann ein Licht auf die Idee werfen, was geschehen kann, müsse schon einmal geschehen sein (Nietzsche). Es wird auch interessant sein im Lichte unserer Beispiele den Satz zu betrachten: »Was geschieht, *kann* geschehen«.

Ehe wir unsere Betrachtung über den ›Ausdruck der Möglichkeit‹ fortsetzen, wollen wir über *das* Gebiet unsrer Sprache mehr Klarheit gewinnen, in welchem von Zukunft oder Vergangenheit die Rede ist; also über den Gebrauch von Ausdrücken, wie »gestern«, »vor einem Jahr«, »in 5 Minuten«, »ehe ich dies tat«, etc.

54 Stellen wir uns vor, wie ein Kind zum Gebrauch der Sprachform der ›Erzählung vergangener Ereignisse‹ abgerichtet werden könnte. Es hat gelernt, verschiedene Dinge mit Worten zu verlangen (also gleichsam Befehle zu geben wie in (1)). Ein Teil der Abrichtung war die Übung Dinge zu benennen. Es hat so gelernt, ein Dutzend seiner Spielsachen zu benennen (und zu verlangen). Es hat nun etwa gerade mit dreien von ihnen gespielt (einem Ball, einem Würfel und einer Rodel); nun nimmt man sie ihm fort, und der Erwachsene sagt etwas wie: »Er hat einen Ball, einen Würfel und eine Rodel gehabt«. Dabei macht er etwa eine charakteristische Bewegung: er zählt die Dinge, wie wir sagen würden, an den Fingern her. Das Kind lernt ihm den Satz nachsprechen und dabei auch die Bewegung des Herzählens an den Fingern zu machen. Bei einer ähnlichen Gelegenheit bricht der Erwachsene die Aufzählung ab und bewegt das Kind dazu sie fortzusetzen. Bei einer weitern Gelegenheit fängt er den Satz nur an und macht die Handbewegung, mit der die Aufzählung immer beginnt,

und läßt das Kind alle Dinge selbst nennen. Die Handbewegung des Herzählens soll hier eine Brücke bilden beim Übergang zu des Kindes selbständigem Aufzählen. Die Finger sollen das Kind weiterführen. Und der Lehrende wird dies versuchen durch Gebärden und den Gesichtsausdruck der Erwartung, ein Heben der Stimme, etc. Ob es zu der Einübung des Spiels kommt, hängt davon ab, ob das Kind auf diese Anregungen eingeht.

Es liegt hier ein Mißverständnis sehr nahe: die Mittel (Gebärden, etc.), welche der Lehrer gebraucht, um das Kind zum Fortsetzen der Aufzählung zu bewegen, anzusehen als Andeutungen, mit denen er sich dem Kinde verständlich zu machen sucht. So als hätte das Kind bereits eine Sprache, in welcher es denkt, zu sich selbst spricht, und der Lehrer solle es nun durch allerlei unvollkommene Andeutungen (seine Gebärden etc.) dazu bringen, daß es *errät,* was er meint. So also, als fragte das Kind sich in seiner eigenen Sprache: »Will er nun, daß ich fortsetze, oder wiederhole, was er gesagt hat, oder etwas anderes?« – Es wird also so dargestellt, als lernte das Kind nie *die Sprache,* also als lernte es nie denken, sondern nur, von einer Sprache, die es schon kann, in eine andre übersetzen. (Augustinus: et ecce paulatim sentiebam, ubi essem, et voluntates meas volebam ostendere eis, per quos implerentur, et non poteram, quid illae intus erant, ... Itaque iactabam et membra et voces, signa similia voluntatibus meis, ...) Die Wurzeln dieser Auffassung gehen tief und reichen weit. Denn wie kann das Kind denken lernen, wie ich es beschreibe? Ich sage ja selbst, es wird ›*abgerichtet*‹! Kann man zum Denken *abgerichtet* werden? Das Denken ist doch der Gegensatz zum bloß mechanischen Handeln, und abgerichtet wird man gerade zum mechanischen Handeln!

»Machst Du das Kind nicht zum Papagei, der zum Reden abgerichtet wird?« – Aber *kannst* Du denn einen Papagei (oder etwa einen Affen) dazu abrichten, daß er eine Tabelle gebraucht, Dinge benennt, aufzählt, etc.? – »Aber ist das Denken nicht ein *geistiger* Vorgang?« – Von der Geistigkeit des Denkens, später. –

55 Ein andres Beispiel einer primitiven Art der Erzählung vergangener Ereignisse: Wir leben in einem Talkessel mit

einprägsamen Bergformen am Horizont. Es ist leicht sich zu erinnern, an welchem Ort die Sonne in einer bestimmten Jahreszeit aufgeht, wo sie im Mittag steht und wo sie wieder hinter den Bergen verschwindet. Wir haben nun einige charakteristische Bilder unserer Landschaft mit der Sonne in verschiedenen Stellungen. Diese Bilder werde ich die ›Sonnenbilder‹ nennen. Wir haben auch charakteristische Bilder verschiedener Tätigkeiten des Kindes: seines Aufstehens, seiner Spiele, das Kind beim Mittagmahl u. a. m. Diese werde ich die ›Bilder aus dem Leben‹ nennen. Ich stelle mir vor, daß das Kind bei seinen verschiedenen Beschäftigungen oft die Sonne sehen kann; und wir lenken seine Aufmerksamkeit dabei oft auf die Stellungen der Sonne, – sie stehe über diesem Berg, diesem Baum, etc. Dann lassen wir das Kind ein Bild seiner Tätigkeiten anschauen und dazu Bilder der Sonne in den entsprechenden Stellungen. Wir können durch diese Bilder gleichsam erzählen, was das Kind den Tag über von morgens bis abends gemacht hat, indem wir eine Reihe der ›Bilder aus seinem Leben‹ legen und darüber, in der richtigen Zuordnung, die Reihe der Sonnenbilder. Wir werden dann das Kind eine solche Bildergeschichte, die wir angefangen haben, ergänzen lassen. Oder wir werden absichtlich grobe Unrichtigkeiten legen und das Kind sie ausbessern lassen, etc. Dieses Sprachspiel kann man sich am besten von Worten begleitet vorstellen.

»Aber die Zeichen der Aufmunterung, des Beifalls, der Mißbilligung, u. s. f., muß ja das Kind doch verstehen, ehe es abgerichtet werden kann, *diese* Sprache kann das Kind *doch* nicht lernen.« – *Teils* lernt es sie, teils ›versteht‹ es sie *vor* jedem Unterricht. Überlege aber, was wir hier ›verstehen‹ nennen. Worin besteht das Verstehen? – Mit dieser Frage werden wir uns später beschäftigen müssen.

56 Eine Variante von (55): Im Kinderzimmer ist eine große Uhr. Stellen wir sie uns zur Einfachheit nur mit einem Stundenzeiger vor. Was den Tag über geschieht, wird wie oben ›erzählt‹, aber es gibt hier keine Reihe der Sonnenbilder; statt ihrer gebrauchen wir die Ziffern der Uhr. Wir schreiben eine Ziffer zu einem ›Bild aus dem Leben‹.

57 Aber auch in diesem einfachen Spiel arbeiten wir mit Zeitbegriffen: Lebensbilder werden in eine Reihe gelegt, der zeitlichen Ordnung der Tätigkeiten entsprechend. Wir können in dieses Sprachspiel die Wörter ›vor‹ und ›nach‹ einführen. In diesem Sinne kann man sagen, daß in dieses Spiel die Begriffe ›vor‹ und ›nach‹ eintreten, aber nicht der Begriff der Zeitmessung. (Ich verstehe also hier unter »Begriff« nichts Geistiges.) Es wäre offenbar nicht schwer, von den Spielen (55), (56), (57) auf die Erzählung von Ereignissen in Worten überzugehen.

Vielleicht wird jemand bei der Betrachtung solcher Formen der Erzählung denken, daß in ihnen der eigentliche Zeitbegriff noch gar keine Rolle spielt, sondern nur irgendein roher Ersatz desselben. – Nun, wenn jemand behauptet, es gäbe einen Begriff von ›fünf Uhr‹, der die Uhr nicht voraussetzt, diese sei nur das Instrument, mit dem mehr oder weniger genau festgestellt wird, wann es fünf Uhr ist; oder wenn er behauptet, es gäbe einen Begriff der ›Stunde‹, der kein Werkzeug der Zeitmessung voraussetze, werde ich dem nicht widersprechen, sondern nur von ihm verlangen, daß er seinen Gebrauch der Ausdrücke ›Stunde‹ und ›fünf Uhr‹ beschreibt. Und ist es nicht der, der eine Uhr involviert, so ist es ein andrer; und darauf werde ich fragen, warum er die Ausdrücke ›fünf Uhr‹, ›eine Stunde‹, ›eine lange Zeit‹, ›eine kurze Zeit‹ einmal in Zusammenhang mit der Uhr, einmal unabhängig von ihr gebraucht: Dies wird so sein, wegen gewisser Analogien, die zwischen den beiden Arten des Gebrauches bestehen. Aber wir haben nun eben zwei solche Arten, und es ist kein Grund, eine von ihnen ›die reinere‹ oder ›die eigentliche‹ zu nennen.

58 Dies könnte durch folgendes Beispiel klarer werden: Wenn wir jemandem befehlen: »Sag eine Zahl, irgendeine, die Dir gerade einfällt«, so kann er dies im allgemeinen sogleich tun. Ich nehme nun an, es hätte sich gezeigt, daß die Zahlen, die so zur Antwort kommen, vom Morgen bis zum Abend jedes Tages zunehmen; der Mensch beginnt jeden Morgen mit irgendeiner kleinen Zahl und erreicht die höchste Zahl, ehe er des nachts einschläft. –

Denke, was uns dazu bewegen könnte, diese Erscheinung ein

›Mittel der Zeitmessung‹ zu nennen; oder sogar zu sagen, das Wachsen dieser Zahlen *sei die Zeit.* Und Uhren, Sonne, etc., zeigten nur indirekt den Verfluß der Zeit an. (Prüfe, was an dem Satz ist, unser Herz sei die eigentliche Uhr hinter allen andern Uhren.)
Betrachten wir weitere Sprachspiele, in die Zeitbestimmungen eintreten:

59 Eine Variation des Sprachspiels (1): Wird ein Befehl gegeben (›Platte!‹, oder ›Würfel‹, etc.), so führt B ihn nicht *sogleich* aus, sondern wartet, bis der Zeiger einer Uhr an einem Punkt des Zifferblatts angelangt ist, den wir beim Aussprechen des Befehls mit dem Finger bezeichnen. Man könnte sich denken, daß das Kind zuerst abgerichtet wird, die Befehle *unverzüglich* auszuführen. Wenn es das kann, gibt man wieder einen solchen Befehl und zeigt dabei auf einen Punkt des Zifferblattes, hält aber das Kind zurück, daß es den Befehl nicht gleich ausführen kann; man läßt es erst frei, wenn der Zeiger an jenem Punkt angelangt ist. – Wir könnten in dieses Spiel ein Wort wie unser *jetzt* einführen: Wir geben zwei Arten von Befehlen; die einen sind unverzüglich wie in (1), die andern in einem bezeichneten Zeitpunkt auszuführen. Um den Unterschied der beiden Arten deutlicher zu machen, fügen wir den Befehlen der ersten Art ein Wort bei und rufen, zum Beispiel, ›Platte jetzt!‹.

Man könnte leicht Sprachspiele beschreiben mit Ausdrücken wie: »in fünf Minuten«, »vor einer halben Stunde«, u. a.

60 Sehen wir noch den Fall an, einer *Beschreibung* der Zukunft, eine Vorhersage: Ich nehme an, wir lassen ein Kind die wechselnden Lichter an einer Straßenkreuzung beobachten und spannen seine Erwartung darauf, was wohl das nächste Licht sein werde. Wir haben eine rote, eine gelbe und eine grüne Scheibe und drücken die Erwartung einer bestimmten Farbe durch das Zeigen auf eine der Scheiben aus. (Wir geben der Freude über die richtig erratene Farbe, der Enttäuschung über die unrichtig geratene Ausdruck.) Endlich wird das System erkannt, nach welchem die Lichter wechseln, und das Raten geht in ein Vorhersagen über.

Weitere Entwicklungen dieses Spiels lassen sich leicht vorstellen.

Es kann uns nun auffallen, daß wir in diesen Sprachspielen nicht die Begriffe der Gegenwart, Vergangenheit und Zukunft in ihrem problematischen, beinahe geheimnisvollen, Aspekt begegnen. Was für ein Aspekt dies ist und wie wir zu ihm gelangen, kann man deutlich erkennen, wenn man diese Frage betrachtet: »Wohin geht die Gegenwart, wenn sie Vergangenheit wird, und wo ist die Vergangenheit?« – Unter welchen Umständen kann uns diese Frage bewegen? Denn unter gewissen Umständen kann sie es nicht und wir würden sie als Unsinn beiseite schieben. Es ist klar, daß sie dann am leichtesten in unserm Geiste auftauchen wird, wenn uns beim Nachdenken über die Zeit das Bild des Kommens und Gehens, des Vorüberfließens, gefangen hält; wenn wir in erster Linie immer an Geschehnisse denken, in denen es ein solches Vorbeiziehen wirklich gibt. Wie etwa, wenn wir an einem Fluß stehen, auf dem Holz geflößt wird: die Stämme ziehen an uns vorüber, die, welche vorüber sind, sind alle rechts von uns, die noch kommen, links. Wir gebrauchen diesen Vorgang nun als Gleichnis für *alles* Geschehen. Ja das Gleichnis ist in die Ausdrücke unserer Sprache gelegt, denn wir sagen, eine Krankheit ›zieht vorüber‹, ›es kommt ein Krieg‹, etc. Wir sprechen vom Lauf der Ereignisse, – aber auch vom Laufe der Zeit, – des Flusses, auf welchem die Stämme an uns vorbeiziehen. »Die Zeit ist da«, »die Zeit ist längst vorbei«, »es kommt die Zeit«, etc., etc.) Und so kann mit dem Wort »Zeit« das Bild eines ätherischen Flusses untrennbar verbunden sein, mit den Worten ›Vergangenheit‹ und ›Zukunft‹ das Bild von Gebieten, aus deren einem die Ereignisse in das andre ziehen. (»das Land« der Zukunft, der Vergangenheit.) Und doch können wir natürlich keinen solchen Strom finden und keine solchen Örter. Unsere Sprache läßt Fragen zu, zu denen es keine Antwort gibt. Und sie verleitet uns diese Fragen zu stellen durch die Bildhaftigkeit des Ausdrucks. Eine Analogie hat unser Denken gefangen genommen und schleppt es unwiderstehlich mit sich fort.

Dies geschieht auch, wenn uns die Bedeutung von ›jetzt‹ zu etwas Geheimnisvollem wird. In unserm Beispiel (59) ist es klar, daß die Funktion des Wortes ›jetzt‹ gänzlich verschieden ist von der der Worte ›5 Uhr‹, ›mittag‹, ›die Zeit des Sonnenuntergangs‹ etc. Diese Ausdrücke werde ich ›Zeitangaben‹ nennen. Aber unsere Sprache gebraucht das Wort ›jetzt‹ in den gleichen Satzzusammenhängen wie die Zeitangaben. Wir sagen: »Die Sonne geht jetzt unter« und »Die Sonne geht um 6 Uhr unter«. Und, was die Verwechslung noch mehr nahe legt, »Jetzt ist es 6 Uhr«.

Wir sind versucht zu sagen, daß sowohl ›jetzt‹ als auch ›6 Uhr‹ einen Punkt der Zeit bezeichnen. Und so kann die Frage entstehen: »Was ist das Jetzt?« Denn es ist ein Augenblick der Zeit und doch kann man es nicht definieren als den Augenblick, in welchem ich rede (das Wort ›jetzt‹ ausspreche), oder den Augenblick, in welchem die Uhr schlägt, u. s. f. Unsere Antwort ist, daß die Funktion des Wortes ›jetzt‹ eine andere ist als die jener Zeitangaben. Sie ist ihr auch nicht *ähnlich*; aber es besteht natürlich ein Zusammenhang. (Wie die Funktion eines Hammers der eines Nagels nicht ähnlich ist, aber ein Zusammenhang besteht.) Dies ist leicht zu sehen, wenn Du ansiehst, welche Rolle das Wort im Gebrauche der Sprache spielt, ich meine, in der ganzen Praxis der Sprache, und nicht bloß, in was für *Sätzen* es gebraucht wird. Vergleiche mit dem Wort ›jetzt‹ den Befehl ›los!‹, etwa beim Rennen. Auch dieser ›*bezeichnet* einen Augenblick‹. (›Jetzt‹ kann man ein ›Zeitzeichen‹ nennen. Das Klatschen beim Befehlen einer Turnübung.) Das Wort ›heute‹ ist kein Datum.

Es ist gesagt worden, ›jetzt‹ sei der *Name* eines Zeitmomentes; wie ›hier‹ der Name eines Ortes, ›dieses‹ der Name eines Gegenstandes und ›ich‹ der Name einer Person. (Man kann dies dann natürlich auch von den Ausdrücken ›Vor einem Jahr‹, ›da drüben‹, ›Eure Majestät‹, etc. sagen.) (Vergleiche (5)). Die Gründe zu diesem Gedanken sind weitverzweigt. – Es ist beinahe so, wie wenn jemand, etwa, auf einen Teil des Gehirns zeigend, sagen würde: »Das ist der eigentliche *Mensch*«. Die Antwort darauf wäre: Nein, das ist nicht der Mensch. Das heißt, das ist nicht, was man ›den Menschen‹ nennt. Aber ich verstehe wohl, daß man unter Umständen versucht ist, so etwas zu sagen. Wir wünschen zum Beispiel, daß das Wort ›Mensch‹

etwas Einfaches, Primitives bedeuten solle, nichts Zusammengesetztes. Etwas, wofür sich klare Gesetze angeben lassen, nicht etwas, wobei es unscharfe Grenzen, ein mehr oder weniger gibt. – Wenn man den Eigennamen eines Menschen, oder einen wie »Nothung« nicht Namen im ›strengen logischen‹ Sinn des Wortes nennen will, so ist es, weil ein *Name* etwas *Einfaches* bezeichnen soll. – Das Schwert Nothung aber besteht aus Teilen in einer bestimmten Zusammensetzung. Sind sie anders zusammengesetzt, so existiert Nothung nicht. Nun hat aber offenbar der Satz »Nothung hat eine scharfe Schneide« *Sinn*, ob Nothung noch ganz ist, oder schon zerschlagen. Ist aber »Nothung« der Name eines Gegenstandes, so gibt es diesen Gegenstand nicht mehr, wenn Nothung zerschlagen ist; und da dem Namen dann kein Gegenstand entspräche, so hätte er keine Bedeutung. Dann aber stünde in dem Satz »Nothung hat eine scharfe Schneide« ein Wort, das keine Bedeutung hat, und daher wäre der Satz Unsinn. Nun hat er aber Sinn, also muß den Wörtern, aus denen er zusammengesetzt ist, immer etwas entsprechen. Also muß das Wort ›Nothung‹ bei der Analyse des Sinnes verschwinden und statt seiner Worte eintreten, die Einfaches benennen. Diese Worte werden wir billigerweise die eigentlichen Namen nennen. – Dieses Raisonnement hängt an verschiedenen Irrtümern: a) die Idee, einem Wort müsse ein Gegenstand ›entsprechen‹, damit es Bedeutung habe, die Verwechslung der Bedeutung mit dem Träger eines Namens, b) ein falscher Begriff von der philosophischen oder logischen Analyse eines Satzes, als sei sie ähnlich der chemischen, oder physikalischen. c) eine falsche Auffassung der ›logischen Exaktheit‹, Unkenntnis des Begriffs der ›Familie‹. – Aber nichts unähnlicher, als der Gebrauch des hinweisenden Fürwortes und eines Eigennamens – wenn man nämlich die Praxis des Sprachspiels ansieht und nicht bloß die Stellung der Wörter in unsern Sätzen: Denn wir sagen allerdings: »*der* ist groß« – und auch: »Hans ist groß«, aber vergiß nicht, daß der erste Satz sinnlos ist, ohne zeigende Gebärde und den Gegenstand, auf den wir zeigen. – Was etwa mit einem Namen verglichen werden könnte, ist nicht das Wort ›*der*‹, sondern dieses Wort zusammen mit der zeigenden Gebärde und dem Gegenstand.

Man könnte sagen, es ist charakteristisch für einen Namen, daß wir ihn im Satz »Dies ist A« gebrauchen können; es ist aber Unsinn zu sagen »Dies ist dies«, oder »Dies ist jetzt«. –

Problematisch erscheint uns auch manchmal der Satz, der ein zukünftiges Ereignis beschreibt, und zwar mehr als eine Beschreibung eines vergangenen Ereignisses. Denn wenn man zukünftige mit vergangenen Ereignissen vergleicht, möchte man beinahe sagen, daß diese, wenn sie auch nicht mehr im Licht des Tages existieren, so doch in einer Art Unterwelt, in die sie hinabgestiegen sind, während die zukünftigen Ereignisse auch diese Schattenexistenz nicht haben. Wir könnten uns freilich ein Reich der ungeborenen, zukünftigen, Ereignisse denken, aus welchem sie in die Wirklichkeit treten, und von da ins Reich der Vergangenheit. Und wenn wir an dieses Bild denken, so könnte es uns wundern, daß die Zukunft uns weniger wirklich vorkommt als die Vergangenheit. Aber vergessen wir nicht, daß die Grammatik unserer Zeitbegriffe nicht symmetrisch ist in bezug auf die Gegenwart. Denn in der Grammatik der Zukunft tritt der Begriff des ›Gedächtnisses‹ nicht auf, auch nicht ›mit umgekehrten Vorzeichen‹. – Vielleicht wird man sagen: »Was hat das mit der Grammatik zu tun? Wir *erinnern* uns eben nicht an die Zukunft!« Nun das kommt darauf an, wie man das Wort erinnern gebraucht. In unserer *gewöhnlichen* Sprache hat es keinen *Sinn* zu sagen: »Ich erinnere mich deutlich an das, was morgen geschehen wird«, – auch dann nicht, wenn ich ein Prophet bin. (Hier ist es nützlich, an die Worte zu denken, »daß ein Mensch, der an die Vergangenheit denkt, den Blick zur Erde richtet; der Mensch aber, der an die Zukunft denkt, ihn nach oben richtet«. Denn wenn Du Dich erinnernd und voraussagend denkst, wirst Du sehen, daß daran etwas Wahres ist.) Inwiefern die *Erfahrungstatsachen* jene Zeitbegriffe bestimmen – diese sind gleichsam die Maßeinheiten, nach welchen wir jene messen – davon später. Man könnte unsre Zeitbegriffe durch den Satz charakterisieren: »Die Vergangenheit ist doch wenigstens schon dagewesen, die Zukunft aber noch gar nicht«. Und so kommt es, daß gesagt worden ist, Sätze, die Zukünftiges beschreiben, sind eigentlich gar keine Sätze (denn es entspricht ihnen sozusagen *gar* nichts). Dies ist natürlich in Ordnung, wenn es bloß eine

Bestimmung darüber sein soll, wie einer das Wort ›Satz‹ gebrauchen will. Wer dies sagt, steht offenbar unter dem starken Eindruck der Asymmetrie ›Zukunft‹ – ›Vergangenheit‹. Wenn auch diese Einschränkung des Gebrauchs des Wortes ›Satz‹ letzten Endes auf einem Mißverständnis des Funktionierens unserer Sätze im allgemeinen beruht. Gewiß könnte es unter Umständen natürlich sein, den Gebrauch des Wortes ›Satz‹ so einzuschränken. Der Philosoph ist aber in Gefahr, zu glauben, er habe nun einer Art wissenschaftlicher Erkenntnis über die Natur der Zukunft Ausdruck gegeben.

61 Stelle Dir vor: Jemand würfelt; und ehe er einen Wurf macht, zeichnet er vor sich eine der Flächen des Würfels auf. Zeigt ihm nach dem Wurf der Würfel die Seite, die er gezeichnet hat, so gibt er der Befriedigung Ausdruck, andernfalls der Unbefriedigung. – Oder es seien zwei Spieler: Sie würfeln abwechselnd; ehe der eine würfelt, zeichnet der andere eine Fläche des Würfels hin; ist es die, die kommt, so gibt der Würfelnde dem andern ein Geldstück, andernfalls zahlt dieser dem Würfelnden.

Das Zeichnen der Würfelfläche wird man in diesem Fall ein ›Raten‹ nennen oder unter Umständen auch ein ›Vermuten‹.

62 Bei einem gewissen Volksstamm werden Wettkämpfe abgehalten im Laufen, Speerwerfen etc. Vor jedem Wettkampf werden die Bilder aller Wettkämpfer in einer Reihe aufgestellt und jeder Zuschauer legt Geld unter eines dieser Bilder. Gewinnt im Wettkampf der, unter dessen Bild der Zuschauer sein Geld gelegt hat, so erhält der Zuschauer sein Geld zurück und noch mehr dazu; andernfalls verliert der Zuschauer sein Geld.

So einen Gebrauch würden wir zweifellos ›wetten‹ nennen; auch dann, wenn die Sprache jenes Stammes keinen Ausdruck enthält für ›Grade der Wahrscheinlichkeit‹, ›Chancen‹ etc.

Ich nehme an, daß das Benehmen der Zuschauer vor und nach dem Ausgang des Wettkampfs Spannung, Teilnahme, Befriedigung und Unbefriedigung ausdrückt. Ferner, wenn ich die Wetten der Zuschauer prüfe, so finde ich, daß ich verstehe, ›warum‹ sie besonders auf diesen oder jenen Teilnehmer gesetzt haben. So wird meist auf den stärker gebauten von zwei Ringkämpfern gesetzt; und wenn auf den andern, so finde ich, daß jener kurz vorher krank war, oder dieser ihn schon früher einmal besiegt hat; und dergleichen.

Dabei aber hat ihre Sprache keinen Ausdruck der *Begründung*. Das heißt, nichts in ihr entspricht einem Satz wie: »Ich setze auf diesen Ringer, weil er in guter Form ist, während jener andere kürzlich krank war«, und so weiter. – Ich könnte sagen: Meine Beobachtung hat mich gewisse *Ursachen* gelehrt, die auf die Wetten Einfluß nehmen; aber die Wettenden haben, oder verwenden, keine Gründe beim Setzen auf einen Wettkämpfer.

Denken wir uns nun einen Fall, in welchem die Sprache die Form der Begründung enthält. Das Sprachspiel nun ›Gründe für seine Handlungen geben‹ beinhaltet nicht das Auffinden von Ursachen dieser Handlungen (durch wiederholte Beobachtung der Umstände, unter welchen es zu diesen Handlungen kommt). Stellen wir uns *diesen* Vorgang vor:

63 Wenn ein Zuschauer bei einem Wettkampf seine Wette verloren hat, wird er von den andern geneckt und ausgelacht. Als Antwort weist er mit übertreibender Gebärde auf Muskeln, Brust, Höhe etc. des Kämpfers, auf den er gewettet hatte, – wie wir sagen würden: um seine Wette zu rechtfertigen. In ähnlicher Weise könnte man sich eine Diskussion der Chancen zweier Kämpfer vorstellen: Zwei Zuschauer weisen abwechselnd auf das, was ihnen den Sieg ihres Kandidaten zu versprechen scheint. A zeigt auf die Höhe der Gestalt des einen, B zuckt darauf die Achseln und zeigt auf den Bizeps des andern; u. s. f. Wir könnten den Fall leicht dahin ausführen, daß man geneigt wäre zu sagen, A und B gäben Gründe an für ihre Wahl.

»Setzt aber das Angeben solcher Gründe nicht voraus, daß die Leute Zusammenhänge beobachtet haben zwischen dem Ausgang eines Kampfes und der körperlichen Beschaffenheit der Kämpfenden?« – Aber ob nun diese Annahme berechtigt erscheint oder nicht, so habe ich sie jedenfalls in der Beschreibung des Falles nicht gemacht. (Noch habe ich die Annahme gemacht, daß die Wettenden Gründe für ihre Gründe angeben.) Wir würden in einem Fall wie dem eben beschriebenen nicht überrascht sein, in der Sprache der Leute Ausdrücke zu finden für

Grade der Überzeugung, Vermutung, Sicherheit. Zum Beispiel *ein* Wort, das in verschiedenem Ton ausgesprochen wird; oder eine Reihe von Wörtern. (Ich denke aber nicht an den Gebrauch einer Skala von Wahrscheinlichkeiten.) – Es ist auch leicht sich vorzustellen, daß sie das Wetten mit Ausdrücken begleiten, die wir übersetzen würden in der Form: »Ich glaube, daß N den M im Speerwerfen schlagen *kann*«, etc. – Ich übersetze das Wort, das sie gebrauchen, mit ›kann‹ und nicht mit ›wird‹, weil sie ein Hilfszeitwort der Zukunft haben, das in den Sätzen gebraucht wird, analog unsern: »Er *wird* heute zurückkommen«, »Er *wird* ihn schlagen, wenn er kommt«, etc.

64 Ein Stamm, in dessen Sprache die Erinnerung an ein Ereignis dargestellt wird mittels einer Handbewegung, die nach hinten weist; die Erwartung eines Ereignisses mit einer Handbewegung, die nach vorn weist (wie wir sie etwa machen, wenn wir sagen »Das liegt schon lang hinter mir«, oder »Das liegt noch vor uns«). Sie begleiten jede der beiden Bewegungen mit einem Hilfszeitwort (der Vergangenheit, und Zukunft). Beschreiben sie ein vergangenes Ereignis, so stellen sie es in Worten und mimisch dar und wiederholen in ihrer Darstellung das Zeichen der Vergangenheit; etc. Bei gewissen Gelegenheiten aber, wenn sie, wie wir sagen würden, die Eignung eines Dinges, eines Menschen oder Tieres erwägen, etwas Bestimmtes zu tun, drücken sie ihre Erwartung, daß es dies tun werde, durch ein anderes Hilfszeitwort aus. Wenn sie also, wie uns die Situation lehrt, erwägen, ob ein bestimmtes Wurfgeschoß imstande sein wird das und das Tier zu erlegen, so sehen sie etwa eines der Geschosse prüfend an und sagen, mit der Handbewegung der Voraussicht, »Es *kann* ihn erschlagen« (so will ich's übersetzen). Sie sagen aber zum Beispiel: »Wenn jetzt ein Mann in diese Schlucht geht, so wird ihn dieser Felsblock erschlagen.«

65 Menschen gebrauchen ein besonderes Hilfszeitwort, wenn sie den Erfolg einer körperlichen Anstrengung voraussagen. Ich will dieses Hilfszeitwort durch »können« wiedergeben; »ich kann« heißt dann aber immer: »es wird mir gelingen«, »er kann«: »es wird ihm gelingen« etc. Ihr Gebrauch jenes

Worts entspricht also nicht *ganz* dem unsern des Wortes »können«; denn wenn uns jemand etwa bei Tisch sagt »ich kann 80 cm hoch springen«, so muß das nicht heißen, daß er glaubt, er werde jetzt einen Sprung von dieser Höhe ausführen, sondern er kann uns bloß angeben, wie hoch er schon gesprungen ist.

In den letzten drei Fällen ist das Wort ›können‹ das Merkmal einer Voraussage. Das heißt natürlich nicht, daß ich einen Satz in diesen Fällen eine ›Voraussage‹ nenne, weil das Wort ›kann‹ in ihm steht; sondern eine ›Voraussage‹ nenne ich ihn der Situation wegen, in der er gebraucht wird; und ich gebe ein Wort jener Sprache durch ›können‹ wieder, weil wir unter diesen Umständen das Wort ›können‹ gebrauchen würden und weil ich ein Wort ihrer Sprache in *ein* analoges Wort der unsern übersetzen will.

Nun ist offenbar der Gebrauch von ›können‹ in (63), (64), (65) nahe verwandt dem in den Fällen (50) bis (53); in diesen aber war der Ausdruck ›das und das kann geschehen‹ keine Voraussage. Nun kann man einwenden, wir seien doch nur darum gewillt, in jenen früheren Fällen das Wort ›können‹ zu verwenden, weil es dort angeht, eine Annahme über das zukünftige Verhalten zu machen (wer einmal diesen Fluß durchschwommen hat, von dem kann man annehmen, es werde ihm jetzt wieder gelingen). – Nun ist es freilich so, daß ich die Beispiele (50) etc. absichtlich so gewählt habe, daß eine Annahme über das zukünftige Verhalten nahe liegt; aber ich habe sie auch absichtlich so gewählt, daß keine solche *Annahme* gemacht wird. Wir können ja sagen, Menschen würden eine solche Ausdrucksweise nie gebrauchen, wenn sie nicht die Erfahrung gemacht hätten, daß man, zum Beispiel, von diesen Proben auf ein solches Benehmen des Menschen in der Zukunft schließen könne. Diese Hypothese mag richtig sein, aber die Beispiele (50) etc. machen von ihr keine Verwendung.

66 Stellen wir uns nun dieses Spiel vor: A schreibt Reihen von Zahlen an, B sieht ihm zu und versucht in der Zahlenfolge ein Gesetz zu finden. Ist es ihm gelungen, so sagt er: »jetzt kann ich fortsetzen«. – Dieses Beispiel ist besonders lehrreich, weil es scheint, daß hier diese Fähigkeit fortzusetzen etwas

ist, was in einem bestimmten Augenblick kommt; und daß wir uns fragen können: was ist es, was hier eintritt? Das sollte man doch nun finden können! – Angenommen also A habe die Zahlen hingeschrieben 1, 5, 11, 19, 29; da sagt B: »Jetzt kann ich fortsetzen«. Was geschah da, als er plötzlich weiter wußte? – *Vielerlei* konnte geschehen sein. Nehmen wir an: Während A langsam eine Zahl nach der anderen hinschreibt, ist B beschäftigt verschiedene algebraische Formeln an den angeschriebenen Zahlen zu probieren. Als A ›19‹ angeschrieben hatte, versuchte B die Formel $a_n = n^2 + n - 1$; die ›29‹ bestätigte seine Annahme.

67 Oder aber: B denkt nicht an Formeln. Er sieht mit einem gewissen Gefühl der Spannung zu, wie die Reihe der Zahlen wächst, die A anschreibt; dabei schwimmen ihm allerlei unklare Gedanken in seinem Kopf. Dann sagt er zu sich selbst: »Er quadriert immer und zählt 1 dazu«; nun rechnet er die nächste Zahl aus und findet, daß A die gleiche Zahl anschreibt.

68 Oder: Die Reihe, die A anschreibt ist 2, 4, 6, 8. B sieht sie an und sagt: »Natürlich kann ich weiter«, und setzt die Reihe der geraden Zahlen fort. – Oder er sagt gar nichts und schreibt die Reihe weiter. Vielleicht hatte er, als er ›2, 4, 6, 8‹ sah, eine Empfindung, oder Empfindungen, die man durch die Worte »Das ist leicht!« beschreiben kann. Eine solche Empfindung ist zum Beispiel ein schnelles leichtes Einziehen des Atems, ähnlich der bei einem gelinden Schreck.

Soll ich nun sagen, der Satz »B kann die Reihe fortsetzen« heiße, daß einer der eben beschriebenen Vorgänge stattfindet? Ist es nicht klar, daß dieser Satz nicht der gleiche ist, wie der, B falle die Formel ein $a_n = n^2 + n - 1$? Dabei kann es keinen Unterschied machen, ob dieses Einfallen darin besteht, daß die Formel vor B's geistigem Auge erscheint, oder ob er die Erfahrung hat, sie vor sich hinzuschreiben, sie auszusprechen oder aus einer Reihe aufgeschriebener Formeln mit dem Blick auszuwählen. –

»Hätte ein Papagei die Formel ausgesprochen, so würden wir nicht sagen, er könne fortsetzen, also bedeutet ›fortsetzen können‹ mehr als die Formel aussprechen; und ebenso mehr als alle andern Vorgänge, die wir oben noch beschrieben haben. Also war das Aussprechen der Formel nur ein Sympton dafür, daß B verstanden hatte, aber nicht das Verstehen selbst.« – Das ist eine irreführende Ausdrucksweise, denn es scheint, als gäbe es einen Vorgang oder Zustand, der »Fähigkeit fortzusetzen«, der unsern Augen irgendwie verborgen ist; dagegen nehmen wir leicht eine Reihe von Nebenerscheinungen wahr, die Symptome der eigentlichen Fähigkeit, wie eine Entzündung der Nasenschleimhäute durch Niesen. Wenn man sagte, es muß doch, wenn B fortsetzen kann, noch etwas hinter dem bloßen Aufschreiben der Formel liegen, da wir dieses allein nicht die ›Fähigkeit fortzusetzen‹ nennten, – so ist hier ja das Wort ›dahinter liegen‹ bildlich gebraucht, und wir können antworten: ›Hinter‹ dem Aufschreiben der Formel lägen die *Umstände*, unter denen es geschieht. Es ist wahr: »B schreibt die Formel nieder« sagt, im allgemeinen, nicht das gleiche wie »B kann fortsetzen«; daraus folgt aber nicht, daß dieser Satz im besondern Fall von einem *andern Vorgang* redet als jener. Unser Irrtum ist ähnlich *dem*: Wir sagen jemandem »Das Wort ›Sessel‹ bedeutet nicht *diesen besonderen Sessel*«; darauf sucht er nach dem Ding, das eigentlich ›Sessel‹ heißt. (Eine noch bessere Illustration wäre es, wenn er versuchte, *im* Sessel das zu finden, was ›Sessel‹ genannt wird.)

Es ist klar, wenn wir, in einem Fall wie (66), sagen, B habe das Gesetz erfaßt, er könne fortsetzen, so sagen wir es eines Zusammenhangs wegen, der erfahrungsgemäß zwischen dem Anschreiben einer solchen Formel und dem Fortsetzen einer Reihe besteht. Und dieser Zusammenhang bedarf ja keiner Erklärung. – Nun denken wir vielleicht, der Satz »B kann fortsetzen« sage: »B tut etwas, was erfahrungsmäßig zum Fortsetzen der Reihe führt«. Aber meint das B, wenn er sagt, »ich kann fortsetzen«? Schwebt ihm jener Satz dabei im Geiste vor? Oder ist er bereit, ihn als Erklärung zu sagen, wenn wir ihn fragen, was er meint? (Wie man sagt: »Ja, ich kann hingehen, – das heißt, ich habe Zeit.«) –

Es ist so: Der Satz, »B kann die Reihe fortsetzen«, ist richtig gebraucht, wenn B die Formel einfällt, nämlich *unter gewissen Umständen*. Zum Beispiel, wenn er Algebra gelernt hat, oder solche Formeln schon benützt hat, u. s. f. – Das heißt aber nicht, jener Satz sei eine abgekürzte Form der Beschreibung aller jener Umstände, die den Hintergrund des Sprachspieles bilden. Denke nur daran, wie Du den Gebrauch so eines Ausdrucks »Jetzt kann ich fortsetzen«, »Jetzt weiß ich weiter« lernst. Denke an das Sprachspiel, in welchem Du ihn etwa lernen würdest.

Unter gewissen Umständen werden wir statt »Jetzt kann ich fortsetzen« sagen: »Jetzt ist mir die Formel eingefallen«. Oder: »Jetzt kann ich fortsetzen, – ich meine, ich weiß die Formel«, – Die Frage »Kann er schon sprechen?« bedeutet unter gewissen Umständen dasselbe wie: »Ist sein Katarrh geheilt?« – unter andern Umständen dasselbe wie: »Hat er schon sprechen gelernt?«. – Auf die Frage »Kann er schon gehen?« antwortet der Arzt »Sein Fuß ist geheilt«. Wir sagen auch: »Er kann gehen, was den Zustand seines Beines anbelangt«, wenn wir nämlich *diese* Bedingung seines Gehens andern Bedingungen entgegensetzen (seiner Müdigkeit etwa). Hier müssen wir uns hüten zu denken, es gäbe, nur entsprechend je nach der Natur des Falles, eine Gesamtheit aller Bedingungen – zum Beispiel dafür, daß der Patient gehe – so daß er, sozusagen, nicht anders als gehen *könnte,* wenn sie alle erfüllt sind.

Man kann auch sagen: Wir verwenden den Satz »B kann die Reihe fortsetzen«, um *verschiedenerlei* Unterscheidungen zu machen. Er unterscheidet einmal zwischen dem Fall dessen, der die Formel kennt, und dessen, der sie nicht kennt.

Oder zwischen dem Fall dessen, der die arithmetischen Rechnungsarten beherrscht, und dem Fall dessen, der sie nicht beherrscht.

Oder zwischen dem Fall eines Menschen im normalen Zustand, und dem Fall dieses Menschen im Zustand außerordentlicher Zerstreutheit.

Oder zwischen dem Fall eines, der derlei Übungen schon oft gemacht hat, und dem eines Anfängers.

Oder zwischen dem Fall dessen, der tatsächlich die angefangene Reihe weiterschreibt (die Reihe sei etwa 2, 4, 6, 8 etc.), und dessen, der ratlos vor ihr steht.

Dies sind nur einige Glieder einer großen Familie. – »Aber diesen Fällen ist doch gewiß etwas gemeinsam!« – Gewiß, – die

Situation ist ja in allen eine ähnliche. – Oder meinst Du, *das* sei das Gemeinsame, daß B, wenn er nicht fortsetzen kann, in allen Fällen die Reihe *nicht* fortsetzt? Aber das Fortsetzen ist ja wieder nicht die *Fähigkeit*! – »Aber kann man nicht sagen, in allen diesen Fällen setze er die Reihe nicht fort, *bemühe sich aber,* sie fortzusetzen?« – Vielleicht; aber sieh nun, wie verschiedenerlei es in allen diesen Fällen heißt, ›sich zu bemühen‹!

Die Frage, ob in einem Fall wie (66) zum Beispiel, der Satz »er kann fortsetzen« denselben Sinn habe wie »er kennt die Formel«, kann man mit ›ja‹ und ›nein‹ beantworten. Man kann sagen: sie haben nicht den gleichen Sinn, denn man kann den einen nicht unter allen Umständen für den andern setzen, wie zum Beispiel die Ausdrücke ›er ist alt‹ und ›er ist betagt‹. Oder man kann sagen: *Unter diesen Umständen* hat der zweite denselben Sinn wie der erste. (Siehe (53)). Es ist auch gleichgültig, welches von beiden wir sagen, denn, wie es nun damit steht, kann man doch nur erfahren, wenn man die Besonderheiten des vorliegenden Falls ansieht.

Stellen wir nun folgende Frage: Angenommen, B sagt in irgendeinem der Fälle, »Jetzt kann ich fortsetzen«, wenn ich ihn nun aber auffordere fortzusetzen, zeigt er sich dazu nicht fähig: Sollen wir nun sagen, dies zeigt, daß seine Aussage, er könne fortsetzen, falsch war, oder sollen wir sagen, die Aussage könne wahr sein, weil er vielleicht fortsetzen konnte, als er sagte, er könne es. Was soll B selbst in so einem Falle sagen: »Ich sehe jetzt, daß ich Unrecht hatte« – oder: »Ich konnte es damals; aber jetzt kann ich es nicht«. Es gibt Fälle, in denen er das eine, und Fälle, in denen er das andere mit Recht sagen kann. Nimm an: a) als er sagte, er könne fortsetzen, stand die Formel vor seinem Geiste; aber als er nun fortsetzen sollte, hatte er sie vergessen; oder damals wußte er einige weitere Glieder auswendig, nun aber ... b) als er sagte, er könne fortsetzen, hatte er sich die nächsten fünf Glieder der Reihe vorgesagt; nun aber sind sie ihm entfallen – oder c) er hatte drei weitere Glieder der Reihe ausgerechnet; nun weiß er diese noch; aber er weiß nicht mehr, wie er sie berechnet hat – oder d) er sagt: »Damals hatte ich das Gefühl, ich weiß jetzt weiter, nun kann ich's nicht« – oder e) »Als ich sagte, ich könne das Gewicht heben, da war ich gesund, jetzt . . .« – oder f) »Ich dachte, ich könnte es heben, aber es geht nicht.« – oder g) »Ich dachte, ich könnte das Gedicht noch auswendig, aber es geht nicht mehr« – oder h) »Ich dachte, ich hatte die richtige Formel, aber es war ein Irrtum.« Etc.

Beispiele wie diese müßte man ergänzen durch solche, die die Mannigfaltigkeit im Gebrauch der Wörter ›vergessen‹ und ›versuchen‹ zeigen. Denn unsere Verwendung dieser Wörter hängt eng mit der des Wortes ›können‹ zusammen. Denke an diese Erfahrungen des Vergessens: a) Als er sagte, er könne fortsetzen, hatte B sich die Formel vorgesagt, nun aber ist sie ihm völlig entfallen (›wie weggewischt‹). b) Er hatte sich damals die Formel vorgesagt, jetzt aber ist er unsicher, war es 2^n oder 3^n. c) Das Wort, welches er vergessen hat, und ›es liegt ihm auf der Zunge‹. d) Er weiß nicht, kommt es ihm nur so vor, als hätte er den Namen gewußt, oder hat er ihn vergessen.

Und nun betrachte diese Fälle: a) Jemand versucht eine Türe zu öffnen, indem er mit aller Kraft zieht. b) Er versucht eine Kassentür zu öffnen, indem er mehrere Kombinationen versucht. c) Er versucht es, indem er die Knöpfe dreht und an der Tür horcht. d) Er versucht, sich an die Kombinationen zu erinnern. (Und denke an die Mannigfaltigkeit der Möglichkeiten, die mit diesen Worten beschrieben werden.) e) Versuche ein Quadrat mit seinen Diagonalen zu zeichnen, während Du durch einen Spiegel aufs Zeichenpapier schaust. Vergleiche diesen Fall, in welchem man sozusagen nicht weiß, ›was man tun soll‹, damit sich die Hand so bewegt, wie man es wünscht, mit dem Fall (a), in dem die Hand gegen einen Widerstand bewegt werden soll.

Denke endlich an die Klasse von Fällen, in welchen wir sagen: »Ich kann es tun, aber ich will nicht«. Wir bemühen uns also nicht. »Ich könnte, wenn ich es versuchte« (zum Beispiel 50 kg heben); »Ich könnte, wenn ich wollte« (zum Beispiel das A B C hersagen).

Man möchte vielleicht vorschlagen: der einzige Fall, in welchem es unbedingt richtig ist, zu sagen, ich könne etwas tun, sei der, in welchem ich es wirklich ausführe, während ich dies sage. In allen anderen Fällen solle es heißen: »Ich kann es tun, was das und das anbetrifft«. Der einzige Beweis, daß einer etwas kann, ist, daß er es tut. Wir können uns ein Sprachspiel denken, in welchem ein Wort (ich gebe

69 es durch ›kann‹ wieder) in einem Satz ›ich kann das und das tun‹ nur dann verwendet wird, wenn man die Tätigkeit *zur Probe ausführt*, während man den Satz sagt. In dieser Sprache wird also dieser besondere Fall durch ein eigenes Wort hervorgehoben.

Und nun sieht man, daß kein *metaphysischer* Unterschied besteht zwischen diesem Sprachspiel und andern, früher beschriebenen. Ein solches Sprachspiel zeigt übrigens, welchen Sinn es haben kann, zu sagen »Wenn etwas geschieht, dann *kann* es geschehen,« – ein so gut wie unnützer Satz unserer Sprache. (Es scheint gerade darum, als habe er einen sehr klaren und tiefen Sinn. Aber, wie viele allgemeine philosophische Prinzipien ist er sinnlos, außer in sehr speziellen Fällen, und an die denkt der Philosoph gar nicht. Ihm ähnlich ist der Satz: »Wenn dieser Körper sich hier befindet, so muß für ihn auch Platz sein«. Man denkt, es sei die Möglichkeit *eine Bedingung* der Wirklichkeit. Als sei der Satz analog dem: »Wenn dieser Körper sich hier befindet, so muß der andre fortgeschafft worden sein«. Und als legte ein Ereignis durch seine Wirklichkeit die Probe ab für seine Möglichkeit. – Denke Dir, ich sage zu jemandem: »A hat sich den Fuß gebrochen, er kann nicht gehen«. – Der Andere antwortet, »Hier geht er ja!« – Ich: »Ja, dann kann er also doch gehen«. – Hier mache ich allerdings den Schluß nach der Regel: »Wenn etwas geschieht, dann kann es geschehen« – wie man sie etwa ausdrückt. Nehmen wir aber an, A sei damals nicht auf natürliche Weise gegangen, sondern etwa durch einen besonderen Eingriff dazu gebracht worden, einmal einige Schritte zu gehen; – würde ich nun den Satz, er könne also doch gehen, aufrecht erhalten? – Wenn ich ihn nun zurücknehmen will und der andre sagt: »Das kannst Du nicht! A ist gegangen, also mußte er auch gehen *können*«, – werde ich das nicht als sinnloses Geschwätz bezeichnen? – Das Raisonnement ist etwa so: »Wenn etwas geschieht, so kann es geschehen. Denn hätte es nicht geschehen *können*, – so hätte es nicht *geschehen* können«. Und das heißt nichts. Man könnte hier sagen: Wenn etwas geschieht, so *kann* es darum noch nicht geschehen.

70 Du kannst Dir eine Sprache denken (ähnlich (53)), in der es für einen Satz, wie »Er hebt 50 kg«, *zwei* Ausdrucksweisen gibt: Die eine wird (dort) verwendet, wo die Tätigkeit zur Probe geschieht, um die Fähigkeit zu erweisen (zum Beispiel vor einem Wettkampf), die andre bei allen andern Anlässen. – »Wenn einer springt, so zeigt er, daß er springen kann.« – »Nein, einmal *springt* er, ein andermal zeigt er, daß er springen kann!«

Wir sehen, ein weitverzweigtes Netz von Familienähnlichkeiten verbindet die Fälle, in denen die Ausdrücke der Möglichkeit, Fähigkeit gebraucht werden; in denen wir sagen, etwas könne geschehen etc. Gewisse charakteristische Züge erscheinen in diesen Fällen in verschiedenen Verbindungen. Zum Beispiel das Element der Voraussage des zukünftigen Verhaltens, der Aussage über einen Zustand eines Gegenstandes (der die Rolle der Bedingung für ein Verhalten spielt), der Aussage über Proben des Verhaltens.

Vielleicht das wichtigste dieser Elemente ist das der Aussage über den *Zustand*. Wir neigen dazu, im Verhalten von etwas die Folge seines Zustands zu sehen. Dies spiegelt sich in dem Ausdrucke unserer Sprache »er ist imstande etwas zu tun«, oder »er besitzt die Fähigkeit«; im Gebrauche des Präsens: »er *kann* Schach spielen«, »er kann große Zahlen im Kopf mit einander multiplizieren«, etc.

Die Fähigkeit zur Lösung mathematischer Probleme, etc. stellen wir uns als einen gewissen Zustand, als einen gewissen Bau, der menschlichen Seele vor. So auch denken wir uns das Gedächtnis als einen Speicher für die Eindrücke, die wir erhalten. – Denke daran, wie sicher die meisten Menschen sind, es müsse der Fähigkeit des Multiplizierens, des Aufsagens eines Gedichts, etc. etwas im Zustande, oder Bau, des Gehirns entsprechen; obwohl sie doch über so einen psycho-physiologischen Parallelismus so gut wie gar nichts wissen. Wir haben eine überwältigende Neigung, die Erscheinungen, die wir in so einem Falle wirklich beobachten, durch das Symbol eines Mechanismus darzustellen. Die Möglichkeit dieser Erscheinungen liegt in der Beschaffenheit des Mechanismus; diese ist die Fähigkeit.

Schauen wir nun zurück auf die Diskussion des Sprachspiels (47).

Wir sehen, es war keine *Erklärung,* zu sagen, B werde dann von den Kombinationen der Buchstaben *geführt,* wenn er auch andere Befehle ausführen *könnte.* – Ja, als wir fragten, ob B in (47) von den Zeichen geführt werde, oder nicht, waren wir immer in Versuchung zu antworten, wir könnten dies nur entscheiden, wenn wir in die eigentliche Verbindung hineinsehen könnten, zwischen dem Sehen der Zeichen und dem Handeln nach ihnen. Denn wir haben ein bestimmtes Bild davon, was wir in einem Mechanismus die Führung eines Teils durch andre Teile nennen. – Und zwar fällt uns, wenn wir über unser Geführtwerden durch die Zeichen nachdenken, sofort ein Mechanismus ein von der Art des Pianolas. Hier haben wir den klaren Fall einer Führung: des Spiels der Klaviertasten durch die Perforierung des Papierstreifens. Wir könnten den Ausdruck gebrauchen: das Pianola *läse* die Perforierungen der Rolle herunter. Und man könnte Gruppen solcher Perforierungen ›komplexe Zeichen‹, oder ›Sätze‹, nennen, – wenn man *ihre* Funktion entgegenstellt der Funktion ähnlicher Einrichtungen in einem Mechanismus anderer Art. Zum Beispiel der Funktion der Zähne eines Schlüsselbartes. Der Riegel des Schlosses wird durch diese bestimmte Anordnung von Zähnen bewegt. Aber wir werden nicht sagen, die Bewegung des Riegels werde *geleitet* durch diese Anordnung der verschiedenen Zähne, oder, der Riegel bewegt sich dieser Anordnung *gemäß.*

Man sieht hier den Zusammenhang zwischen der Idee des Geführtwerdens und der der Fähigkeit neue Zeichenverbindungen zu lesen: Denn wir können sagen, das Pianola *könne* beliebige Kombinationen von Perforierungen lesen; es ist nicht zum Erzeugen einer bestimmten Tonfolge gebaut; während der Riegel des Schlosses nur auf *die* Anordnung von Zähnen reagiert, die im Bau des Schlosses vorausbestimmt ist. – Wir könnten sagen, die Zähne des Schlüsselbartes seien nicht vergleichbar den Wörtern eines Satzes, sondern Buchstaben eines Wortes, der Bart des Schlüssels entspräche nicht einem komplexen Zeichen, sondern einem Wort.

Nun ist aber klar, daß in den Fällen (46), (47) von solchen Mechanismen nicht die Rede ist; wenn wir diese auch als Gleichnisse gebrauchen können dazu, um das Verhalten des B zu beschreiben. Der Gebrauch des Wortes »geführt werden« im Falle des Pianolas ist nur *einer* aus einer *Familie verwandter Arten des Gebrauchs.* Wenn wir jenen auch oft als Gleichnis, als Darstellungsart, der andern verwenden möchten.

Es wird uns nun helfen, wenn wir über den Begriff des Geführtwerdens klar werden wollen, den Begriff des *Lesens* zu betrachten. Mit ›Lesen‹ meine ich hier die Tätigkeit, Geschriebenes, Gedrucktes, in Laute umzusetzen, auch nach Diktat zu schreiben oder Gedrucktes abzuschreiben, und dergleichen, dabei kommt es aber nicht auf ein ›*Verstehen*‹ dessen an, was man liest. Der Gebrauch des Wortes ›lesen‹ ist uns unter den Umständen des gewöhnlichen Lebens natürlich ungemein wohl bekannt. (Es würde *außerordentlich* schwer sein, diese Umstände auch nur in großen Zügen zu beschreiben.) Ein Mensch, sagen wir Deutscher, ist als Kind, in der Schule, oder zu Hause, durch eine der bei uns gebräuchlichen Unterrichtsarten gegangen, er hat gelernt seine Muttersprache zu lesen; später liest er Bücher, die Zeitung, Briefe, etc. – Was geht nun vor sich, wenn er die Zeitung liest? – Seine Augen gleiten den gedruckten Wörtern entlang, er spricht sie laut aus, oder sagt sie nur zu sich selbst; aber gewisse Wörter sagt er, indem er ihre gedruckte Form als Ganzes auffaßt, andere nachdem er ihre ersten Buchstaben gesehen hat, das eine oder andere Wort liest er vielleicht Buchstabe für Buchstabe. Wir würden auch sagen, er habe einen Satz gelesen, wenn er, während seine Augen über den Satz gleiten weder laut noch zu sich selbst spricht, aber danach imstande ist, den Satz wörtlich, oder doch annähernd, wiederzugeben. Er kann auf das achten, was er liest, aber er kann auch, wie wir sagen könnten, als bloße Lesemaschine funktionieren, ich meine, das Gedruckte laut und richtig lesen, ohne aber auf die Worte, die er liest, zu achten, – vielleicht während seine Aufmerksamkeit auf etwas ganz anderes gerichtet ist. So daß er nicht imstande ist zu sagen, was er gelesen hat, wenn wir ihn gleich darauf fragen. – Vergleiche nun mit einem solchen Leser einen Anfänger in der Schule. Er liest die Wörter, indem er sie mit Anstrengung buchstabiert. Einige Wörter aber errät er einfach aus ihrem Zusammenhang, oder er weiß vielleicht das Lesestück auswendig. Der Lehrer sagt dann, daß er die Wörter nicht wirklich liest oder, daß er *vorgibt* sie zu lesen. Wenn wir an *diesen* Fall denken und uns fragen, worin ›lesen‹ besteht, so werden wir dazu neigen, zu sagen, es sei eine bewußte geistige Tätigkeit. In so einem Falle sagen wir auch: »Nur *er* weiß, ob er wirklich liest, niemand andrer kann es wissen.« Aber wir müssen zugeben – was das Lesen irgend*eines* Wortes anbelangt – daß dabei im Geiste des Anfängers, der ›vorgibt‹ zu lesen, genau dasselbe vor sich gehen konnte, wie im Geiste des fließenden Lesers. Wir gebrauchen das Wort ›lesen‹ anders, wenn wir vom geübten Lesen sprechen, als wenn wir vom Anfänger sprechen. Was wir im Fall des ersten ein ›ein Wort lesen‹ nennen, nennen wir nicht ›lesen‹ im Fall des Anfängers. Wir möchten freilich sagen, das, was im geübten Leser und was im Anfänger geschieht wenn sie das Wort aussprechen, *kann* nicht dasselbe sein. Und der Unterschied liege, wenn nicht in dem, was ihnen gerade bewußt ist, dann im Unbewußten, oder in ihrem Gehirn. Wir stellen uns hier zwei Mechanismen vor; wir können nicht in sie hinein sehen, aber was in ihnen vorgeht, das unterscheidet Lesen vom Nichtlesen. – Aber wir kennen ja in diesen Fällen keine solchen Mechanismen. – Überlegen wir uns das Folgende:

71 Denke Dir, es würden von uns Menschen, oder Tiere, als Lesemaschinen benützt. Sie müssen zu diesem Zweck abgerichtet werden. Der sie abrichtet, sagt von einigen, daß sie schon lesen können, von andern, sie können es nicht. Nimm den Fall eines Schülers, der bisher nicht mitgetan hat: zeigt man ihm ein geschriebenes Wort, so wird er manchmal Laute aussprechen, und hie und da geschieht es dann ›zufällig‹, daß sie mehr oder weniger stimmen. Ein dritter hört diesen Schüler gerade in so einem Fall und sagt, »Er liest«. Aber der Lehrer sagt: »Nein, er liest nicht; es war nur ein Zufall«. – Nehmen wir aber an, daß dieser Schüler, wenn wir ihm immer weitere Wörter und Sätze zeigen, auf diese fortgesetzt richtig reagierte. Nach einigen solchen Proben sagt der Lehrer: »Jetzt kann er lesen«. Aber wie war es mit jenem ersten Wort? Soll der Lehrer sagen: »Ich habe mich geirrt, er hat es doch gelesen« – oder soll er sagen: »Er hat erst später angefangen wirklich zu lesen«? Wann hat er wirklich zu lesen angefangen? Welches

war das erste Wort, das er *las,* oder welcher der erste Buchstabe? – Diese Frage ist hier sinnlos. – Es sei denn, wir gäben eine künstliche Definition, etwa: »Das erste Wort, das er liest = das erste der ersten Reihe von 50 Wörtern, die er fehlerlos liest«.

Verwenden wir aber das Wort ›lesen‹ für einen bestimmten Bewußtseinsvorgang (Empfindungen) des Lesens der Buchstaben, – dann könnte der Lesende sagen, daß *dieses* Wort das erste war, welches er wirklich gelesen hat.

Oder in dem hiervon verschiedenen Fall einer Lesemaschine, die, etwa ähnlich wie das Pianola, Zeichen mit Lauten verbindet, könnte man sagen: »Erst nachdem das und das an der Maschinerie geschehen war – etwa gewisse Teile durch Drähte verbunden worden waren – hat die Maschine gelesen; der erste Buchstabe, den sie las, war . . .«.

Im Falle (71) war ein Wesen eine ›Lesemaschine‹, wenn es auf gedruckte Zeichen, die man ihm vorlegt, in bestimmter Weise reagierte. Von keiner Verbindung des Zeichens und der Reaktion, von keinem seelischen Mechanismus, ist in diesem Fall die Rede. Der Lehrer kann auch vom Abgerichteten nicht sagen: »*Vielleicht* hat er dieses Wort gelesen«, – denn es besteht ja kein Zweifel darüber, was er getan hat. – Die Veränderung, als der Schüler zu lesen anfing, war eine Veränderung seines Verhaltens, und dem Ausdruck »das erste Wort im neuen Zustand« haben wir hier keinen Sinn gegeben. (Vergleiche damit diesen Fall:

. . . .

In dieser Figur folgt eine Reihe von Punkten in weiten Abständen einer Reihe von Punkten in engen Abständen. Welches ist (von links nach rechts) der letzte Punkt der engen Reihe und welches der erste Punkt der weiten? Angenommen diese Punkte wären Löcher in der Scheibe einer Sirene; dann würden wir einen hohen Ton hören, der auf einen tiefen folgt. In welchem Augenblick hört der tiefe Ton auf und fängt der hohe an?

Wir sind aber versucht zu sagen, das einzig wirkliche Kriterium dafür, daß einer liest, sei der ihm bewußte Akt des Lesens, ein bestimmter Bewußtseinsvorgang; denn »ein Mensch wird doch selber *wissen,* ob er wirklich liest, oder bloß vorgibt zu lesen«. – Angenommen A will den B glauben machen, er könne kyrillische Schrift lesen. Er lernt einen russischen Satz auswendig und sagt ihn dann, während er auf den gedruckten Satz sieht, als läse er. Wir werden hier gewiß sagen, A wisse, daß er nicht liest, und er empfinde, während er zu lesen vorgibt, daß er eben dies tue. Denn es gibt natürlich eine Menge für das Lesen eines gedruckten oder geschriebenen Satzes charakteristische Erfahrungen; es ist nicht schwer, sich eine Reihe von ihnen ins Gedächtnis zu rufen (denke an Empfindungen des Stockens, genauer Hinsehens, Verlesens, der größeren und geringeren Geläufigkeit der Wörter, etc.). Und ebenso gibt es eine Menge charakteristischer Erfahrungen für das Hersagen von etwas auswendig Gelerntem. – Und A wird, in unserm Fall, keine von denen haben, die für das *Lesen* charakteristisch sind, und er wird etwa eine Reihe von Empfindungen und Gedanken haben, die für das Schwindeln charakteristisch sind. – Denke Dir aber diesen Fall:

72 Wir geben jemandem, der fließend lesen kann, etwas zu lesen, was er nie vorher gelesen hat. Er liest es uns vor; aber mit der Empfindung, als sage er etwas auf, was er auswendig weiß. (Vielleicht durch den Einfluß irgendeines Giftes, das er genommen hat.) Würden wir in einem solchen Fall sagen, er läse das Stück nicht wirklich? Das heißt, würden wir hier seine Empfindung als Kriterium dafür gelten lassen, ob er liest oder nicht?

73 Oder diesen Fall: Wenn man einem Menschen, der unter dem Einfluß eines bestimmten Giftes steht, eine Reihe geschriebener Zeichen zeigt, die keinem existierenden Alphabet anzugehören brauchen, so spricht er, je nach der Anzahl der Zeichen, Wörter aus, als wären jene Zeichen die Buchstaben dieser Wörter und als läse er sie. Dies geschieht mit allen äußeren Merkmalen und mit den persönlichen Empfindungen des Lesens. (Solche Erfahrungen haben wir übrigens in Träumen. Nach dem Aufwachen sagen wir dann etwa: »Es kam mir vor, ich läse diese Zeichen, – obwohl es ja keine Zeichen sind.«)

In so einem Fall würden manche geneigt sein zu sagen, der Mensch lese, andre, er lese nicht. – Angenommen er habe nun eine Gruppe von fünf Zeichen als das Wort »NAGEL« gedeutet. Nun zeigen wir ihm andere Kombinationen derselben Zei-

chen und er deutet in allen weiteren Versuchen jedes der Zeichen so, legt ihm den gleichen Laut bei wie das erste Mal. In diesem Falle wären wir vielleicht geneigt zu sagen, er benütze ein imaginäres Alphabet und er *lese* die Zeichen.
Nun bedenke auch, daß es eine kontinuierliche Reihe vermittelnder Fälle gibt zwischen dem Fall, in welchem jemand das schon auswendig weiß, was er lesen soll, und dem Fall, in welchem er jedes Wort Buchstabe für Buchstaben liest, ohne jede Hilfe des Erratens aus dem Zusammenhang, des Auswendig-Wissens, etc.

74 Mache diesen Versuch: Sage die Zahlenreihe von 1 bis 12. – Nun schau auf das Zifferblatt Deiner Uhr und *lies* diese Reihe. – Frage Dich, was Du in diesem Falle lesen genannt hast. Das heißt: was hast Du getan, um es zu einem *Lesen* zu machen?

Versuchen wir diese Erklärung: Jemand liest, wenn er die Reproduktion von der Vorlage *ableitet.* (Ich nenne ›Vorlage‹ das, was er liest; ob er es laut liest, abschreibt, ob es das Diktat ist, nach welchem er schreibt, oder die Partitur, die er spielt, etc. etc.) Wenn wir nun jemand das kyrillische Alphabet gelehrt hätten und wie jeder Buchstabe auszusprechen sei; wenn wir ihm dann ein Lesestück vorlegen und er buchstabiert es, indem er jeden Buchstaben so ausspricht, wie wir es ihn gelehrt haben; dann werden wir sagen können, er leite den Klang jedes Wortes aus dem Schriftbild des Wortes ab. Und dies ist auch ein klarer Fall des Lesens. (Wir könnten sagen: wir haben ihn die *Regel* des Alphabets gelehrt.)
Aber warum sollen wir sagen, er habe das gesprochene Wort vom geschriebenen nach dieser Regel des Alphabets *abgeleitet*? Wissen wir mehr, als daß wir ihn gelehrt haben, wie jeder Buchstabe auszusprechen sei, und daß er dann die gedruckten Worte laut gelesen habe? Wir möchten antworten, daß er dies irgendwie gezeigt habe, daß er den Übergang vom Druckbild zum ausgesprochenen Wort mit Hilfe der Regel mache, die wir ihm gegeben hatten. Und was wir damit meinen, daß er das *zeigt,* ist klarer zu sehen, wenn wir unser Beispiel dahin abändern, daß er, statt einen

75 gedruckten Text laut zu lesen, ihn abschreibt, zum Beispiel

aus der Blockschrift in die Kursivschrift. Denn hier konnten wir ihm die Regel des Alphabets in Form einer Tabelle geben, die Block- und Kursivbuchstaben einander zuordnet. Dann können wir uns das *Ableiten* der Kopie aus der Vorlage so vorstellen: Er schaut, ehe er einen Buchstaben niederschreibt, oder doch öfters, in der Tabelle nach; er sagt etwa zu sich selbst »Wie schaut ein kleines ›A‹ aus?«, – versucht es sich vorzustellen, ohne in die Tabelle zu schauen, etc.

76 Aber wie, wenn er das alles täte und dabei ein ›A‹ in ein ›b‹ umschriebe, ein ›B‹ in ein ›c‹, u. s. f. und ein ›Z‹ in ein ›a‹? Wäre das nicht auch ein ›Lesen‹ oder ›Ableiten‹? Wir könnten in diesem Fall sein Vorgehen so beschreiben: Er benütze die Tabelle, wie wir sie benützen würden, wenn wir in ihr nicht horizontal von links nach rechts sähen, also so:

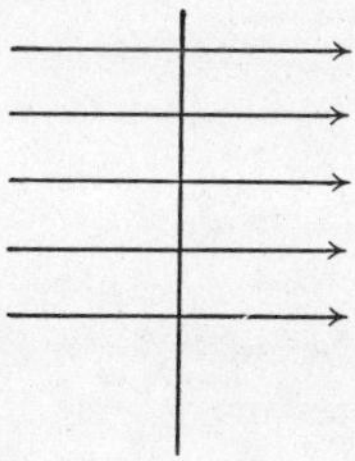

, sondern so:

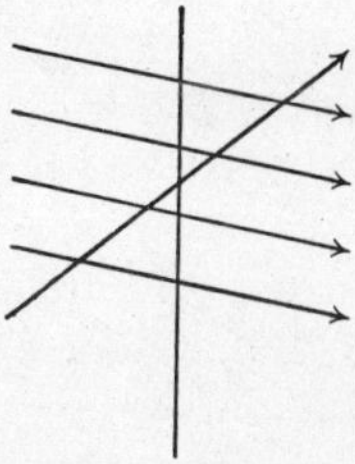

Obwohl er beim Nachschauen in der Tabelle gerade von links nach rechts geblickt, oder mit dem Finger gezeigt hatte. – Aber sagen wir nun, er

77 transkribiere, mit allen normalen Vorgängen des Nachschauens in der Tabelle, ein ›A‹ in ein ›n‹, ein ›B‹ in ein ›x‹, – kurz er transkribiere nicht nach einem Schema, welches, wie wir sagen würden, irgendeine einfache Regelmäßigkeit zeigt: könnten wir dies nicht auch ›ableiten‹ nennen?

78 Aber nimm an, er *bleibe* nicht bei seiner Art der Transkription; sondern ändere sie nach einer einfachen Regel: Hat er einmal ein ›A‹ in ein ›n‹ umgeschrieben, so schreibt er das nächste ›A‹ in ein ›o‹, das nächste in ein ›p‹ um, etc.

Aber wo ist die Grenze zwischen diesem Vorgehen und einem gänzlich regellosen? – Nun könnte man einwenden, ich habe im Fall (76) doch offenbar angenommen, daß er die Tabelle in einer andern als der gewöhnlichen Weise *auffaßt*: Aber was nennen wir, ›die Tabelle in der und der Weise auffassen‹? Wie immer Du Dir den Vorgang des ›Auffassens‹ vorstellst, so ist er doch nur ein Mittelglied zwischen den Vorgängen des Ableitens, die ich beschrieben habe und dem Transkribieren selbst. Ja diese ›Auffassung‹ könnte wieder durch ein Schema von Pfeilen beschrieben werden; und wir könnten dann sagen, daß er, zum Beispiel, die Tabelle *so* nachgeschaut:

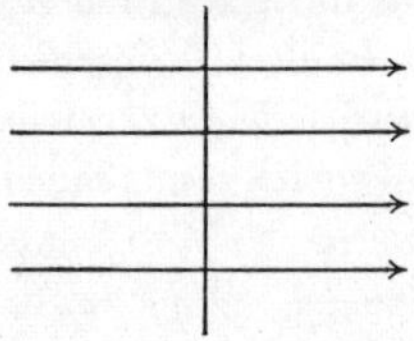

so verstanden:

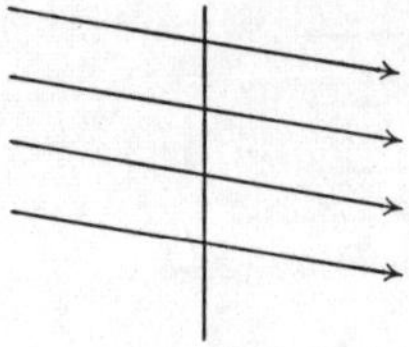

und *so* transkribiert habe:

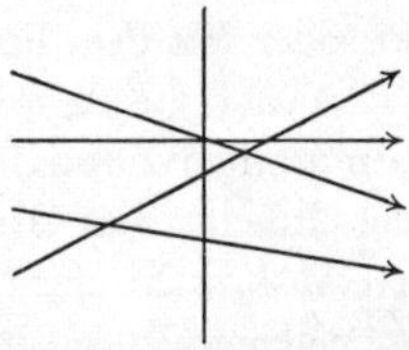

Aber heißt das nun, daß das Wort »ableiten« (oder »auffassen«) nichts Eigentliches bedeute; da es ja scheint, daß sein Sinn, wenn wir ihm nachgehen, in nichts zerfließt?
Im Falle (75) stand die Bedeutung des Wortes »ableiten« ganz klar vor uns. Aber wir sagten uns, dies sei ja nur ein ganz spezieller Fall des Ableitens. Das Wesentliche dieses Vorganges zeigte sich hier in einem besonderen Gewand, und es schien, daß

wir ihm dieses nehmen müßten, um das Wesentliche zu sehen. In den Beispielen (76), (77), (78) streiften wir dem Ableiten diese Hüllen ab, nur um zu sehen, daß sie zum Wesen des Ableitens selbst gehörten. (Es war, als hätten wir versucht, die eigentliche Artischocke zu finden, indem wir sie ihrer Blätter entkleideten.)

Das Ableiten ist allerdings im Beispiel (75) dargestellt; das heißt, dieses Beispiel zeigt uns einen aus der Familie der Fälle, für die dieses Wort gebraucht wird. Und die Erklärung, wofür dieses Wort gebraucht werde, – oder das Wort ›lesen‹, oder der Ausdruck ›geführt werden‹ – besteht in Beispielen, welche charakteristische Züge des Gebrauchs vor Augen führen. Manche dieser Beispiele werden einen solchen Zug in übertriebener Form darstellen, manche in Übergangsformen, manche werden uns sein Abklingen zeigen. Stelle Dir vor, es wollte Dir jemand einen Begriff geben von den besonderen Gesichtszügen der Mitglieder einer gewissen Familie. Er tut dies, indem er Dir Familienportraits zeigt und auf die charakteristischen Züge in ihnen hinweist. Seine Aufgabe wird darin liegen, Dir diese Bilder in der richtigen Folge und in den richtigen Zusammenstellungen zu zeigen; so daß Du zum Beispiel sehen kannst, wie gewisse Einflüsse die Züge der Familie nach und nach geändert haben; oder, in welcher besondern Weise diese Gesichter altern, welche Gesichtszüge dabei besonders hervortreten, u. s. f.

Es war nicht das die Aufgabe unserer Beispiele, das Wesen des Ableitens, Lesens, u. s. f., durch einen Schleier unwesentlicher Züge sehen zu lassen. Und die Beispiele waren nicht Beschreibungen eines Äußern zu dem Zweck, uns auf ein Inneres ahnen zu lassen, das wir aus irgendeinem Grund nicht in seiner Nacktheit zeigen können. Wir sind versucht, zu denken, daß diese Beispiele indirekte Hilfsmittel sind, um in unserm Geist ein gewisses Bild, eine gewisse Idee, entstehen zu lassen; daß sie etwas *andeuten,* was sie nicht *zeigen* können. (Dies geschähe etwa, wenn ich jemandem ›ein Bild davon geben möchte‹, wie es war, als Leute in meiner Jugend Walzer tanzten.)

Unsere Methode ist rein *beschreibend*; die Beschreibungen, die wir geben, sind nicht Andeutungen von Erklärungen.

»Aber, lesen« – möchten wir sagen – »ist doch ein ganz bestimmter Vorgang! Lies eine Druckseite, dann kannst Du's sehen; es geht da etwas Besonderes vor, was sich mit nichts verwechseln läßt.« Nun, was geht denn vor, wenn ich lese? Ich sehe gedruckte Wörter und spreche Wörter aus. Aber das ist natürlich nicht alles, denn ich könnte ja leicht gedruckte Wörter sehen und Wörter aussprechen und es wäre doch nicht *lesen.* Auch dann nicht, wenn die Wörter, die ich spreche, die sind, die man von jenen gedruckten Wörtern, einem bestehenden Alphabet entsprechend, ablesen *soll.* Und wenn Du sagst, das Lesen sei ein ganz bestimmtes Erlebnis, so spielt es ja dabei gar keine Rolle, ob Du nach einer von den Menschen allgemein anerkannten Regel des Alphabets liest oder nicht. Worin besteht also das Charakteristische am Erlebnis des Lesens? – Da möchte ich sagen, »die gesprochenen Wörter *kommen* in besonderer Weise«. Nämlich sie kommen nicht so, wie sie kämen, wenn ich sie zum Beispiel ersänne. Sie kommen von selbst. Aber auch das ist nicht genug; denn mir können ja allerlei Wörter *einfallen,* während ich auf die gedruckten schaue, und ich habe diese damit doch nicht gelesen. Da könnte ich noch sagen, daß mir die gesprochenen Wörter auch nicht so einfallen, als erinnerte mich zum Beispiel etwas an sie. Ich möchte zum Beispiel nicht sagen: »Das (gedruckte) Zeichen ›nichts‹ erinnert mich immer an den Laut ›nichts‹«. Sondern die gesprochenen Worte schlüpfen beim Lesen gleichsam herein. Ja, ich kann ein gedrucktes Wort – wenn ich die Druckschrift kenne – gar nicht ansehen, ohne einen eigentümlichen Vorgang des inneren Hörens des Worts.

Ich sagte doch, die gesprochenen Worte kämen beim Lesen ›in besonderer Weise‹; aber in welcher Weise? Ist dies nicht eine Fiktion? Sehen wir uns einzelne Buchstaben an und geben acht, in welcher Weise

79 der Laut des Buchstabens kommt. Lies den Buchstaben ›A‹. Nun wie kam der Laut? Wir wissen gar nichts darüber zu sagen. – Nun lies den Buchstaben ›a‹ im Spiel (37) indem Du die entsprechende Bewegung mit der Hand machst! Wie kam diese Bewegung? Anders als der Laut im vorigen Versuch? Ich habe in die Tabelle geschaut und die entsprechende Bewegung gemacht; mehr weiß ich nicht zu sagen. – Nun schau auf das Zeichen › ‹ und laß Dir dabei einen

Buchstaben einfallen; sprich ihn aus. Mir fiel der Laut ›U‹ ein, aber ich könnte nicht sagen, es war ein wesentlicher Unterschied in der Art und Weise, wie dieser Laut *kam*. Der Unterschied lag in der etwas andern Situation: ich hatte mir vorher gesagt, ich solle mir einen Laut einfallen lassen; es war eine gewisse Spannung da, ehe der Laut kam. Und ich sagte mir nicht: »das ist ein ›U‹«, wie beim Anblicken des Zeichens ›U‹. Auch war mir jenes Zeichen nicht *vertraut*, wie die Buchstaben; ich sah es gleichsam gespannt, mit einem gewissen Interesse für seine Form an, ich dachte dabei an ein umgekehrtes σ. Und wenn Du sagst, der Buchstabe A ›*erinnere*‹ Dich nicht an den Laut, wie etwa der Anblick eines Krokodils an das Wort ›fressen‹, so gibt es da Übergänge; Du könntest zum Beispiel die Form **A** an einem Holzbock oder an einem Dachstuhl sehen und der Laut ›a‹ fiele Dir nicht ein; oder aber der Anblick könnte Dich an ein A erinnern und Du sprichst den Laut aus. – Stelle Dir vor, Du müßtest nun das Zeichen  wirklich als Lautzeichen benützen, Du gewöhnst Dich also daran, bei seinem Anblick einen bestimmten Laut auszusprechen, etwa den Laut ›st‹. Können wir mehr sagen, als daß nach einiger Zeit dieser Laut automatisch kommt, wenn wir das Zeichen sehen? Das heißt, ich frage mich bei seinem Anblick, »Was ist das für ein Buchstabe?«, – auch sage ich mir natürlich nicht, »Ich will bei diesem Zeichen den Laut ›st‹ aussprechen«, noch auch »Dieses Zeichen erinnert mich irgendwie an den Laut ›st‹«.

Was ist nun an dem Satz, das Lesen sei doch ›ein ganz bestimmter Vorgang‹? Das heißt doch wohl, beim Lesen finde immer *ein* bestimmter Vorgang statt, den wir wiedererkennen. – Aber wenn ich einmal einen Satz im Druck lese und ein andermal mich im Spiel (37) nach einem Satz bewege unter Benützung der Tabelle, – findet hier wirklich der gleiche seelische Vorgang statt? Dahingegen ist aber freilich eine Gleichförmigkeit im Erlebnis des Lesens einer Druckseite! Denn der Vorgang ist ja ein gleichförmiger. Und es ist ja leicht verständlich, daß sich dieser Vorgang unterscheidet von dem etwa, sich Wörter beim Anblick beliebiger Striche einfallen zu lassen. Denn schon der bloße Anblick einer gedruckten Zeile ist ja ungemein charakteristisch, d. h., ein ganz spezielles Bild: Die Buchstaben alle ungefähr von der gleichen Größe, immer wiederkehrend; die Wörter, die sich zum großen Teil ständig wiederholen und uns unendlich wohlvertraut sind, ganz wie wohlvertraute Gesichter. – Denke an das Unbehagen, das wir empfinden, wenn die Rechtschreibung eines Wortes geändert wird (und an die noch tieferen Gefühle, die Fragen der Schreibung von Wörtern in manchen Menschen aufgeregt haben). Freilich, nicht jede Zeichenform hat sich uns *tief* eingeprägt. Ein Zeichen wie ›~‹ für die Verneinung kann, ohne in uns etwas aufzuregen, durch ein beliebiges anderes ersetzt werden. – Bedenke, daß das gesehene Wortbild uns in ähnlicher Weise vertraut ist wie das gehörte. – Auch gleitet der Blick anders über die gedruckte Zeile, als über eine Reihe beliebiger Haken 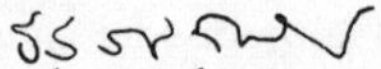 (Ich rede hier nicht von dem, was durch Beobachtung der Augenbewegung festgestellt werden kann.) Er gleitet, möchte man sagen, besonders widerstandslos, ohne hängen zu bleiben, und doch ohne zu rutschen. Und dabei geht ein unwillkürliches Sprechen in der Vorstellung vor sich. Und so verhält es sich, wenn ich Deutsch und andere Sprachen lese, gedruckt oder geschrieben, und in verschiedenen Schriftarten. – Was aber von dem allen ist für das Lesen als solches wesentlich? Nicht ein Zug, der in allen Fällen des Lesens vorkäme.

Vergleiche mit dem Vorgang beim Lesen unsrer gewöhnlichen Schrift das Lesen von Worten, die ganz in großen Buchstaben gedruckt sind, wie manchmal die Auflösung von Rätseln. Welch anderer Vorgang! – Oder lies unsre Schrift von rechts nach links!

Aber empfinden wir nicht, wenn wir lesen, eine Art Verursachung
80 unseres Sprechens durch Wortbilder? Lies einen Satz, und nun schau der Reihe

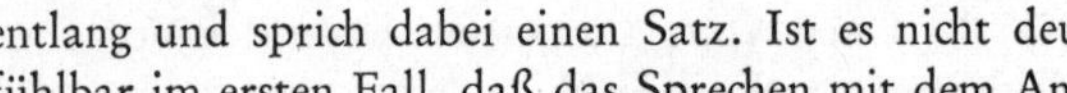

entlang und sprich dabei einen Satz. Ist es nicht deutlich fühlbar im ersten Fall, daß das Sprechen mit dem Anblick der Zeichen *verbunden* ist, und läuft es im zweiten nicht ohne Verbindung neben dem Schauen her?

Aber warum sagst Du, wir fühlten eine Verursachung? Verursachung ist doch das, was wir durch Experimente feststellen, indem wir das regelmäßige Zusammentreffen von Ereignissen beobachten. Wie könnte ich denn sagen, daß ich eben das, was so durch Versuche festgestellt wird, fühle? (Später muß noch hievon die Rede sein.) Eher könnte man sagen, ich fühle, daß die Buchstaben der *Grund* sind, warum ich so und so lese. Denn wenn mich jemand fragte, »Warum liest du *so*?«, so begründe ich es durch die Buchstaben, welche da stehen. – Aber was soll es heißen, diese Begründung, die ich ausgesprochen, gedacht, habe, zu *fühlen*? – Ich möchte sagen: ich fühle beim Lesen einen gewissen *Einfluß* der Buchstaben auf mich, aber nicht einen Einfluß jener Schnörkel auf das, was ich rede. Vergleichen wir wieder einen einzelnen Buchstaben mit einem solchen Schnörkel. Würde ich auch sagen, ich fühle den Einfluß von ›i‹, wenn ich diesen Buchstaben lese? Es ist natürlich ein Unterschied, ob ich beim Anblicken von ›i‹ den Laut ›i‹ sage, oder beim Anblicken von . Der Unterschied ist, daß das innere Hören des i-Lauts beim Anblick des Buchstabens automatisch, ja *gegen* meinen Willen, geschieht; und wenn ich den Buchstaben laut lese, sein Aussprechen anstrengungsloser ist, als wenn ich beim Hinschauen auf  ›i‹ sage. – Das heißt, es verhält sich so, wenn ich den *Versuch* mache; aber natürlich nicht, wenn ich, zufällig auf den Strich  sehend, in irgendeinem Zusammenhang etwa ein Wort ausspreche, in dem der i-Laut vorkommt.

Wir wären ja nie auf den Gedanken gekommen, wir *fühlten einen Einfluß* der Wortbilder auf uns beim Lesen, wenn wir ihren Fall nicht mit dem beliebiger Striche verglichen hätten. Und hier merken wir allerdings einen *Unterschied*. Und diesen Unterschied deuten wir als Einfluß und Fehlen des Einflusses. Und zwar sind wir zu dieser Deutung dann besonders geneigt, wenn wir absichtlich langsam lesen, – etwa um zu sehen, was denn beim Lesen geschieht. Wenn wir uns sozusagen recht absichtlich von den Buchstaben *führen* lassen. Aber dieses ›mich führen lassen‹ besteht eben nur darin, daß ich mir die Buchstaben gut anschaue, etwa gewisse andere Gedanken ausschalte. – Überlege Dir hier, was Du eigentlich tust, wenn Du jemand Dich bei der Hand einen Weg führen läßt. –

Wir bilden uns ein, wir nähmen durch ein Gefühl, quasi, einen verbindenden Mechanismus wahr zwischen dem Wortbild und dem Laut den wir sprechen. Denn, wenn ich vom Erlebnis des Einflusses, der Verursachung, des Geführtwerdens rede, so soll das ja heißen, daß ich sozusagen die Bewegung der Hebel fühle, die den Anblick der Buchstaben mit dem Sprechen der Laute verbinden.
Ich hätte nun mein Erlebnis beim Lesen eines Wortes auf verschiedene Weise treffend in Worten darstellen können. So könnte ich sagen, was beim Lesen eines Wortes geschehe, sei nicht bloß, daß ich sehe und dabei etwas ausspreche, sondern ich fühle auch, daß mir das Geschriebene, das was ich sage, *eingebe*. Aber ich hätte auch sagen können, daß beim Lesen der Worte das Bild des Buchstabens und der Laut eine eigentümliche *Einheit* bilden. So daß man den Zusammenhang des Lautes *e* mit dem Schriftzeichen ›e‹ dadurch erklären möchte, indem man auf das Zeichen weisend sagt: »Das *ist* ja ein *e*«. (Ein Zusammenhang, eine ›Einheit‹, dieser nicht unähnlich, besteht zum Beispiel zwischen den Gesichtern berühmter Männer und dem Klang ihrer Namen. Wenn Du Dir zum Beispiel Namen wie Schubert, Haydn, Mozart sagst und Dir dabei die Gesichter dieser Männer vorstellst, so kann es Dir so vorkommen, als ob jene Namen der richtige Ausdruck für diese Gesichtszüge wären; daß etwa mit dem Namen Schubert dieses Gesicht richtig beschrieben sei.) Es ist mir, wenn ich das Erlebnis dieser Einheit habe, als könne ich zum Beispiel beim Lesen des Wortes ›ja‹ zwischen dem geschriebenen Wort und dem ausgesprochenen nicht unterscheiden; ich könnte sagen, das Aussprechen sei ein Teil der Wahrnehmung des Zeichens selbst.
Aber jetzt lies einmal ein paar Sätze im Druck, so wie Du's gewöhnlich tust, wenn Du nicht an den Begriff des Lesens denkst; und frage Dich dann, ob Du beim Lesen solche Erlebnisse der Einheit, des Einflusses etc. gehabt hast. Sage nicht, Du habest sie unbewußt gehabt! – Auch lassen wir uns nicht durch das Bild verleiten: ›Beim nähern Hinsehen‹ zeigen sich diese Erscheinungen. (Wenn ich beschreiben will, wie ein Gegenstand aus der Ferne ausschaut, so wird diese Beschreibung dadurch nicht genauer, daß ich sage, was ich bei der Betrachtung aus der Nähe an ihm sehe.)

Ich kann zwar sagen, wer liest, werde von den Buchstaben geführt; und wer einen Satz sagt und dabei jener Reihe von Schnörkeln entlang schaut, werde nicht geführt. Dies ist eine Erklärung für den, der den Ausdruck ›von Buchstaben geführt werden‹ versteht, ehe er das Wort ›lesen‹ versteht. Aber es wäre falsch zu sagen: »Wer liest, hat das Gefühl, Erlebnis, des Geführtwerdens«. (Es sei denn, daß damit bloß jedem Erlebnis beim Lesen der Name ›Erlebnis des Geführtwerdens‹ gegeben werden soll.)

Denke wieder daran, was Du erlebst, fühlst, wenn Du einen *Weg* geführt wirst.

81 Denke Dir diesen Fall: Du bist auf einem ebenen Platz (vielleicht mit verbundenen Augen) und wirst von jemand an der Hand geleitet, bald rechts, bald links; Du mußt immer des Zuges seiner Hand gewärtig sein und etwa achtgeben, daß Du bei einem unerwarteten Zug nicht stolperst. (Dies könnte in irgendeinem Spiel vorkommen.) – Oder aber: Du wirst von jemandem an der Hand dort und dahin geschleppt, wo Du nicht gehen willst. – Oder: Du wirst im Tanz von einem Partner geführt. Du stellst Dich so rezeptiv als möglich ein, um seine Absicht zu erraten und dem leisesten Drucke zu folgen. – Oder: Jemand führt Dich einen Spazierweg. Ihr geht im Gespräch neben einander her und wo immer er geht, gehst Du auch. – Oder: Du gehst eine Straße entlang (und wirst von ihr geführt). Alle diese Situationen sind einander ähnlich; aber was ist allen den Erlebnissen gemeinsam?

»Aber geführt werden ist doch ein bestimmtes Erlebnis.« – Über diesen Gebrauch des Wortes ›bestimmt‹, später. Aber es ist jedenfalls nicht immer dasselbe Erlebnis. Und wenn Du sagst, es ist ein bestimmtes Erlebnis, so ist die Antwort darauf: Nein, Du denkst an *ein* bestimmtes Erlebnis des Geführtwerdens.

82 Überlege Dir etwa diese Fälle: Im Spiel (38) schaut einer, der nach den Befehlen eine Linie zieht, vor jedem Linienstück *gewissenhaft* auf den Buchstaben im Satz. Wir können uns davon leicht eine Vorstellung machen, und wir werden sagen: *der* wird geführt.

Nehmen wir an, B mache es im Spiel (47) ebenso; wenn wir

nun aber die Zahl der Sätze in dem Spiel erweitern, etwa die Sätze ›a c a a‹ und ›c c a a‹ einführen wollen, so reagiert B *gar* nicht auf sie; er benimmt sich, als haben wir ihm etwas gänzlich fremdes gezeigt. Soll ich nun sagen, sein genaues Ansehen jedes Buchstabens etc. sei nur automatisches Handeln gewesen? Er habe die Sätze doch nicht als Sätze aufgefaßt, sondern, sozusagen, nur als Wörter?

83 Denke Dir das Spiel (38) mit Hilfe der Tabelle (37) gespielt. Es gibt nun verschiedene Varianten: nach der einen zieht B die Linienstücke immer parallel zu den Pfeilen der Tabelle, nach einer andern aber in einem Winkel von 30° zu ihnen, etc. Du kannst Dir nun jemanden vorstellen, der immer wieder vergißt, welche Version er spielt. Er schaut gewissenhaft in die Tabelle, zieht aber dann regellos in irgendeiner Richtung. Das könnte man sich so vorstellen, daß er jedesmal ein anderes Erklärungsschema der Tabelle im Geiste vor sich sieht. Aber wenn er nun das Spiel richtig spielt, so würden wir doch sagen, er werde geführt und habe das Erlebnis des Geführtwerdens, auch wenn er *kein* Erklärungsschema oder Tabelle vor sich sieht, warum also nicht auch hier? Und wird er nun geführt, wenn er gewissenhaft in der Tabelle nachschaut und gewissenhaft regellos die Striche zieht? »Aber, wer sich nach den Pfeilen *richtet*, sagt sich doch: ›Ich ziehe den Strich *darum* so, weil der Pfeil *da*hin zeigt‹.« – Aber warum sollte unser vergeßlicher Freund sich nicht gerade das sagen?

Es kann einer auch die Sätze und welche Figur sie bedeuten in (47) auswendig wissen, aber sich dennoch, gleichsam zur Vorsicht von ihnen führen lassen: sie Buchstabe für Buchstabe ansehen etc.

84 Stelle Dir auch diesen Fall vor: Wir zeigen einem, der das Spiel (37) gespielt hat, einen Satz dieses Spiels; dann sagen wir ihm: »Gehe wie es Dir gerade einfällt«. Wir bemerken nun, daß der Weg, den er nimmt, immer *eine* bestimmte Beziehung zu dem Satz hat, den wir ihm gezeigt hatten (Er geht etwa immer entgegen den Pfeilrichtungen der Tabelle.). – –

Wenn ich mir das Erlebnis des Geführtwerdens vergegenwärtigen will, so stelle ich mir das ›gewissenhafte‹ Nachsehen, etc.,

vor. Ich nehme dabei sogar einen bestimmten Gesichtsausdruck an (etwa eines gewissenhaften Buchhalters). An diesem Bild ist zum Beispiel die *Sorgfalt* sehr wesentlich; an einem andern Bild etwa das Ausschalten jedes eigenen Willens. (Denke Dir, daß einer das, was der gewöhnliche Mensch mit den Zeichen der Unachtsamkeit tut, mit dem Ausdruck – und warum nicht mit den Empfindungen? – der Sorgfalt begleitet: Er läßt das Geschirr sorgsam auf den Boden fallen, verschüttet ebenso das Wasser auf dem Tisch, etc. Ist er nun sorgfältig? –) Stelle ich mir so einen bestimmten Vorgang lebendig vor, so erscheint er mir als *das* Erlebnis des Geführtwerdens (oder Lesens). Nun aber frage ich mich: »Was tust Du? – Du schaust auf jedes Zeichen, Du machst dieses Gesicht dazu, Du ziehst das Liniestück langsam (und dergleichen). – *Das* ist also das Erlebnis des Geführtwerdens? Da möchte ich sagen: »Nein, das ist es nicht; es ist etwas Innerlicheres, Wesentlicheres«. – Es ist, als ob zuerst all diese mehr oder weniger unwesentlichen Vorgänge in eine bestimmte Atmosphäre gekleidet wären, die sich nun verflüchtigt, wenn ich sie beschreiben will.
Frage Dich, wie Du ›*mit Bedacht*‹ eine Strecke parallel zu einem Pfeil ziehst, ein andermal mit Bedacht in einem Winkel zu dem Pfeil. Was ist das Erlebnis des Bedachts? Da fällt Dir gleich eine bestimmte Miene, eine Gebärde ein, – und dann möchtest Du sagen: »und es ist eben ein *bestimmtes* inneres Erlebnis«. (Womit Du natürlich gar nichts mehr gesagt hast.)
(Du merkst einen Zusammenhang mit der Frage nach dem Wesen der Absicht, des Willens, – des Meinens und Verstehens.)

85 Mache einen beliebigen Fahrer auf dem Papier 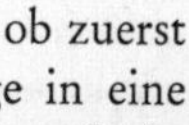

und nun zeichne ihn daneben nach 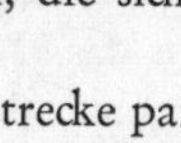, laß Dich von

ihm führen. – Ich könnte sagen: »Gewiß ich habe mich jetzt führen lassen. Aber was dabei charakteristisches geschehen ist –? Wenn ich sage, was geschehen ist, so kommt es mir nicht mehr charakteristisch vor.«
Aber nun merke ich dies: *Während* ich mich führen lasse, ist alles recht einfach, ich merke nichts *Besonderes*; aber danach,

wenn ich mich frage, was damals geschehen ist, so scheint es etwas Unbeschreibbares gewesen zu sein. *Danach* genügt mir keine Beschreibung. Ich kann, sozusagen, nicht glauben, daß ich bloß hingeschaut, das Gesicht gemacht, den Strich gezogen habe. – Aber *erinnere* ich mich denn an etwas anderes? Nein; und doch kommt mir vor, als müsse etwas anderes gewesen sein; und zwar dann, wenn ich mir dabei das Wort ›*führen*‹, ›Einfluß‹, und andere, vorsage. ›Denn ich bin doch *geführt* worden‹, sage ich mir. – Dann erst tritt die Idee jenes *ätherischen*, ungreifbaren, Einflusses auf. (Zusammenhang mit dem Problem des ›willkürlichen Handelns‹. W. James: Was geschieht, wenn ich, nach längerem Überlegen, des morgens aus dem Bett steige.)
Ich habe nämlich das Gefühl, wenn ich nachträglich über das Erlebnis denke, daß das Wesentliche daran das ›Erlebnis eines *Einflusses*‹, einer *Verbindung* ist, im Gegensatz zu irgendeiner bloßen Gleichzeitigkeit von Phänomenen. Zugleich aber möchte ich kein erlebtes Phänomen ›Erlebnis des Einflusses‹ nennen. (Hier liegt die Idee: der Wille ist keine *Erscheinung*.) Ich möchte sagen, ich hätte das ›*Weil*‹ erlebt; – und doch will ich keine Erscheinung ›Erlebnis des Weil‹ nennen.

86 Vergleichen wir damit *diesen* Fall: Jemand soll sagen, was er fühlt, wenn er ein Gewicht auf der flachen Hand hält. – Ich kann mir nun vorstellen, daß hier ein Zwiespalt entsteht: Einerseits sagt er sich, was er fühlt, sei ein Druck gegen die Handfläche und eine Spannung in den Muskeln seines Armes; anderseits will er sagen: »aber das ist doch nicht alles; ich empfinde doch einen Zug, ein Streben, des Gewichts nach unten!«. Aber wann empfindet er denn dieses ›Streben‹? Wenn er an das ›Streben‹ denkt. Mit dem Worte ›Streben‹ ist hier ein bestimmtes Bild, eine Geste, ein Tonfall, verbunden; und die ›Empfindung des Strebens‹ hast Du, wenn Dir dieses Bild, diese Geste, ja dieses Wort, vorschweben. – Denke auch daran: Manche Menschen sagen, von jemandem gehe ›ein Fluidum‹ auf sie aus. – Daher fiel uns auch das Wort ›Einfluß‹ ein. – Ich möchte sagen, »Ich erlebe das Weil«. – Aber nicht, weil ich mich dieser Erlebnisse erinnere, sondern weil ich beim Philosophieren über das, was ich erlebe, dies, gleichsam, durch das Medium (die Atmosphäre) des Begriffes ›weil‹ (oder ›Einfluß‹, oder ›Ursache‹, oder ›Verbin-

dung‹) anschaue. Denn es ist schon richtig, zu sagen, ich habe die Linie unter dem Einfluß der Vorlage gezeichnet; dies liegt aber nicht bloß in dem, was ich beim Ziehen der Linie empfinde, sondern auch, zum Beispiel, darin, daß ich sie der andern *parallel* ziehe (obwohl auch das natürlich für das Geführtwerden nicht allgemein wesentlich ist). Wir sagen auch: »Du *siehst* ja, daß ich von ihr geführt werde«; *und was sieht der, der das sieht*? – Es kann aber auch das das Geführtwerden ausmachen, was ich über den Vorgang sage, wenn es schon geschehen ist; zum Beispiel, daß ich sage »Ich bin geführt worden«. – Dies klingt befremdlich, denn wie kann etwas dadurch nachträglich wahr werden, daß ich sage, es habe sich so verhalten? – Die Verwendung der Vergangenheitsform ist aber hier ähnlich der des Verbums ›*meinen*‹ in Sätzen wie »Als ich von Heinrich IV sprach, meinte ich den König von Frankreich«. (Hievon muß später die Rede sein.) Wir werden *unter Umständen* auch darum sagen, jemand sei geführt worden, weil er nachträglich seine Handlung unter dem Begriff des Geführtwerdens sieht. (Das hängt auch damit zusammen, daß wir sagen, jemand könne mit Sicherheit das Motiv seiner Handlung wissen; nicht aber ihre Ursache.)

Wenn ich zu mir selbst sage: »Ich werde doch *geführt*«, so mache ich etwa eine Handbewegung, die das Führen ausdrückt.

86 a Mache eine solche Handbewegung, gleichsam als leitetest Du jemanden entlang (ohne es aber zu tun) und frage Dich, worin denn das Führende dieser Bewegung besteht. Denn Du hast hier eingestandenermaßen niemanden geführt und doch möchtest Du die Bewegung eine ›führende‹ nennen. Also war in dieser Bewegung und der Empfindung dabei nicht das *Wesen* des Führens enthalten und doch konntest Du nicht umhin, diese Bezeichnung zu gebrauchen. Es ist eben *eine Erscheinungsform* des Führens, die Dir diesen Ausdruck aufdrängt. Erinnere Dich der Diskussion von (66).

87 Denke Dir eine Fläche, die in verschiedenen Farben gemalt ist. Und zwar ist etwa ein Stück grün. Das Grün geht nach verschiedenen Seiten in andere Farben über; nach der einen wird es immer gelblicher und endlich reines Gelb, nach einer andern wird es bläulicher und endlich blau, und das Blau geht nach

einer Richtung in Weiß über, etc. Nach manchen Seiten hin wechselt die Farbe rasch, – man könnte sagen, das Farbgefälle ist steil, – nach andern ist es flacher und stückweise ist es ganz oder beinahe eben. – Denke Dir nun diese Fläche groß, daß Du sie nicht überschauen kannst; Du gehst etwa auf ihr spazieren. – Du stehst gerade im Blauen und Bläulichen; nun sollst Du sagen, was für eine Farbe die Fläche hat. Es besteht nämlich eine Tendenz, zu glauben, sie habe *eine* Farbe. Da wirst Du versucht sein, zu sagen: »Sie ist eigentlich *blau*; freilich spielt das Blau auch in andere Farben, aber das Gemeinsame, das Charakteristische ist: sie ist blau.«

Kommst Du nun aber mehr ins Rötliche, so wird sich doch Dein Gefühl ändern; und Du wirst sagen wollen: »*Vielleicht* hätte ich eigentlich sagen sollen, sie ist blaurot; das Blaue war nur ein Grenzfall; eigentlich ist sie blaurot.« Du könntest dann von Farbe zu Farbe geführt und von jeder betrogen werden. An jeder möchten wir krampfhaft festhalten, – bis keine Spur mehr von ihr da ist und wir einem andern Eindruck unterliegen.

Je wohlvertrauter mir dann der Farbton ist, je stärker der Eindruck, den er auf mich macht, desto mehr bin ich geneigt, ihn für die Farbe der Fläche zu nehmen.

So ist es, wenn gefragt wird: »Was ist das Wesen der Strafe?«, – und nun der eine sagt, *eigentlich* ist jede Strafe ein Akt der Rache, ein andrer, das Wesen der Strafe ist Abschreckung, u. s. f. Aber gibt es nicht typische Fälle der Rache der Gesellschaft, und wieder typische Fälle einer Abschreckungsmaßnahme, und andere, der Strafe als Besserungsmittel; und nicht unzählige Mischungen und Zwischenstufen?

Würden wir also nach dem Wesen der Strafe gefragt, oder nach dem Wesen der Revolution, oder nach dem Wesen des Wissens, oder des kulturellen Verfalls, oder des Sinnes für Musik, – so würden wir nun nicht versuchen, ein Gemeinsames aller Fälle anzugeben, – das, was sie alle eigentlich sind, – also ein Ideal, das in ihnen allen *enthalten* ist; sondern statt dessen Beispiele, gleichsam Zentren der Variation.

So, wenn man uns fragt: »Worin besteht ›Lesen‹?«, so möchten wir sagen: Lesen ist eine bestimmte geistige Tätigkeit. Dann sind wir geneigt, etwas zu lesen, um zu sehen, worin diese Tätigkeit besteht. Und zwar merken wir beim gewöhnlichen Lesen nichts und wollen nun näher zusehen. Da scheint es uns dann, als sehen wir jetzt etwas: die Wortgestalten sprechen in bestimmter Weise zu uns. Sie sind uns wohlbekannte, ausdrucksvolle Physiognomien (dies gilt vielleicht besonders von den geschriebenen, und in einer uns wohlvertrauten Handschrift). Und es ist gerade das Wohlvertraute des Eindrucks, das uns verführt zu glauben, hier hätten wir nun das Wesentliche. Aber wir brauchen nur weiter im Gebiet des Lesens spazieren zu gehen, und von diesem bestimmten Eindruck ist nichts mehr vorhanden, die Landschaft ändert sich.

So geht es uns mit vielen Begriffen – zum Beispiel dem des Bildes, der Abbildung –: denken wir über sie nach, so denken wir zuerst an den Teil ihrer Ausdehnung, in dem wir, man könnte sagen, *zu Hause* sind. Von dort zieht es uns in die Weite, und wir werden nicht gewahr, daß alles sich nun *nach und nach* gänzlich geändert hat. Und zu sagen: im Grunde ist es ja immer dasselbe, – heißt jetzt vielleicht nur mehr: von *dort* komme ich her, auf diesen Zustand will ich alles beziehen.

Was heißt es nun, wenn wir sagen, die Buchstaben unserer Schrift, oder Wortbilder und Klänge, seien uns wohlvertraut, – oder wir erkennten sie wieder, wenn wir sie wahrnehmen?

Gibt es *ein* Gefühl der Vertrautheit, und haben wir es also, wenn immer wir vertraute, bekannte Gegenstände wahrnehmen? Ja hast Du für gewöhnlich, wenn Du die wohlbekannten Dinge Deiner Umgebung ansiehst, ein Gefühl der Vertrautheit? – Wann haben wir so ein Gefühl? – Es wäre aber leicht gewesen, zu sagen, bei welchen Gelegenheiten wir die *entgegengesetzten* Gefühle haben: Überraschung, Erstaunen, Befremdung, etc. – Denken wir uns dieses Spiel:

88 A zeigt dem B eine Reihe von Gegenständen; B soll sagen, ob er sie kennt, oder nicht. Vergleiche diese Fälle: A zeigt dem B etwa eine Reihe von Apparaten: ein Thermometer, ein Spektroskop, ein Elektrometer, eine Waage und andere; dann aber einen Bleistift, eine Feder, einen Kieselstein. In einigen dieser Fälle: ein Suchen und Nachdenken: »Was ist das nur?« – Dann wieder sagt er einfach bloß: »Eine Waage!« (gleichsam aufatmend) Bei Bleistift und Feder wundert er sich, daß ihm so

Wohlbekanntes gezeigt wird, und beim Kieselstein weiß er zuerst nicht, was er sagen soll, weil er auf Gegenstände eingestellt ist, die einen bestimmten Zweck haben. Endlich sagt er mit einem Achselzucken: »Es ist ein gewöhnlicher Kieselstein«. – Bei gewissen Gegenständen: »Ich habe das schon oft gesehen, aber was es ist, weiß ich nicht«, – bei andern, »Das schaut so aus, als wäre es irgendein Werkzeug, aber ich weiß nicht, was für eines«. In einem Fall sagt er, »Das ist ein Bleistift«, in einem andern, »Das ist *Deine* Feder«.
Was geschieht nun, wenn B einen Bleistift als Bleistift erkennt?
89 A hat ihm einen stabförmigen Gegenstand gezeigt, B nimmt ihn in die Hand und untersucht ihn; es zeigt sich, er besteht aus zwei Teilen, einer Kappe und einem Bleistift. B sagt: »Das ist ja ein Bleistift.« Wir könnten hier sagen: B hat schon gewußt, wie ein Bleistift aussieht; er hätte zum Beispiel jederzeit einen zeichnen oder beschreiben können. Er wußte nicht, daß das Ding, welches ihm gezeigt wurde, das enthielt, was er jederzeit hätte beschreiben können.
90 Vergleiche damit den Fall: Man zeigt B ein geschriebenes Wort, hält es aber verkehrt. B erkennt es nicht; nun drehen wir das Blatt Papier langsam; endlich sagt B: »Jetzt seh' ich's, es heißt ›Bleistift‹«. – Wir können sagen: Er hat gewußt, wie das Wort »Bleistift« ausschaut; aber nicht, daß das Wort, das man ihm zeigte, umgedreht so ausschauen würde.
In (89) und (90) könnten wir sagen, es sei etwas versteckt gewesen. Merke aber die verschiedenen Anwendungen von »versteckt«.
91 Vergleiche damit dies: Du liest einen Brief und kannst eines der Worte nicht entziffern. – Dann errätst Du aus dem Zusammenhang, es muß ›Boden‹ heißen; und nun kannst Du es lesen: Du erkennst diesen Strich als das ›B‹, diesen als das ›o‹ etc. Dieser Fall ist verschieden von dem, in welchem das Wort durch einen Tintenklecks verdeckt war und Du nur aus dem Zusammenhang errietest, daß hier dieses Wort gestanden haben muß.
92 Vergleiche damit: Du siehst ein Wort, kannst es aber nicht lesen; jemand verändert es ein wenig: er macht noch einen Strich dazu, verlängert einen, oder dergleichen: und nun kannst Du es

lesen. In (90) hätte B sagen können »Ich habe auf das Wort geschaut, während es gedreht wurde, und ich habe gesehen, daß es sich nicht geändert hat.« –

93 Angenommen, das Spiel bestehe darin, daß B dem A sagt, *ob* er einen Gegenstand erkennt; aber nicht, was der Gegenstand sei. Nach einem Hygrometer, das er nicht erkennt, zeigt A ihm einen gewöhnlichen Bleistift. B sagt, er erkennt ihn. – Was geschah da, als er den Bleistift erkannte? Mußte er zu sich selbst sagen – obwohl er es dem A nicht sagte – dies sei ein Bleistift? Warum sollte das geschehen sein müssen? – Als was also erkannte er das Ding?

Angenommen, er hätte zu sich selbst gesagt, »Das ist ein Bleistift«, könntest Du diesen Fall mit (89) und (90) vergleichen? In diesen Fällen konnte man sagen: »Er erkennt dieses Ding als jenes«, – wobei man zum Beispiel für ›*dieses*‹ auf den verkappten Bleistift und für ›*jenes*‹ auf einen gewöhnlichen Bleistift zeigt. Und analog im Fall (90).

In (93) verändert sich der Bleistift nicht, und die Worte »Das ist ein Bleistift« bezogen den Gegenstand nicht auf ein *Muster* eines Bleistifts. B hätte auf die Frage »Was ist ein Bleistift?« unmittelbar auf *diesen* weisen können.

Aber als er sich sagte »Das ist ein Bleistift«, – wie wußte er das, wenn er das Ding nicht als irgend etwas erkannte. Das kommt aber darauf hinaus zu fragen: »Wie hat er ›Bleistift‹ als das Wort für dieses Ding erkannt?« Nun, wie hat er es erkannt? –

4 Er hat auf den Anblick des Dinges damit reagiert, daß er dieses Wort sagte. – Denke Dir, jemand zeigte Dir Farben und Du sollst sie benennen. Du sagst nun, auf eine Farbe weisend, »Das ist rot«. Wenn man Dich nun fragte »Wie weißt Du, daß das rot ist«, was könntest Du antworten?

Es gibt freilich den Fall, in welchem dem B eine allgemeine Erklärung des Begriffes gegeben wurde, zum Beispiel: »Wir wollen ›Bleistift‹ alles nennen, was diese Form hat und auf Papier schreibt«. A zeigt nun dem B unter anderm einen Stift, B versucht ihn und sagt »Das ist ein Bleistift«. In diesem Falle könnten wir sagen, findet eine *Ableitung* statt; in (93) und (94) aber keine.

Sollen wir nun sagen, daß B, als A ihm den Bleistift zeigte nach

dem Hygrometer, das er noch nie gesehen hatte, beim Anblick
95 des Bleistifts das Gefühl der Vertrautheit hatte? Stellen wir uns
vor, wie es wirklich geschehen sein mag. Er sah den Bleistift,
lächelte, fühlte Erleichterung, und sagte sich innerlich das Wort,
oder sprach es aus.

Aber wie ist es: haben wir hier ein ›Gedankenexperiment‹ gemacht? – Wie wissen wir denn, daß es sich so verhält, bloß dadurch, daß wir es uns so vorstellen? Was ist das für eine seltsame Weise, festzustellen, wie sich eine Sache verhält? – Oder geht es so, weil diese Vorgänge in mir stattfinden und ich also nur in mich hineinzusehen habe? – Von ›innen‹ und ›außen‹ wollen wir später reden, – aber jedenfalls sollte man meinen, die Sache müßte eben jetzt in mir vorgehen, wenn ich sie jetzt in mir sehen soll. Auch habe ich mich nicht an den Fall erinnert, denn er ist mir nie geschehen.

Nun kann man ja wirklich ein Experiment machen, dadurch,
daß man sich etwas vorstellt. Nicht ein Experiment *in* der Vor-
stellung, das ist, das bloße Vorstellungsbild eines Experiments.
(Ein Laboratorium kann man nicht dadurch überflüssig machen,
daß man sich Apparate und Versuche einfach vorstellt.) Wenn
96 mich zum Beispiel jemand fragt, »Wie begrüßt Du den N., wie
gehst Du auf ihn zu?«, so kann ich, um antworten zu können,
mir vorstellen, N. trete herein und ich mache etwa dabei die
Bewegung des Begrüßens. Und dies ist ein Versuch. Er mag mich
täuschen, und was wirklich in so einem Fall geschieht, mag etwas
anderes sein; aber die Erfahrung lehrt vielleicht, daß wirklich
meist das geschieht, was so ein Versuch zeigt. Hätte also die
Frage gelautet –, »Lächelt ein Mensch in so einem Fall?«, so
hätte ich allerdings den Versuch durch ein Vorstellen machen
können. – Weiß ich aber nun, daß *man* lächelt, oder nur, daß
ich lächle? Und wenn das erstere, ist dann das Vorstellen nicht
ein *Erinnern*? Jedenfalls nicht notwendigerweise ›das Erinnern
97 an bestimmte Fälle‹. – Die Aufgabe wäre: »Mache, wie man auf
jemand unter den und den Umständen zugeht.« Hier kann das
Erinnern die Form der Nachahmung haben; und muß nicht
etwa ein visuelles Erinnerungsbild da sein, wonach man sich
beim Nachahmen richtet. Und wenn ich nun mich selbst nach-
ahme, ist das Erinnerung? –

Man sagt in solchen Fällen manchmal, nachdem man sich die
8 Situation vorgestellt hat: »Von mir weiß ich sicher, daß ich in so einem Falle lächle, ich könnte gar nicht anders«. Aber könnte es nicht vorkommen, daß mir ein Augenzeuge sagte: »Ich versichere Dir, Du hast in diesen Fällen nie gelächelt«; und ist es nicht möglich, daß ich ihm glaubte?

Aber um einen solchen Versuch hatte es sich in (95) nicht gehandelt. Denn die Frage war nicht, ob das und das uns bekannte Gefühl in diesem Falle auftrete oder nicht, sondern ob wir bei seiner Betrachtung ein Gefühl unterscheiden, das wir ›Gefühl der Vertrautheit‹ (oder ›Bekanntheit‹) nennen wollten. Wenn ich also sagte: »Stellen wir uns vor, was in so einem Falle geschehen könnte«, so hieß das: stellen wir uns den Fall einmal vor, ohne von dem Wort ›Gefühl der Vertrautheit‹ beeinflußt zu sein, also – wie wir sagen könnten – *ohne grammatisches Vorurteil*. Und wir könnten fragen: Hast Du nun noch das Bedürfnis zu sagen: er habe beim Anblick des Bleistifts das Gefühl der Vertrautheit?

Aber ist jenes Gefühl der Erleichterung nicht gerade das, welches den Übergang vom Unvertrauten zum Vertrauten kennzeichnet? – Wir sagen in sehr verschiedenen Fällen, jemand habe die Gefühle der Spannung und Entspannung, der Anstrengung, der Erleichterung, des Ausruhens: Jemand hält ein Gewicht mit gestrecktem Arm; sein Arm, sein ganzer Körper sind in einem Zustand der Spannung. Er läßt das Gewicht nieder, und empfindet Erleichterung. – Jemand läuft, – dann ruht er. – Er zerbricht sich den Kopf über eine Aufgabe im Euklid; er findet die Lösung und ist nun entspannt. – Er trachtet sich an einen Namen zu erinnern, – der Name fällt ihm ein.

Was aber haben alle diese Fälle mit einander gemein, daß wir sie alle »Fälle von Spannung und Entspannung« nennen? –

– Warum gebrauchen wir den Ausdruck »im Gedächtnis *suchen*«, wenn wir uns einer Sache erinnern wollen? – Fragen wir uns: Worin liegt die Ähnlichkeit der Vorgänge: einen vergessenen Namen im Gedächtnis suchen, und, zum Beispiel, ein Buch im Schrank suchen? – Wie sieht die Antwort auf so eine Frage aus?

Eine Art der Beantwortung wäre jedenfalls die, eine Reihe von

Bindeglieder zu beschreiben. So könnte man sagen, der Fall des materiellen Suchens, der dem Suchen im Gedächtnis am nächsten steht, ist nicht Suchen nach einem Buch im Schrank, sondern Nachschlagen einer Stelle, die wir vergessen haben, in einem Buch. Und nun könnte man weitere Fälle interpolieren. – Eine andere Art die Ähnlichkeit anzuzeigen wäre die: »In diesen beiden Fällen kann ich zuerst etwas nicht aufschreiben und nachher kann ich es.« Oder die: »In beiden Fällen runzle ich die Stirn, mache ein verkniffenes Gesicht und erwäge Möglichkeiten«.

Aber es ist wichtig, daß wir uns solcher Ähnlichkeiten nicht bewußt sein müssen, damit sich uns der Ausdruck »suchen im Gedächtnis« aufdrängt.

Vielleicht möchte man sagen: »Es muß doch eine Ähnlichkeit aufgefallen sein, oder wir wären nicht geneigt das gleiche Wort zu gebrauchen.« Sage statt dessen: »Es muß uns eine Ähnlichkeit zwischen diesen Vorgängen aufgefallen sein oder wir wären nicht geneigt das gleiche Bild zu ihrer Darstellung zu benützen«. Das heißt, daß irgendein Akt dem Gebrauch des Bildes vorangehen muß. Aber warum sollte das ›Auffallen der Ähnlichkeit‹ nicht zum Teil, oder ganz, darin bestehen, daß wir dasselbe Bild gebrauchen? Und warum sollte es nicht zum Teil oder ganz darin bestehen, daß sich uns der gleiche Ausdruck aufdrängt?

Wir sagen: »Dieses Bild (dieser Ausdruck) drängt sich mir unwiderstehlich auf«. Und ist das keine Erfahrung?

Wir haben es hier mit einem von vielen Fällen zu tun, denen wir in unserer Untersuchung immer wieder begegnen: Ein Wort wird unter anderem von uns zur Bezeichnung eines sogenannten ›seelischen‹ Vorgangs oder Zustands verwendet, welcher eine Handlung vorbereitet; diese Vorbereitung ist in einer Klasse von Fällen die praktische Bedingung für das Zustandekommen der Handlung; wir sind gewöhnt, zu sagen, der seelische Vorgang *muß* stattgefunden haben, damit die Handlung stattfinden konnte; wir sind nun geneigt, eine solche seelische Vorbereitung zu *postulieren*, als Vorbedingung der Handlungen: So sagen wir: »Man *muß* einen Befehl verstehen, ehe man ihn ausführen kann«, »Man muß wissen, wo etwas ist, um darauf zeigen zu können«, »Man muß die Melodie kennen, wenn man sie singen will«, »Die Ähnlichkeit muß uns aufgefallen sein, ehe wir sie ausdrücken können«.

99 Nimm an, ich hätte jemandem das Wort ›rot‹ erklärt, indem ich auf verschiedene rote Gegenstände gezeigt, und die Worte »Das heißt ›rot‹« dazu ausgesprochen habe; was heißt es nun, wenn ich sage: »Wenn er die Bedeutung jetzt verstanden hat, wird er mir etwas Rotes bringen, wenn ich es verlange«? Dies scheint zu sagen: Wenn er das erfaßt hat, was allen diesen Gegenständen gemeinsam ist, die ich ihm gezeigt habe, wird er in der Lage sein, meinen Befehl zu befolgen. Aber was ist ihnen allen gemeinsam?

Kannst Du mir sagen, was einem lichten und einem dunklen
0 Rot gemeinsam ist? Vergleiche damit diesen Fall: Ich zeige Dir zwei Bilder: zwei verschiedene Landschaften; in beiden findet sich an irgendeiner Stelle der gleiche Busch. Ich sage: »Zeige mir das, was diesen Bildern gemeinsam ist«. Du suchst die Bilder ab, dann zeigst Du zur Antwort auf den Busch.

101 Oder: Ich zeige jemandem zwei Haufen von Werkzeugen und sage: »Das, was in beiden Haufen vorkommt, heißt ›Stemmeisen‹«. Der andre hat die Werkzeuge zu sortieren, bis er das findet, was in beiden vorkommt, und dadurch kommt er, kön-
2 nen wir sagen, zur hinweisenden Erklärung[1]. Oder ich gebe diese Erklärung: »In diesen zwei Bildern siehst Du verschiedene Farbflecken; der Farbton, der in *beiden* vorkommt, heißt ›karmin‹.« – Hier hat es einen klaren Sinn zu sagen: »Wenn er gesehen hat, was beiden gemeinsam ist, kann er mir nun auf meinen Befehl einen Gegenstand von jener Farbe bringen.«

103 Es gibt freilich dieses Spiel: Ich sage jemandem: »Ich werde Dir die Bedeutung des Zeichens (Wortes) ›W‹ erklären, indem ich auf verschiedene Gegenstände weise. ›W‹ bedeutet etwas, was allen gemeinsam ist«. Ich zeige ihm nun zuerst zwei Bücher, und er fragt sich: »Bedeutet ›W‹ ›Buch‹? – Dann zeige ich auf einen Ziegel, und er denkt: »Vielleicht bedeutet es ›Rechteck‹«. Endlich zeige ich auf eine glühende Kohle, und er sagt sich: »Es bedeutet ›rot‹; alles, was er mir gezeigt hat, hatte etwas Rotes«; dabei läßt er vielleicht seinen Blick über alles, was an den Gegen-

1 (Randbemerkung:) Dieses Beispiel vielleicht auszulassen.

ständen rot ist, schweifen. Es wäre auch lehrreich, diese Variante zu betrachten: Der andre soll in jedem Stadium des Spiels *zeichnen* oder *malen,* was er denkt, das ich meine. Es wäre dann in gewissen Fällen klar, was er zu zeichnen hat. Hätten zum Beispiel alle Gegenstände das gleiche Fabrikszeichen, so wird er dieses aufzeichnen, wenn er glaubt, daß ich es meine. Sind sie aber alle *rötlich,* was soll er malen? Welchen Ton von rot, – und welche Form? Wie, wenn er ein andermal malen will, daß alle rot und rund seien? Man sagt sich gleich, hier sei eine Abmachung nötig.
Wenn einer, auf verschiedene Töne von rot zeigend, fragte: »Was haben alle diese gemeinsam, daß Du sie mit dem gleichen Wort benennst?«, – so möchte ich antworten: »Siehst Du es denn nicht?!« – und damit habe ich natürlich nicht auf etwas Gemeinsames hingewiesen.
Es gibt Fälle, in denen, erfahrungsgemäß, ein Mensch Befehle, wie »Bring mir das und das«, nicht ausführen kann, wenn er nicht vorher erkannt hat, was den Dingen gemeinsam ist, auf die bei der Erklärung des Ausdrucks gezeigt wurde. Und dieses Erkennen kann dann darin bestehen, daß er auf das Gemeinsame zeigt, oder etwas aufzeichnet, oder sich vorstellt, oder ein bestimmtes Wort sagt, u. s. f. – Aber es gibt auch Fälle, in denen so ein einleitender Prozeß nicht stattfindet, und wir dennoch sagen, er habe das Gemeinsame aller dieser Gegenstände, welches wir meinten, erkannt, wenn er nun den Befehl »Bring mir ...« zu unserer Zufriedenheit ausführt.
»Warum nennst Du diese verschiedenen Erfahrungen, ›Erfahrungen der Anstrengung‹ und ›Erfahrungen der Entspannung‹?« – »Weil sie alle etwas mit einander gemein haben.« – »Was hat eine geistige Anstrengung mit einer körperlichen Gemeinsames?« – »Ich weiß es nicht; aber irgendeine Ähnlichkeit besteht ja offenbar.« – Warum sagtest Du dann aber, sie hätten etwas gemeinsam? Du hast damit ein bestimmtes Bild gebraucht, aber keine Erklärung gegeben. – Es kann ja sein daß allen Vorgängen, die wir Anstrengung (und: Entspannung) nennen etwas gemeinsam ist, zum Beispiel eine Art der Atmung, oder ein Spannungszustand gewisser Muskeln, etc. Kannst Du aber nicht sagen, welcher Art das Gemeinsame ist, so ist es keinerlei

Erklärung: Ihre Ähnlichkeit bestehe darin, daß ihnen etwas gemeinsam ist.
Sollen wir nun sagen, Du hast ein besonderes ›Gefühl des Ähnlichseins – oder der Ähnlichkeit‹, wenn Du die Erfahrungen mit einander vergleichst, und *darum* gebrauchst Du den gleichen Ausdruck für sie?
Stelle Dir diese Frage: Wann hast Du das Gefühl? – Denn was wir ›zwei Erfahrungen vergleichen‹ nennen, ist ja ein zusammengesetzter Vorgang: Du riefst Dir etwa die beiden Erfahrungen nacheinander ins Gedächtnis, denkst abwechselnd an die eine und an die andre; wann, während dies vorgeht, hast Du das Gefühl? – Was tut diese Frage? Sie nimmt uns die Lust, hier von einem besonderen Gefühl zu sprechen.
»Aber ich würde doch nicht sagen, die Vorgänge seien ähnlich, wenn ich nicht ein Erlebnis dieses Ähnlichseins hätte?« – Aber muß dieses Erlebnis ein *Gefühl* sein? Angenommen es wäre das Erlebnis, daß sich Dir das Wort ›Ähnlichkeit‹ aufdrängt, – würdest Du dies ein Gefühl nennen? – Ich sage nicht, daß hierbei nicht allerlei Gefühle auftreten!
»Aber gibt es nicht ein Gefühl der Ähnlichkeit?« Ich glaube, es gibt eine Reihe von Gefühlen, die man die Gefühle der Ähnlichkeit in speziellen Fällen nennen könnte, wenn auch nicht *ein* Gefühl, oder *ein* Erlebnis, welches das Wahrnehmen der Ähnlichkeit wäre. Denke an Erfahrungen, die wir in solchen Fällen haben:
105 Es gibt eine Erfahrung des Beinahe-nicht-unterscheiden-Könnens. Du siehst zum Beispiel zwei Längen, oder zwei Farben, die beinahe ganz gleich sind und willst sehen, ob Du einen Unterschied in ihnen entdecken kannst, oder ob ihr Unterschied für den und den Zweck zu groß ist. Du siehst von einer zur andern, blinzelst, wackelst mit dem Kopf, murmelst vielleicht Worte, hältst den Atem an, und so fort. Man könnte sagen: Zwischen all diesen Erfahrungen ist ja kaum Platz für ein Gefühl der Ähnlichkeit.
Wenn immer ich nun meinen Tisch sehe, sehe ich Tischfüße, die ganz oder beinahe gleich hoch sind; aber habe ich hier auch solche Erfahrungen des Nicht-unterscheiden-Könnens?
Vergleiche mit dem ersten Beispiel eines, in welchem es keinerlei

Schwierigkeit macht, die ähnlichen Gegenstände zu unterscheiden. Ich sage zum Beispiel: »Ich will diese beiden Beete von ähnlicher Farbe, ich will hier keinen starken Kontrast«. Die Erfahrung, wenn der Blick von einem zum andern geht, könnte man hier ein sanftes Gleiten nennen.

Ich höre Variationen über ein Thema und sage: »Ich sehe noch nicht, inwiefern das eine Variation des Themas ist, aber ich merke eine gewisse Ähnlichkeit (Analogie).« Bei gewissen charakteristischen Punkten der Variation ›wußte ich, wo ich im Thema bin‹; und diese Erfahrung konnte darin bestehen, daß mir blitzartig die betreffende Stelle des Themas einfiel, oder es schwebte mir ihr Notenbild vor, oder ich machte die gleiche Geste, wie an jener Stelle, etc.

»Aber wenn zwei Farben einander ähnlich sind, so sollte doch meine Erfahrung dieser Ähnlichkeit darin bestehen, daß ich *die* Ähnlichkeit erfasse, welche besteht.« – Aber ist nun ein bläuliches Grün einem gelblichen Grün ähnlich, oder nicht? Unter manchen Umständen werden wir sagen, sie seien ähnlich, unter andern, sie seien gänzlich unähnlich. Sollen wir sagen, wir haben da zwei verschiedene Relationen wahrgenommen, die zwischen den beiden Farben bestehen? – Nimm an, ich beobachte die
106 allmähliche Veränderung der Farbe einer Substanz: ein bläuliches Grün geht nach und nach in grün, dann in gelbliches Grün, in gelb und endlich in orange über. Ich sage Dir: »Es braucht nur eine kurze Zeit vom Bläulichgrünen zum Gelblichgrünen, denn die sind ähnlich.« – Setzt das nicht eine Erfahrung der Ähnlichkeit schlechtweg von Blaugrün und Gelbgrün voraus? – Die Erfahrung könnte sein, daß ich im Geist einen Farbenstreifen vor mir sehe, in dem Blaugrün und Gelbgrün nahe am Grün liegen und das Orange weiter zur Seite; oder ich sehe ein Grün vor mir, das bald ins Bläuliche bald ins Gelbliche schillert; oder ich sehe nichts vor mir und sage nur, was ich sage. (Dies wird später klarer werden. Es handelt sich darum, was sind die Paradigmen für die Verwendung des Wortes und welches die Gegenstände, auf die es angewandt wird.) – Wenn ich aber über die Ähnlichkeit von Blaugrün und Gelbgrün und die Unähnlichkeit von Blaugrün und Orange nachdenke, empfinde ich jetzt etwa bei der Vorstellung dieses Farbenpaares etwas wie Span-

nung, ich mache ein Gesicht, gleichsam als ob es mich ekelte, das Wort ›Diskrepanz‹ kommt mir in den Sinn; und beim ersten Farbenpaar mache ich ein versöhnliches Gesicht und fühle mich entspannt. Und es ist eine wichtige Tatsache, daß ich dabei ja mein Gesicht nicht sehe, sondern nur fühle.

(Beachte die große Familie der Bedeutungen des Wortes »ähnlich«.)

Es ist nun etwas Bemerkenswertes an dem Satz: daß wir sowohl geistige, als auch körperliche Anspannung darum ›Anspannung‹ nennen, weil zwischen beiden eine Ähnlichkeit bestehe. Würden wir sagen: »Wir gebrauchen das Wort ›rot‹ sowohl für ein lichtes rot wie für ein dunkles, weil eine Ähnlichkeit zwischen ihnen besteht«? – Wenn man uns fragt: »Warum nennst Du das auch ›rot‹?«, so möchten wir sagen: »Weil es auch rot *ist*«. – Hier möchte man als Erklärung vorschlagen: *›rot‹* bezeichne etwas, was dem dunkeln und dem hellen Rot *gemeinsam* sei; und wenn wir mit ›Anspannung‹ auch etwas meinten, was der geistigen und der körperlichen Anspannung gemeinsam ist, dann wäre es falsch, zu sagen, sie hießen beide ›Anspannung‹, weil sie einander ähnlich seien, und es wäre zu sagen: sie heißen ›Anspannung‹, weil Anspannung in beiden ist.

Was aber haben lichtrot und dunkelrot miteinander gemeinsam? Beim ersten Blick scheint die Antwort klar: Sie sind beide Schattierungen derselben Farbe, Rot – Aber das ist nur eine Tautologie. Fragen wir so: Was haben *diese* beiden Farben, auf die ich zeige, miteinander gemeinsam (und die eine sei ein Hellrot, die andre ein Dunkelrot)? – Die Antwort darauf könnte sein: Ich weiß nicht, was für ein Spiel Du spielst; und davon hängt es ab, ob ich sagen soll, sie *haben* etwas gemein, und was.

107 Nimm an: A zeigt B verschiedene Farbmuster und fragt ihn, was je zwei von ihnen miteinander gemeinsam haben. Als Antwort hat B auf das Muster einer *reinen* Farbe zu zeigen. Zeigt A ihm Rosa und Orange, so zeigt B auf ein reines Rot; zeigt A ihm zwei Schattierungen von bläulichem Grün, so zeigt B auf reines Blau und reines Grün, etc. Zeigte A ihm in *diesem* Spiel lichtes und dunkles Rot, so wäre die Antwort nicht zweifelhaft. Zeigte er ihm reines Rot und reines Grün, so wäre die Antwort, diese beiden hätten nichts gemeinsam. – Aber ich kann

mir leicht Umstände vorstellen, unter denen wir sagen würden, diesen beiden Farben *sei* etwas gemeinsam, und uns nicht bedenken würden zu sagen, was. –

108 Stellen wir uns einen Sprachgebrauch vor (eine Kultur), in welcher es einen gemeinsamen Namen für grün und rot, und einen für blau und gelb gibt. Denke Dir etwa, Menschen nähmen in der sie umgebenden Natur ein ständiges Übergehen von roten Färbungen in grüne und von grünen in rote wahr, und zwar so, wie wir es im Herbst an manchen Blättern sehen, die nicht zuerst gelb und dann rot werden, sondern die durch einen dunkel schillernden Ton, vom Grünen ins Rote übergehen. Ähnlich geschieht es auch mit Blauem und Gelbem, was sie um sich sehen. Wie etwa der Abendhimmel manchmal im Osten blau ist und nach Westen hin über ein helles Grau in gelb übergeht. Für diese Menschen gehören rot und grün immer zusammen. Es sind zwei Pole des Gleichen. Wollen sie in ihrer Sprache rot und grün unterscheiden, so fügen sie dem gemeinsamen Wort eines von zwei Adverbien bei, wie wir dem Wort ›Rot‹ die Worte ›hell‹ oder ›dunkel‹. Auf die Frage, ob diese beiden Färbungen (eine rote und eine grüne) etwas miteinander gemeinsam haben, sind sie geneigt zu antworten: ja, beide seien ...

108 a Umgekehrt könnte ich mir auch eine Sprache (und das heißt wieder eine Form des Lebens) denken, die zwischen Dunkelrot und Hellrot eine Kluft befestigt. etc.

Vergleiche (106) und (102): in beiden konnte die Frage lauten: »Welche Farbe haben sie gemeinsam?« und auch die Antwort die gleiche Form haben, obwohl die Fälle gänzlich verschieden sind.

109 Betrachte den Satz: »Ich meine mit ›rot‹, was diesen beiden Farben gemeinsam ist.« – Könnte denn nicht jemand diese Erklärung verstehen? – Gewiß; er würde z. B. einen Befehl, »Bring mir einen roten Gegenstand«, daraufhin zur Zufriedenheit ausführen. – Vielleicht aber bringt er mir nun einen blauen Gegenstand, und wir werden geneigt sein zu sagen: Er scheint eine Ähnlichkeit zwischen den beiden Mustern und diesem Ding zu bemerken.

(Bemerkung:) Manche Menschen, wenn sie einen Ton nachsingen sollen, den man auf dem Klavier anschlägt, singen regelmäßig die Quint des Tones. So könnte man sich eine Sprache denken, die den gleichen Namen für Grundton und Quint hat. – Denke nun, es fragt jemand: »Was haben Grundton und Quint miteinander gemein?« – Zu sagen, sie haben eine gewisse Affinität, ist natürlich keine Erklärung. (Erklärung der Affinität des ersten und zweiten Gedankens eines Sonatensatzes.)

Sollen wir sagen, die geistige und körperliche Anstrengung seien ›Anstrengungen‹ *im gleichen Sinn des Worts,* oder in verschiedenem Sinn? – Es gibt Fälle, in denen uns die Antwort auf eine solche Frage nicht zweifelhaft ist. Betrachte den folgenden Fall:

111 Jemand hat den Gebrauch der Wörter ›heller‹ und ›dunkler‹ gelernt. Er kann zum Beispiel einen Befehl ausführen »Male einen dunkleren Farbton als diesen!«, oder die Frage beantworten »Welche von diesen Farben ist dunkler?« u. s. f. – Nun sage ich zu ihm: »Ordne die Vokale a e i o u nach der Dunkelheit ihres Klanges!« – Vielleicht sieht er nur verdutzt drein und tut nichts; vielleicht aber überlegt er und ordnet nun die Vokale etwa so: i, e, a, o, u. (Dies tun tatsachlich viele Menschen.) Nun könnte man vielleicht glauben, die Vokale müßten dazu in der Vorstellung des Menschen Farben erzeugen und er ordne eben diese Farben. So verhält es sich aber nicht. Die Vokale werden, ohne Dazwischenkunft von Farbenbildern nach ihrer Dunkelheit geordnet.

Würden wir nun gefragt, ob *u wirklich* dunkler ist als *e,* so sind wir geneigt zu sagen: »Nein, – es macht nur irgendwie einen dunkleren Eindruck«.

Wir könnten nun einen, der gesagt hatte »u klinge dunkler als e«, fragen: »Was war es, das Dir dieses Wort eingab? *Warum* gebrauchst Du hier das Wort ›dunkler‹?«

Hier besteht wieder die Versuchung zu sagen: »Du mußt etwas gesehen haben, was der Beziehung, die zwischen Farben besteht, und der Beziehung, die zwischen den Lauten besteht, gemeinsam ist.« – Wenn er nun aber nichts solches angeben kann! –

Beachte die Ausdrucksweise »Du mußt . . .«. Damit will man nicht sagen: »Die Erfahrung hat mich gelehrt, daß man in solchen Fällen etwas sieht, etc.«. Aber darum sagt dieser Satz auch über die Tatsachen nichts aus. (Er schlägt eigentlich eine Darstellungsweise vor.)

112 Sagt mir nun jemand: »Ich sehe eine Ähnlichkeit zwischen dunkel hier und dunkel dort, aber ich kann nicht sagen, worin sie besteht«, so sage ich ihm: »Das charakterisiert Deine Erfahrung der Ähnlichkeit.«
Denke Dir, Du siehst auf zwei Gesichter und sagst: »Sie sind einander ähnlich, – aber ich weiß nicht, worin die Ähnlichkeit besteht«. Dann nach einer Weile sagst Du: »Jetzt weiß ich's. Ihre Augen haben die gleiche Form«. – Nun ist Deine Erfahrung der Ähnlichkeit eine andre als vorher. Das ist natürlich eine *grammatische* Bemerkung; wie *die*: »Wenn man ›näher hinsieht‹, sieht man klarer, wie der Gegenstand ausschaut; aber nicht, wie das Gesichtsbild ausschaut, das man hatte«.
Nun zu der Frage: »*Warum* gebrauchst Du hier das Wort ›dunkler‹?« – Die Antwort könnte sein: »Ich habe es nicht aus irgendeinem *Grund* gebraucht. Aber ich kann *das* sagen: ich gebrauche nicht nur *das Wort,* sondern ich gebrauche es auch im gleichen Ton und mit dem gleichen Gesichtsausdruck und der gleichen Geste, wie wenn ich es von etwas Sichtbarem sage. – So ist es auch, wenn wir von *tiefem* Schlaf, *tiefer* Traurigkeit und einem *tiefen* Wasser reden.
113 Es gibt Menschen, die unter den sieben Wochentagen fette und magere unterscheiden; und meine Erfahrung, wenn ich einen Wochentag als fett empfinde, besteht darin, daß mir das *Wort* ›fett‹ kommt, etwa mit einer Mimik der Beleibtheit, und eine gewisse Bequemlichkeit ausdrückt.
Sage nicht, dies sei nicht die eigentliche Erfahrung, denn man müßte zuerst den Tag als fett empfinden, ehe man das Wort ›fett‹ für ihn braucht und die Gebärde dazu macht. Warum *muß* man? Ist Dir eine solche frühere Erfahrung bewußt? – Und wenn nicht, – ist dieses ›muß‹ dann nicht der Ausdruck eines grammatischen Vorurteils? – Vielmehr lernst Du aus diesem und ähnlichen Fällen eine wichtige Gebrauchsart des Wortes ›empfinden‹.
Wir sind nun geneigt zu sagen, ein Vokal sei nicht *in demselben Sinne* dunkler als ein andrer, in dem eine Farbe dunkler ist, als eine andre. Denn das hieß es ja: *u* sei nicht *wirklich* dunkler als *e* etc. – Betrachte nun dieses Beispiel:
114 Wir haben jemanden die Farbnamen ›rot‹ und ›grün‹ durch

hinweisende Erklärungen verstehen gelehrt. Er kann zum Beispiel Befehle ausführen, in denen diese Wörter gebraucht werden. Ich zeige ihm nun einen Haufen von Blättern, von denen einige rötlich braun, die andern grünlich gelb gefärbt sind, und sage: »Lege die roten und die grünen Blätter auf zwei Haufen«. Er wird daraufhin vielleicht die rotbraunen und die grünlichgelben Blätter von einander scheiden. – Habe ich nun hier die Worte ›rot‹ und ›grün‹ in demselben Sinn gebraucht, wie in früheren, normalen Fällen, oder in anderem, wenn auch ähnlichem Sinn? Welche Gründe würde man für die letztere Auffassung angeben? Man kann, zum Beispiel, darauf hinweisen, daß er auf den Befehl ›Male einen roten Fleck!‹, wenn ihm alle Farben zur Verfügung stehen, gewiß keinen braunen mit einem rötlichen Stich gemalt hätte; und darum, könnte man sagen, bedeutet ›rot‹ in den beiden Fällen etwas Verschiedenes. Ich könnte aber auch sagen: »Es hat immer die gleiche Bedeutung. Die Umstände der Anwendung sind hier etwas andere.«
Als Kriterium dafür, daß das Wort zwei Bedeutungen hat, gilt uns in manchen Fällen, daß es zwei verschiedene *Erklärungen* des Wortes gibt. Wir sagen dann nicht nur, daß das Wort in zwei verschiedenen Bedeutungen verwendet wird, sondern auch, welches diese zwei Bedeutungen sind. So sagen wir das Wort ›Bank‹ habe zwei Bedeutungen, denn einmal bedeutet es *diesen* Gegenstand (eine Sitzbank) ein andermal *diesen* (die Kreditbank). Und die Gegenstände, auf die ich weise, sind hier die Muster, nach denen ich mich bei der Benützung des Wortes zu richten habe. Soll ich nun sagen, das Wort ›rot‹ habe verschiedene Bedeutungen, weil ich es auf verschiedene Farbtöne anwende? –

15 Denken wir uns diesen Fall: Irgendwo gebrauchen die Menschen die Farbwörter ›rot‹, ›grün‹, ›blau‹, ›gelb‹ stets in Verbindung mit Mustern dieser Farben, die sie bei sich tragen. Alle Muster von *Rot* haben den gleichen Ton, und ebenso wird auch nur ein Ton von Grün als Muster verwendet, etc. Ihre Farbwörter sind Zeichen, die sie mit den Händen geben, und auf jedem Mustertäfelchen ist ein solches Zeichen abgebildet. Beim Gebrauch der Zeichen sehen sie stets nach, welches Täfelchen das Zeichen trägt, das der andre gibt, und so fort. Sie gebrauchen aber diese Muster für *verschiedene* Töne von Rot, Grün, etc. Holen also auf einen

Befehl »Bring mir ein grünes Blatt!« bald dieses, bald jenes Grün und so fort.

Man wird geneigt sein, zu sagen, daß in dieser Sprache jedes der Farbwörter nur eine Bedeutung hat, und vielleicht, daß es das bedeutet, was allen roten Tönen (etc.) mit einander gemein sei. – »Aber gebrauchen sie nun ihr Muster für das, was den verschiedenen Rot gemeinsam ist, oder einfach, einmal für den
einen Ton, einmal für den andern, also ›in verschiedenen Be-
116 deutungen‹?« – Aber nimm nun an, Du brächtest auf jemandes
Befehl »Bring mir zwei rote Bücher«, ein zinnoberrotes und ein karminrotes Buch: Wie hast Du das Wort ›rot‹ des Befehles angewendet? Hast Du das darunter verstanden, was den beiden Farben gemeinsam ist, oder einfach, einmal Zinnober und einmal Karmin?

117 Denke Dir diesen Fall: Ein Volk besitzt kein Wort welches unserm ›rot‹, oder ›grün‹ etc. entspricht, sondern für jedes dieser Wörter hat es fünf verschiedene, für fünf Helligkeitsgrade der Farben. Wenn diese Leute Deutsch lernen, wundern sie sich, daß es da bloß *ein* Wort für diese fünf gibt. Würden sie nicht sagen, unser ›rot‹ habe fünf verschiedene Bedeutungen? Oder, – müssen wir nicht sagen, daß für sie unser Wort ›rot‹ fünf verschiedene Bedeutungen hat? Besonders, wenn wir uns denken, daß einer, wenn er das Wort bei uns hört, sich im Geiste alle fünf Wörter hersagt und die Farbtöne dazu vorstellt. Gewöhnte er sich aber nach und nach an unsern Sprachgebrauch, lernte er ›auf deutsch denken‹, – würden wir da nicht vielleicht sagen, er sähe nun das Gemeinsame aller jener Töne?

118 Denke Dir eine Sprache, in welcher das Wort ›rot‹, in verschiedenen Tonlagen ausgesprochen, auf verschiedene Helligkeitsgrade der Farbe angewendet wird. Hier, würden wir sagen, bedeutet es verschiedenes, je nach dem Ton, in dem es ausgesprochen wird. Aber wir könnten auch sagen: »Es bedeutet immer das gleiche, und der Ton zeigt den Helligkeitsgrad an.«

119 Denke Dir, Menschen lernten den Gebrauch der Farbwörter zuerst beim Mischen von Malfarben. Sie haben sechs Farbnäpfe: Rot, Blau, Grün, Gelb, Weiß, Schwarz. Die sechs Farbwörter lernen sie zuerst auf die sechs Farbstoffe anwenden. Sie machen dann vielfache Übungen, wie diese: es werden ihnen

einfarbige Muster gezeigt; sie müssen sagen ›aus welchen Farben diese Mischfarben bestehen‹, ›welche von diesen Mischfarben rot enthalten‹ und dergleichen. Später lernen sie Befehle wie ›Bring mir etwas Rotes‹ ausführen und zwar auch so, daß sie einen Gegenstand bringen, dessen Farbe ›genügend rot enthält‹. – Hier würde man gewiß sagen, für sie bedeutet ›rot‹, was diesen Tönen gemeinsam ist.

120 »Können wir nicht zwei Töne von Rot, sagen wir, Karmin und Zinnober, einmal als Farben *auffassen,* die rot mit einander gemein haben, einmal, einfach,– als zwei einigermaßen ähnliche Farbtöne, oder, als zwei Farbtöne, die reinem Rot ähnlich sind?« – Ja, aber in welchen Fällen würdest Du sagen, daß wir dies tun, und worin besteht dieses ›einmal so – einmal anders auffassen‹? – Wer zum Beispiel durch die Schule (119) gegangen ist, dem wird vielleicht, wenn er sagt, zwei Dinge (ein zinnoberrotes und ein karminrotes) seien beide rot, dabei eine Zerlegung von Farben vorschweben und darin kann das *Auffassen* der beiden Töne als Mischfarben bestehen, oder das Auffassen des Rot als ihr gemeinsamer Bestandteil. Wir werden später noch von dem Auffassen (oder Sehen) von Etwas als Etwas reden. Sehr verschiedene Vorgänge nennen wir so; und nicht *einen* einfachen grundlegenden Vorgang, wie unsere Ausdrucksweise uns zu glauben verleitet.

Man *kann* sagen: »Körperliche und geistige Anstrengung heißen beide so, denn das Element der Anstrengung ist in beiden«. Die Idee, das Bild, ist hier: »Anstrengung« heißt etwas, was in beiden enthalten ist. Man kann aber auch sagen: »Ich nenne beides ›Anstrengung‹, weil eine Ähnlichkeit zwischen ihnen besteht«; und man kann sich nun auf alle möglichen Ähnlichkeiten besinnen. Denke an geistige und körperliche Unruhe, oder Ruhe. Man könnte sagen, die geistige Unruhe sei eine Art körperlicher Unruhe. Ähnliches ist oft gesagt worden. (»Und Geist ist auch nur etwas am Körper« (Zarathustra). Diese Idee muß uns noch beschäftigen.) Es gibt vielleicht Menschen, die geneigt sind, sich so auszudrücken: »Ich nenne Laute und Farbiges ›heller‹ und ›dunkler‹, weil das gleiche Element in beiden Relationen vorhanden ist.«

Denke Dir, einer sagte: »*Ich* sehe in ihnen ein Gemeinsames.«

Was soll ich nun sagen? – Ich werde ihn fragen: Was ist das? – Er: »Das kann ich Dir nicht erklären, ich kann nur sagen, daß ich so etwas sehe.« – Ich: Dann sagst Du mir damit auch nichts Neues, außer, daß Du Dich eben *so* ausdrücken willst, und das ist ja vielleicht in mancher Beziehung interessant.

121 Wir könnten uns vorstellen, daß Menschen die Farbwörter je nach dem Gebiet von Gegenständen, von denen sie reden, in verschiedener Weise gebrauchten. Sie sagen von einem Pferd, es sei rot, wenn es nach unsern Begriffen braun ist mit einem leichten rötlichen Stich; sie reden von ›blauen‹ Pferden und meinen weiße mit einem bläulichen Schimmer; für Kühe sind die Begrenzungen ihrer Farbbegriffe wieder etwas anders, und wieder anders für Äpfel und Pflaumen und gebrannte Ziegeln. (Es wäre das vergleichbar damit, daß Menschen verschiedenerlei Längenmaß für Holz, Tuch, Papier, etc. haben.) Wenn ich nun ihre Ausdrucksweise lernen sollte, und von einem Pferd sagen muß, es sei blau, das ich nie anders als weiß oder weißgrau genannt hätte, so würde ich mir gewiß sagen: »Das heißt bei ihnen ›blau‹«, und obwohl ich gleichsam verstünde, daß sie das ›blau‹ nennen, so bedeutet nun ›blau‹ für mich doch etwas Neues. D. h.: Zeigt man mir zwei Farbtöne, die beide ziemlich nahe reinem Blau sind, und fragt mich, ob das Wort ›blau‹, auf diese beiden angewandt, dieselbe Bedeutung hat, so bin ich geneigt zu sagen, es hat dieselbe, und vielleicht auch: *Blau* ist das, was *beide* Gegenstände sind, das Blau ist nur einmal ein wenig mit Weiß, einmal ein wenig mit Grün ›legiert‹. (Ich sage ja auch, zwei Ketten sind aus Gold, wenn die eine etwas mehr Kupfer enthält, als die andre. Hier rede ich also von Blau als dem gemeinsamen ›Hauptbestandteil‹. Beachte den Gebrauch von ›ziemlich nahe‹; ich hätte auch sagen können ›ziemlich ähnlich‹.) Zeigt man mir aber ein solches Blau und dazu jenes weißgrau mit der Spur des bläulichen Schimmers, das die Leute ›blau‹ nannten, und fragt mich, ob ›blau‹ dasselbe bedeutet, wenn man *diese* beiden Farben ›Blau‹ nennt, – so sage ich wohl nein; und ich werde hinzufügen: »Das sind ja ganz verschiedene Farben nur mit einer leisen Verwandtschaft«. Oder: »›Blau‹ bedeutet hier eigentlich ›Weiß mit einem Stich ins Blaue‹«. Denn soll ich zeigen, welche Farbe ich ›blau‹ nenne, so werde ich nicht

auf so ein Weiß zeigen. Aber die Leute in unserem Beispiel sagen vielleicht: »Blau, bei Pferden, ist *das*, bei Pflaumen *das*, etc.«. Wenn man sie aber fragt, ob bei ihnen ›blau‹ Verschiedenes oder immer nur eines bedeutet, so kann ich mir vorstellen, daß sie antworten: »›Blau‹ heißt immer nur *blau*. Natürlich ein blaues Pferd schaut anders aus als der blaue Himmel etc.!«
Aber ich höre den Einwand: »›Blau‹ ist doch nicht die Farbe eines hellblauen oder dunkelblauen Gegenstandes, sondern es ist der *Begriff*, unter den die Farbe des Dinges fällt« oder »›Blau‹ bedeutet die *Klasse* aller blauen Farben«. ›Klasse‹ ist ein logisches Modewort, wir müssen von ihm noch reden, und es ist damit hier nichts erklärt, und ebensowenig mit der Verwendung des Wortes ›Begriff‹. Aber wir könnten aus diesem Beispiel allerdings etwas über die Biegsamkeit des Begriffes ›*Begriff*‹ lernen.
Wir haben die Idee, der Mensch, der das Wort ›blau‹ versteht, seine Bedeutung kennt, trage in seiner Seele *ein* Bild dieses Begriffes. Frage Dich aber: »Wie sieht dieses Bild aus?« – Von dieser Metapher ausgehend kann man aber sagen: Das Wort hat für Dich *eine* Bedeutung, wenn Du geneigt bist, Dir selbst nur *eine* hinweisende Erklärung des Wortes zu geben. (Lernst Du also die Sprache der Leute im Beispiel (121) und memorierst die Farbtöne, die diese ›blau‹ nennen, so bedeutet das Wort einmal *das*, einmal *das*.)
Wir konnten nicht entscheiden, ob im Beispiel (114) ›rot‹ nur eine, oder zwei Bedeutungen habe, – aber nehmen wir an, der, dem ich den Befehl gebe, sagt: »Es sind zwar hier keine roten und grünen Blätter, aber ich verstehe Dich«, und darauf sortiert er sie. Oder: er hat sonst Befehle von der Art, »Sortiere diese Gegenstände etc.«, ohne sich zu bedenken ausgeführt; als ich ihm aber den gab, die Blätter zu sortieren, sah er zuerst auf den Blätterhaufen und stutzte; dann fing er an, rötlich braune und grünlich gelbe zu sortieren. – Oder er besinnt sich einen Augenblick und sagt zu sich selbst: »Er meint wohl *diese*«, dabei blickt er auf ein rotbraunes, ein grüngelbes Blatt, dann sortiert er. – Dies, können wir sagen, bedeutet, daß jene Blätter für ihn nicht in demselben Sinne ›grün‹ und ›rot‹ sind wie die Dinge, die früher so genannt wurden. – Befolgt er anderseits meinen Be-

fehl ohne das geringste Bedenken, ›als wäre es ganz selbstverständlich‹, daß ich diese Worte hier gebrauche, so liegt es nahe, zu sagen, sie haben für ihn auch in diesem Befehl ihre alte Bedeutung. – Wollte man aber sagen: »Also müssen sie – der, welcher sich erst besinnen mußte, und der andere, welcher den Befehl wie selbstverständlich ausführte – verschiedene Bilder der Begriffe in ihrer Seele getragen haben«, – so würde ich antworten: »Was Du sagst, kann eine Hypothese sein zur Erklärung der Tatsachen, die ich beschrieben habe, oder auch ein *Gleichnis*, unter welchem du diese Tatsachen darstellst; aber es ist nicht etwas, was aus den Tatsachen *folgt*.«

123 Denke Dir nun diesen Fall: Jemand hat wie in Beispiel (111) den Gebrauch von ›heller‹ und ›dunkler‹ gelernt. Ich gebe ihm die Aufgabe, beliebige Gegenstände in Reihen zu ordnen nach ihrer Helligkeit. Er tut dies, indem er eine Reihe von Büchern legt, eine Reihe von Tiernamen aufschreibt, und endlich schreibt er noch die Reihe ›i, e, a, o, u‹. Ich frage ihn, weshalb er diese Reihe hingeschrieben hat, und er antwortet: »*i* ist doch heller als *e*, und *e* ist heller als *a*, und *a* ist heller als *o*!« – Ich werde über diese Idee erstaunt sein, und doch sagen müssen, es ist etwas daran. Vielleicht sage ich ihm: »Aber *i* ist doch nicht *in der Weise* heller als *e*, wie *das* Buch heller ist als *das!*«. Aber er versteht das nicht, zuckt mit den Achseln, und sagt: »Aber *i* ist doch heller als *e*?« –

Wir werden geneigt sein, diesen Fall als eine ›Abnormität‹ zu betrachten, und zu sagen: »Er muß irgendein Organ haben, mit dem er *sowohl* farbige Dinge als auch Laute als heller und dunkler empfindet. Und ›heller‹ und ›dunkler‹ haben also für ihn eigentlich eine andere Bedeutung als für uns. Und wenn wir unsre Idee ganz ans Licht ziehen, so sieht sie etwa *so* aus: Der normale Mensch registriert Helligkeit und Dunkelheit von Farben auf *einem* Instrument (der Seele, oder des Gehirns) und das, was man ›Helligkeit und Dunkelheit von Lauten‹ nennen kann, auf einem andern (in dem Sinne, in welchem wir sagen können, Strahlen zwischen gewissen Wellenlängen nähmen wir mit den Augen wahr, andere mit unserm Temperatursinn.) Das Subjekt in (123) aber, möchten wir sagen, ordnet Farben und Laute nach den Ausschlägen *desselben* Instruments (wie eine photographische Platte ein Register von Wellenlängen anzeigt, zu dessen Wahrnehmung wir *zwei* Sinnesorgane brauchen).

Dieses Bild, ungefähr, liegt hinter unserer Idee, in (123) müsse das Subjekt die Worte ›heller‹ und ›dunkler‹ anders *verstehen* als wir. Auf der andern Seite aber wissen wir in diesem Fall nichts von der Existenz eines besondern Instrumentes, und die Annahme, ein solches existiere, kann nur eine Hypothese (und vielleicht eine ganz unnütze) sein, oder ein Bild, mit dem wir die Tatsachen einprägsamer darstellen.

»Er gebraucht doch gewiß ›heller‹ in einem andern Sinn, wenn er sagt, i sei heller als e!« – Unterscheidest Du hier zwischen dem Sinn, in welchem er das Wort gebraucht, und der Art der Anwendung? D. h., willst Du sagen, wenn einer das Wort so gebraucht, wie er, müsse neben den offenbaren Unterschieden des Gebrauchs noch ein anderer bestehen, und zwar einer, der im seelischen Vorgang beim Gebrauch des Wortes liegt? – Denke hier zum Beispiel an das, was in der Betrachtung (116) und (120) gesagt wurde. – Oder willst Du nur sagen, der Gebrauch von ›lichter‹ in diesem Satz sei doch gewiß ein andrer, als der im Satz »Dieser Topf ist heller als *der*«. Aber ist diese Verschiedenheit noch etwas außer den Verschiedenheiten im Besondern? Diese sind unzählig; hinsehen und hinhören; Farben malen, Laute aussprechen; etc. Und ferner, wenn ich in (111) dem Schüler sage, »Jetzt ordne die fünf Vokale nach ihrer Dunkelheit«, so werde ich wohl dabei ein besonderes Gesicht machen (vielleicht ein verschmitztes) und es in besonderem Ton sagen (etwa zögernd); und *diesem Ausdruck der Stimme, des Gesichts und etwa der Gebärde* entspricht es, wenn ich zum Beispiel sage: »Sie sind freilich nicht *eigentlich* hell und dunkel«, oder, »Man kann gleichsam hellere und dunklere unterscheiden«, oder die Äußerungen in (122). Es verhält sich mit den Erlebnissen der Unähnlichkeit, wie mit denen der Ähnlichkeit.

124 A.: »Körper und Laute sind bald heller, bald dunkler«. – B.: »Aber doch Körper und Laute nicht im selben *Sinn*! Körper siehst du und Laute siehst du nicht; *i* ist doch nicht heller als *a*, wie dieses Buch heller ist als *das*!« – A.: »Ich sage ja nicht, daß ich die Laute *ansehen* kann, oder auf den Tisch stellen, sondern nur, daß sie auch heller und dunkler sind.« – B.: »Dann

meinst du mit ›heller‹ und ›dunkler‹ etwas anderes als ich.« – Ja, – wenn das Kriterium für das, was A ›meint‹, in dem liegen soll, was er bei so einer Gelegenheit sagt. – Worauf aber *schließt* B, wenn er sagt »*Dann* meinst du ...«? – Er schließt auf gar nichts, oder in unbestimmter Weise darauf, daß sich wohl auch andere Unterschiede zwischen der Auffassung des A und der seinen finden werden. (Wie etwa, wenn man sagt: »Du hättest bei dieser Gelegenheit *so* gehandelt? Dann mußt Du ein ganz anderer Mensch sein als ich«.)

»Aber nehme ich denn nicht wahr, daß die Relation ›lichter‹ (oder ›dunkler‹) zwischen Farbigem eine andre ist, als die Relation ›lichter‹ zwischen Lauten, – *so* wie ich wahrnehme, daß die Relation ›lichter‹ zwischen *i* und *e* die *gleiche* ist, wie zwischen *e* und *a*?« Aber unter Umständen werden wir auch geneigt sein in *diesem* Fall von verschiedenen Relationen zu reden. Man könnte sagen: »Es kommt drauf an, wie man sie vergleicht«.

125 Stellen wir die Frage: – »Sollen wir sagen, daß die beiden Pfeile, ⟶ und ⟵, in verschiedenen Richtungen weisen, oder in der gleichen?« – Auf den ersten Blick sagt man, »Natürlich in verschiedenen.« – Aber sieh die Sache *so* an: Wenn ich in den Spiegel sehe und sehe das Spiegelbild eines *Gesichtes*, so kann das das Kennzeichen dafür sein, daß ich meinen eigenen Kopf im Spiegel sehe; sähe ich anderseits im Spiegel einen Hinterkopf so könnte ich sagen: »Es kann nicht mein Kopf sein, es ist einer, der in entgegengesetzter Richtung schaut«. *So* könnte ich sagen: ein Pfeil und das Spiegelbild eines Pfeiles zeigen in *gleicher* Richtung, wenn ihre Spitzen einander zugekehrt sind, und in entgegengesetzter, wenn die Spitze des einen der Feder des andern zugekehrt ist. – Nimm an, jemand hatte den gewöhnlichen Gebrauch des Wortes ›gleich‹ gelernt in den Verbindungen: ›die gleiche Farbe‹, ›die gleiche Form‹, ›die gleiche Länge‹; er kennt auch den Gebrauch des Wortes ›gerichtet‹ in Verbindungen wie ›der Pfeil ist auf den Baum gerichtet‹. – Nun zeigen wir ihm die zwei Paare von Pfeilen:

⟶ ⟵

und ⟶ ⟶, und fragen ihn, von welchen zweien er sagen möchte, sie seien ›*gleich gerichtet*‹. – Wenn nun gewisse Anwendungen in seinen Gedanken obenauf liegen, ist es da nicht leicht vorzustellen, daß er vom *ersten* Paar sagen wird, sie seien *gleich* gerichtet? (Insbesondere könnte ich mir vorstellen, daß er sich weigert die Pfeile

⟶

⟶

als ›gleich gerichtet‹ zu bezeichnen, da es keine Stelle gibt, auf die sie beide zeigen.)

(Vielleicht wendet man ein: »Wenn man *das* unter ›Richtung‹ und *das* unter ›gleich‹ versteht, dann kann man nur *das* als ›gleiche Richtungen‹ bezeichnen.« – Ebenso ist man versucht zu sagen: »Wenn man *das* unter der Negation versteht und *das* unter der Bejahung, so gibt eine doppelte Negation eine Bejahung.« Von dem Fehler in dieser Auffassung müssen wir noch sprechen.)

126 Wenn wir eine Tonleiter hören, sagen wir, daß nach je sieben Tönen der gleiche Ton wiederkehrt. Wenn einer gefragt würde, warum er das den ›gleichen‹ Ton nennt, so würde er vielleicht antworten: »Es ist wieder ein C«. Aber das ist nicht, was ich hören möchte, denn ich frage: »Warum nennt man diesen Ton wieder ›C‹?« – Darauf wäre die Antwort vielleicht: »Hörst Du denn nicht, daß es derselbe Ton ist, nur um eine Oktave höher?!« – Auch hier könnten wir uns vorstellen, jemandem sei der Gebrauch des Wortes ›gleich‹ gelehrt worden wie in (125), und nun werde ihm die C-Dur-Tonleiter vorgespielt und er gefragt, ob etwa die ›gleichen Töne‹ in ihr immer wiederkehren. Und wir können uns leicht verschiedene Antworten auf diese Frage vorstellen. (Vergleiche (110).)

Wenn wir den Versuch mit zwei Menschen, A und B machen, und A braucht ›gleich‹ für jeden achten Ton und B auch für die Dominante jedes Tons, – können wir sagen: A und B hören Verschiedenes? – Wenn wir dies sagen, so laß uns klar sein, ob wir behaupten wollen, es müsse eine Verschiedenheit bestehen, noch außer der, die der Versuch gezeigt hat.

127 Unsere Erörterungen hängen mit folgendem Problem zusammen: Nimm an, wir haben jemanden gelehrt, Zahlenreihen anzuschreiben nach Regeln von der Form »Mache jede folgende Zahl um n größer«. Wir geben den Befehl, eine solche Reihe anzuschreiben in der abgekürzten Form »Addiere immer n!«.

Die Zahlzeichen in diesem Spiel sind Gruppen von Strichen: |, ||, |||, ||||, etc. – Wenn ich sage, wir haben jemand dieses Spiel gelehrt, so meine ich natürlich, wir haben ihm einerseits Erklärungen allgemeiner Art gegeben, und Übungsbeispiele mit ihm gemacht. Diese Beispiele hätten sich zum Beispiel im Zahlenraum bis 86 bewegt. – Wir geben ihm nun einmal den Befehl »Addiere immer 1!« und beobachten, daß er von 90 an, wie wir sagen würden, immer 2, und von 180 an immer 3 addiert. Wir weisen ihn zurecht und sagen: »Ich habe Dir gesagt ›addiere 1‹; schau doch, wie Du die Reihe bis 90 geschrieben hast!« – Nimm an, der Schüler sagt, auf die Zahlen 92, 94, etc. weisend: »Ich bin doch in der gleichen Weise weiter gegangen Ich dachte, so *sollte* ich's machen.« – Es würde uns nun nichts nützen, zu sagen: »Aber siehst Du denn nicht ...?« und ihm die alten Erklärungen und Beispiele wieder vorzuführen. – Wir könnten in so einem Fall sagen: Dieser Mensch versteht von Natur aus jenen Befehl (auf unsere Erklärungen und Beispiele hin) so, wie *wir* den Befehl auffassen würden: »Addiere bis 90 immer 1, bis 180 immer 2, etc.!«.

128 (Dieser Fall hätte eine Ähnlichkeit mit dem, daß ein Mensch, von Natur aus, auf eine zeigende Gebärde damit reagiert, daß er in der Richtung von der Fingerspitze zur Hand schaut. Verstehen ist hier reagieren.)

129 »Was Du sagst, läuft also darauf hinaus, es sei, um den Befehl ›addiere immer 1‹ richtig zu befolgen, bei jedem Schritt eine neue Einsicht, Intuition, nötig.« – Aber was heißt es, ›den Befehl richtig ausführen‹? Wie, und wann soll es entschieden werden, welches an einem bestimmten Punkt der *richtige* Schritt ist? – »Der richtige Schritt ist überall derjenige, der mit dem Befehl, wie er *gemeint* ist, übereinstimmt.« – Das heißt wohl: als Du ihm den Befehl gabst »Addiere immer 1!«, da hast Du *gemeint,* er soll nach 90 91 schreiben, und nach 290 291, und nach 1041 1042 und so fort. Aber wie hast Du damals das alles meinen können? Ja, eine unendliche Anzahl Meinungen!? – Oder würdest Du sagen: es habe nur *ein* Meinen stattgefunden, aus welchem aber jede der besonderen Meinungen ihres Orts folgt? – Aber ist denn nicht die Frage eben: *was folgt* aus der allgemeinen Regel? – »Ich habe aber, als ich den Befehl gab,

doch schon gewußt, daß er nach ›90‹ ›91‹ schreiben soll.« – Du wirst von der Grammatik des Wortes ›wissen‹ irregeführt. War dieses Wissen ein seelischer Akt, durch welchen Du den Übergang von 90 auf 91 ausführtest, als Du den Befehl gabst, d. h.: ein Akt vergleichbar dem Aussprechen des Satzes: ›Nach 90 soll er 91 schreiben‹? Wenn ja, so frage Dich, wieviele solcher Akte Du ausgeführt hast, als Du den Befehl gabst. – Oder meinst Du mit dem Wissen eine Disposition zu gewissen Denkhandlungen – dann kann nur die Erfahrung zeigen, wozu es eine Disposition ist. – »Aber hätte man mich gefragt, welche Zahl er nach 1568 schreiben soll, so hätte ich geantwortet 1569«. – Ich zweifle vielleicht auch nicht daran, – aber es ist doch eine *Hypothese*; vergleichbar der, daß Du den N aus dem Wasser gezogen hättest, wenn er hineingestürzt wäre. – Ich glaube Deine Idee ist die, daß Du in dem geheimnisvollen Vorgang des Meinens, der Intention, alle Übergänge irgendwie schon gemacht hast, ohne sie *wirklich* zu machen. Deine Seele fliegt gleichsam voran und macht die Übergänge, ehe Dein Körper noch dort angelangt ist. – Diese merkwürdige und uns immer wieder begegnende Idee hängt zusammen mit dem Gebrauch der Vergangenheitsform des Wortes »meinen«, – wenn wir sagen: »Ich meinte, Du solltest nach ›90‹ ›91‹ schreiben«. Diese Vergangenheitsform scheint zu sagen, daß damals ein besonderer Akt des Meinens stattgefunden habe bezüglich der Folge dieser Zahlen; in Wirklichkeit aber bezieht sich dieser Satz auf keinen solchen Vorgang. Man könnte die Vergangenheitsform durch diese Umformung des Satzes erklären: »Hättest Du mich damals gefragt, welcher Übergang an dieser Stelle der Intention meines Befehls entspricht, so hätte ich geantwortet . . .«. Aber dies ist eine Hypothese. (Vergleiche die Bemerkung über das Geführtwerden auf S. 189: »Es kann aber . . .«.)
Denke an diesen Fall: »Als ich von Strauß sprach, meinte ich den Komponisten der ›Fledermaus‹.« – Bedeutet das: ich habe, als ich ihn meinte, daran gedacht, daß er der Komponist der ›Fledermaus‹ ist?
130 Wenn wir sagen: »Nach dem *Sinne des Befehls* sollte er auf ›90‹ ›91‹ schreiben«, so erscheint es, als eilte dieser Sinn wie ein Schatten dem Befehl voraus, und alle Übergänge seien im Sinne

in schattenhafter Weise schon gemacht. – Aber wenn so die Übergänge in schattenhafter Weise gemacht worden sind, – welcher Schatten vermittelt die Übergänge von diesen Schatten-Übergängen zu den wirklichen? – Wenn die *Worte* des Befehls die Übergänge von einer Zahl zur nächsten nicht vorausnehmen konnten, so konnte es auch kein seelischer Akt, der diese Worte begleitet.

In der Philosophie begegnen Dir eine Unmenge solcher ätherischer Gebilde.

Es spukt in der Philosophie überall von solchen schattenhaften Gebilden. Ihre Vorstellung drängt sich uns auf als Erklärung gewisser sprachlicher Formen. (Sie sind die Erzeugnisse einer unverstandenen Sprachlogik.)

131 Es ist nicht ein Akt der Einsicht, der uns die Regel »Addiere immer 1« bei jedem Schritt so anwenden läßt, wie wir sie eben anwenden. (Es sei denn, daß es *im besondern Fall* ein Akt der Einsicht wäre. Ich sage etwa: »Ach Du meinst, ich solle jede Zahl um 1 größer machen als die vorige!«) Eher noch könnte man von einem Akt der Entscheidung reden. Aber auch das wäre irreführend, denn es findet kein Deliberieren statt, sondern wir schreiben etwas hin, oder sprechen etwas aus. – Wir wollen hier – wie in tausend andern Fällen – es nicht wahr haben, daß die Kette der *Gründe* zu einem Ende kommt.

132 Nun vergleiche diese beiden Sätze: »Es heißt doch gewiß, die Regel ›addiere immer 1‹ jetzt in anderem Sinn gebrauchen, wenn Du nach ›90‹ fortfährst ›92, 94, 96 . . .‹«, und »Es heißt doch gewiß, das Wort ›dunkler‹ in einem andern Sinn gebrauchen, wenn Du es jetzt auf Laute anwendest, und früher auf Farbiges«. – Das kommt drauf an, was Du ›einen andern Sinn‹ nennst. – Aber ich sage auch, Laute seien »in einem andern Sinn ›heller‹ und ›dunkler‹«, als farbige Gegenstände; und ich schreibe auch in der Reihe ›addiere immer 1‹ nach ›90‹: ›91, 92, 93 . . .‹. – Nicht mit einer bestimmten Rechtfertigung, – oder nicht *notwendig* mit einer bestimmten Rechtfertigung.

133 Es ist eine sehr gewöhnliche verbreitete Denkkrankheit, hinter allen Handlungen der Menschen Zustände der Seele zu postulieren, aus denen die Handlungen ›entspringen‹. Es entstehen so die Scheinerklärungen von der Art: Diese Handlung

entspringe aus dem Charakter des Menschen, das Benehmen aus dem Volkscharakter, etc., etc. (Es beruhigt uns eben, etwas zu sagen, was die Form der Erklärung hat.) – Nimm an, jemand sagte: »Die Mode ändert sich, weil der Geschmack der Menschen sich ändert.« – Wenn nun ein Schneider heuer einen andern Schnitt des Frackes entwirft als im vorigen Jahr, warum soll da, was wir die Änderung seines Geschmacks nennen, nicht zum Teil, oder ganz, eben darin bestehen, daß er den Schnitt ändert?

Aber wir sagen: »Einen neuen Schnitt zeichnen ist doch nicht, seinen Geschmack ändern, so wie, etwas sagen, nicht heißt, es meinen. Es müssen bestimmte Empfindungen, seelische Vorgänge, das Zeichnen, und Sprechen, begleiten. – Es ist doch offenbar möglich, daß einer einen neuen Schnitt zeichnet, ohne seinen Geschmack geändert zu haben; so wie er etwas sagen kann, ohne es zu meinen.« Und das ist gewiß wahr. Aber es folgt daraus nicht, daß unter bestimmten Umständen das unterscheidende Merkmal einer Geschmacksänderung nicht einfach darin besteht, daß er jetzt etwas anderes zeichnet als vor einem Jahr. (Siehe das Beispiel 66) – Übrigens ist ja selbstverständlich, daß es bei diesem Zeichnen mannigfache Empfindungen und seelische Vorgänge geben wird. – Und ist, in einem Fall was er zeichnet, *nicht* das Kriterium der Geschmacksänderung, so folgt nun nicht: daß es eine Veränderung in einer Region seiner Seele – sozusagen einem Geschmackszentrum – ist.

Wir gebrauchen das Wort ›Geschmack‹ nicht zur Bezeichnung einer Empfindung. Dies aber anzunehmen heißt, die Praxis unserer Sprache in einer falschen Vereinfachung darzustellen. Durch eine Darstellung des Gebrauchs unserer Worte in falscher Vereinfachung entstehen eine große Zahl der philosophischen Probleme. (Denke etwa an die Idee: die Eigenschaften eines Dings seien Ingredienzen, die in ihm enthalten sind. Die Schönheit sei im Schönen enthalten; wie der Alkohol im Alkoholischen.)

134 Wenn immer wir es in diesen Untersuchungen mit Ausdrücken zu tun haben, die, wie man sagen würde, seelische Vorgänge oder Zustände beschreiben, mit Ausdrücken also wie ›einen Satz in dem und dem Sinne meinen‹, ›auffassen‹, ›eine Absicht haben‹, ›von etwas überzeugt sein‹, ›etwas glauben‹,

›annehmen‹, ›bezweifeln‹, ›wünschen‹, ›hoffen‹, etc., ist es klärend, in unseren Betrachtungen statt des Meinens, Glaubens, Zweifelns und so fort den Tonfall, die Gebärde, den Gesichtsausdruck zu substituieren, die für jene seelischen Vorgänge charakteristisch sind.

Stellen wir diese Betrachtung an: William James spricht irgendwo[2] davon, daß wir mit den Worten ›wenn‹, ›und‹, ›nicht‹ bestimmte Gefühle verbänden, daß man also von einem ›Wenn – Gefühl‹ reden könnte, etc. Diese Gefühle sollen die Bedeutungen jener Wörter erklären. – Wie kommt man nun auf die Idee, daß es solche Gefühle gibt? – Nun, man spricht sich einen Satz vor, zum Beispiel, »Wenn es heute regnet, kann ich nicht ausgehen«, und beobachtet, was da geschieht. Wenn Du das nun tust, so wirst Du gleich merken, daß das ›Wenn-Gefühl‹ nicht immer ›gleich stark‹ ist. Du bist vielleicht geneigt zu sagen, daß Du den Satz einmal mehr, einmal weniger mechanisch aussprichst. – Aber denke doch daran, wie Du ihn aussprichst, wenn Du ihn praktisch gebrauchst. Denn im praktischen Gebrauch erfüllt er doch wohl seine eigentliche Funktion. Du wirst sehen, daß Du ihn da bei verschiedenen Gelegenheiten sehr verschieden aussprichst und daß das Wenn-Gefühl nicht bloß der Stärke nach variiert. Und ferner: Du wirst sehen, daß, was Du dieses Gefühl nennst, mit einem bestimmten Tonfall, einer Gebärde, einem Gesichtsausdruck, verbunden ist; änderst Du den Tonfall, so ändert sich das Gefühl, denn es ist, mindestens zum Teil, das Gefühl das Erlebnis dieses Tonfalls. Mache dies Experiment: Sage den Wenn-Satz und schüttle dazu *verneinend* den Kopf.

Wenn uns nun nicht eine falsche Auffassung der Grammatik des Wortes ›Bedeutung‹ verführt, daß wir glauben, es *müsse ein* Wenn-Gefühl geben, so werden wir nun sagen: Es gibt Wenn-Gefühle und zwar in dem Sinne, in dem es Wenn-Gebärden gibt, und Wenn-Tonfälle. Diese sind für den Gebrauch des Wortes ›wenn‹ charakteristisch, insofern wir das Wort oft in dieser Weise aussprechen. Aber sie können auch ganz fehlen und das Wort doch vollgültig gebraucht sein.

So nun verhält es sich auch mit dem Gebrauch der Wörter

2 *The Principles of Psychology*, New York, 1890, Bd. I, S. 245.

›meinen‹, ›glauben‹, ›intendieren‹ etc.: eine falsche – falsch vereinfachte – Auffassung ihrer Bedeutung, das heißt ihrer Grammatik, verleitet uns, zu denken, es müsse dem Wort ein bestimmtes charakteristisches Erlebnis entsprechen. Und auch hier macht man etwa den Versuch, sagt sich einen Satz vor, etwa »Ich glaube, es wird heute regnen«, beobachtet sich und denkt: »Nun, es geht doch etwas Bestimmtes dabei vor, wenn ich etwas glaube«. Aber auch hier sieh weg von diesem experimentellen Aussprechen des Satzes und denke daran, wie Du ihn für praktische Zwecke aussprichst. Geht da wirklich immer das Gleiche vor? Und nun sieh auf Dein Experiment und frage Dich, ob, was da vorgegangen ist, nicht wieder mit der besonderen Art und Weise verknüpft ist, wie Du den Satz ausgesprochen hast. Ja wenn Du so ein Experiment machst, so mimst Du ja das Glauben, und wie tust Du es? Du machst einen gewissen Tonfall nach, ein Gesicht, eine Gebärde. (Vergleiche (86)) Es verhält sich mit dem Erlebnis des Meinens, der Überzeugung etc. ganz so wie mit dem Wenn-Gefühl.

135 Wir sprechen von einem ›Ton der Überzeugung‹, und das täten wir nicht, wenn dieser Ton für das Überzeugtsein nicht irgendwie charakteristisch wäre. – Aber es ist auch klar, daß nicht alles diesen Ton hat, was mit Überzeugung gesagt wird und daß manches ihn hat, was nicht mit Überzeugung gesagt wird. – »Ganz richtig,« sagst Du nun, das zeigt, daß Überzeugtsein eben etwas anderes ist, als im Ton der Überzeugung reden. Und da es auch etwas anderes ist, als mit einer bestimmten Gebärde reden, etc., so ist es eben eine spezifische Erfahrung, die zwar manchmal von solchen Äußerungen begleitet wird, aber mit ihnen nicht zu verwechseln ist.« – Aber *deswegen* ist es doch keine spezifische Erfahrung! Und *ist* es denn eine? – Denn es ›*muß*‹ nun keine sein. – Denke Dir, Du verstündest das Wort ›rot‹ nicht, und jemand sagt Dir, ›rot‹ bedeute eine spezifische Erfahrung. Da wirst Du fragen: ›Welche?‹ Und so ist es auch keine Erklärung zu sagen, Überzeugung sei eine bestimmte Erfahrung. Die Frage ist: Welche? *Wenn* Du eine Erfahrung so nennst, welche ist es? – Und willst Du diese Frage beantworten, so siehst Du bald, daß Du das Wort gar nicht zur Bezeichnung *einer* Erfahrung gebrauchst.

136 Wenn wir nachsehen wollen, welche besondere Erfahrung die der Überzeugung ist, geschieht es uns so, wie wenn wir nach der spezifischen Erfahrung des Lesens suchen. (Siehe S. 180) Wir fixieren unsere Aufmerksamkeit auf die Empfindung in einem besonderen Fall und glauben, hier haben wir die spezifische Erfahrung. – Wenn ich mir zum Beispiel sage: »Ich bin überzeugt, daß binnen fünf Jahren ein fürchterlicher Krieg ausbricht«, so finde ich, ich empfinde ein schweres, drückendes Gefühl in der Magengegend. Und wäre dies nicht meine Überzeugung, so hätte ich es nicht. Aber nun denke ich mir, daß ich sagte: »Ich bin überzeugt, das Wetter wird heute schön bleiben«. Auch da habe ich ein Gefühl, das nicht wäre, wenn ich nicht überzeugt wäre, – aber wo ist das Gemeinsame? Such es und sieh ob es da ist, und was es etwa ist! Nur glaub' nicht, es müsse da sein. Eines ist freilich gemeinsam: dieselben Worte; und das ist ja schon viel, und mit ihnen geht vielleicht auch ein etwas ähnlicher Ton. – Vergleiche übrigens mit den Empfindungen, die in den zwei obigen Fällen für die Überzeugung charakteristisch sind, die Erfahrungen, die mit dem Satz gehen: »Ich bin überzeugt, in dieser Rechnung ist ein Fehler!« »Aber warum gebrauchen wir dann in diesen verschiedenen Fällen das gleiche Wort?« – Die Spiele, die wir mit ihm spielten, haben eine gewisse Ähnlichkeit. – Und auch die Empfindungen, die den Gebrauch des Wortes begleiten, haben eine *gewisse Ähnlichkeit.* – Denke, in welchen Sprachspielen Du etwa den Ausdruck »ich bin überzeugt, daß ...« lernen könntest. (Vergleiche S. 166) Denken wir auch daran, wie man etwa ein Kind das Wort ›sicher‹ oder ›gewiß‹ lehrt; man sagt ihm etwa: »Er kommt ganz sicher!« und dabei spielt der Tonfall der Worte die größte Rolle, und auch Gebärde und Miene. Das Wort ist vor allem der Träger dieses Tonfalls.

137 Laß uns eine Analogie betrachten aus dem Gebiet des Gesichtsausdrucks. Denke, es wäre die Frage: Was ist der charakteristische Zug eines freundlichen Gesichts? Zuerst nimmt man vielleicht an, daß es gewisse ›freundliche Züge‹ gibt, deren jeder ein Gesicht bis zu einem gewissen Grade freundlich macht, und je mehr solche Züge vorhanden sind, desto freundlicher ist das Gesicht. Auch deutet darauf hin unsere Ausdrucksweise, wir

sprechen von ›freundlichen Augen‹, einem ›freundlichen Mund‹ etc. Aber es ist unschwer zu sehen, daß der ›freundliche Mund‹ *unter bestimmten Umständen* – und das heißt hier: zusammen mit bestimmten andern Zügen des Gesichts zum Beispiel Runzeln der Stirn etc. – nicht freundlich, ja unfreundlich, aussehen kann. (Ein freundliches und ein unfreundliches Grinsen muß sich nicht im Mund unterscheiden. Betrachte Strichgesichter wie:   Sage nicht, was dem rechten für uns keinen freundlichen Ausdruck gebe, sei eine Assoziation! Es ist gleichgültig, was den Eindruck verursacht. Es ist auch gewiß wahr: diese Gruppen von Punkten und Strichen hätten für uns gar keinen ›Ausdruck‹, wenn wir dieses Schema nicht vom Gesicht des Menschen her kennten. Aber das ist hier auch gleichgültig: Nun *haben* sie Ausdruck, und wenn wir sie anschauen, so sehen wir nur *sie* und stellen uns nicht etwa ein Gesicht von Fleisch und Blut dahinter vor. Wir können also diese Strichgesichter – und das ist für folgende Betrachtungen wichtig – als autonome Gebilde mit Gesichtsausdruck ansehen, die diesen, von nirgends anders her borgen.)
Aber wenn es sich nun so verhält, ist es da nicht unrichtig von einem ›freundlichen Mund‹, und dergleichen, zu reden? – Sehen wir noch eine Redewendung an, die wir oft brauchen: »Es ist der *Mund*, der dieses Gesicht so freundlich macht«. Das heißt doch ungefähr: »Wäre der Mund anders, so hätte das Gesicht nicht den freundlichen Ausdruck«. Aber das könnte man ja auch von den andern Zügen sagen! Wären sie anders, so hätte er den freundlichen Ausdruck auch nicht; auch mit diesem Mund. – Aber darum ist es doch nicht unsinnig, zu sagen, es sei der Mund, der das Gesicht freundlich mache: Wir denken eben hier an eine bestimmte, verhältnismäßig einfache, Veränderung des Gesichts, die seinen Ausdruck ins Gegenteil verwandeln würde. Und ferner lenkt dieser Zug, wenn wir das Gesicht betrachten, besonders unsere Aufmerksamkeit auf sich. Auch: Halten wir uns die übrigen Züge des Gesichts weg, so stellen wir uns automatisch ein freundliches Gesicht zu diesem Mund vor, – obwohl auch das Gegenteil möglich wäre. (Ähnlich sagen wir auch »Es ist *dieses* Wort, was dem Satz seine Kraft« gibt. etc., etc.)

Es gibt eine große Familie freundlicher Gesichter; von dieser Familie ist, sozusagen, ein wichtiger Zweig durch den ›freundlichen Mund‹ gekennzeichnet, ein anderer, durch die ›freundlichen Augen‹, etc. Aber in der großen Familie boshafter Gesichter kann *auch* dieser Mund vorkommen, und auch diese Augen. Und zwar wirkt der ›freundliche Mund‹ hier nicht freundlich: so daß seine Freundlichkeit etwa nur von der Bosheit der andern Züge übertönt würde. Wir sagen auch, »der lächelnde Mund wird von den Augen Lügen gestraft«, und nicht, das Gesicht sei eigentlich doch nicht so unfreundlich, da doch immerhin der Mund lächle.

138 Sehr verschiedene Züge machen eine Äußerung zum Ausdruck der Überzeugung. Es gibt da Gefühle, wie die in den Beispielen (136) und Gefühle die mit dem Ton, der Miene, einer charakteristischen Körperhaltung, einer Geste der Überzeugung verbunden sind – aber er muß gar keine solchen für das Überzeugtsein charakteristischen Erlebnisse haben, *während* er die Überzeugung ausdrückt! Und was das Überzeugtsein ausmacht, kann darin liegen, was er vor- und nachher *tut.* Und daß das Tun von *allerlei* Gefühlen begleitet ist, ist wieder selbstverständlich.

»Das Erlebnis des Tons, der Miene etc. kannst Du doch nicht ›für das Überzeugtsein charakteristisch‹ nennen, da sie eben von andern Erlebnissen Lügen gestraft werden können.‹ – Aber in diesem und jenem Fall *werden* sie eben hier von etwas anderm Lügen gestraft, und hier sind sie das hervorstechende Merkmal der Überzeugung. – Wie in *diesem* Gesicht der freundliche Mund der hervortretend freundliche Zug. Gewiß, das Reden in dieser Weise macht das Überzeugtsein nicht aus; aber wenn Du mich fragst: »Was für ein Erlebnis hattest Du da, als Du mit Überzeugung sagtest: ...« so werde ich vielleicht sagen müssen: »Ich blickte vor mich hin, sprach in *diesem* Ton, (etc.)«; wenn auch dieses Erlebnis das Überzeugtsein nur in der besonderen Situation, mit dem was vorher- und nachherging und in der Abwesenheit gewisser anderer Tendenzen, charakterisierte, – »Aber man sagt doch oft: ›Ich habe mit dem Gefühl der Überzeugung gesprochen‹. – Nun, welches Gefühl ist das?« – Stelle Dir solche Fälle vor! darin wirst Du es vielleicht finden. – *Ich* denke da hauptsächlich an ein Gefühl im Gesicht (ein Gefühl des Gesichtsausdrucks) – an ein Gefühl in der Brust (ein Gefühl der Atmung). Hier ist es wieder nützlich, sich zu fragen: »*Wann* habe ich das Gefühl der Überzeugung?« Denn vergiß nicht, daß das, wovon Du überzeugt bist, ein *Satz* ist, – Anfang und Ende hat. Bist Du vom ersten Buchstaben des Satzes bis zum letzten *überzeugt*? und immer vom Gleichen? Oder bist Du von jedem Wort einzeln überzeugt, und *wann* bist Du es? – Zieh auch keine irreführende Grenze zwischen Tun und Erleben; als wäre es kein Erleben, so und so zu reden, etc. (Vergleiche frühere Bemerkungen.) Denn, wie der Tonfall der Überzeugung, so kann auch das ›Gefühl der Überzeugung‹ Lügen gestraft werden. Der, der die Überzeugung schauspielert und der sie *hat*, können genau dasselbe erleben, während sie ihr Ausdruck geben; auch dann, wenn sie nicht etwa ›automatisch oder ohne zu denken‹, reden. Wie ein freundliches und ein unfreundliches Gesicht genau die gleichen Augen haben kann.

Es geschieht auch, daß wir sagen: »Im Augenblick, als ich es sagte, war ich davon überzeugt.« Und hier – könnte man meinen – sollte es sich (doch) zeigen, worin das Überzeugtsein besteht! Aber stelle Dir so einen Fall vor! – Du findest nicht, was Du suchst. Dieses Überzeugtsein, könnte man sagen, wird wohl seine Vorgeschichte gehabt haben.

139 Eine Ausdrucksweise, die sehr geeignet ist, uns irrezuleiten, ist diese: »Er *sagt* es und *meint* es«. – Vergleiche ›*Meinen, was Du sagst*‹ wenn Du a) jemandem sagst: »Ich werde mich freuen, Sie zu sehen«, und b): »Der Zug nach N geht um 3 Uhr 30«. – Angenommen, Du hättest jemandem jene ersten Worte gesagt, und würdest dann gefragt: »Hast Du es gemeint?« – Du würdest dann etwa an Deine Gefühle denken, als Du die Worte sagtest und wärst geneigt zu antworten: »Hast Du es denn nicht gemerkt, daß ich es gemeint habe?«. Angenommen aber, Du habest jemandem die Information gegeben: »Der Zug nach N geht ... 3 Uhr 30«; und nun fragte Dich jemand »Hast Du Deine Worte gemeint?« Da wärst Du vielleicht einfach geneigt zu sagen: »Ja freilich, warum soll ich sie nicht gemeint haben!«

Im ersten Fall werden wir vielleicht von einem bestimmten

Gefühl reden, welches das Meinen der Worte kennzeichnet, aber nicht im zweiten Fall.

140 Vergleiche nun auch die Erlebnisse des Lügens in den beiden Fällen! Im ersten wird *das* wohl oft das Lügen kennzeichnen, daß unsere Worte nicht von den entsprechenden Gefühlen begleitet sind, aber vielleicht sogar von den entgegengesetzten. Wir fühlen: es fällt uns schwer, ein freundliches Gesicht zu machen. – Wenn wir im Falle (b) eine Lüge sagen, so werden wir wohl auch dabei ein anderes Erlebnis haben, als wenn wir jemanden wahrheitsgemäß über den Abgang des Zuges informieren, aber der Unterschied wird nun nicht in der Abwesenheit eines für das Meinen charakteristischen Gefühls liegen, sondern etwa im Vorhandensein eines Gefühls des Unbehagens, der Unsicherheit, etc.

Es ist aber auch möglich, beim Aussprechen einer Lüge ganz entschieden das zu empfinden, was man *Gefühle des Meinens* nennen könnte dessen, was man sagt. (Es heißt dann manchmal von jemandem, er habe diese Lüge so oft gesagt, daß er sie schon beinahe selber glaubt.)

Man sollte hier aber vielleicht einen Unterschied machen zwischen ›glauben‹, was man sagt, und ›meinen‹, was man sagt. Wenn ich zum Beispiel sage, der Zug geht um 3^{30}, während ich wohl weiß, daß er um 3 Uhr geht, so könnte man sagen, ich glaube zwar nicht, was ich sage, sage es doch aber nicht automatisch, wie ein Papagei, und *meine* es also. – Hier frage Dich wieder, *wann* Du es meinst; und wie das Meinen das Sagen begleitet. Auch mache diesen Versuch: *Denke* »Der Zug geht um 3 Uhr 30«, aber ohne Worte! – Auf die Frage »Was geschah da, als Du das sagtest und es meintest, und auch glaubtest?« Wirst Du in einer großen Zahl von Fällen antworten müssen: »Ich habe es *gesagt*; mehr weiß ich nicht«. (Von dem Meinen alles dessen, was man nicht automatisch spricht, später)

Wenn man unter ›Glauben‹ einen Akt verstehen will, der vor sich geht, wenn das Geglaubte gedacht, ausgesprochen wird, dann wird ›glauben‹ in vielen Fällen das gleiche bedeuten wie ›dem Glauben Ausdruck geben‹.

142 Es ist wichtig und interessant, einen Einwand dagegen zu

betrachten: Wie, wenn ich – wahrheitsgemäß – sage »Ich glaube, es wird regnen«, und jemand will einem Franzosen, der nicht Deutsch versteht, erklären, *was* ich glaube. – Wenn alles, was geschah, war, daß ich jenen Satz aussprach, so sollte ja der Franzose erfahren, was ich glaube, wenn er meine Worte hört, oder wenn ihm gesagt wird: »Il croit: ›es wird regnen‹«. Nun ist es klar, daß ihm das nicht sagen wird, was ich glaube; und dies zeigt, daß wir ihm das Wesentliche nicht mitgeteilt haben, nämlich den geistigen Akt des Glaubens. – Die Antwort aber ist, daß, selbst wenn meine Worte von allerlei Erfahrungen begleitet waren, und wenn wir imstande wären, diese zusammen mit den deutschen Worten dem Franzosen zu übermitteln, er auch dann nicht wüßte, was ich glaube. Denn ›wissen, was ich glaube‹ *heißt nicht*: fühlen, was ich fühle, während ich diese Worte spreche. Ebenso wie »meine Absichten bei diesem Schachzug kennen« nicht heißt: wissen, was ich fühle, während ich den Zug mache. Obwohl dies zu wissen Dir in gewissen Fällen sehr genauen Aufschluß über meine Absichten geben würde.
Und wie teilen wir ihm denn nun mit, was ich glaube? Nun, indem wir es in seine Sprache übersetzen. Und es ist möglich, daß wir ihm dadurch *nichts* darüber mitteilen, was in mir vor sich ging, als ich den Satz aussprach. Vielmehr haben wir ihm einen Satz gegeben, der in seiner Sprache eine ähnliche Stellung einnimmt, wie mein Satz in der deutschen Sprache. – Und man kann auch wieder sagen, daß wir, in gewissen Fällen wenigstens, ihm viel genauer hätten mitteilen können, was ich meinte, wenn er in der deutschen Sprache zu Hause gewesen wäre, weil er dann ›genau wüßte, was in mir vorgegangen ist, als ich redete‹.
Gegeben gewisse Umstände, so wird allerdings Meinen und Nicht-Meinen, Glauben, Beabsichtigen etc. durch das charakterisiert, was in der Seele des Redenden vorgeht, oder nicht vorgeht.
Du wirst Dich hier wieder fragen können: Was für Fälle gibt es da? Und wenn Du Dir Fälle des Meinens vergegenwärtigst, so wirst Du sehen, daß es eine Unzahl verschiedenartiger gibt; die aber alle miteinander auf eine oder die andere Art verwandt sind.
»Das Meinen ist ein seelischer Vorgang beim Reden, – vielleicht

auch vorher, aber besonders während des Redens. – Wenn ich etwas meine, so geht doch in mir etwas anderes vor, als wenn ich es sage und nicht meine.« – Das letztere ist im großen und ganzen wahr. *Und nun sieh nach, was vorgeht.* Und kümmere Dich dabei nicht um das, was ›doch vorgehen muß‹. Wir sind, wenn wir philosophieren, oft in der Versuchung, die Dinge so darzustellen, wie der Maler Klecksel als Kind die menschlichen Gesichter im Profile.

»Es ist ein Unterschied im seelischen Vorgang, wenn Du meinst, was Du sagst, und wenn Du es nicht meinst.« – Es sind *allerlei* solche Unterschiede und in verschiedenen Fällen ganz verschiedene. Aber es kann auch in besonderen Fällen gar kein *solcher* Unterschied bestehen. Vergleiche die Empfindungen des Meinens, wenn Du zu jemandem sprichst: »Verzeih, es tut mir sehr leid, daß ich das gesagt habe!« »Ich freue mich, daß Du da bist!« »Die Erde geht in einer Ellipse um die Sonne.« »Ich hoffe Dich wiederzusehen!«: – Worin besteht es, dies Meinen? Man könnte denken: darin, daß man ein Gefühl des Hoffens hat. Wie ist das Gefühl der Hoffnung? – Ist es, übrigens, nur ein Gefühl der Hoffnung im allgemeinen, oder *dieser* Hoffnung? – Schau nach; siehst Du wirklich die Hoffnung, die die Worte *begleitet*? – Vielleicht hattest Du bei diesen Worten ein Gefühl der Bedrückung (die Angst beim Abschied), und wenn Du es mit *diesen* Worten hattest und unter *diesen* Umständen, kann man sagen, Du fühltest Hoffnung.

»Hast Du wirklich gemeint, es wird regnen, oder hast Du es nur so gesagt?« Etwas sagen und meinen, kann heißen, es *ohne* Hintergedanken sagen; und ›es bloß sagen‹ kann darin bestehen, daß man es mit Hintergedanken sagt.

»Ich werde dieses Haus nie mehr betreten!« – Hast Du es gemeint? Wie meint man das »*nie* mehr«? – Braucht es einige Zeit, diese Worte zu meinen? oder kann man es tun, während man sie ausspricht?

Wie wäre es gewesen, hätte er die Worte ›nicht *wirklich*‹ gemeint? – Frage Dich: Wie sagt man diesen Satz, wenn man ihn meint; wie, wenn man ihn eigentlich nicht meint?

»Ich habe es mehr als eine Übertreibung gemeint«. Daß ich das sage, darin liegt, zum Teil, daß ich es so gemeint habe. (Vergleiche Traum und Erzählung des Traums nach dem Aufwachen.) – Aber was habe ich da für eine Entdeckung gemacht? Wie kann ich denn entdecken, worin das Meinen besteht? – Ich trachte mir den Fall nur ohne ein gewisses grammatisches Vorurteil vorzustellen, und da sehe ich, daß, auch was ich weiterhin sage, bestimmt, ob ich von ›Übertreibung‹ reden soll. (Wer den *ei*-Laut anhört, ohne an die Schreibung zu denken, hört, daß er *a-e* klingt.)

»Etwas im Scherz (im Ernst) meinen« – Meinst Du jedes Wort eines Scherzes im Scherz?

Ich verspreche jemandem: »Ich werde bestimmt morgen zu Dir kommen.« – Was geschieht da, wenn ich das wirklich meine? – Nun denke Dir, Du gehst auf einen ganz Unbekannten zu und sagst ihm diese Worte. – Versuche sie zu meinen. – »Aber wie kann ich das, ich weiß ja z. B. nicht, wo er wohnt?« – Aber wenn Du es einem Bekannten sagst, so mußt Du ja auch nicht an seine Adresse denken, während Du es sagst. – Nehmen wir an, jemand hätte wirklich das einem Unbekannten gesagt; und er versichert uns dann: »Als ich es sagte, habe ich es gemeint.« – Wir werden ihn fragen: »*Wie war das*? – Hast Du ihn für einen Bekannten angesehen; oder war es, als hättest Du ein Gespräch mit ihm gehabt, und dies sei das Ende des Gesprächs; oder hattest Du, sozusagen, ein Vorgefühl, daß Du morgen zu diesem Menschen kommen werdest; oder hast Du plötzlich den Zwang gespürt, auf diesen Menschen zuzugehen und ihm das im Ernst zu sagen; oder meinst Du, Du habest es einfach ohne Hintergedanken gesagt, und ohne daß Dir daran etwas Sonderbares aufgefallen wäre?«

Ich gehe einen Gang entlang und stolpere über eine Stufe, und sage: »Ich habe geglaubt, es geht da eben weiter«. – Was geschah da, als ich es glaubte? – Oder ich bin derselben Meinung und sage einem andern: »Geh nur eben weiter!«

Oder denke Dir so einen Fall: Du hattest Besuch; er war Dir unwillkommen und langweilig; Du hattest die ganze Zeit Gedanken von der Art: »Wenn er nur schon ginge«. etc. Als er weggeht, sagst Du ihm nun: »Ich hoffe, Sie kommen bald wieder!« – und *meinst* es. Nachdem Du es gesagt hast, hoffst Du, er werde nie mehr wieder kommen. – Ist das möglich? Und wenn Du meinst, daß nein, – warum nicht? – Ich glaube, Du wirst Dich fragen: Wie kann das zugehen? Was heißt es hier, diesen Satz, ex abrupto, *meinen*? – Nimm an, es sagte jemand: »Das könnte nur ein momentaner Wahnsinn sein«. Aber ist das eine Erklärung? Ich will wissen: *Worin bestand* hier das Meinen? Etwas meinen besteht darin, daß man verschiedenes denkt, fühlt, sagt und tut.

Wir werden in vielen Fällen – außer wenn wir philosophieren – gar nicht davon reden, daß einer meint, was er sagt: zum Beispiel, wenn er jemandem die Gesetze des freien Falls erklärt. Wollen wir hier von ›meinen‹ reden, so fühlen wir eine gewisse Schwierigkeit, wir wissen nicht recht, welchem Fall das Meinen entgegengesetzt wird. Ob dem, daß der Lehrer im Schlafe redet, oder dem, daß er eigentlich von einer andern Mechanik überzeugt ist, oder dem, daß er zerstreut geredet hat etc. – Was ist der Unterschied zwischen einem zerstreuten, geistesabwesenden Reden und einem nicht zerstreuten? Stelle Dir Fälle vor. –

Die seelischen Vorgänge während des Redens spielen die gleiche Rolle wie, im besondern, die Ausdrucksempfindungen (das ist, die Empfindungen, die die Korrelate sind des Ausdrucks der Überzeugung, des Zweifels, der Vermutung etc. etc.) Man kann sagen: »Wer es unter diesen Umständen so sagt, der meint es.« (In dieser Umgebung ist dieser Mund ein freundlicher Mund.) Es ist nichts da, was diesen Ausdruck Lügen straft. Denn dieser Ausdruck ist nicht das Symptom dafür, daß etwas *Anderes* vorhanden ist: das eigentliche Meinen; sondern er ist einer der Züge, die das Meinen ausmachen, wenn auch nur zusammen mit andern Zügen und in der *Abwesenheit* gewisser anderer.

Wir können uns den Fall denken, daß A gegen B falsch ist, er redet mit ihm immer in der freundlichsten Weise, denn er ist ein ausgezeichneter Schauspieler, hinter seinem Rücken aber haßt er den B. Er wird also wohl in der Abwesenheit des B übel von ihm reden und ihm zu schaden trachten. – Aber können wir uns auch *das* denken: A ist falsch gegen B, er redet immer in der freundlichsten Weise mit ihm, denn er ist ein ausgezeichneter Schauspieler; aber in B's Abwesenheit redet er auch immer in der freundlichsten Weise von ihm, sowohl zu andern, als auch zu sich selbst, und er tut auch nichts, um B zu schaden. –

Es lassen sich mit großem Nutzen für das Verständnis eine Unzahl verschiedener Fälle vorstellen.
Es ist nicht wahr, wenn man sagt: »Nur er kann wirklich wissen, ob er meint, was er sagt.« – Nein, es kommt vor, daß ich mit Sicherheit weiß, daß er es meint, und daß ich allen seinen nachträglichen Versicherungen, er hätte es nicht gemeint, nicht glauben könnte. (Davon später mehr.)
Denke an einen Menschen, in dessen Zuneigung zu Dir Du ein unbedingtes Vertrauen setzst – und nun versuche Dir vorzustellen, daß, was er zu Dir spricht, falsch gemeint ist. Er sei also ein ganz unerhörter Schauspieler. Was hieße das? D. h.: welche Annahmen machst Du nun über ihn? – Da wirst Du Dir vielleicht vorstellen, daß er, wenn Du ihm den Rücken drehst, Dir bös nachschaut; oder, während er das und das Freundliche zu Dir spreche, sage er in sich selbst etwas Unfreundliches. Aber da müßte ich vielleicht sagen, er sei verrückt, denn wenn er dies auch zu sich selbst sagte, so wäre es mir hier durchaus nicht klar, daß ich nicht dem trauen sollte, was er laut sagt.
Denke an die Grammatik des Ausdrucks: »jemand matt setzen«. Er bezieht sich auf eine gewisse Handlung im Spiel. Aber wenn jemand, sagen wir ein Kind, mit Schachfiguren und einem Schachbrett spielt, dabei ein paar Figuren aufs Brett setzt und die Handlung des Mattsetzens ausführt, werden wir nicht sagen, es habe jemanden matt gesetzt.
Denke: ich ziehe und gebe meinem Gegner Schach-matt; jemand fragt mich: »Hast du die Absicht gehabt, ihn matt zu setzen?« – Ich sage, ja. Nun fragt er: »Wie kannst du das sagen? Du weißt doch nur, daß in dir das und das vorgegangen ist, wie du den Zug gemacht hast.« Denn kann nicht nur der die Absicht haben, jemand matt zu setzen, der das Spiel versteht; das heißt, der die Regeln kennt und eine gewisse Praxis im Spiel hat? – Aber wie können denn diese Bedingungen in meine seelischen Vorgänge beim Ziehen eintreten? – Und doch hängt es von diesen ab, ob ich ihn jetzt absichtlich matt gemacht habe, oder nicht.
Oder: Kann jemand, der das Spiel nicht kennt, mich matt setzen wollen? Und warum nicht? Ist es ihm unmöglich, sich in den richtigen Geisteszustand zu versetzen? Und wenn es ihm nun doch gelänge? –

Aber was ging vor, als ich ihn mit Absicht matt setzte? – Nimm an, ich sagte mir die Worte: »Nun wird er matt.« – Aber diese Worte konnte auch der sagen, der das Spiel nicht kennt; und er konnte sie mit allen meinen Empfindungen sagen, aber sie bedeuten nichts; nicht, weil sie nicht von den richtigen Erlebnissen begleitet sind, sondern, weil sie nicht im Zusammenhang eines Sprachspiels stehen. »Unter diesen Umständen am Schluß einer Schachpartie,« – werde ich sagen müssen – »heißt *das*: ihn mit Absicht matt setzen«. Oder auch: »unter diesen Umständen heißt, was in mir vorging: die Absicht haben, ihn matt zu setzen«. Man sagt auch zum Beispiel: »Ich hatte *jetzt* die Absicht, ihm Schach zu geben«. Und würde ich gefragt: »Was meinst Du, wenn Du das sagst; was ist da geschehen, wie Du ›die Absicht hattest‹?« – so würde ich mich etwa an die Worte erinnern, die ich mir gesagt habe, die Züge, die ich mir vorstellte, etc. – Und man sagt auch: »Ich habe jetzt die Absicht, ihm Schach zu geben« und da ist das nicht eine Beschreibung meines seelischen Zustandes – nach vorhergegangener Introspektion; es ist nicht, als sagte man: »Es fällt mir auf, ich habe jetzt die Absicht ...«, wie man etwa sagt »Es fällt mir auf, ich habe jetzt die Tendenz, Übles von N. zu reden«. Sondern, daß ich das sage, ist ein Teil des Vorgangs, die Absicht zu haben. Das heißt, wenn ich mich etwa nachträglich daran erinnere und sagen soll, ob ich damals diese Absicht hatte und wie das war, so werde ich sagen, ich *hatte* die Absicht, denn ich sagte zu mir selbst (oder auch laut – denn das kommt aufs gleiche hinaus): »Ich habe jetzt die Absicht etc.« –

Warum interessieren wir uns hier, wie auch früher, als wir vom Lesen und anderem sprachen, so sehr für die Tatsachen der Psychologie? Was haben diese mit unserer Untersuchung zu tun? – Was uns interessiert, ist der Gegensatz zwischen dem wirklichen Sachverhalt und dem, welchen unsere Ausdrucksweise uns zu erwarten geneigt macht.

Was vom Worte ›meinen‹ gilt, gilt auch von ›denken‹. – Wir können oft nicht anders denken, als indem wir halblaut zu uns (selbst) sprechen; und niemand, der beschreiben sollte, was da vor sich geht, käme auf die Idee zu sagen, daß dabei ein Vorgang – das Denken des Satzes – den Vorgang des Sprechens begleite.

Wenn er nicht durch die Existenz des Wortpaares »Sprechen – Denken« dazu verleitet wird; dadurch nämlich, daß unsere Sprache von diesen beiden Verben einen parallelen Gebrauch macht. Denke an den Gebrauch der Ausdrücke: »Er redet, ohne zu denken«, »Denke, bevor Du sprichst!«, »Ich kann meinen Gedanken nicht richtig ausdrücken«, »Er sagt eines und denkt dabei etwas anderes«, »Er meint kein Wort von dem, was er spricht«. Sehr interessant und nützlich ist es auch, die folgende Absurdität zu überlegen, die vor einigen Jahren ein französischer Staatsmann ausgesprochen hat: in der französischen Sprache folgen die Wörter in der Ordnung, in welcher man denkt.

Wenn beim lauten Denken etwas das Sprechen begleitet, so ist es etwa der Tonfall der Rede, der Ausdruck des Gesichts und der Gebärde, und ähnliches. Aber niemand würde diese Vorgänge allein ›das *Denken*‹ nennen.

Freilich, man sagt »Ich glaube und sage, es wird regnen«; und das klingt, als liefen hier zwei Vorgänge miteinander parallel: Glauben, es wird regnen, und Sagen, es wird regnen.

»Was ich mit ›dunkler‹ meine, findet sich nicht in der Beziehung der Laute; ich sage es von Lauten nur in übertragener Bedeutung, das heißt, nur vergleichsweise.« – Aber denkst Du also immer zuerst an Farben, wenn Du das Wort auf Laute anwendest? – »Nein, aber ich ziehe das Wort nur zu, hole es gleichsam heraus; es ist nicht das eigentliche Wort für die Sache. Das Wort hat dann eine andere Beziehung zu dem, was es bezeichnet. Ich habe ein anderes Erlebnis des Meinens.« Dieses Erlebnis ist zum Beispiel gekennzeichnet durch das Zögern, wenn wir mit Ausdruck sagen: »*o* ist – gleichsam – dunkler als *e*.« (Statt des Wortes ›gleichsam‹ steht manchmal nur ein Zögern der Rede und ein unartikulierter Laut.) (Siehe S. 211)

Es fragt mich jemand: »Welche Farbe hat das Buch dort?« Ich antworte: »Rot«. Er: »Warum nennst du seine Farbe ›rot‹?« – Ich werde normalerweise sagen müssen: »Aus keinem Grunde. – Ich habe hingesehen, und das Wort ›rot‹ gesagt.« Hier möchte man sagen: »Das kann doch nicht *alles* sein! Du könntest doch auf eine Farbe schauen und ein Wort dabei sagen und doch die Farbe nicht benennen.« Und dann fällt uns leicht die Erklärung ein: »Wenn ich das Wort als Name dieser Farbe ausspreche, so kommt es mir in einer besonderen Weise.« Fragt man aber, auf welche Weise, so können wir keine Beschreibung von ihr geben. Nun fragt man mich: »Erinnerst Du Dich also, daß Dir das Wort, wenn Du eine Farbe benannt hast, immer in dieser selben Weise gekommen ist?« Und wir müssen gestehen, daß wir uns an keine besondere Weise erinnern. Ja es ist leicht zu sehen, daß wir beim Benennen einer Farbe ganz verschiedenartiges empfinden können. Denke etwa an diese Fälle: 1) Ich habe ein Eisen ins Feuer gelegt, will es auf helle Rotglut erhitzen und sage: »Gib auf das Eisen acht und sag mir von Zeit zu Zeit, welchen Hitzegrad es erreicht hat.« Du beobachtest es und sagst: »Es fängt an hellrot zu werden.« –

2) Wir stehen an einer Straßenkreuzung und ich sage: »Schau auf das Lichtzeichen und sag mir, wenn grün kommt; dann lauf ich hinüber.« Frage Dich: Wenn Du nun in *einem* solchen Falle »Grün!« sagst und in einem andern »Lauf!«, kommen Dir diese beiden Wörter in verschiedener Weise, oder auf die gleiche? Kannst Du hierüber irgend etwas *im allgemeinen* sagen?

3) Ich frage Dich: »Was hat der Stoff dort für eine Farbe?« Du denkst: »Wie nennt man sie nur? Heißt das ›Preußisch Blau‹, oder ›Indigo‹?«

Man kann auch so fragen: Ich sage einem: »Bring mir eine rote Blume«: – wie soll er wissen, welche Farbe er zu wählen hat, wenn er das Wort ›rot‹ hört? – »Sehr einfach: er soll die Farbe nehmen, die ihm beim Hören des Wortes einfällt.« – Aber wie soll er wissen, was die ›Farbe‹ ist, ›deren Bild ihm einfällt‹? Braucht er dafür ein weiteres Kriterium? – Es gibt übrigens auch ein Spiel: die Farbe wählen, die einem beim Wort ›rot‹ einfällt. Und ein anderes: auf die Farbe zeigen, die Du ›rot‹ nennst.

Wenn wir in einer Diskussion über diese Dinge sagen »Der Name einer Farbe kommt in einer bestimmten Weise«, so bekümmern wir uns nicht um verschiedene Fälle und Möglichkeiten. Vielmehr unsere Stütze ist das Argument, daß eine Farbe *benennen* verschieden ist vom Aussprechen eines Wortes, während man auf eine Farbe sieht. »Nimm an, ich zähle Gegenstände, welche auf meinem Tisch liegen; einer ist blau, einer rot, einer weiß, einer schwarz. Ich schaue der Reihe nach auf sie und sage: ›Eins, zwei, drei, vier‹. Siehst Du nun nicht, daß in

diesem Fall etwas anderes geschieht, während man die Worte ausspricht, als geschieht, wenn man jemandem die Farben dieser Gegenstände nennt? – Und hättest Du nicht hier, wie früher, sagen können: ›alles, was dabei geschieht, ist: ich sehe die Dinge an, und spreche die Zahlwörter aus‹?« Nun ist gewiß: in *vielen* Fällen ist das Zählen von Dingen von andern, charakteristischen, Erlebnissen begleitet als das Angeben ihrer Farben. Und es ist leicht zu sagen, worin dieser Unterschied besteht. Beim Zählen von Gegenständen gibt es, *zum Beispiel*, eine gewisse charakteristische Geste: wir zeigen mit dem Finger der Reihe nach auf die Dinge und streichen sie, gleichsam, als schon gezählt ab. Man kann an verschiedene ähnliche Erfahrungen denken. Anderseits gibt es Erfahrungen des Konzentrierens unserer Aufmerksamkeit auf die Farbe von Dingen; *verschiedene* Erfahrungen (eine von ihnen ist, daß uns der Name einfällt, den die Farbe in unserer Muttersprache hat.). Aber es ist nicht wahr, daß immer, wenn wir zählen und immer, wenn wir Farben angeben, die Vorgänge solche, mehr oder weniger charakteristischen, Züge aufweisen. (Vergleiche S. 180, 181)
Wenn uns diese Dinge philosophische Schwierigkeiten bereiten, so werden wir, – gleichsam – den Versuch machen: ›eine Farbe benennen‹, um zu sehen, was dabei geschieht. Dabei schauen wir etwa unverwandt auf einen bestimmten Gegenstand vor uns und sprechen den Farbnamen immer wieder, im selben Ton und mit der gleichen Gebärde, aus: versuchen ihn – gleichsam – von der Farbe des Dinges abzulesen. Und es ist kein Wunder, daß wir dann dazu neigen, zu sagen, etwas ganz bestimmtes geschehe, wenn wir eine Farbe benennen. Aber schaue von diesem Versuch auf andere Fälle des Benennens von Farben! –
Sieh von hier auf die Fragen, die uns beim Nachdenken über das Wesen des *Wollens*, des willkürlichen Handelns begegnen. Vergleiche etwa diese Fälle: Ich überlege mir, ob ich einen bestimmten, eher schweren Gegenstand heben soll; ich entschließe mich dazu, es zu tun; dann setze ich meine Kraft ein, und hebe ihn. – Hier, könnte man sagen, haben wir einen voll entwickelten Fall des geflissentlichen, willkürlichen Handelns. – Vergleiche damit etwa: Du reichst jemandem das brennende Zündholz hin, nachdem Du Deine Zigarette damit angezündet hast,

Du hast gesehen, daß er sich seine auch anzünden will. (Dies tust Du gleichsam ›by the way‹.) Oder: Du bewegst Deine Hand beim Schreiben eines Briefes. Oder Lippen, Zunge, etc. beim Reden. – Ich habe früher mit Absicht den irreführenden Ausdruck gebraucht: »ein voll entwickelter Fall«; denn diese Worte drücken aus, was wir über Fälle, wie die beschriebenen, zu denken geneigt sind: daß nämlich in dem einen das voll aufgeblüht und aller Augen sichtbar ist, was alles willkürliche Handeln kennzeichnet, wenn auch nicht so offensichtlich. Unser Bild und unsere Ausdrucksweise nehmen wir von einem speziellen Fall her, wenden sie auf nahe und entfernt Verwandtes an; und möchten nun sagen: eigentlich haben wir überall das gleiche. Die Ausdrucksformen unserer Sprache passen *eigentlich* auf gewisse besondere Fälle der Anwendung der Worte: »wollen«, »denken«, »meinen«, etc.; auch »lesen« gehört hierher. (So hätten wir das Buchstabieren das ›voll entwickelte Lesen‹ nennen können. Vergleiche meinen Gebrauch des Wortes ›Bild‹ in der *Logisch-Philosophischen Abhandlung.)* Wir sprechen von einem Willensakt und unterscheiden ihn von der ausgeführten Handlung. Und in dem ersten Beispiel finden sich *Akte*, die diesen Fall von einem unterscheiden, in welchem ich nichts andres sagen kann, als daß mein Arm mit dem Gewicht sich gehoben hat. Aber wo sind die Analoga zu diesen Akten in andern Fällen?

Diese Abwesenheit des Willensaktes – wie ich einmal sagen will – ist William James aufgefallen und er beschreibt zum Beispiel den Akt des Aufstehens am Morgen so: er liege im Bett und überlege, ob es schon Zeit sei aufzustehen, – und auf einmal *finde er, daß er aufsteht.* Ähnlich sagt man manchmal »plötzlich hörte ich mich die Worte sagen ...«. Was heißt es denn aber, wenn ich sage: »Wenn ich aufstehe, geschieht *nur das*«. Im Gegensatz wozu? Was ist es denn, was *nicht* geschieht? Und wenn etwas *hier* nicht geschieht, so geschieht es ja wohl in andern Fällen. Nun, ich glaube, wenn einer ein schweres Gewicht mit Anstrengung hebt, oder Schritt für Schritt einen mühevollen Weg geht, wird er nicht sagen: »I find myself ...«. Es ist das Gefühl der Muskelanstrengung, dessen Abwesenheit wir ›Abwesenheit des Willensaktes‹ nannten.

Hier gibt es einen seltsamen Widerstreit zweier Ideen: Man möchte sagen »der Wille ist keine Erfahrung« und – »der Wille ist doch nur Erfahrung«. Was heißen diese beiden Sätze überhaupt und warum will man *beide* sagen? – Wenn man den ersten Satz sagt, hat man ihn durch Introspektion gewonnen? Hat man sich beim Wollen beobachtet und gesehen, daß der Wille keine Erfahrung ist? Man möchte sagen: »Der Wille *darf* keine Erfahrung sein! denn, wenn mir das Wollen auch nur geschieht, dann ist es eben kein Wollen.« – Und ist es hier nicht wieder, als rängen wir mit dem Wesen der Dinge?! – Aber sind nicht beide Teile gleicherweise auf falscher Fährte? »Der Wille ist eine Erfahrung« –, im Gegensatz wozu? – Ich hätte statt dessen auch sagen können: »Das Wollen *geschieht* mir«. Nun wie verwenden wir den Ausdruck »etwas geschieht mir?« Wir sagen nicht »Es geschieht mir, daß mein Arm sich hebt«, wenn ich ihn hebe; wir sagen dies aber in gewissen andern Fällen. Und wir können uns so ausdrücken: »die Erfahrungen, wenn sich in beiden Fällen der Arm hebt, sind verschieden.« Den Ausdruck »es geschieht mir, daß ich den Arm hebe« gebrauchen wir – normalerweise – nicht; und wenn, dann bedeutet er wohl: ich hebe den Arm.

Was ist der Unterschied zwischen den beiden Erfahrungen, wenn ich einmal meinen Arm hebe und ein andermal es mir geschieht, daß er sich hebt? Da gibt es *verschiedene* Fälle. Er wird zum Beispiel von einem Anderen gegen meinen Willen gehoben. Das heißt, ich mache eine Muskelanstrengung, ihn nicht zu heben. Es gibt aber auch Fälle, in denen *wir* den Arm schlaff hängen lassen und er sich von selbst, weder mit, noch gegen unsern Willen hebt. Nun dann haben wir auch nicht die gleichen Empfindungen in den Armmuskeln, als wenn wir ihn heben.

Gefährlich ist hier die Verwechslung zwischen Wollen und Wünschen. – Denn wenn ich meinen Arm hebe, so ist es nicht so, daß ich zuerst wünsche, er möchte sich heben, und nun tut er es tatsächlich. (Obwohl auch das in besondern Fällen geschehen könnte.)

Wenn wir unsere Finger in bestimmter Art verschränken, so sind wir nicht imstande, einen bestimmten Finger auf Befehl zu heben, wenn der Befehlende bloß auf den Finger zeigt – ihn

bloß unserm Auge zeigt. Wenn er ihn dagegen berührt, so können wir ihn bewegen. Man kann diese Erfahrung so beschreiben: wir seien nicht imstande, den Finger heben zu wollen. Aber nicht nur ist das ganz anders, als wenn wir nicht imstande sind, den Finger zu heben, sondern wir müssen sagen, der Ausdruck ›imstande sein‹ oder das Wort ›versuchen‹ hat im ersten Fall eine andere, wenn auch verwandte Bedeutung.
(Man ist nun leicht geneigt, diesen Fall so zu beschreiben: man könne für den Willen keinen *Angriff* finden, ehe der Finger berührt sei, ehe man den Finger fühle. Erst wenn man ihn fühle, könne der Wille wissen, wo er anzugreifen habe. Aber diese Ausdrucksweise ist irreführend; man möchte sagen: »Wie soll ich denn wissen, wo ich mit dem Willen anzupacken habe, wenn das Gefühl nicht die Stelle bezeichnet?«) Und wie weiß man denn, wenn das Gefühl da ist, wohin ich den Willen zu lenken habe?
Dieses Experiment, sowie das, ein Viereck mit den Diagonalen im Spiegel zu zeichnen, zeigt, so möchte man sagen, daß Wollen auch nur eine Erfahrung ist (der ›Wille‹ nur ›Vorstellung‹). »Er kommt, wenn er kommt; ich kann ihn nicht herbeiführen.« – Oder: »Man kann nicht wollen, wenn man will. Es geschieht einfach!«
Was dieses Experiment aber tut, ist: es legt uns eine Betrachtungsweise nahe. Denn, indem es uns in die Lage bringt zu sagen: »ich kann das nicht wollen«, wirft es das Wollen mit andern Dingen zusammen, die auch nicht geschehen, weil ich *wünsche*, daß sie kämen. Es hätte oben heißen sollen: Ich kann nicht immer wollen, wenn ich zu wollen *wünsche*. Oder, ich kann eine willkürliche Handlung nicht immer ausführen, wenn ich sie zu tun wünsche, oder, sie geschieht nicht immer, wenn ich wünsche sie geschähe, auch wenn sich keine *Kraft* meinem Willen entgegensetzt.
(Wer lernt, die Ohren zu bewegen, lernt auch, es zu wollen. Dies ist ähnlich damit: Wer sprechen lernt, lernt auch denken.)
»Kannst Du wollen, wenn Du willst?« Das Wort ›wollen‹ ist hier falsch verwendet. Es schillert in zwei Bedeutungen (Frege). Es ist, als wäre mit dem Wollen schon gewollt – und als wäre noch nicht gewollt. (Das Bild vom Schillern ist darum so zu-

treffend, weil auch der Eindruck des Schillerns in einem gewissen Sinne *ein* Farbeindruck ist.)

[Hier bricht die deutsche Fassung ab. Das Folgende ist die Übersetzung der englischen Fassung Brown Book, Part II, § 13 bis Schluß.]

II

13. Betrachten wir verschiedene Merkmale von willkürlichen und unwillkürlichen Handlungen. Wenn man zum Beispiel ein schweres Gewicht hebt, dann sind die verschiedenen Erlebnisse der Anstrengung offensichtlich charakteristisch für das willkürliche Heben des Gewichtes. Vergleiche jedoch diesen Fall mit willkürlichem Schreiben, wo es in den meisten gewöhnlichen Fällen keine Anstrengung geben wird; selbst wenn wir fühlen, daß unsere Hand beim Schreiben ermüdet und daß bestimmte Muskeln überanstrengt werden, so ist das nicht das Erlebnis von »Ziehen« und »Stoßen«, welche wir als typisch willkürliche Handlungen bezeichnen würden. Weiter vergleiche folgende Fälle: du hebst deine Hand, wenn du ein Gewicht mit ihr hebst, – und du hebst deine Hand, wenn du z. B. auf einen Gegenstand über dir zeigst. Eine Handlung von der letzteren Art wird man sicherlich als willkürlich ansehen, obwohl das Element der Anstrengung höchstwahrscheinlich gar nicht vorhanden sein wird; vielmehr ist das Heben des Armes, wenn man auf einen Gegenstand zeigt, dem Heben der Augen, wenn man auf den Gegenstand schaut, sehr ähnlich – und dabei kann man sich kaum eine Anstrengung vorstellen. – Beschreiben wir nun einen Fall, in dem du unwillkürlich deinen Arm hebst. Ich erinnere an unser Experiment[1], in dem die völlige Abwesenheit von Muskel-

1 Cf. engl. Fassung § II, BB p. 151: »If, e.g., I place myself sideways to a wall ...« Cf. deutsche Fassung S. 235: ... »es geschieht mir, daß ich den Arm hebe.« ... Übers.

anstrengung wie auch unsere beobachtende Haltung dem Heben unseres Armes gegenüber für die Handlung charakteristisch war. Eben jedoch haben wir einen Fall gesehen, in dem es keine Muskelanstrengung gab, und es gibt Fälle, in denen wir eine Handlung willkürlich nennen würden, obwohl wir ihr gegenüber eine beobachtende Haltung einnehmen. In einer großen Gruppe von Fällen jedoch ist es gerade die seltsame Unmöglichkeit, einer bestimmten Handlung gegenüber eine beobachtende Haltung einzunehmen, die diese Handlung als willkürlich charakterisiert. Versuche z. B. zu beobachten, wie sich deine Hand hebt, wenn du sie willkürlich hebst. Natürlich *siehst* du, wie sie sich hebt, ebenso wie in dem Experiment; aber du kannst ihr irgendwie nicht in derselben Weise mit den Augen folgen. Dies könnte klarer werden, wenn du zwei verschiedene Fälle miteinander vergleichst, in denen jemand Linien auf einem Stück Papier mit den Augen folgt; a) einer unregelmäßigen Linie wie dieser

b) einem geschriebenen Satz. Im Falle a) wirst du finden, daß die Augen gleichsam abwechselnd rutschen und hängenbleiben, während sie beim Lesen sanft am Satz entlang gleiten.
Betrachten wir nun einen Fall, in dem wir einer willkürlichen Handlung gegenüber eine beobachtende Haltung einnehmen; ich denke an den äußerst lehrreichen Fall, in dem jemand versucht, ein Quadrat mit Diagonalen mit Hilfe eines Spiegels zu zeichnen, den er auf das Zeichenpapier stellt, und seine Hand nur nach dem richtet, was er im Spiegel sieht. Und hier ist man geneigt zu sagen, daß unsere wirklichen *Handlungen*, diejenigen nämlich, auf die der Wille *unmittelbar* einwirkt, nicht die Bewegungen unserer Hand sind, sondern vielmehr etwas dahinter, etwa unsere Muskelbewegungen. Wir sind geneigt, diesen Fall mit dem folgenden zu vergleichen: Stell dir vor, wir hätten eine Reihe von Hebeln vor uns, mit denen wir durch einen verborgenen Mechanismus eine Bleistiftzeichnung auf einem Stück Papier dirigieren könnten. Wir könnten dann im Zweifel

sein, welche Hebel wir ziehen sollen, um die erwünschte Bewegung des Bleistifts zu erzielen; und wir könnten sagen, daß *wir absichtlich* diesen bestimmten Hebel gezogen haben, obwohl wir das falsche Ergebnis, welches wir dadurch bewirkt haben, nicht absichtlich bewirkt haben. Dieser Vergleich ist jedoch äußerst irreführend, obwohl er sich leicht aufdrängt. Denn im Falle der Hebel, die wir vor uns sahen, gab es so etwas wie eine Entscheidung, welchen wir ziehen würden, bevor wir ihn zogen. Aber spielt denn unser Wille gleichsam auf einer Tastatur von Muskeln, indem er den Muskel wählt, den er als nächsten gebrauchen wird? – Für einige Handlungen, die wir als absichtlich bezeichnen, ist es charakteristisch, daß wir »wissen, was wir tun werden« (in irgendeinem Sinne dieses Ausdruckes), bevor wir es tun. In diesem Sinne sagen wir, daß wir wissen, auf welchen Gegenstand wir zeigen werden; und das, was wir als »die Handlung des Wissens« bezeichnen könnten, könnte darin bestehen, daß wir auf den Gegenstand schauen, bevor wir auf ihn zeigen, oder darin, daß wir die Position des Gegenstandes in Worten oder Bildern beschreiben. Nun könnten wir das Zeichnen des Quadrats mit Hilfe des Spiegels beschreiben, indem wir sagen, daß unsere Handlungen absichtlich waren, so weit es um ihren motorischen Aspekt geht, nicht aber, so weit es um ihren visuellen Aspekt geht. Das würde z. B. demonstriert durch unsere Fähigkeit, eine Bewegung der Hand, die ein falsches Ergebnis bewirkt hat, auf Befehl zu wiederholen. Es wäre jedoch offensichtlich absurd zu sagen, daß dieser motorische Charakter willkürlicher Bewegung darin bestünde, daß wir im voraus wüßten, was wir tun würden, – als ob wir ein Bild der kinästhetischen Empfindung vor unserem geistigen Auge hätten und entscheiden würden, diese Empfindung zustande zu bringen. Denke an das Experiment[1], in dem die Versuchsperson die Finger verschränkt hält; nimm an, du zeigst nicht aus der Entfernung auf den Finger, den er bewegen soll, sondern berührst ihn; dann wird er niemals die geringste Schwierigkeit haben, ihn zu bewegen. Und hier ist man versucht zu sagen: »Natürlich kann ich ihn jetzt bewegen, denn nun weiß ich, welchen Finger ich bewegen soll.«

1 Cf. BB S. 116 (f) und da. Fassung S. 235, 236. Übers.

Das erweckt den Anschein, als ob ich dir nun gezeigt hätte, welchen Muskel du zusammenziehen sollst, um das erwünschte Ergebnis zu erzielen. Das Wort »natürlich« erweckt den Anschein, als hätte ich dich informiert über das, was du zu tun hast, indem ich deinen Finger berührte. (Als ob normalerweise ein Mann, dem du befiehlst, diesen oder jenen Finger zu bewegen, deinen Befehl befolgen könnte, weil er weiß, wie er die Bewegung bewirken kann.)

(Es ist hier interessant, daran zu denken, was geschieht, wenn jemand eine Flüssigkeit durch eine Röhre saugt; wenn du gefragt würdest, mit welchem Teil deines Körpers du saugtest, wärest du geneigt zu sagen: mit dem Mund, obwohl die Arbeit von den Muskeln, mit denen du Atem einholst, verrichtet wird.)

Fragen wir uns nun, was wir mit »unwillkürlich sprechen« bezeichnen würden. Zuerst bedenke, daß du das, was geschieht, wenn du normalerweise willkürlich sprichst, kaum beschreiben könntest, indem du sagtest, daß du mittels eines Willensaktes Mund, Zunge, Larynx etc. bewegst, um bestimmte Laute hervorzubringen. Das, was in deinem Mund, deiner Larynx etc. geschieht, und die Empfindungen, die du in diesen Teilen während des Sprechens hast, würden fast als sekundäre Phänomene erscheinen, die die Produktion von Lauten begleiten; und der Wille, so möchte man sagen, wirkt auf die Laute selbst ohne irgendeinen vermittelnden Mechanismus ein. Das zeigt, wie unbestimmt unsere Idee des Agens »Wille« ist.

Nun zum unwillkürlichen Sprechen. Stelle dir vor, du hättest einen Fall zu beschreiben, – was würdest du tun? Es gibt natürlich die Fälle, in denen Leute im Schlaf sprechen; es ist charakteristisch für diese Fälle, daß es uns nicht bewußt ist, wenn wir sprechen, und daß wir uns später nicht daran erinnern können, daß wir gesprochen haben. Doch würdest du diese Merkmale offensichtlich nicht als charakteristisch für eine unwillkürliche Handlung bezeichnen.

Ein besseres Beispiel für unwillkürliches Sprechen, denke ich, wäre das unwillkürlicher Ausrufe, wie z. B. »Oh!«, »Hilfe!«, und ähnliche, und solche Äußerungen sind mit Schmerzensschreien verwandt. (Dies, nebenbei gesagt, könnte unsere Ge-

danken auf das Thema »Wörter als Ausdrücke von Gefühlen« setzen.) Man könnte sagen: »Dies sind sicherlich gute Beispiele für unwillkürliches Sprechen, denn es gibt in diesen Fällen nicht nur keinen Willensakt, durch den wir sprechen, sondern in vielen Fällen äußern wir diese Wörter *gegen* unseren Willen.« Ich würde sagen: Gewiß würde ich in diesen Fällen von unwillkürlichem Sprechen reden; und ich gebe zu, daß es hier keinen die Worte vorbereitenden oder begleitenden Willensakt gibt – wenn du mit ›Willensakt‹ bestimmte Handlungen der Beabsichtigung, des Vorbedenkens oder der Anstrengung meinst. Aber schließlich spüre ich auch bei willkürlichem Sprechen oft keine Anstrengung, und vieles, was ich willkürlich sage, ist nicht vorbedacht, auch weiß ich oft nicht von irgendwelchen Handlungen der Beabsichtigung, die meinen Äußerungen vorausgehen.
Die beiden folgenden Fälle sind vergleichbar: wir schreien auf vor Schmerz gegen unseren Willen; wir heben den Arm gegen unseren Willen, wenn jemand ihn hochzwingt, während wir uns dagegen wehren. Aber es ist wichtig zu bemerken, daß der Wille – oder sollten wir sagen der ›Wunsch‹ –, nicht aufzuschreien, auf andere Weise überwunden wird als unser Widerstand gegen die Stärke des Gegners. Wenn wir gegen unseren Willen aufschreien, dann sind wir gleichsam überrascht; als ob uns jemand die Hände über den Kopf zwingen würde, indem er uns unerwartet eine Pistole auf die Brust setzt und »Hände hoch!« befiehlt.

14. Betrachte nun das folgende Beispiel, das in all diesen Überlegungen sehr hilfreich ist: Um zu sehen, was geschieht, wenn man ein Wort versteht, spielen wir dieses Spiel: Du hast eine Liste mit Wörtern, zum Teil sind es Wörter meiner Muttersprache, zum Teil Wörter aus Fremdsprachen, mit denen ich mehr oder weniger vertraut bin, zum Teil Wörter aus Sprachen, die mir gänzlich unbekannt sind (oder, was auf dasselbe hinausläuft, Nonsense-Wörter, die für diese Gelegenheit erfunden wurden). Einige der Wörter aus meiner Muttersprache sind Wörter des gewöhnlichen Alltagsgebrauchs: und einige davon wie »Haus«, »Tisch«, »Mann« sind das, was wir primitive

Wörter nennen könnten, da sie unter den ersten sind, die ein Kind lernt –, und einige davon wiederum sind Wörter der Kleinkindsprache wie »Mama«, »Papa«. Dann wieder gibt es mehr oder weniger gebräuchliche technische Begriffe wie »Vergaser«, »Dynamo«, »Sicherung«, etc. etc. All diese Wörter werden mir vorgelesen, und nach jedem einzelnen muß ich »Ja« oder »Nein« sagen, je nachdem, ob ich das Wort verstehe oder nicht. Dann versuche ich, mich zu erinnern, was in meinem Geist vorging, als ich die Wörter verstand, die ich verstand, und als ich die anderen nicht verstand. Und hier wieder wird es nützlich sein, neben den sogenannten geistigen Ereignissen den bestimmten Tonfall und Gesichtsausdruck zu betrachten, mit denen ich »Ja« und »Nein« sage. – Es mag uns nun überraschen, daß dieses Experiment uns keine einzelne Erfahrung zeigen wird, die wir geneigt wären, die Erfahrung des Verstehens zu nennen, obwohl es uns eine Vielzahl verschiedener charakteristischer Erfahrungen zeigt. Es wird Erfahrungen wie diese geben: Ich höre das Wort »Baum« und sage »Ja« mit dem Tonfall und der Empfindung von »Natürlich«. Oder ich höre »Bestätigung« – ich sage mir »Einen Augenblick«, ich erinnere mich unklar an einen Fall von Helfen und sage »Ja«. Ich höre »Vorrichtung«, ich stelle mir den Mann vor, der dieses Wort ständig gebraucht, und sage »Ja«. Ich höre »Mama«, das kommt mir komisch und kindlich vor, ich sage »Ja«. Ein Wort aus einer fremden Sprache werde ich mir sehr häufig im Geiste ins Deutsche übersetzen, bevor ich antworte. Ich höre »Spinthariskop« und sage mir »Das muß eine Art wissenschaftliches Instrument sein«, vielleicht versuche ich, die Bedeutung aus der Ableitung des Wortes zu gewinnen, es gelingt mir nicht, und ich sage »Nein«. In einem anderen Fall könnte es sein, daß ich mir sage »Das klingt wie Chinesisch« – »Nein«. Etc. Andrerseits wird es eine große Gruppe von Fällen geben, in denen mir nicht bewußt ist, daß irgendetwas geschieht, außer daß ich das Wort höre und die Antwort gebe. Und es wird auch Fälle geben, in denen ich mich an Erfahrungen (Empfindungen, Gedanken) erinnere, die, wie ich sagen würde, überhaupt nichts mit dem Wort zu tun hatten. Also wird unter den Erfahrungen, die ich beschreiben kann, eine Gruppe sein, die ich als typische Erfahrungen des Verstehens bezeichnen würde, – und einige Erfahrungen, die für Nicht-verstehen typisch sind. Doch im Gegensatz zu diesen wird es eine große Gruppe von Fällen geben, in denen ich sagen müßte »Ich weiß von keiner bestimmten Erfahrung, ich habe bloß ›Ja‹ oder ›Nein‹ gesagt.«

Wenn nun jemand sagte: »Aber sicherlich ging doch etwas vor, als du das Wort ›Baum‹ verstandest, es sei denn, du wärest geistig völlig abwesend gewesen, als du ›Ja‹ sagtest«, könnte ich geneigt sein zu überlegen und mir zu sagen »Hatte ich nicht eine Art vertrautes Gefühl, als ich das Wort ›Baum‹ in mich aufnahm?« Aber habe ich denn dieses Gefühl, auf das ich mich eben bezog, immer, wenn ich jenes Wort höre oder es selbst gebrauche, kann ich mich erinnern, dieses Gefühl gehabt zu haben, kann ich mich auch nur an eine Gruppe von, sagen wir, fünf Empfindungen erinnern, von denen ich eine beliebige bei jeder Gelegenheit hatte, bei der man von mir sagen konnte, ich habe das Wort verstanden? Ferner, ist dieses »vertraute Gefühl«, auf das ich mich bezog, nicht eine Erfahrung, die für die bestimmte Situation, in der ich mich gegenwärtig befinde, ziemlich charakteristisch ist, – d. h. die Situation des Philosophierens über »Verstehen«?

Natürlich könnten wir in unserem Experiment das Ja- und Neinsagen als charakteristische Erfahrungen für Verstehen oder Nicht-verstehen bezeichnen, – was aber, wenn wir ein Wort bloß in einem Satz hören, wo eine solche Reaktion auf es gar nicht in Frage kommt? – Wir befinden uns hier in einer seltsamen Schwierigkeit: einerseits scheint es, als haben wir keinen Grund zu sagen, daß es in allen Fällen, in denen wir ein Wort verstehen, eine bestimmte Erfahrung oder auch nur eine beliebige Erfahrung aus einer bestimmten Gruppe von Erfahrungen gibt. Andrerseits könnten wir das Gefühl haben, es sei ganz einfach falsch zu sagen, daß in einem solchen Fall nichts weiter zu geschehen braucht, als daß ich das Wort höre oder sage. Denn damit scheint gesagt zu werden, daß wir zeitweilig als bloße Automaten handeln. Und die Antwort ist, daß wir in einem bestimmten Sinne wie Automaten handeln und in einem anderen Sinne nicht.

Angenommen, jemand spricht zu mir mit freundlichem Mienenspiel, – wäre es dann notwendig, daß sein Gesicht innerhalb von jeder beliebigen kurzen Zeitspanne dabei so ausgesehen haben müßte, daß ich seinen Ausdruck, würde ich es so unter irgendwelchen anderen Umständen sehen, eindeutig freundlich genannt haben würde? Und wenn man den Ausdruck nicht freundlich nennen könnte, bedeutet das, daß sein ›freundliches Mienenspiel‹ durch Momente von Ausdruckslosigkeit unterbrochen war? – Das würden wir unter den hier angenommenen Umständen sicherlich nicht sagen, und wir haben auch nicht das Gefühl, daß der Ausdruck des Gesichts in diesem Moment unterbrochen ist, obwohl wir es ausdruckslos nennen würden, wenn dieser Moment isoliert wäre.

Und genau in dieser Weise meinen wir mit dem Ausdruck »ein Wort verstehen« nicht notwendigerweise das, was vorgeht, während wir das Wort sagen oder hören, sondern die ganze Umgebung des Ereignisses, in dem das Wort gesagt wird. Und das gilt auch für die Bemerkung, daß jemand wie ein Automat oder wie ein Papagei spricht. Gewiß besteht zwischen verstehendem Sprechen und automatenhaftem Sprechen ein Unterschied, doch das bedeutet nicht, daß das Sprechen der ersten Art jedesmal in Begleitung von etwas ist, das beim Sprechen der zweiten Art fehlt. Wie wenn wir sagen, daß zwei Leute in verschiedenen Kreisen verkehren, dann meinen wir auch nicht, daß sie nicht in identischer Umgebung eine Straße langgehen können.

So ist auch willkürliches (oder unwillkürliches) Handeln in vielen Fällen als solches eher durch eine Vielfalt von Umständen charakterisiert, in denen die Handlung stattfindet, als durch eine Erfahrung, die wir als charakteristisch für willkürliches Handeln bezeichnen würden. Und in diesem Sinne ist es richtig zu sagen, daß das, was vorging, als ich vom Bett aufstand – wenn ich sicher nicht von unwillkürlichem Handeln sprechen würde –, nichts war, als daß ich mich beim Aufstehen fand. Oder vielmehr: dies ist ein möglicher Fall; denn natürlich geschieht jeden Tag etwas anderes.

15. Die Probleme, mit denen wir uns seit § 134[1] beschäftigt haben, sind alle eng mit dem Wort »bestimmt« verbunden. Wir waren geneigt zu sagen, daß wir ein bestimmtes Gefühl haben, wenn wir vertraute Gegenstände sehen, daß das Wort »rot« in bestimmter Weise kam, als wir die Farbe als rot erkannten, daß wir ein bestimmtes Erlebnis hatten, als wir willkürlich handelten.

Nun ist das Wort »bestimmt« dazu angetan, eine Art Täuschung hervorzurufen, und diese Täuschung wird, beiläufig gesprochen, durch den doppelten Gebrauch dieses Wortes hervorgerufen. Einerseits, so können wir sagen, wird es in Vorbereitung einer Spezifizierung, einer Beschreibung, eines Vergleiches gebraucht; andrerseits wird es als das gebraucht, was wir als eine Hervorhebung beschreiben könnten. Den ersten Gebrauch werde ich den transitiven, den zweiten den intransitiven nennen. So sage ich »Dieses Gesicht macht einen bestimmten Eindruck auf mich, den ich nicht beschreiben kann.« Dieser Satz kann bedeuten: »Dieses Gesicht macht einen starken Eindruck auf mich.« Die Beispiele wären vielleicht eindringlicher, wenn wir das Wort »bestimmt« durch »eigenartig« ersetzen würden, denn dieselben Bemerkungen gelten auch für »eigenartig«. Wenn ich sage »Diese Seife hat einen eigenartigen Geruch: solche Seife haben wir als Kinder benutzt«, dann kann das Wort »eigenartig« lediglich als Einleitung zu dem Vergleich gebraucht sein, der ihm folgt, – so, als ob ich sagte: »Ich sage dir, wie diese Seife riecht: ...« Wenn ich andrerseits sage: »Diese Seife hat einen *eigenartigen* Geruch« oder »Sie hat einen äußerst eigenartigen Geruch«, dann steht »eigenartig« hier für einen Ausdruck wie »abweichend vom Normalen«, »ungewöhnlich«, »auffallend«.

Wir könnten fragen: »Sagtest du, sie hat einen eigenartigen Geruch im Gegensatz zu einem Geruch, der nicht eigenartig ist, – oder, daß sie diesen Geruch im Gegensatz zu irgendeinem anderen Geruch hat, – oder wolltest du beides sagen?« – Wie war das nun, als ich philosophierenderweise sagte, daß das Wort »rot« auf bestimmte Weise kam, als ich etwas beschrieb, was ich

1 In der dt. Fassung. Der Bezugspunkt innerhalb der engl. Fassung ist Teil II, § 7 (BB p. 144 ff.). Übers.

als rot sah? War es der Fall, daß ich die Weise beschreiben wollte, in der das Wort »rot« kam, als ob ich etwa sagen wollte »Es kommt immer schneller als das Wort ›zwei‹, wenn ich farbige Gegenstände zähle« oder »Es kommt jedesmal mit einem Schock« etc? – Oder wollte ich sagen, daß »rot« in einer auffallenden Weise kommt? – Aber das stimmt auch nicht genau. Aber sicher ist letzteres eher richtig als ersteres. Um das klarer zu sehen, betrachte ein weiteres Beispiel: Selbstverständlich veränderst du tagsüber ständig die Stellung deines Körpers; halte dich starr in einer beliebigen Stellung (während du schreibst, liest, sprichst, etc. etc.) und sage dir »Ich bin nun in einer bestimmten Stellung« in der Weise, in der du sagst »›Rot‹ kommt in einer bestimmten Weise ...« Du wirst finden, daß du das ganz natürlich sagen kannst. Aber bist du denn nicht immer in einer bestimmten Stellung? Und natürlich hast du nicht gemeint, daß du gerade dann eine besonders auffallende Haltung hattest. Was ist da geschehen? Du hast dich auf deine Empfindungen konzentriert, hast gleichsam auf sie gestarrt. Und genau das tatest du, als du sagtest, daß »rot« in einer bestimmten Weise kam.

»Aber habe ich denn nicht gemeint, daß ›rot‹ in anderer Weise kam als ›zwei‹«? – Du magst das gemeint haben, aber der Satz »Sie kommen auf verschiedene Weise« ist an sich dazu angetan, Verwirrung zu stiften. Nimm an, ich sage »Schmidt und Müller betreten mein Zimmer immer auf verschiedene Weise.« Ich könnte fortfahren und sagen »Schmidt betritt es schnell, Müller langsam«, ich spezifiziere damit die verschiedenen Weisen. Andrerseits könnte ich sagen »Ich weiß nicht, was der Unterschied ist«, um damit auszudrücken, daß ich *versuche,* den Unterschied herauszubekommen, und später werde ich vielleicht sagen: »Nun weiß ich, was es ist, es ist ...« – Andrerseits könnte ich dir sagen, daß sie auf verschiedene Weise kommen, und du würdest nicht wissen, wie du diese Bemerkung auslegen solltest, und vielleicht würdest du antworten: »Natürlich kommen sie auf verschiedene Weise; sie *sind* eben verschieden.« – Wir könnten unser Problem beschreiben, indem wir sagen, wir haben das Gefühl, als könnten wir einem Erlebnis einen Namen geben, ohne uns gleichzeitig in bezug auf den Gebrauch dieses Namens festzulegen, – ja, ohne die Absicht zu haben, ihn überhaupt zu gebrauchen. Demnach – wenn ich sage, »rot« kommt auf bestimmte Weise ... – habe ich das Gefühl, daß ich dieser Weise nun einen Namen geben kann, wenn sie nicht schon einen hat, etwa »A«. Gleichzeitig jedoch bin ich keineswegs willens zu sagen, daß ich diese Weise als die Weise erkenne, in der »rot« jedesmal bei solchen Gelegenheiten gekommen ist, – ich bin nicht einmal willens zu sagen, daß es, sagen wir, vier Weisen A, B, C, D gibt, in deren einer es jedesmal kommt. Du könntest sagen, daß die zwei Weisen, in denen »rot« und »zwei« kommen, identifiziert werden können, indem man, sagen wir, die Bedeutungen der beiden Wörter austauscht, so daß man »rot« auf die zweite Kardinalzahl bezieht und »zwei« als den Namen für eine Farbe verwendet. Dann würde ich auf die Frage, wieviele Augen ich habe, antworten: »Rot«, und auf die Frage, welche Farbe Blut habe: »Zwei«. Aber nun entsteht die Frage, ob du »die Weise, auf die diese Wörter kommen« unabhängig von den Weisen identifizieren kannst, in der sie gebraucht werden – ich meine die eben beschreibenen Weisen. Wolltest du sagen, daß – nach unserer Erfahrung – das Wort immer in der Weise A kommt, wenn es in *dieser* Weise gebraucht wird, daß es jedoch beim nächsten Mal in der Weise kommen kann, in der »zwei« gewöhnlich kommt? Du wirst sehen, daß du nichts dergleichen gemeint hast.

Das *Bestimmte* an der Weise, in der »rot« kommt, ist, daß es kommt, während du darüber philosophierst, ebenso wie das Bestimmte an der Stellung deines Körpers, als du dich darauf konzentriertest, die Konzentration war. Es kommt uns vor, als seien wir nur um ein Geringes davon entfernt, die Weise zu beschreiben, während wir sie doch keiner anderen Weise wirklich gegenüberstellen. Wir heben hervor, wir vergleichen nicht, aber wir drücken uns so aus, als ob diese Hervorhebung in Wahrheit ein Vergleich des Gegenstandes mit sich selbst sei; es scheint da einen reflexiven Vergleich zu geben. Ich will es in dieser Weise erklären: angenommen ich spreche von der Weise, in der A das Zimmer betritt; ich könnte sagen: »Ich habe bemerkt, in welcher Weise A das Zimmer betritt«, und auf die Frage »In welcher Weise denn?« könnte ich etwa antworten:

»Er steckt immer seinen Kopf zuerst ins Zimmer, bevor er hereinkommt.« Hier beziehe ich mich auf ein deutliches Merkmal, und ich könnte sagen, daß B dieselbe Weise habe, oder daß A sie nicht mehr habe. Betrachte andererseits folgende Behauptung: »Ich habe nun beobachtet, in welcher Weise A sitzt und raucht.« Ich will ihn so zeichnen. In diesem Fall brauche ich nicht bereit zu sein, irgendeine Beschreibung eines bestimmten Merkmals seiner Haltung zu geben, und meine Aussage braucht nichts weiter zu bedeuten als: »Ich habe A beobachtet, als er saß und rauchte.« – »Die Weise« kann in diesem Fall nicht von ihm getrennt werden. Würde ich ihn nun so zeichnen wollen, wie er da saß, und würde ich seine Haltung betrachten, studieren, dann wäre ich wohl dabei geneigt zu sagen und mir zu wiederholen: »Er hat eine bestimmte Weise zu sitzen!« Aber die Antwort auf die Frage: »Welche Weise?« würde sein: »Nun, *diese* Weise«, und vielleicht würde man sie angeben, indem man die charakteristischen Umrisse seiner Haltung zeichnet. Andrerseits könnte es sein, daß mein Ausdruck »Er hat eine bestimmte Weise...« nur in »Ich betrachte seine Haltung« übersetzt zu werden bräuchte. Dadurch, daß wir ihn in diese Form gebracht haben, haben wir den Satz (proposition) gleichsam begradigt; während seine Bedeutung in der ersten Form eine Schleife zu beschreiben scheint, – in anderen Worten, das Wort »bestimmt« scheint hier transitiv, genauer noch, reflexiv gebraucht zu sein, d. h., wir sehen seine Anwendung hier als einen besonderen Fall des transitiven Gebrauches an. Wir sind geneigt, die Frage: »Welche Weise meinst du?« mit »*Diese* Weise« zu beantworten, statt mit »Ich habe kein bestimmtes Merkmal gemeint; ich habe nur seine Haltung betrachtet.« Mein Ausdruck erweckte den Anschein, als ob ich auf etwas *über* seine Weise zu sitzen hinwies, oder im vorhergehenden Fall, auf etwas über die Weise, in der das Wort »rot« kam, während es doch so ist: ich gebrauche das Wort »bestimmt« hier, weil ich auf Grund meiner Einstellung dem Phänomen gegenüber besonderen Nachdruck auf es lege: ich konzentriere mich darauf, oder ich verfolge es im Geiste zurück, oder ich zeichne es, etc.

Dies nun ist eine charakteristische Situation für uns, wenn wir über philosophische Probleme nachdenken. Es gibt viele Verwirrungen, die auf diese Weise entstehen, nämlich daß ein Wort einen transitiven Gebrauch und einen intransitiven Gebrauch hat und daß wir den letzteren für einen bestimmten Fall des ersteren halten, indem wir das Wort, wenn es intransitiv gebraucht ist, durch eine reflexive Konstruktion erklären.

So sagen wir »Mit ›Kilogramm‹ meine ich das Gewicht von einem Liter Wasser«, »Mit ›A‹ meine ich ›B‹, wo B eine Erklärung von A ist«[1]. Doch es gibt auch den intransitiven Gebrauch: »Ich sagte, daß ich genug davon habe, und meinte es.« Meinen, was du sagst, könnte hier wieder »wiederholen«, »Nachdruck darauf legen« genannt werden. Jedoch erweckt der Gebrauch des Wortes »meinen« in diesem Satz den Anschein, daß es sinnvoll sei zu fragen »Was hast du gemeint?« und zu antworten: »Mit dem, was ich sagte, meinte ich, was ich sagte«, und damit den Fall von »Ich meine, was ich sage« so zu behandeln, als sei er ein Sonderfall von »Wenn ich A sage, meine ich ›B‹«. Tatsächlich gebraucht man den Ausdruck »Ich meine, was ich meine«, um zu sagen: »Ich habe keine Erklärung dafür.« Wenn man mit der Frage »Was bedeutet dieser Satz *p*?« nicht nach einer Übersetzung von *p* in andere Symbole fragt, dann hat sie nicht mehr Sinn als die Frage »Welcher Satz ist durch diese Wortfolge gebildet?«

Nimm an, auf die Frage »Was ist ein Kilogramm?« antwortete ich: »Es ist, was ein Liter Wasser wiegt«, und jemand fragte: »Nun, was wiegt denn ein Liter Wasser?« –

Wir gebrauchen die reflexive Form der Rede oft, um Nachdruck auf etwas zu legen. Und in all solchen Fällen können unsere reflexiven Ausdrücke »begradigt« werden. So gebrauchen wir den Ausdruck »Wenn ich nicht kann, dann kann ich nicht«, »Ich bin, wie ich bin«, »Es ist eben, was es ist«, auch »Das ist das«. Dieser letzte Ausdruck bedeutet so viel wie »Das ist erledigt«, doch warum würden wir »Das ist erledigt« durch »Das ist das« ausdrücken? Die Antwort kann gegeben werden, indem wir uns

1 An- und Abführungsstriche sind dem englischen Text entsprechend gesetzt. Da jedoch der Nebensatz ›wo B eine Erklärung von A ist‹ den Kontext von »Mit ›A‹ meine ich ›B‹« beschreiben und damit die Transitivität dieses Satzes bestimmen soll, müßte er außerhalb der Abführungsstriche stehen. Übers.

eine Reihe von Deutungen vorlegen, die einen Übergang zwischen den beiden Ausdrücken bilden. So will ich für »Das ist erledigt« sagen »Die Sache ist abgeschlossen«. Und dieser Ausdruck ordnet die Sache gleichsam ein und legt sie zu den Akten. Und das Einordnen ist, als ob man eine Linie um die Sache herum zieht, so wie man manchmal eine Linie um die Ergebnisse einer Berechnung zieht, um sie dadurch als endgültig zu kennzeichnen. Aber das läßt sie auch auffallen; es ist eine Weise, Nachdruck auf sie zu legen. Und das ist es, was der Ausdruck »Das ist das« tut: Nachdruck auf das »das« legen.

Ein anderer Ausdruck, denen verwandt, die wir gerade betrachtet haben, ist dieser: »Hier ist es; nimm es oder laß es.« Und dies wieder ist verwandt mit einer Art einleitender Behauptung, die wir manchmal machen, bevor wir Bemerkungen über bestimmte Alternativen machen, – so wenn wir sagen: »Entweder regnet es, oder es regnet nicht; wenn es regnet, werden wir in meinem Zimmer bleiben, wenn nicht ...« Der erste Teil dieses Satzes ist keine Information (ebenso wie »Nimm es oder laß es« kein Befehl ist). Statt »Entweder regnet es oder es regnet nicht« hätten wir sagen können »Betrachte diese beiden Fälle ...« Unser Ausdruck unterstreicht diese Fälle, legt sie deiner Aufmerksamkeit nahe.

Damit ist eng verbunden, daß wir in der Beschreibung eines Falles wie 34)[1] versucht sind, den Ausdruck zu gebrauchen: »Es gibt *natürlich* eine Zahl, über die hinaus keiner von diesem Stamm je gezählt hat; laß diese Zahl ... sein.« Begradigt lautet das so: »Laß die Zahl, über die hinaus keiner von diesem Stamm je gezählt hat, ... sein.« Der Grund, aus dem wir dazu neigen, den ersten Ausdruck dem begradigten vorzuziehen, besteht darin, daß er unsere Aufmerksamkeit stärker auf das obere Ende der Zahlenreihe lenkt, die unser Stamm in der Praxis gebraucht.

16. Wir wollen nun einen sehr lehrreichen Fall von jenem Gebrauch des Wortes »bestimmt« betrachten, in dem es nicht auf einen Vergleich weist und dennoch den starken Anschein

1 In der engl. Fassung 30. Übers.

erweckt, als tue es gerade das, – den Fall, wenn wir den Ausdruck eines Gesichtes betrachten, das primitiv in dieser Weise gezeichnet ist:

Laß dieses Gesicht einen Eindruck auf dich machen. Du magst dann geneigt sein zu sagen: »Ich sehe doch nicht nur bloße Striche; ich sehe ein Gesicht mit einem *bestimmten* Ausdruck.« Aber du meinst nicht, daß es einen auffallenden Ausdruck hat, noch wird das als Einleitung zu einer Beschreibung des Ausdrucks gesagt, obwohl wir eine solche Beschreibung geben und z. B. sagen könnten: »Es sieht aus wie ein selbstzufriedener Geschäftsmann, auf dumme Weise anmaßend, der sich, obwohl er fett ist, einbildet, er sei ein Ladykiller.« Aber das würde nur als eine annähernde Beschreibung des Ausdrucks gemeint sein. »Worte können es nicht genau beschreiben«, sagt man manchmal. Und doch hat man das Gefühl, daß das, was man den Ausdruck des Gesichtes nennt, etwas ist, was man von der Zeichnung des Gesichts trennen kann. Es ist, als ob wir sagen könnten: »Dieses Gesicht hat einen bestimmten Ausdruck, nämlich diesen« (indem man auf etwas zeigt). Doch wenn ich an dieser Stelle auf etwas zeigen müßte, so müßte es die Zeichnung sein, die ich ansehe. (Wir sind gleichsam unter dem Einfluß einer optischen Täuschung, die uns durch eine Art Reflektion zu denken veranlaßt, daß es zwei Gegenstände gibt, wo in Wirklichkeit nur einer ist. Die Täuschung wird durch unseren Gebrauch des Wortes »haben« unterstützt, indem wir sagen: »Das Gesicht *hat* einen bestimmten Ausdruck.« Die Sache sieht anders aus, wenn wir stattdessen sagen: »Dies *ist* ein eigenartiges Gesicht.« Was ein Gegenstand *ist*, meinen wir, ist mit ihm verbunden; was er hat, kann von ihm getrennt werden.)

»Dieses Gesicht hat einen bestimmten Ausdruck.« – Ich bin geneigt, dies zu sagen, wenn ich versuche, es seinen vollen Eindruck auf mich machen zu lassen.

Was hier vor sich geht, ist gleichsam ein Akt des Verdauens; ein Akt, den Ausdruck in den Griff zu bekommen, und der Aus-

druck »den Ausdruck dieses Gesichtes in den Griff bekommen« gibt zu verstehen, daß wir etwas in den Griff bekommen, was *im* Gesicht und von ihm verschieden ist. Es scheint, als ob wir nach irgendeinem Gegenstand suchen, aber wir tun das nicht in dem Sinne, in dem wir nach einem Modell des Ausdrucks außerhalb des Gesichtes, das wir sehen, suchen würden, sondern in dem Sinne, in dem man den Gegenstand ohne Aufmerksamkeit untersucht. Wenn ich das Gesicht einen Eindruck auf mich machen lasse, dann ist das, als ob es ein Doppel seines Ausdruckes gäbe, als ob das Doppel das Urbild des Ausdruckes wäre, und als ob man das Urbild, dem der Ausdruck des Gesichtes entspricht, fände, indem man den Ausdruck sieht, – als ob in unserem Geist ein Futteral gewesen wäre und das Bild, das wir sehen, in dieses Futteral gefallen wäre und hineinpaßte. Aber es ist eher der Fall, daß wir das Bild in unseren Geist sinken und da ein Futteral machen lassen.
Wenn wir sagen »Dies ist ein *Gesicht*, und nicht bloße Striche«, dann unterscheiden wir dabei natürlich solch eine Zeichnung

von solch einer

Und es ist wahr: Wenn du irgend jemanden fragst: »Was ist das?« (indem du auf die erste Zeichnung zeigst), dann wird er gewiß sagen: »Es ist ein Gesicht«, und er wird sogleich in der Lage sein, auf Fragen wie »Ist es männlich oder weiblich?«, »Lächelnd oder traurig?« etc. zu antworten. Wenn du ihn andrerseits fragst »Was ist das?« (indem du auf die zweite Zeichnung zeigst), dann wird er sehr wahrscheinlich sagen »Das ist gar nichts« oder »Das sind bloß Striche«. Nun denke an die Situation, in der man nach einem Mann in einem Bilderrätsel sucht; dabei geschieht es oft, daß das, was beim ersten Blick als »bloße Striche« erscheint, später als ein Gesicht erscheint. Wir sagen in solchen Fällen: »Nun sehe ich es als ein Gesicht.« Du mußt dir ganz klar darüber sein, daß das nicht bedeutet, daß wir es als das Gesicht eines Freundes erkennen oder daß wir in der Illusion sind, ein »wirkliches« Gesicht zu sehen; vielmehr muß dieses »*als ein Gesicht* sehen« verglichen werden mit dem Sehen dieser Zeichnung

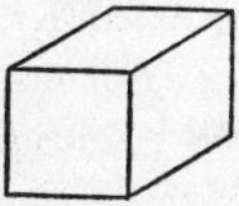

entweder als einen Würfel oder als eine ebene Figur, die aus einem Quadrat und zwei Rhomben besteht; oder mit dem Sehen dieser Zeichnung

»als ein Quadrat mit Diagonalen« oder »als ein Hakenkreuz«, das heißt, als einen Grenzfall von dieser Zeichnung:

oder mit dem Sehen dieser vier Punkte . . . als zwei Paare von Punkten nebeneinander oder als ein Paar innerhalb des anderen etc.

Der Fall, in dem »jemand

als ein Hakenkreuz sieht«, ist von besonderem Interesse, weil dieser Ausdruck bedeuten könnte, daß er irgendwie einer optischen Täuschung verfallen ist und glaubt, daß das Quadrat nicht ganz geschlossen ist, daß da Lücken sind, durch die sich das Hakenkreuz von unserer Zeichnung unterscheidet. Andrerseits ist es völlig klar, daß es das nicht war, was mit »unsere Zeichnung als ein Hakenkreuz sehen« gemeint war. Wir sahen sie in einer Weise, die die Beschreibung »Ich sehe sie als ein Hakenkreuz« nahelegt; was ist dann aber der Unterschied zwischen einem geschlossenen Hakenkreuz und einem Quadrat mit Diagonalen?

Ich glaube, daß es in diesem Fall leicht ist, zu erkennen »was geschieht, wenn wir unsere Figur als ein Hakenkreuz sehen«. Ich glaube, was geschieht, ist, daß wir die Figur mit den Augen in einer bestimmten Weise zurückverfolgen, nämlich, indem wir auf das Zentrum starren, an einem Radius entlangschauen, dann an einer angrenzenden Seite entlangschauen, wieder beim Zentrum beginnen, den nächsten Radius und die nächste Seite nehmen, sagen wir, im Uhrzeigersinn, etc. Doch diese *Erklärung* des Phänomens, die Figur als ein Hakenkreuz zu sehen, hat kein grundlegendes Interesse für uns. Sie ist für uns nur so weit von Interesse, als sie einem hilft zu verstehen, daß der Ausdruck »die Figur als ein Hakenkreuz sehen« nicht bedeutet, daß man *dieses* oder *jenes* sieht, einen Gegenstand als etwas anderes sieht, wobei wesentlich *zwei* visuelle Gegenstände in den Vorgang eintreten würden. – Die erste Figur als einen Würfel sehen bedeutete also auch nicht ›sie für einen Würfel halten‹. (Denn es könnte sein, daß wir noch nie einen Würfel gesehen haben und dennoch diese Erfahrung ›sie als einen Würfel zu sehen‹ haben.)

Und in dieser Weise schließt ›Striche als ein Gesicht sehen‹ nicht einen Vergleich ein zwischen einer Gruppe von Strichen und einem wirklichen menschlichen Gesicht; und andrerseits legt diese Ausdrucksform es sehr dringlich nahe, daß wir auf einen Vergleich anspielen.

Betrachte auch dieses Beispiel: Sieh W einmal als ein großes Doppel-U an und ein ander Mal als ein großes M, das verkehrt herum steht. Beobachte, worin die eine und die andere Tätigkeit bestehen.

Wir machen einen Unterschied zwischen: eine Zeichnung als ein Gesicht sehen – und: sie als etwas Anderes oder als »bloße Striche« sehen. Auch zwischen folgenden unterscheiden wir: Oberflächlich auf eine Zeichnung blicken (sie als ein Gesicht sehen), und das Gesicht seinen vollen Eindruck auf uns machen lassen. Aber es wäre seltsam zu sagen: »Ich lasse das Gesicht *einen bestimmten* Eindruck auf mich machen« (außer in Fällen, in denen du sagen kannst, daß du dasselbe Gesicht verschiedene Eindrücke auf dich machen lassen kannst). Und wenn ich das Gesicht sich mir einprägen lasse und seinen »bestimmten Eindruck« betrachte, dann werden keine zwei Dinge aus der Vielfalt in einem Gesicht miteinander verglichen; es ist da nur *eines*, das mit Nachdruck beladen wird. Wenn ich seinen Ausdruck in mich aufnehme, dann finde ich keinen Prototyp dieses Ausdrucks in meinem Geist; vielmehr breche ich gleichsam ein Siegel von dem Eindruck.

Und damit wird auch beschrieben, was geschieht, wenn wir uns in § 15)[1] sagen: »Das Wort ›rot‹ kommt in einer bestimmten Weise ...« Die Antwort könnte sein: »Ich sehe, du wiederholst dir ein Erlebnis und starrst es immer wieder an.«

17. Wir können auf all diese Betrachtungen Licht werfen, wenn wir vergleichen, was geschieht, wenn wir uns an das Gesicht von jemandem erinnern, der das Zimmer betritt, wenn wir ihn als Herrn So-und-So erkennen, – wenn wir das, was wirklich in solchen Fällen geschieht, mit der Darstellung, die wir manchmal von den Ereignissen zu machen geneigt sind, vergleichen. Denn hier sind wir häufig von einer primitiven Auffassung besessen, nämlich, daß wir den Mann, den wir sehen, mit einem Erinnerungsbild in unserem Geist vergleichen und daß wir die beiden in Übereinstimmung miteinander finden. D. h., wir stellen ›jemanden erkennen‹ als einen Vorgang der Identifizierung mittels eines Bildes dar (so wie ein Verbrecher mittels seines Photos identifiziert wird). Ich brauche nicht zu sagen, daß in den meisten Fällen, in denen wir jemanden erkennen, kein Vergleich zwischen ihm und einem geistigen Bild stattfindet. Natürlich sind wir auf Grund der Tatsache, daß es dabei Erinnerungsbilder gibt, versucht, diese Beschreibung zu geben. Sehr häufig zum Beispiel schiebt sich so ein Bild vor unser geistiges Auge unmittelbar, *nachdem* wir jemanden erkannt haben. Ich sehe ihn so, wie er stand, als wir uns das letzte Mal vor zehn Jahren sahen.

Ich will hier wieder die *Art* dessen beschreiben, was in deinem Geist und auch sonst geschieht, wenn du eine Person erkennst, die in dein Zimmer kommt – ich will es mit Hilfe dessen beschreiben, was du *sagen* könntest, wenn du ihn erkennst. Das

1 Siehe S. 245.

bräuchte nun nur »Halloh!« zu sein. Und so könnten wir sagen, daß *eine* Art von Wiedererkennensereignis darin besteht, daß wir »Halloh« in Worten, Gesten, Gesichtsausdruck etc. sagen zu dem, was wir sehen. – Und ebenso könnten wir denken, daß wir unsere Zeichnung mit einem Paradigma vergleichen, wenn wir sie anschauen und als ein Gesicht sehen; und sie stimmt mit dem Paradigma überein, oder sie paßt in eine Form, die in unserem Geist für sie bereit ist. Aber keine solche Form, kein solcher Vergleich treten in unser Erlebnis ein, es gibt nur diese Gestalt, es gibt keine andere, mit der man sie vergleichen könnte und zu der man gleichsam »Natürlich« sagen könnte. Wie wenn beim Zusammensetzspiel irgendwo eine kleine Stelle leer bleibt und ich ein Stück sehe, das offensichtlich hineinpaßt, und es in die Stelle einfüge und dabei zu mir sage: »Natürlich«. Aber hier sagen wir »Natürlich«, *weil* das Stück in die Form paßt, während wir in unserem Fall, in dem wir die Zeichnung als ein Gesicht sehen, dieselbe Haltung *ohne* Grund haben.
Dieselbe sonderbare Illusion, der wir verfallen sind, wenn wir etwas zu suchen scheinen, das von einem Gesicht ausgedrückt wird, während wir uns doch in Wirklichkeit den Merkmalen vor uns ausliefern – diese selbe Illusion beherrscht uns sogar noch stärker, wenn wir uns eine Melodie wiederholen und sie ihren vollen Eindruck auf uns machen lassen und dabei sagen: »Diese Melodie sagt *etwas*«, und es ist, als ob wir finden müßten, *was* sie sagt. Und doch weiß ich, daß sie nichts sagt, was ich in Worten oder Bildern ausdrücken könnte. Und wenn ich mich nach dieser Einsicht darein ergebe zu sagen »Sie drückt nur einen musikalischen Gedanken aus«, dann würde das nicht mehr bedeuten als »Sie drückt sich selbst aus«. – »Aber wenn du sie spielst, dann spielst du sie doch nicht *irgendwie*, du spielst sie in dieser bestimmten Weise, indem du ein *crescendo* hier bringst, ein *diminuendo* hier, eine Zäsur an dieser Stelle, etc.« – Genau, und das ist alles, was ich darüber sagen kann, oder es mag alles sein, was ich darüber sagen kann. Denn in bestimmten Fällen kann ich den bestimmten Ausdruck, mit dem ich sie spiele, mittels eines Vergleiches rechtfertigen, erklären, – wie wenn ich sage »An dieser Stelle des Themas ist gleichsam ein Doppelpunkt« oder »Dies ist gleichsam die Antwort auf das, was

vorher kam« etc. (Dies, nebenbei, zeigt, wie eine »Rechtfertigung« und eine »Erklärung« in der Ästhetik aussieht.) Es ist wahr, ich kann eine Melodie hören und sagen: »So darf sie nicht gespielt werden, sie geht so«; und ich pfeife sie in einem anderen Tempo. Hier ist man geneigt zu fragen »Wie ist das: zu wissen, in welchem Tempo ein Musikstück gespielt werden soll?« Und die Idee drängt sich auf, daß es ein Paradigma irgendwo in unserem Geist geben *muß*, und daß wir das Tempo dem Paradigma angeglichen haben. Doch in den meisten Fällen, wenn jemand mich fragt »Wie, meinst du, soll diese Melodie gespielt werden?«, werde ich sie zur Antwort bloß in einer bestimmten Weise pfeifen, und meinem Geist wird nichts gegenwärtig gewesen sein außer der Melodie, wie sie *wirklich gepfiffen* wurde (und nicht ein Vorstellungsbild *davon*).
Dies bedeutet nicht, daß das plötzliche Verstehen eines musikalischen Themas nicht darin bestehen könnte, daß ich eine verbale Ausdrucksform finde, die ich als verbales Äquivalent des Themas begreife. Und in derselben Weise könnte ich sagen »Nun verstehe ich den Ausdruck dieses Gesichts«, und was geschah, als das Verstehen kam, war, daß ich das Wort fand, das den Ausdruck des Gesichtes zusammenfaßte.
Betrachte auch diesen Ausdruck: »Sage dir, daß es ein Walzer ist, und du wirst es richtig spielen.«
Was wir »einen Satz verstehen« nennen, hat in vielen Fällen sehr viel größere Ähnlichkeit mit dem Verstehen eines musikalischen Themas, als wir zu denken geneigt sein mögen. Ich meine jedoch nicht, daß das Verstehen eines musikalischen Themas eher dem Bild entspricht, das man sich vom Verstehen eines Satzes zu machen scheint; sondern vielmehr, daß dieses Bild falsch ist und daß das Verstehen eines Satzes dem, was wirklich geschieht, wenn wir eine Melodie verstehen, sehr viel ähnlicher ist, als es auf den ersten Blick den Anschein haben mag. Denn einen Satz verstehen, so sagen wir, weist auf eine Wirklichkeit außerhalb des Satzes. Während man doch sagen könnte »Einen Satz verstehen, heißt, seinen Inhalt erfassen; und der Inhalt des Satzes ist *im* Satz.«

18. Wir können nun zu den Ideen von »wiedererkennen« und »Bekanntheit« zurückkehren, und zu jenem Beispiel von Wiedererkennen und Bekanntheit, mit dem unsere Überlegungen über den Gebrauch dieser Begriffe und einer Vielzahl von Begriffen, die mit ihnen zusammenhängen, begonnen haben. Ich meine das Beispiel vom Lesen eines Satzes in einer wohlbekannten Sprache. – Ich lese solch einen Satz, um zu sehen, was für ein Erlebnis das Erlebnis des Lebens ist, was »wirklich geschieht«, wenn man liest, und ich habe ein bestimmtes Erlebnis, das ich für das Erlebnis des Lesens halte. Und, wie es scheint, besteht das nicht einfach darin, daß man die Wörter sieht und ausspricht, sondern außerdem in einem Erlebnis intimen Charakters, wie ich sagen möchte. (Ich bin sozusagen auf intimem Fuße mit dem Wort »Ich lese«.)

Beim Lesen kommen die gesprochenen Wörter in einer bestimmten Weise, so bin ich geneigt zu sagen; und die geschriebenen Wörter selbst, die ich lese, sehen mir nicht aus wie irgendeine Art Gekritzel. Gleichzeitig bin ich nicht in der Lage, auf diese ›bestimmte Weise‹ zu zeigen, sie in den Griff zu bekommen.

Das Phänomen des Sehens und Sprechens der Wörter scheint in eine bestimmte Atmosphäre eingehüllt zu sein. Doch ich erkenne diese Atmosphäre nicht als eine, die schon immer für die Situation des Lesens charakteristisch war. Vielmehr bemerke ich sie, wenn ich eine Zeile lese, während ich versuche zu sehen, was Lesen ist.

Wenn ich diese Atmosphäre bemerke, dann bin ich in der Situation eines Mannes, der in seinem Zimmer arbeitet, liest, schreibt, spricht etc., und dessen Aufmerksamkeit sich plötzlich auf ein einheitliches Geräusch konzentriert, wie man es fast immer hören kann, besonders in einer Stadt (das gedämpfte Geräusch, das sich aus all dem verschiedenen Straßenlärm, dem Geräusch des Windes, Regens, der Werkstätten etc. ergibt). Wir können uns vorstellen, daß dieser Mann denken könnte, daß ein bestimmtes Geräusch ein gemeinsames Element all der Erlebnisse sei, die er in diesem Zimmer hatte. Wir würden dann seine Aufmerksamkeit auf die Tatsache lenken, daß er meistens keine Geräusche von draußen bemerkt hat, und zweitens, daß das

Geräusch, das er hören konnte, nicht immer dasselbe war (manchmal gab es Wind, manchmal nicht etc.).
Nun haben wir einen irreführenden Ausdruck gebraucht, als wir sagten, daß es außer den Erlebnissen des Sehens und Sprechens beim Lesen noch ein weiteres Erlebnis gäbe, etc. Damit ist gesagt, daß gewissen Erlebnissen ein weiteres Erlebnis hinzugefügt wird. – Nimm nun das Erlebnis, ein trauriges Gesicht zu sehen, etwa in einer Zeichnung, – wir können sagen: die Zeichnung als ein trauriges Gesicht zu sehen, ist nicht ›bloß‹, sie als eine Zusammensetzung aus Strichen zu sehen (denke an ein Bilderrätsel). Doch das Wort »bloß« hier scheint anzuzeigen, daß dem Erlebnis, das Gesicht als bloße Striche zu sehen, ein Erlebnis hinzugefügt wird, wenn die Zeichnung als ein Gesicht gesehen wird; als ob ich sagen müßte, die Zeichnung als ein Gesicht sehen, bestehe aus zwei Erlebnissen, Elementen.
Du solltest nun den Unterschied zwischen den verschiedenen Fällen bemerken, in denen wir sagen, daß ein Erlebnis aus verschiedenen Elementen besteht oder daß es sich um ein *zusammengesetztes* Erlebnis handelt. Wir könnten zum Arzt sagen: »Ich habe nicht einen Schmerz; ich habe zwei: einen Schmerz im Zahn und einen Schmerz im Kopf.« Und man könnte das ausdrücken, indem man sagte: »Mein Schmerzerlebnis ist nicht einfach, sondern zusammengesetzt, ich habe Zahnschmerzen und Kopfschmerzen.« Vergleiche mit diesem Fall den, in dem ich sage: »Ich habe Magenschmerzen sowie ein allgemeines Gefühl von Unwohlsein.« Hier trenne ich keine Erlebnisbestandteile voneinander, indem ich auf zwei schmerzhafte Stellen zeige. Oder betrachte folgende Aussage: »Wenn ich süßen Tee trinke, dann ist mein Geschmackserlebnis eine Zusammensetzung aus dem Geschmack von Zucker und dem Geschmack von Tee.« Oder wieder: »Wenn ich den C-Dur Akkord höre, dann ist meine Erfahrung zusammengesetzt aus dem Hören von C, E und G.« Und andrerseits: »Ich höre jemanden Klavier spielen und ein Geräusch von der Straße.« Ein sehr lehrreiches Beispiel ist das folgende: In einem Lied werden Wörter nach bestimmten Noten gesungen. In welchem Sinne ist das Erlebnis, den Vokal a zu der Note C gesungen zu hören, ein zusammengesetztes Erlebnis? Frage dich in jedem dieser Fälle: Was ist das: die

Erlebnisbestandteile aus einem zusammengesetzten Erlebnis auszusondern?

Obwohl nun der Ausdruck ›eine Zeichnung als ein Gesicht sehen ist nicht bloß Striche sehen‹ auf eine Art Summe von Erlebnissen hinzudeuten scheint, würden wir gewiß nicht sagen, daß wir, wenn wir die Zeichnung als ein Gesicht sehen, auch das Erlebnis haben, sie als bloße Striche zu sehen, und *außerdem* noch ein weiteres Erlebnis. Und das wird noch klarer, wenn wir uns vorstellen, jemand sagte: die Zeichnung

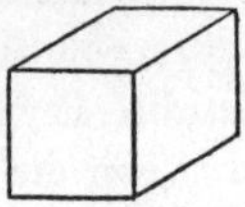

als einen Würfel sehen, bestehe darin, daß man sie als eine ebene Figur sieht und ein Erlebnis von Tiefe hat.

Ich hatte das Gefühl, daß ich, obwohl beim Lesen ein bestimmtes beständiges Erlebnis sich vollzog, in gewissem Sinne dieses Erlebnis nicht in den Griff bekommen konnte; meine Schwierigkeit entstand dadurch, daß ich diesen Fall fälschlicherweise mit einem verglich, in dem man von einem Teil meines Erlebnisses als Begleitung eines anderen sprechen kann. So sind wir manchmal versucht zu fragen: »Wenn ich dieses ständige Summen spüre, während ich lese, *wo* ist es?« Ich möchte eine hinweisende Geste machen, und es gibt nichts, worauf ich hinweisen kann. Und die Wörter »in den Griff bekommen« drücken dieselbe irreführende Analogie aus.

Statt der Frage »Wo ist das ständige Erlebnis, das sich durch all mein Lesen zieht?«, sollten wir fragen: »Was ist es, dem ich diesen Fall gegenüberstelle, wenn ich sage ›Eine bestimmte Atmosphäre umhüllt die Wörter, die ich lese‹?«

Ich will versuchen, dies durch einen analogen Fall zu erläutern: Wir sind geneigt, uns durch die dreidimensionale Erscheinung der Zeichnung

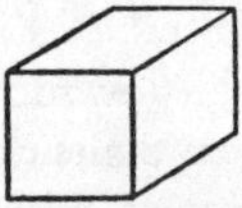

in einer Weise verwirren zu lassen, die durch die Frage ausgedrückt wird: »Worin besteht das dreidimensionale Sehen hier?« Und damit wird in Wirklichkeit gefragt: »Was wird dem einfachen Sehen der Zeichnung hinzugefügt, wenn wir sie dreidimensional sehen?« Und doch, was für eine Antwort können wir auf diese Frage erwarten? Es ist die Form dieser Frage, die die Verwirrung stiftet. Wie Hertz sagt: »Aber offenbar irrt die Frage in bezug auf die Antwort, welche sie erwartet« (S. 9, Einleitung, *Die Prinzipien der Mechanik*). Die Frage selbst hält den Geist gegen eine kahle Wand gedrückt und hindert ihn dadurch, jemals einen Ausgang zu finden. Um jemandem zu zeigen, wie man hinausgelangt, mußt du ihn zuerst von dem irreführenden Einfluß der Frage befreien.

Sieh ein geschriebenes Wort an, etwa »lesen« – »Es ist nicht bloß ein Gekritzel, es ist ›lesen‹«, – ich würde gern sagen »Es hat *eine* deutliche Physiognomie«. Doch was sage ich wirklich darüber? Was ist diese Aussage in begradigter Form? »Das Wort fällt«, so ist man versucht zu erklären, »in ein Futteral in meinem Geist, das *lange* dafür bereit war.« Aber ich nehme nicht das Wort und ein Futteral wahr; so kann die Metapher, daß das Wort in eine Form paßt, nicht auf ein Erlebnis des Vergleichens anspielen: des Vergleichs zwischen der Hohlform und der Vollform, bevor sie zusammengefügt werden; sondern vielmehr auf ein Erlebnis, die Vollform durch einen bestimmten Hintergrund hervorgehoben zu sehen.

i)  ii) 

i) wäre das Bild der Hohlform und der Vollform, bevor sie zusammengefügt werden. Wir sehen hier zwei Kreise und können sie vergleichen. ii) ist das Bild der Vollform in der Hohlform. Da ist nur ein Kreis, und was wir das Futteral nennen, betont ihn nur, oder wie wir manchmal sagten, legt Nachdruck auf ihn.

Ich bin versucht zu sagen: »Dies ist nicht bloß ein Gekritzel, sondern es ist *dieses* bestimmte Gesicht.« – Aber ich kann nicht sagen »Ich sehe *dieses* als *dieses* Gesicht«, sondern ich muß sagen »Ich sehe dieses als *ein* Gesicht«. Aber ich habe das Gefühl, daß

ich sagen möchte: »Ich sehe dieses nicht als *ein* Gesicht, ich sehe es als *dieses* Gesicht.« Doch in der zweiten Hälfte dieses Satzes ist das Wort »Gesicht« überflüssig, und er hätte lauten sollen: »Ich sehe dieses nicht als ein Gesicht, ich sehe es *so*.«
Angenommen, ich sagte »Ich sehe dieses Gekritzel *so*«; und während ich »dieses Gekritzel« sage, sähe ich es an als ein bloßes Gekritzel, und während ich »so« sage, sähe ich das Gesicht, – das würde etwa darauf hinauslaufen zu sagen »Was mir einmal so erscheint, erscheint mir ein anderes Mal anders«, und hier würden das »so« und das »anders« von den zwei verschiedenen Weisen des Sehens begleitet.[1] – Doch wir müssen uns fragen, in welchem Spiel dieser Satz mit den Vorgängen, die ihn begleiten, gebraucht werden soll. Z. B., zu wem sage ich das? Angenommen, die Antwort ist »Ich sage es zu mir selbst«. Aber das ist nicht genug. Wir laufen hier ernsthafte Gefahr zu glauben, daß wir wissen, was wir mit einem Satz tun sollen, wenn er mehr oder weniger wie einer der gewöhnlichen Sätze unserer Sprache aussieht. Um nicht getäuscht zu werden, müssen wir uns hier jedoch fragen: Was ist der Gebrauch der Wörter »so« und »anders«? – oder vielmehr: Was sind die verschiedenen Gebräuche, die wir von ihnen machen? Was wir als ihre Bedeutung bezeichnen, ist nicht etwas, was sie in sich haben oder was ihnen anhaftet ohne Rücksicht darauf, welchen Gebrauch wir von ihnen machen. So ist es ein Gebrauch des Wortes »so«, zusammen mit einer Geste aufzutreten, mit der wir auf etwas zeigen: Wir sagen »Ich sehe das Quadrat mit den Diagonalen ›so‹« und zeigen dabei auf ein Hakenkreuz. Und als ich mich auf das Quadrat mit den Diagonalen bezog, hätte ich sagen können: »Was mir einmal so

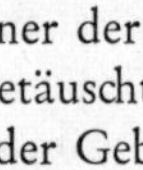

erscheint, erscheint mir ein anderes Mal anders, nämlich so:

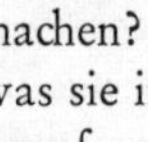

.«

1 Cf. BB p. 171 ff.: W. gebraucht für ›so‹ und ›anders‹ die Ausdrücke ›like this‹ und ›like that‹, die sich im Deutschen nicht mit der gleichen Prägnanz wiedergeben lassen. Es muß also vom Leser beachtet werden, daß ›so‹ und ›anders‹ in diesem Zusammenhang demonstrativ gebraucht werden. Übers.

Und das ist gewiß nicht der Gebrauch, den wir von dem Satz im obigen Fall gemacht haben. – Man könnte denken, daß der ganze Unterschied zwischen den beiden Fällen darin besteht, daß es sich im ersten um geistige Bilder handelt, im zweiten aber um wirkliche Zeichnungen. Wir sollten uns hier fragen, in welchem Sinne wir Vorstellungsbilder Bilder nennen können, denn in mancher Weise sind sie mit gezeichneten oder gemalten Bildern vergleichbar, in anderer Weise nicht. Es ist z. B. einer der wesentlichen Punkte in bezug auf den Gebrauch von einem »körperlichen« Bild, daß wir sagen, es bleibt dasselbe, nicht nur weil es uns dasselbe zu sein scheint, weil wir uns erinnern, daß es vorher so ausgesehen hat, wie es jetzt aussieht. Vielmehr werden wir unter gewissen Umständen sagen, daß das Bild sich nicht verändert hat, obwohl es sich verändert zu haben scheint; und wir sagen, es hat sich nicht verändert, weil es in einer gewissen Weise aufbewahrt wurde, es wurde vor gewissen Einflüssen bewahrt. Deshalb wird der Ausdruck »Das Bild hat sich nicht verändert« verschieden gebraucht, wenn wir einerseits von einem körperlichen Bild und andrerseits von einem geistigen sprechen. Ebenso wie die Behauptung »Diese Tickgeräusche folgen einander in gleichen Abständen« *eine* Grammatik hat, wenn die Tickgeräusche das Ticken eines Pendels sind und wenn das Kriterium für ihre Regelmäßigkeit das Ergebnis von Messungen ist, die wir an unserem Apparat vorgenommen haben, – und eine andere Grammatik, wenn die Tickgeräusche solche sind, die wir uns vorstellen. Ich könnte zum Beispiel die Frage stellen: Als ich mir sagte »Was mir ein Mal so erscheint, erscheint mir ein ander Mal . . .«, habe ich da die beiden Aspekte, so und anders, als dieselben erkannt, die ich bei früheren Gelegenheiten hatte? Oder waren sie mir neu, und habe ich versucht, sie für zukünftige Gelegenheiten in der Erinnerung zu bewahren? Oder wollte ich nicht mehr sagen als »Ich kann den Aspekt dieser Figur ändern?«

19. Die Gefahr der Täuschung, in der wir uns befinden, wird am deutlichsten, wenn wir uns vornehmen, den Aspekten »so« und »anders« Namen zu geben, etwa A und B. Denn wir sind in größter Versuchung, uns vorzustellen, daß einen Namen

geben darin besteht, einen Laut (oder ein anderes Zeichen) in seltsamer und ziemlich mysteriöser Weise etwas zuzuordnen. Wie wir dann von dieser seltsamen Zuordnung Gebrauch machen, das scheint fast eine zweitrangige Angelegenheit zu sein. (Man könnte sich beinahe vorstellen, daß Benennen durch einen seltsamen sakramentalen Akt vollzogen würde, und daß dieser eine magische Beziehung zwischen dem Namen und dem Ding herstellte.)

Aber sehen wir ein Beispiel an; betrachte dieses Sprachspiel: A schickt B in verschiedene Häuser ihrer Stadt, damit er Güter verschiedener Art von verschiedenen Leuten holt. A gibt dem B verschiedene Listen. Oben auf jede Liste schreibt er ein Gekritzel, und B wird abgerichtet, zu dem Haus zu gehen, auf dessen Tür er dasselbe Gekritzel findet; das Gekritzel ist der Name des Hauses. In der ersten Spalte einer jeden Liste findet er dann eines oder mehrere Gekritzel, die man ihn gelehrt hat, laut zu lesen. Wenn er das Haus betritt, dann ruft er diese Wörter aus, und jeder Bewohner des Hauses ist abgerichtet, ihm entgegenzulaufen, wenn ein bestimmter dieser Laute ausgerufen wird; diese Laute sind die Namen der Leute. Dann redet er jeden einzelnen von ihnen nacheinander an und zeigt jedem zwei aufeinander folgende Gekritzel, die dessem Namen gegenüber auf der Liste stehen. Die Leute dieser Stadt sind abgerichtet, das erste dieser beiden Gekritzel mit einer bestimmten Art von Gegenstand, etwa Äpfeln, zu assoziieren. Das zweite ist eines aus einer Serie von Gekritzeln, die jeder auf einem Stück Papier bei sich trägt. Die so angeredete Person holt, sagen wir, fünf Äpfel. Das erste Gekritzel war der generische Name der verlangten Gegenstände, das zweite der Name ihrer Anzahl.

Was nun ist die Beziehung zwischen einem Namen und dem benannten Gegenstand, etwa dem Haus und seinem Namen? Ich nehme an, wir könnten die eine oder die andere von zwei Antworten geben. Die eine lautet, daß die Beziehung darin besteht, daß gewisse Striche auf die Tür des Hauses gemalt wurden. Die zweite Antwort, die ich meinte, ist die, daß die Beziehung, um die es uns geht, nicht nur dadurch festgelegt wird, daß diese Striche an die Tür gemalt werden, sondern auch durch die bestimmte Rolle, die sie in der Praxis unserer Sprache,

so wie wir sie skizziert haben, spielen. – Ebenso besteht die Beziehung zwischen dem Namen einer Person und der Person hier darin, daß die Person abgerichtet wurde, jemandem entgegenzulaufen, der ihren Namen ruft; oder wir könnten auch sagen, daß sie darin und im Ganzen des Gebrauchs des Namens im Sprachspiel besteht.
Schau dieses Sprachspiel genau an und sieh, ob du die geheimnisvolle Beziehung zwischen dem Gegenstand und seinem Namen finden kannst. – Die Beziehung von Namen und Gegenstand, so mögen wir sagen, besteht aus einem Gekritzel, das auf einen Gegenstand geschrieben wird (oder eine andere derartige äußerst triviale Beziehung), und das ist alles. Aber damit sind wir nicht zufrieden, denn wir spüren, daß ein Gekritzel, das auf einen Gegenstand geschrieben wurde, an sich für uns unwichtig ist und uns in keiner Weise interessiert. Und das ist wahr; die ganze Wichtigkeit liegt in dem bestimmten Gebrauch, den wir von dem auf den Gegenstand geschriebenen Gekritzel machen, und wir vereinfachen die Sache in einem gewissen Sinne, indem wir sagen, daß der Name eine seltsame Beziehung zu seinem Gegenstand hat, eine Beziehung, die anders ist als die, auf den Gegenstand geschrieben zu werden, oder die, von jemandem, der auf einen Gegenstand mit dem Finger zeigt, ausgesprochen zu werden. Eine primitive Philosophie verdichtet den ganzen Gebrauch des Namens zu der Idee von einer Beziehung, die dadurch eine geheimnisvolle Beziehung wird. (Vergleiche die Ideen von geistigen Handlungen, wünschen, glauben, denken etc., die aus demselben Grund etwas Geheimnisvolles und Unerklärliches an sich haben.)
Nun könnten wir den Ausdruck gebrauchen: »Die Beziehung von Namen und Gegenstand besteht nicht bloß in einer solchen trivialen, ›rein äußerlichen‹ Verbindung« und damit meinen, daß das, was wir die Beziehung zwischen Namen und Gegenstand nennen, durch den ganzen Gebrauch des Namens charakterisiert wird; aber dann ist es klar, daß es nicht eine Beziehung zwischen Namen und Gegenstand gibt, sondern so viele, wie es Gebräuche von Lauten und Gekritzeln gibt, die wir Namen nennen.
Wir können deshalb sagen: wenn das Benennen von etwas mehr

sein soll, als daß jemand einen Laut äußert und dabei auf etwas zeigt, dann muß es auch in dieser oder jener Form das Wissen geben, wie der Laut oder das Gekritzel in dem bestimmten Fall gebraucht werden muß.

Als wir vorschlugen, den Aspekten einer Zeichnung Namen zu geben, erweckten wir den Anschein, daß wir, als wir die Zeichnung auf zwei verschiedene Weisen sahen und jedesmal etwas sagten, mehr getan hätten, als nur diese uninteressante Handlung auszuführen; während wir nun sehen, daß der Gebrauch des Namens und die Einzelheiten dieses Gebrauches dem Benennen seine eigentümliche Wichtigkeit geben.

Es ist deshalb keine unwichtige Frage, sondern eine Frage, die das Wesen der Sache betrifft; »Sollen ›A‹ und ›B‹ mich an diese Aspekte erinnern; kann ich einen Befehl wie ›Sieh diese Zeichnung unter dem Aspekt A‹ ausführen; gibt es in irgendeiner Weise Bilder dieser Aspekte, die mit den Namen ›A‹ und ›B‹ zugeordnet sind (wie

und

);

werden ›A‹ und ›B‹ in der Verständigung mit anderen Leuten gebraucht, und was genau ist das Spiel, das mit ›A‹ und ›B‹ gespielt wird?«

Wenn ich sage, »Ich sehe nicht nur bloße Striche (ein bloßes Gekritzel), sondern ein Gesicht (oder ein Wort) mit dieser bestimmten Physiognomie«, dann will ich damit nicht ein allgemeines charakteristisches Merkmal dessen, was ich sehe, feststellen, sondern ich will behaupten, daß ich die bestimmte Physiognomie sehe, welche ich sehe. Und es ist offensichtlich, daß mein Ausdruck sich hier im Kreise bewegt. Denn eigentlich hätte die bestimmte Physiognomie, die ich sah, in meinen Satz *(proposition)* eintreten sollen. – Wenn ich finde, »Beim Lesen eines Satzes geht ein seltsames Erlebnis ständig vor sich«, dann muß ich schon ein ziemlich langes Stück lesen, um den seltsamen Eindruck zu bekommen, der einen dieses sagen läßt.

Ich hätte dann sagen können: »Ich finde, daß dasselbe Erlebnis

all die Zeit vor sich geht«, aber ich wollte sagen: »Mir fällt nicht nur auf, daß es durchweg dasselbe Erlebnis ist, ich bemerke ein bestimmtes Erlebnis.« Wenn ich eine einfarbige Wand ansehe, könnte ich sagen: »Ich sehe nicht nur, daß sie dieselbe Farbe überall hat, sondern ich sehe eine bestimmte Farbe.« Aber wenn ich das sage, dann mache ich einen Fehler in bezug auf die Funktion eines Satzes. Es scheint, als ob du die Farbe, die du siehst, spezifizieren willst, aber nicht indem du etwas über sie sagst, noch indem du sie mit einem Muster vergleichst, – sondern indem du auf sie zeigst; du gebrauchst sie zugleich als das Muster und als das, mit dem das Muster verglichen wird.
Betrachte dieses Beispiel: Du sagst mir, ich soll ein paar Zeilen schreiben, und während ich das tue, fragst du: »Fühlst du etwas in deiner Hand, während du schreibst?« Ich sage: »Ja, ich habe ein eigenartiges Gefühl.« – Kann ich nicht zu mir selbst, wenn ich schreibe, sagen »Ich habe *dieses* Gefühl?« Natürlich kann ich es sagen, und während ich »dieses Gefühl« sage, konzentriere ich mich auf dieses Gefühl. – Doch was tue ich mit diesem Satz? Was nützt er mir? Es scheint, als ob ich mich selbst darauf hinweise, was ich fühle, – als ob mein Akt der Konzentration ein »innerer« Akt des Zeigens wäre, einer, den niemand außer mir wahrnimmt, – dies jedoch ist unwichtig. Doch ich zeige nicht auf das Gefühl, indem ich meine Aufmerksamkeit darauf richte. Die Aufmerksamkeit auf das Gefühl richten heißt vielmehr, es hervorbringen oder verändern. (Andrerseits heißt einen Stuhl beobachten nicht, den Stuhl hervorbringen oder verändern.)
Unser Satz »Ich habe *dieses* Gefühl, während ich schreibe« ist von gleicher Art wie der Satz »Ich sehe dieses«. Ich meine den Satz nicht in seinem informativen Gebrauch: wenn er gebraucht wird, um jemanden zu informieren, daß ich auf den Gegenstand sehe, auf den ich zeige, oder wenn er wie oben gebraucht wird, um jemandem mitzuteilen, daß ich eine bestimmte Zeichnung in der Weise A und nicht in der Weise B sehe. Ich meine den Satz »Ich sehe dieses«, wie wir ihn manchmal betrachten, wenn wir über gewissen philosophischen Problemen brüten. Dann halten wir vielleicht an einem bestimmten visuellen Eindruck fest, indem wir einen Gegenstand anstarren, und wir spüren, daß es ganz natürlich ist, uns zu sagen »Ich sehe dieses«, obwohl wir

von keinem weiteren Gebrauch wissen, den wir von diesem Satz machen können.

20. »Es ist doch sinnvoll zu sagen, was ich sehe, und wie könnte ich das besser tun als dadurch, daß ich das, was ich sehe, für sich sprechen lasse.«
Doch die Wörter »Ich sehe« in unserem Satz sind überflüssig. Ich will nicht zu mir selbst sagen, daß *ich* es bin, der dies sieht, noch daß ich es *sehe*. Oder, wie ich es formulieren könnte, es ist unmöglich, daß ich nicht *dieses* sehe. Es käme auf dasselbe hinaus zu sagen, daß ich mir nicht selbst mit einer visuellen Hand zeigen kann, was ich sehe; da diese Hand nicht auf das zeigt, was ich sehe, sondern Teil dessen ist, was ich sehe.
Es ist, als ob der Satz die bestimmte Farbe, die ich sah, aussonderte; als ob er sie mir darreichte.
Es scheint, als ob die Farbe, die ich sehe, ihre eigene Beschreibung sei.
Denn das Zeigen mit meinem Finger war wirkungslos. (Und das Ansehen ist kein Zeigen, es gibt für mich keine Richtung an, was bedeuten würde, daß eine Richtung zu anderen Richtungen in einen Gegensatz gestellt würde.)
Was ich sehe oder fühle, tritt in meinen Satz (sentence) ein, wie ein Muster; aber von diesem Muster wird kein Gebrauch gemacht; die Wörter meines Satzes scheinen nicht wichtig zu sein, sie dienen nur dazu, mir das Muster darzureichen.
In Wirklichkeit spreche ich nicht *über* das, was ich sehe, sondern *zu* dem, was ich sehe.
Ich durchlaufe die Handlungen der Aufmerksamkeit, die den Gebrauch eines Musters begleiten könnten. Und das ist es, was den Anschein erweckt, daß wir Gebrauch von einem Muster machen. Dieser Irrtum ist verwandt mit dem Glauben, eine hinweisende Definition sage etwas über den Gegenstand, auf den sie unsere Aufmerksamkeit lenkt.
Ich sagte »Ich mache einen Fehler in bezug auf die Funktion eines Satzes«, weil ich mit seiner Hilfe mir selbst die Farbe zu zeigen schien, die ich sah, während ich doch bloß ein Muster einer Farbe betrachtete. Es schien mir, daß das Muster die Beschreibung seiner eigenen Farbe war.

21. Angenommen, ich sage zu jemandem: »Beobachte die bestimmte Beleuchtung in diesem Zimmer.« – Unter gewissen Umständen wird der Sinn dieses Befehls völlig klar sein, z. B., wenn die Wände des Zimmers rot von der untergehenden Sonne wären. Doch nimm an, daß ich zu einer beliebigen anderen Zeit, wenn nichts Auffallendes an der Beleuchtung ist, sagte: »Beobachte die bestimmte Beleuchtung dieses Zimmers«: – Nun, ist es nicht eine bestimmte Beleuchtung? Worin besteht also die Schwierigkeit, sie zu beobachten? Doch die Person, die die Beleuchtung beobachten sollte, als nichts Auffallendes an ihr war, würde sich wahrscheinlich im Zimmer umsehen und sagen: »Nun, was ist denn damit?« Nun könnte ich fortfahren und sagen: »Es ist genau dieselbe Beleuchtung wie gestern um diese Stunde« oder »Es ist genau dieses leicht gedämpfte Licht, das du auf diesem Bild des Zimmers siehst«.

Im ersten Fall, als das Zimmer auffallend rot beleuchtet war, hättest du auf die Besonderheit hinweisen können, die du, obwohl dir das nicht ausdrücklich gesagt wurde, beobachten solltest. Du hättest z. B. ein Muster der bestimmten Farbe gebrauchen können, um das zu tun. Wir werden in diesem Fall geneigt sein zu sagen, daß der gewöhnlichen Erscheinung des Zimmers eine Besonderheit hinzugefügt wurde.

Im zweiten Fall, als das Zimmer nur gewöhnlich beleuchtet und nichts Auffallendes an seiner Erscheinung war, wußtest du nicht genau, was du tun solltest, als man dir sagte, du solltest die Beleuchtung des Zimmers beobachten. Du konntest nicht mehr tun als dich umzusehen und darauf zu warten, daß mehr gesagt wurde, das dem ersten Befehl seinen vollen Sinn geben würde.

Aber war das Zimmer nicht in beiden Fällen in besonderer Weise beleuchtet? Nun, die Frage, wie sie da steht, ist sinnlos, ebenso die Antwort »Es war ...«. Der Befehl »Beobachte die bestimmte Beleuchtung dieses Zimmers« impliziert keine Aussage über das Aussehen des Zimmers. Der Befehl schien zu sagen »Dieses Zimmer hat eine bestimmte Beleuchtung, die ich nicht zu benennen brauchte; beobachte sie.« Die Beleuchtung, die gemeint ist, wird, so scheint es, mittels eines Musters gegeben, und du sollst von dem Muster Gebrauch machen; wie du es tun würdest, wenn du die genaue Schattierung eines Farbmusters

auf einer Palette kopieren würdest. Während doch der Befehl diesem ähnlich ist: »Erfasse dieses Muster.«
Stelle dir vor, du sagtest »Es gibt eine bestimmte Beleuchtung, die ich beobachten soll.« Du könntest dir vorstellen, daß du dich in diesem Fall vergeblich umsiehst, das heißt, ohne die Beleuchtung zu sehen.
Du hättest ein Muster erhalten haben können, z. B. ein Stück farbigen Materials, und man hätte dich bitten können: »Beobachte die Farbe dieses Fleckens.« – Und wir können unterscheiden zwischen den Tätigkeiten, einerseits die Form des Musters zu beobachten, die Aufmerksamkeit darauf zu richten, und andrerseits die Aufmerksamkeit auf seine Farbe zu richten. Doch die Aufmerksamkeit auf die Farbe richten heißt nicht, etwas ansehen, was mit dem Muster verbunden ist, sondern vielmehr, das Muster in einer seltsamen Weise ansehen.
Wenn wir den Befehl »Beobachte die Farbe ...« befolgen, öffnen wir die Augen für Farbe. »Beobachte die Farbe ...« bedeutet nicht »Sieh die Farbe, die du siehst«. Der Befehl »Sieh So und So an« ist von der Art »Wende deinen Kopf in diese Richtung«; was du sehen wirst, wenn du das tust, tritt in diesen Befehl nicht ein. Indem du deine Aufmerksamkeit auf etwas richtest, etwas anschaust, bringst du den Eindruck hervor; du kannst den Eindruck nicht ansehen.
Nimm an, jemand antwortete auf unseren Befehl: »In Ordnung, ich beobachte nun die bestimmte Beleuchtung, die dieses Zimmer hat«, – das würde so klingen, als könnte er uns zeigen, welche Beleuchtung es sei. In anderen Worten, es könnte scheinen, daß dir mit dem Befehl gesagt worden wäre, etwas mit dieser bestimmten Beleuchtung zu tun, im Gegensatz zu einer anderen (wie »Male diese Beleuchtung, nicht jene«). Während du doch den Befehl befolgst, indem du *Beleuchtung* in dich aufnimmst, im Gegensatz zu Dimensionen, Gestalt etc.
(Vergleiche »Erfasse dieses Farbmuster« mit »Erfasse diesen Bleistift«, d. h. da bedeutet es, ergreife ihn.)
Ich kehre zu unserem Satz zurück: »Dieses Gesicht hat einen bestimmten Ausdruck.« Auch in diesem Fall habe ich meinen Eindruck nicht mit irgendetwas verglichen oder ihn im Gegensatz zu etwas anderem betrachtet, ich habe keinen Gebrauch von

dem Muster vor mir gemacht. Der Satz war eine Äußerung eines Zustandes der Aufmerksamkeit.

Folgendes muß erklärt werden: Warum sprechen wir zu unserem Eindruck? – Du liest, versetzt dich in einen Zustand der Aufmerksamkeit und sagst: »Zweifellos geschieht etwas Eigenartiges.« Du bist geneigt fortzufahren: »Es ist eine gewisse Reibungslosigkeit dabei«; aber du spürst, daß das nur eine unangemessene Beschreibung ist und daß die Erfahrung nur für sich stehen kann. Zu sagen »Zweifellos geschieht etwas Eigenartiges« ist, wie wenn man sagte »Ich habe ein Erlebnis gehabt«. Aber du möchtest keine allgemeine Aussage machen, die von dem bestimmten Erlebnis, das du gehabt hast, unabhängig ist, sondern vielmehr eine Aussage, in die das Erlebnis eintritt.

Du bist unter einem Eindruck. Das veranlaßt dich zu sagen »Ich bin unter einem *bestimmten* Eindruck«, und dieser Satz scheint, zumindest dir, zu sagen, unter welchem Eindruck du bist. Als ob du dich auf ein Bild bezögest, das in deinem Geist bereit wäre, und sagtest »Derart ist mein Eindruck«. Während du doch nur auf deinen Eindruck gezeigt hast. Wenn man in unserem Fall (S. 267) sagt »Ich bemerke die bestimmte Farbe dieser Wand«, so ist das, wie wenn man, sagen wir, ein schwarzes Rechteck zeichnet, das einen kleinen Flecken der Wand einschließt und dadurch jenen Flecken als ein Muster für weiteren Gebrauch bestimmt.

Als du lasest und dabei gleichsam deine Aufmerksamkeit konzentriert auf das richtetest, was beim Lesen geschieht, schienst du das Lesen wie unter einem Vergrößerungsglas zu beobachten und den Lesevorgang zu sehen. (Doch der Vorgang ist eher wie der, etwas durch ein gefärbtes Glas zu beobachten.) Du glaubst, du habest den Vorgang des Lebens bemerkt, die bestimmte Weise, in der Zeichen in gesprochene Wörter übersetzt werden.

22. Ich habe eine Zeile mit einer besonderen Aufmerksamkeit gelesen; ich werde durch das Lesen beeindruckt, und das veranlaßt mich zu sagen, daß ich etwas beobachtet habe, abgesehen vom Sehen der geschriebenen Zeichen und dem Sprechen der Wörter. Ich habe es auch ausgedrückt, indem ich sagte, daß ich

eine bestimmte Atmosphäre bemerkt habe, die das Sehen und Sprechen umgab. Wie eine solche Metapher, wie sie im letzten Satz verkörpert ist, sich mir aufdrängen kann, kann man klarer sehen, wenn man dieses Beispiel ansieht: Wenn du Sätze monoton gesprochen hören würdest, könntest du versucht sein zu sagen, daß die Wörter alle in eine bestimmte Atmosphäre eingehüllt seien. Aber wäre das nicht eine seltsame Darstellungsweise, wenn man sagte, daß man etwas zu dem bloßen Sagen des Satzes hinzufügte, wenn man ihn monoton spricht? Könnten wir uns monotones Sprechen nicht sogar als das Ergebnis denken, wenn wir die Modulation des Satzes *weggenommen* haben? Verschiedene Umstände würden uns veranlassen, verschiedene Darstellungsweisen anzuwenden. Wenn z. B. gewisse Wörter monoton vorgelesen werden sollten und dies durch ein Notensystem und eine angehaltene Note unter den geschriebenen Wörtern angedeutet wäre, dann würde diese Notation uns die Idee sehr nahelegen, daß etwas zu dem bloßen Sprechen des Satzes hinzugefügt worden sei.

Ich werde durch das Lesen eines Satzes beeindruckt, und ich sage, daß der Satz mir etwas gezeigt hat, daß ich etwas in ihm bemerkt habe. Dies ließ mich an das folgende Beispiel denken: Ein Freund und ich sahen uns einmal Beete mit Stiefmütterchen an. Jedes Beet zeigte eine andere Art. Sie haben uns alle nacheinander beeindruckt. Als er über sie sprach, sagte mein Freund: »Was für eine Vielfalt von Farbenmustern, und ein jedes sagt etwas.« Und das war es genau, was auch ich sagen wollte.

Vergleiche eine solche Aussage mit dieser: »Jeder dieser Männer sagt etwas.« –

Wenn man gefragt hätte, was das Farbenmuster des Stiefmütterchens sagte, dann wäre die richtige Antwort, so schien es, gewesen, daß es sich selbst sagte. Demnach hätten wir eine intransitive Ausdrucksform gebrauchen können, etwa »Jedes dieser Farbenmuster beeindruckt einen«.

Es ist manchmal gesagt worden, daß Musik uns Gefühle der Freude, Traurigkeit, des Triumphes etc. vermittelt, und was uns an dieser Darstellung abstößt, ist, daß sie zu sagen scheint, Musik sei in Instrument zu dem Zweck, in uns Folgen von Gefühlen hervorzubringen. Und daraus könnte man schließen, daß uns

jedes andere Mittel anstelle von Musik recht wäre, um solche Gefühle hervorzubringen. – Auf eine solche Darstellung sind wir versucht zu antworten: »Musik vermittelt uns *sich selbst.*« Dieser Ausdruck hat Ähnlichkeit mit Ausdrücken wie »Jedes dieser Farbenmuster beeindruckt einen«. Wir spüren, daß wir uns vor der Idee, ein Farbenmuster sei ein Mittel, in uns einen gewissen Eindruck hervorzurufen, hüten wollen – als ob das Farbenmuster wie eine Droge sei und wir bloß an dem Effekt dieser Droge interessiert seien. – Wir wollen jede Ausdrucksform vermeiden, die sich auf den Effekt zu beziehen scheinen würde, der von einem Gegenstand auf eine Person ausgeübt wird. (Hier sind wir an der Grenze des Problems von Idealismus und Realismus und des Problems, ob Sätze der Ästhetik subjektiv oder objektiv sind.) Zu sagen »Ich sehe dieses und bin beeindruckt« könnte leicht den Anschein erwecken, als ob der Eindruck ein Gefühl wäre, der das Sehen begleitet, und daß der Satz etwas sagt wie »Ich sehe dieses und spüre einen Druck«.
Ich hätte den Ausdruck gebrauchen können: »Jedes dieser Farbenmuster hat Bedeutung«; aber ich habe nicht gesagt »hat Bedeutung«, denn das hätte die Frage »Welche Bedeutung?« provoziert, die in dem Fall, den wir betrachten, sinnlos ist. Wir unterscheiden zwischen bedeutungslosen Mustern und Mustern, die Bedeutung haben; aber in unserem Spiel gibt es keinen solchen Ausdruck wie »Dieses Muster hat die Bedeutung so-und-so«; noch den Ausdruck »Diese beiden Muster haben verschiedene Bedeutungen«, es sei denn, damit sollte gesagt werden: »Dies sind zwei verschiedene Muster, und sie haben beide Bedeutung.«
Es ist jedoch leicht zu verstehen, warum wir geneigt sein würden, die transitive Form des Ausdrucks zu gebrauchen. Sehen wir doch, welchen Gebrauch wir von einem Ausdruck wie »Dieses Gesicht sagt etwas« machen, in anderen Worten, welches die Situationen sind, in denen wir diesen Ausdruck gebrauchen, was für Sätze ihm vorhergehen oder folgen würden (in was für einer Art von Unterhaltung er vorkommt). Wir sollten einer solchen Bemerkung vielleicht nachgehen, indem wir sagen »Sieh die Linie dieser Augenbrauen an« oder »Die *dunklen* Augen und das *blasse* Gesicht!« – diese Ausdrücke würden die Aufmerk-

samkeit auf bestimmte Merkmale lenken. Wir würden im selben Zusammenhang Vergleiche gebrauchen, wie zum Beispiel »Die Nase ist wie ein Schnabel«, – aber auch Ausdrücke wie »Das ganze Gesicht drückt Verwirrung aus«, und hier haben wir »ausdrücken« transitiv gebraucht.

23. Wir können nun Sätze betrachten, die, so könnte man sagen, eine Analyse des Eindrucks geben, den wir bekommen, – etwa von einem Gesicht. Nimm eine Aussage wie »Der bestimmte Eindruck von diesem Gesicht ist auf die kleinen Augen und die niedrige Stirn zurückzuführen«. Hier können die Wörter »der bestimmte Eindruck« für eine gewisse Spezifizierung stehen, z. B. »der dumme Ausdruck«. Oder andrerseits können sie bedeuten »was diesen Ausdruck auffallend macht« (d. h. ›was ihn zu einem außergewöhnlichen Ausdruck macht‹); oder »was einem an diesem Gesicht auffällt« (d. h. ›was unsere Aufmerksamkeit auf sich lenkt‹). Oder unser Satz könnte auch bedeuten: »Wenn du *diese* Merkmale im geringsten änderst, dann wird der Ausdruck sich völlig ändern (während du andere Merkmale ändern könntest, ohne den Ausdruck auch nur annähernd so stark zu ändern).« Die Form dieser Aussage jedoch darf uns nicht dahingehend irreführen, daß wir denken, daß es in jedem Fall eine ergänzende Aussage gibt von der Form: »Zuerst war der Ausdruck *dieser,* nach der Änderung ist es *jener.*« Wir können natürlich sagen »Schmidt runzelte die Stirn, und sein Ausdruck wechselte von diesem zu jenem«, indem wir etwa auf zwei Zeichnungen von seinem Gesicht zeigen. – (Vergleiche damit die beiden Aussagen »Er sagte diese Worte« und »Seine Worte sagten etwas«.)
Wenn ich bei dem Versuch, herauszufinden, worin Lesen besteht, einen geschriebenen Satz läse, das Lesen einen Eindruck auf mich machen ließe und sagte, daß ich einen bestimmten Eindruck hätte, dann hätte man mich etwa fragen können, ob mein Eindruck nicht auf die bestimmte Handschrift zurückzuführen sei. Damit würde man mich fragen, ob mein Eindruck nicht ein anderer wäre, wenn die Schrift eine andere gewesen wäre, oder wenn z. B. jedes Wort dieses Satzes in einer anderen Handschrift geschrieben wäre. In diesem Sinne könnten wir auch fragen, ob

der Eindruck nicht schließlich auf den *Sinn* des bestimmten Satzes, den ich gelesen habe, zurückzuführen sei. Man könnte vorschlagen: Lies einen anderen Satz (oder denselben in einer anderen Handschrift) und sieh, ob du dann noch immer sagen würdest, daß du denselben Eindruck hast. Und die Antwort könnte lauten: »Ja, der Eindruck, den ich hatte, war in Wirklichkeit auf die Handschrift zurückzuführen.« – Aber das würde *nicht* implizieren, daß ich, als ich zuerst sagte, der Satz mache einen bestimmten Eindruck auf mich, einen Eindruck in Gegensatz zu einem anderen gesetzt hätte, oder daß meine Aussage nicht von der Art wie »Dieser Satz hat seinen *eigenen Charakter«* gewesen wäre. Das wird deutlicher werden, wenn wir folgendes Beispiel betrachten: Angenommen, wir haben drei Gesichter vor uns, die nebeneinander gezeichnet sind:

a)  b)  c) 

Ich betrachte das erste und sage mir: »Dieses Gesicht hat einen seltsamen Ausdruck.« Dann wird mir das zweite gezeigt und ich werde gefragt, ob es denselben Ausdruck hat. Ich antworte »Ja«. Dann wird mir das dritte gezeigt und ich sage: »Das hat einen anderen Ausdruck.« Man könnte sagen, daß ich in meinen beiden Antworten das Gesicht von seinem Ausdruck unterschieden habe: denn b) ist verschieden von a), und doch habe ich gesagt, daß sie denselben Ausdruck haben, während der Unterschied zwischen c) und a) einem Unterschied im Ausdruck entspricht; und das könnte uns denken lassen, daß ich auch in meiner ersten Äußerung zwischen dem Gesicht und seinem Ausdruck unterschieden habe.

24. Kehren wir nun zurück zu der Idee von einem Gefühl der Bekanntheit, das entsteht, wenn wir Gegenstände sehen, die wir kennen. Wenn wir über die Frage nachdenken, ob es ein solches Gefühl gibt oder nicht, starren wir wahrscheinlich auf einen Gegenstand und sagen: »Habe ich nicht ein bestimmtes Gefühl, wenn ich meinen alten Hut und Mantel ansehe?« Aber darauf antworten wir nun: Mit welchem Gefühl vergleichst du das,

oder zu welchem siehst du es im Gegensatz? Würdest du sagen, daß dein alter Mantel dir dasselbe Gefühl gibt wie dein alter Freund A, dessen Erscheinung dir auch wohlbekannt ist, oder daß du das Gefühl von, sagen wir, Intimität und Wärme *jedes Mal* bekommst, wenn du zufällig deinen Mantel ansiehst?

»Aber gibt es denn kein solches Gefühl der Bekanntheit?« – Ich würde sagen, daß es eine große Anzahl verschiedener Erlebnisse gibt, – einige davon sind Gefühle, die wir »Erlebnisse (Gefühle) von Bekanntheit« nennen könnten.

Verschiedene Erlebnisse der Bekanntheit: a) Jemand betritt mein Zimmer, ich habe ihn lange nicht gesehen und habe ihn nicht erwartet. Ich sehe ihn an, sage oder fühle: »Ach, Sie sind's!« – Warum habe ich in diesem Beispiel gesagt, daß ich den Mann lange nicht gesehen habe? Habe ich nicht begonnen, *Erlebnisse von* Bekanntheit zu beschreiben? Und was auch immer das Erlebnis war, auf das ich angespielt habe, hätte ich es nicht auch haben können, wenn ich den Mann nur eine halbe Stunde vorher zuletzt gesehen hätte? Ich meine, ich habe die Umstände, in denen ich den Mann wiedererkannt habe, gegeben als Mittel zu dem Zweck, die genaue Situation des Wiedererkennens zu beschreiben. Man könnte Einwände erheben gegen diese Weise, das *Erlebnis* zu beschreiben, indem man sagte, daß irrelevante Dinge hineingebracht wurden, und daß es tatsächlich überhaupt keine *Beschreibung* des Gefühls war. Wenn man dies sagt, dann nimmt man als Prototyp einer Beschreibung etwa die Beschreibung eines Tisches, die dir die genaue Form, die Dimensionen, das Material, aus dem er gemacht ist, und die Farbe gibt. Solch eine Beschreibung, so könnte man sagen, fügt den Tisch (aus Stücken) zusammen. Andrerseits gibt es eine andere Art der Beschreibung eines Tisches, wie du sie in einem Roman finden könntest, z. B. »Es war ein kleiner gebrechlicher Tisch, im maurischen Stil verziert, von der Art, wie man sie für Raucherutensilien gebraucht.« Solch eine Beschreibung könnte eine indirekte Beschreibung genannt werden; wenn es jedoch ihr Zweck ist, eine lebendige Vorstellung von dem Tisch in deinem Geist blitzartig zu erwecken, dann würde sie diesem Zweck unvergleichlich besser dienen als eine detaillierte »direkte« Beschreibung. – Wenn ich nun die Beschreibung eines Gefühls der

Bekanntheit oder des Wiedererkennens geben soll, – was erwartest du von mir? Kann ich das Gefühl zusammenfügen? In gewissem Sinne könnte ich es natürlich, indem ich dir viele verschiedene Stadien angebe und die Weise, in der meine Gefühle sich änderten. Solche detaillierten Beschreibungen kannst du in einigen der großen Romane finden. Wenn du nun an Beschreibungen von Möbelstücken denkst, wie du sie in einem Roman finden könntest, dann siehst du, daß du dieser Art der Beschreibung eine andere entgegensetzen könntest, die Gebrauch von Zeichnungen macht, und von Maßen, so wie man sie einem Tischler geben würde. Man ist geneigt, diese letztere Art als die einzige korrekte und vollständige Beschreibung zu bezeichnen (obwohl diese Art, uns auszudrücken, zeigt, daß wir vergessen, daß es gewisse Zwecke gibt, die die »wirkliche« Beschreibung nicht erfüllt). Diese Betrachtungen sollten dich davon abhalten zu denken, daß es eine wirkliche und korrekte Beschreibung von, sagen wir, dem Gefühl des Wiedererkennens gibt im Gegensatz zu der ›indirekten‹, die ich gegeben habe.
b) Ebenso wie a), aber das Gesicht ist mir nicht sogleich vertraut. Nach einer kleinen Weile »leuchtet mir das Wiedererkennen auf«. Ich sage »Ach, Sie sind's!«, doch mit ganz anderer Betonung, als ich es in a) gesagt habe. (Betrachte Tonfall, Modulierung, Gesten als *wesentliche* Teile unseres Erlebnisses, nicht als unwesentliche Begleiterscheinungen oder bloße Mittel der Kommunikation. (Vergl. S. 218, 219)[1] c) Es gibt ein Erlebnis, das hauptsächlich auf Leute oder Dinge gerichtet ist, die wir täglich sehen: wir spüren plötzlich, daß sie »alte Bekannte« oder »gute alte Freunde« sind; man könnte diese Gefühle auch als Gefühle der Wärme, Gefühle, daß man sich mit ihnen zu Hause fühlt, beschreiben. d) Mein Zimmer mit all seinen Gegenständen ist mir gründlich bekannt. Grüße ich also, wenn ich es am Morgen betrete, die bekannten Stühle, Tische etc. mit einem Gefühl von »Oh, Halloh!«?, oder habe ich ein Gefühl wie das in c) beschriebene? Doch ist die Weise, in der ich in dem Zimmer herumspaziere, etwas aus der Schublade nehme, mich hinsetze etc., nicht verschieden von meinem Verhalten in einem Zimmer, das

1 Vergl. BB p. 144–6; hier §§ 134–137.

ich nicht kenne? Und warum sollte ich deshalb nicht sagen, daß ich Erlebnisse der Bekanntheit habe, wenn immer ich inmitten dieser vertrauten Gegenstände lebe? e) Ist es nicht ein Erlebnis der Bekanntheit, wenn ich auf die Frage »Wer ist dieser Mann?« sofort (oder nach einiger Überlegung) antworte »Es ist So-und-So«? Vergleiche damit Erlebnis f), das Erlebnis, auf das geschriebene Wort »Gefühl« zu schauen und zu sagen »Das ist A's Handschrift« oder andrerseits mit g), dem Erlebnis, das Wort zu lesen, was auch ein Erlebnis der Bekanntheit ist.
In bezug auf e) könnte man Einwände erheben und sagen, daß das Erlebnis, den Namen des Mannes zu sagen, nicht das Erlebnis der Bekanntheit sei; daß er uns bekannt sein müsse, damit wir seinen Namen kennen könnten, und daß wir *seinen Namen kennen* müßten, damit wir ihn sagen könnten. Oder wir könnten sagen: »Seinen Namen zu sagen ist nicht genug, denn wir könnten doch den Namen sagen, ohne zu wissen, daß es sein Name ist.« Und diese Bemerkung ist gewiß wahr, wenn wir nur einsehen, daß sie nicht einschließt, daß den Namen wissen ein Vorgang sei, der das Sagen des Namens begleitet oder ihm vorausgeht.

25. Betrachte dieses Beispiel: Was ist der Unterschied zwischen einem Erinnerungsbild, einem Vorstellungsbild, das sich mit Erwartung einstellt und, sagen wir, dem Vorstellungsbild in einem Wachtraum? Du magst geneigt sein zu antworten: »Es gibt einen Wesensunterschied zwischen den Vorstellungsbildern.« – Hast du diesen Unterschied bemerkt, oder hast du nur gesagt, daß es einen Unterschied gebe, weil du denkst, es müsse einen geben?
Aber ich erkenne doch ein Erinnerungsbild als ein Erinnerungsbild, eine Wachtraumvorstellung als eine Wachtraumvorstellung, etc.! – Bedenke, daß du manchmal im Zweifel bist, ob du ein gewisses Ereignis tatsächlich beobachtet hast, oder ob du es geträumt hast, oder ob du gerade davon gehört hast und es dir lebhaft vorstellst. Aber abgesehen davon, was meinst du damit: »ein Vorstellungsbild als ein Erinnerungsbild erkennen«? Ich gebe zu, daß du (zumindest in den meisten Fällen), während ein Vorstellungsbild vor deinem geistigen Auge ist, nicht zweifelst,

ob es ein Erinnerungsbild etc. ist. Auch würdest du auf die Frage, ob dein Vorstellungsbild ein Erinnerungsbild ist, (in den meisten Fällen) ohne Zögern antworten. Was nun, wenn ich dich fragen würde: »*Wann* weißt du, was für eine Art von Vorstellungsbild es ist?« Wissen, was für eine Art von Vorstellungsbild es ist, – nennst du das: nicht im Zweifel sein, nicht unsicher sein? Kannst du durch Introspektion einen Zustand oder eine Tätigkeit des Geistes sehen, die du als ›Wissen, daß das Vorstellungsbild ein Erinnerungsbild ist‹ bezeichnen würdest, und die stattfindet, während das Vorstellungsbild in deinem Geist ist? Weiter, wenn du auf die Frage antwortest, was für eine Art von Vorstellungsbild du hattest, tust du das, indem du gleichsam das Vorstellungsbild ansiehst und ein gewisses charakteristisches Merkmal an ihm entdeckst (als ob du auf die Frage, von wem das Bild gemalt sei, es ansehen, den Stil erkennen und sagen würdest, es sei ein Rembrandt)?
Andrerseits ist es leicht, auf die Erlebnisse hinzuweisen, die fürs Erinnern, Erwarten etc. charakteristisch sind, und die die Vorstellungsbilder begleiten, und auf weitere Unterschiede in ihrer unmittelbaren und entfernteren Umgebung. Also *sagen* wir gewiß Verschiedenes in verschiedenen Fällen, z. B. »Ich erinnere mich, wie er in mein Zimmer kam«, »Ich erwarte, daß er in mein Zimmer kommt«, »Ich stelle mir vor, wie er in mein Zimmer kommt«. – »Doch das kann nicht der ganze Unterschied sein.« Es ist nicht alles: Es gibt drei verschiedene Spiele mit diesen drei Wörtern, die diese Aussagen umgeben.
Wenn wir herausgefordert werden: *Verstehen* wir das Wort »erinnern« etc.? Besteht wirklich ein Unterschied zwischen den Fällen, abgesehen von dem bloßen verbalen Unterschied? Unsere Gedanken bewegen sich in unmittelbarer Umgebung des Vorstellungsbildes, das wir hatten, oder des Ausdruckes, den wir gebrauchten. Ich habe ein Vorstellungsbild, wie ich in der Dining Hall mit T. zu Abend esse. Auf die Frage, ob dies ein Erinnerungsbild sei, sage ich »Natürlich«, und meine Gedanken beginnen, sich auf Wegen zu bewegen, die bei diesem Vorstellungsbild anfangen. Ich erinnere mich, neben wem wir saßen, um was es in der Unterhaltung ging, was ich darüber dachte, was T. später geschah, etc. etc.

Stelle dir zwei verschiedene Spiele vor, die beide mit Schachfiguren auf einem Schachbrett gespielt werden. Die Anfangspositionen beider Spiele sind sich gleich. Eines der Spiele wird immer mit roten und grünen Figuren gespielt, das andere mit schwarzen und weißen. Zwei Leute fangen an zu spielen, sie haben das Schachbrett zwischen sich mit den roten und grünen Figuren in der Ausgangsposition. Jemand fragt sie: »Wißt ihr, welches Spiel ihr zu spielen beabsichtigt?« Ein Spieler antwortet: »Natürlich; wir spielen No. 2.« »Was ist der Unterschied zwischen dem Spielen von No. 2 und dem von No. 1?« – »Nun, da sind rote und grüne Figuren auf dem Brett und nicht schwarze und weiße, und wir sagen auch, daß wir No. 2 spielen.« – »Aber das kann nicht der einzige Unterschied sein; *verstehst* du nicht, was No. 2 bedeutet, und wofür die roten und grünen Figuren stehen?« Hier sind wir geneigt zu sagen »Natürlich verstehen wir das«, und um uns das zu beweisen, fangen wir wirklich an, die Figuren nach den Regeln des Spiels No. 2 zu ziehen. Dies ist, was ich nennen würde: sich in der unmittelbaren Umgebung unserer Anfangsposition bewegen.

Doch ist da nicht auch ein seltsames Gefühl der Vergangenheit, das für Vorstellungsbilder als Erinnerungsbilder charakteristisch ist? Es gibt gewiß Erlebnisse, die ich geneigt wäre, Gefühle der Vergangenheit zu nennen, obwohl nicht immer, wenn ich mich an etwas erinnere, eines dieser Gefühle gegenwärtig ist. – Damit man sich über das Wesen dieser Gefühle klar wird, ist es wieder sehr nützlich, sich zu erinnern, daß es Gesten von Vergangenheit und Modulationen der Vergangenheit gibt, die man als stellvertretend für Erlebnisse der Vergangenheit ansehen kann.

Ich will einen bestimmten Fall untersuchen, den Fall eines Gefühls, das ich ungefähr beschreiben werde, indem ich sage, es ist ein Gefühl von »Lang, lang ist's her«. Diese Wörter und der Ton, in dem sie gesagt werden, sind eine Geste von Vergangenheit. Aber ich will das Erlebnis, das ich meine, noch weiter spezifizieren, indem ich sage, daß es einer gewissen Melodie entspricht (Davidsbündler Tänze – »Wie aus weiter Ferne«). Ich stelle mir diese Melodie mit dem richtigen Ausdruck gespielt vor, und daß sie so, sagen wir, auf Schallplatte aufgenommen

wurde. Dann ist das der ausführlichste und genaueste Ausdruck eines Vergangenheitsgefühls, den ich mir vorstellen kann.
Würde ich nun sagen, daß das Hören dieser Melodie, mit diesem Ausdruck gespielt, selbst das bestimmte Erlebnis der Vergangenheit ist, oder würde ich sagen, daß das Hören dieser Melodie das Vergangenheitsgefühl verursacht, und daß dieses Gefühl die Melodie begleitet? D. h., kann ich das, was ich dieses Erlebnis der Vergangenheit nenne, von dem Erlebnis, die Melodie zu hören, trennen? Oder kann ich ein Erlebnis der Vergangenheit, das durch eine Geste ausgedrückt wird, von dem Erlebnis, diese Geste zu machen, trennen? Kann ich etwas, das wesentliche Gefühl der Vergangenheit, entdecken, das übrig bleibt, nachdem wir all jene Erlebnisse abgesondert haben, die wir als Erlebnisse, das Gefühl auszudrücken, bezeichnen könnten?
Ich bin geneigt, dir nahezulegen, den Ausdruck unserer Erfahrung anstelle der Erfahrung zu setzen. »Aber diese beiden sind nicht dasselbe.« Das ist gewiß wahr, zumindest in dem Sinn, in dem es wahr ist zu sagen, daß ein Eisenbahnzug und ein Eisenbahnunfall nicht dasselbe sind. Und doch gibt es eine Rechtfertigung dafür, daß man redet, als ob der Ausdruck »die Geste ›Lang, lang ist's her‹« und der Ausdruck »das Gefühl ›Lang, lang ist's her‹« dieselbe Bedeutung hätten. So könnte ich die Schachregeln in der folgenden Weise geben: Ich habe ein Schachbrett vor mir mit einem Satz Schachfiguren darauf. Ich gebe die Regeln, wie man diese bestimmten Schachfiguren (diese bestimmten Holzstückchen) auf diesem bestimmten Brett zieht. Können diese Regeln die Regeln des Schachspiels sein? Sie können in diese verwandelt werden durch den Gebrauch eines einzigen Operators, wie das Wort »Jedes«. Oder die Regeln für mein bestimmtes Brett und meine bestimmten Figuren können stehenbleiben, wie sie sind, und wir könen sie zu Regeln des Schachspiels machen, indem wir unseren Standpunkt ihnen gegenüber ändern.
Es gibt die Idee, daß das Gefühl, sagen wir, der Vergangenheit ein amorphes Etwas an einem Ort, dem Geist, ist, und daß dieses Etwas die Ursache oder die Wirkung dessen ist, was wir den Ausdruck des Gefühls nennen. Der Ausdruck des Gefühls ist eine indirekte Weise, das Gefühl zu übermitteln. Und man

hat oft von einer direkten Übermittlung des Gefühls gesprochen, die das äußere Kommunikationsmittel beseitigen würde.

Stell dir vor, ich sage dir, du sollst eine bestimmte Farbe mischen, und ich beschreibe die Farbe, indem ich sage, daß es die ist, die du bekommst, wen du Schwefelsäure auf Kupfer wirken läßt. Dies könnte man als eine indirekte Weise, die Farbe, die ich meine, mitzuteilen, bezeichnen. Es ist denkbar, daß die Wirkung von Schwefelsäure auf Kupfer unter gewissen Umständen nicht die Farbe hervorbringt, die ich von dir gemischt haben wollte, und daß ich, wenn ich die Farbe, die du erhalten hast, sähe, sagen müßte: »Nein, die nicht« und dir ein Muster geben müßte.

Können wir nun sagen, daß die Mitteilung von Gefühlen durch Gesten in diesem Sinne indirekt ist? Ist es sinnvoll, von einer direkten Kommunikation im Gegensatz zu einer indirekten zu sprechen? Ist es sinnvoll zu sagen »Ich kann seine Zahnschmerzen nicht spüren, aber wenn ich es könnte, dann würde ich wissen, wie er sich fühlt«?

Wenn ich davon spreche, daß ein Gefühl jemand anderem mitgeteilt wird, muß ich dann nicht wissen – um zu verstehen, was ich gesagt habe –, was ich als das Kriterium für die erfolgreiche Mitteilung bezeichnen werde?

Wir sind geneigt zu sagen: wenn wir jemandem ein Gefühl mitteilen, können wir niemals wissen, was am anderen Ende geschieht. Alles, was wir von ihm bekommen können, ist wiederum ein Ausdruck. Dies ist streng analog zu der Bemerkung, daß wir niemals wissen können, wenn der Lichtstrahl in Fizeaus Experiment den Spiegel erreicht.